Agnes Imhof
Die Königin der Seidenstraße

PIPER

Zu diesem Buch

Es ist das Jahr 803. Arib ist noch ein Kind, als auf Geheiß des Kalifen Harun ar-Raschid ihre gesamte Familie ausgelöscht wird. Sie allein entkommt dem Massaker und flieht, als Junge verkleidet, durch die Salzsteppen Khorasans und über die uralten Wege der Seidenstraße. Bis sie sich in einen faszinierenden Fremden aus dem fernen Frankenreich verliebt – und damit alles aufs Spiel setzt. Gefangen von den Häschern des Kalifen finden Aribs Träume im Harem Harun ar-Raschids ein grausames Erwachen. Doch die junge Frau ist lebenshungrig, und sie hat eine ebenso verführerische wie gefährliche Gabe – ihren Gesang. Mit ihrer Sinnlichkeit bringt sie die mächtigsten Männer Bagdads um den Verstand. Auf dem Höhepunkt ihrer Macht muss sich Arib entscheiden: zwischen der Rache am Mörder ihrer Familie und der Liebe ihres Lebens. Farbenprächtig und spannend erzählt Agnes Imhof die wahre Geschichte der Frau, der die Kalifen des Orients zu Füßen lagen, und entführt in eine Welt voll schwerer Düfte, voller Luxus und Ausschweifung, aber auch voller Intrigen und Hass. Mit köstlichen Rezepten aus der Küche von 1001 Nacht!

Agnes Imhof, geboren 1973 in München, studierte Islam- und Religionswissenschaften sowie Philosophie und spricht unter anderem Arabisch und Persisch. Die Islamexpertin ist in klassischem Gesang ausgebildet und liebt den Schwertkampf. Zusammen mit ihrem Mann und ihrer Tochter lebt sie am Ammersee. »Die Königin der Seidenstraße« ist nach »Das Buch des Smaragds« ihr zweiter Roman.

Agnes Imhof

Die Königin der Seidenstraße

Historischer Roman

Piper München Zürich

Mehr über unsere Autoren und Bücher:
www.piper.de

Von Agnes Imhof liegen bei Piper vor:
Das Buch des Smaragds
Die Königin der Seidenstraße

Ungekürzte Taschenbuchausgabe
1. Auflage September 2009
3. Auflage Januar 2011
© 2008 Piper Verlag GmbH, München
Umschlagkonzept: semper smile, München
Umschlaggestaltung: Cornelia Niere, München
Umschlagabbildung: Jean Baptiste Ange Tissier (»Odalisque«;
Musée des Arts d'Afrique et d'Oceanie, Paris / Lauros / Giraudon /
The Bridgeman Art Library)
Autorenfoto: Nomi Baumgartl
Satz: psb, Berlin
Papier: Munken Print von Arctic Paper Munkedals AB, Schweden
Druck und Bindung: CPI – Clausen & Bosse, Leck
Printed in Germany   ISBN 978-3-492-26333-7

*Für Uwe
und für Roman Hocke*

Hätte Satan keine andere Schlinge um jemanden zu Fall zu bringen, kein anderes Banner, zu dem er rufen könnte, keine andere Versuchung, um zu verführen außer den Sängerinnen, so wäre es dennoch mehr als genug.

Al-Jahiz

Wer Musik macht, spielt mit den Seelen

Ibn Hindu

Bagdad, im Jahre des Herrn 819.

Eine neue schwüle Sommernacht legte sich über den Kalifenpalast. Der zum Hof hin offene Festpavillon war hell erleuchtet. Eunuchen in schwarzen Seidengewändern waren damit beschäftigt, die Reste eines Mahles abzuräumen: üppig beladene Silberplatten mit gefüllten Vögeln, Mandelhalwa und mit Walnüssen gespickte Feigen wurden zurück in die Küche geschleppt. Wenn die Diener unter den schwankenden Silberampeln hindurchliefen, blitzten die Wandmosaike wie Juwelen auf. In einem Bett duftender Schiraz-Rosen schlug ein gebratener Pfau sein lebloses Rad.

Kalif Ibrahim und seine Zechgenossen waren zum Wein übergegangen. Sklavinnen versprengten Orangenblütenwasser über die ebenhölzernen Diwane, Tänzerinnen schwangen ihre seidenschimmernden Hüften. Aber die Aufmerksamkeit der Gäste galt nicht ihnen: Zwischen den Bögen, wo sich der Raum zum Hof hin öffnete, war ein golddurchwirkter Brokatvorhang aufgespannt. Die wirbelnden Rhythmen, die dahinter hervorklangen, erhitzten die Männer weit mehr als der Wein oder die Sommernacht.

»Wartet nur auf Arib!« Salim sprach den Namen aus wie etwas Verbotenes, das ebenso reizvoll wie gefährlich ist. Der Schreiber wies auf den erhöhten Platz in der Mitte, wo der Kalif seine fleischigen Lippen über den Arm einer Sklavin gleiten ließ. »Sie ist die berühmteste Singsklavin im Reich des Kalifen. Selbst Ibrahim, der Beherrscher der Gläubigen, konnte ihrer Verlockung nicht widerstehen. Ganz Bagdad vergöttert Arib.«

Die nackten Füße der Tänzerinnen stampften auf, Seidenschleier fegten durch die ambraschwere Luft. Nur der dunkelblonde Mann, den Salim angesprochen hatte, schien dem Rausch aus Farben und Klängen nicht zu verfallen. Nicht einmal der Wein hatte die Kälte aus den hellen Augen Wolframs von Aue weichen lassen. Dennoch verriet eine kaum spürbare

7

Anspannung, dass er hinter dieser unbewegten Maske etwas verbarg. Neben dem feingliedrigen Araber wirkte er hünenhaft. Seine sehnigen Hände wussten sichtlich ein Schwert zu führen. Und die frisch verheilte Spur eines Dolches auf dem glattrasierten Kinn verlieh ihm etwas Unberechenbares.

»Arib«, wiederholte er spöttisch. »Kein Imam, der sie nicht als das leibhaftige Laster verfluchte. Kein Mufti, der nicht dazu aufriefe, sie zu steinigen. Glaubt man den Gerüchten, hat sich die halbe Bagdader Jugend ihretwegen ruiniert. – Kennt Ihr sie?«

»Ob ich sie kenne?« Salim lachte laut auf. »Man merkt, dass Ihr zum ersten Mal das Privileg genießt, mit dem Kalifen zu zechen. Bei Allah, man könnte ihretwegen vom Glauben abfallen!«

»Wer seinen Glauben verliert, ist meistens auch bald seinen Kopf los«, erwiderte Wolfram. Geschmeidig neigte er den Oberkörper zurück, um dem Mundschenk Platz zu machen. »Aber wenn jemand seinen Kopf für eine Sängerin aufs Spiel setzt, ist es wohl auch nicht schade darum.« Er bedeutete dem Jungen, ihm aus der schweren *Ritliya* Wein nachzuschenken.

»Sing, Arib! Mach mich trunken, ich bin dein Sklave!«, grölte ein Alter gegenüber. Speichel spritzte von den dünnen Lippen. Das nachgefärbte Haar hob sich scharf von dem gebleichten Gesicht ab, Schweiß hatte den Puder in seinen Falten zu weißen Streifen verlaufen lassen. Er taumelte auf den Vorhang zu und verlor das Gleichgewicht. Schallendes Gelächter begleitete seinen Sturz. Wolframs Augen hatten ihn nur kurz fixiert, doch dabei fingen sie das Licht ein wie die eines Schakals.

Salim rückte ein wenig ab, als sei ihm plötzlich die Mär vom Bösen Blick in den Sinn gekommen, dem gefährlichen Zauber, den man blauen Augen nachsagte. »Seit den sagenumwobenen Sängerinnen der heiligen Stätten gab es keine mehr wie sie«, verteidigte er Arib. Vom Alkohol beschwingt wurde er poetisch: »Die Sängerinnen von Mekka trieben seinerzeit die Krieger des Propheten in die Schlacht. Aber vor Arib müssen selbst die *Huri* des Paradieses beschämt verstummen. Wenn sie singt, verblassen die Freuden des Jenseits, und noch die Tapfersten klammern sich ans Leben. Diese Frau sieht Euch an, als könntet Ihr allein ihre Sehnsüchte erfüllen. Sie macht Euch glücklich und traurig zugleich. Es ist Magie, mein Freund.«

Etwas durchbrach die Maske des Fremden, doch er unterdrückte die Regung sofort.

Salim wies auf den Alten, der schwankend wieder auf die Füße kam und glasig zum Vorhang stierte. »Seht es Euch an! Sie raubt einem den Verstand.«

»Ganz offensichtlich«, erwiderte Wolfram trocken. »Und wie Singsklavinnen es zu tun pflegen, gibt sie sich jedem hin, der sie sich leisten kann: Parfümeuren für Ambra und Moschus, Seidenhändlern für Damaszener Brokat. Sie mag eine angesehene Hure sein, aber sie bleibt eine Hure.« Unwillig wischte er einen Tropfen Orangenblütenwasser von seinem Ärmel.

Salim berührte beschwörend seinen Arm. Sein schwarzes, zu schulterlangen Locken gedrehtes Haar fiel unter dem Turban hervor, und der Dunst von Wein und Haschisch stieg Wolfram in die Nase. »Wer spricht bei einer solchen Frau von Hurerei? Der Kalif Harun ar-Raschid verfiel ihr, um den sich schon jetzt die Legenden ranken – *Radiya llahu alayhi*, möge Allah Wohlgefallen an ihm haben! Seine Söhne Muhammad und Abdallah hätten vierhundert Sklavinnen gegen eine Nacht mit ihr eingetauscht. Man munkelt, Muhammad hätte nur ihretwegen die Vorliebe für sein eigenes Geschlecht vergessen und sich den Frauen zugewandt. Sie war die Geliebte dreier Kalifen, und heute Nacht könnte der vierte dazukommen.« Er deutete mit seiner sorgsam manikürten Hand durch den Raum. »Seht Euch um, jedermann liegt ihr zu Füßen! Wenn Ihr heute ein düsteres Gesicht seht, dann nur bei einem, der ihre Gunst genossen und wieder verloren hat.«

Der Fremde blickte zum Neffen des Kalifen hinüber, der

an der Seite seines Oheims finster in den Becher starrte. Salim wollte etwas einwenden, doch abgesehen vom Herrscher selbst schien in dessen Familie kaum ein Mann vor Frohsinn zu sprühen. Wolfram hob die Augenbrauen. »Nun, ich selbst habe kaum Grund, mich in Gefahr zu wähnen«, meinte er. »Ich verkaufe weder Parfüms, noch edle Stoffe, und ich gehöre auch nicht der Familie des Kalifen an. Ich bin ein Verbannter, und das Einzige, was ich noch besitze, ist mein Schwert. Sie wird wohl kaum darauf erpicht sein, dass ich ihr damit ihre glatte Kehle durchschneide.« Er deutete ein ironisches Lächeln an.

»Ah, auch Ihr werdet ihrem Zauber verfallen!« Salim lehnte sich zurück. Seine geschminkten Mandelaugen wiesen zum Vorhang, der die Musikanten vor Blicken schützte. »Dort, hinter der *Sitara*, wartet sie bereits. Ihr werdet Eure ketzerischen Worte noch bereuen. Sie ist eine Sirene.«

Das abfällige Lächeln des Fremden erstarrte. Abrupt wandte Wolfram sich ab und sah hinauf zur Deckenmalerei. Eine paradiesische Gartenlandschaft war dort abgebildet: Gazellen weideten friedlich, und exotische Vögel flatterten zwischen den schwarzweißen Pfeilern. Wie ein Spiegelbild zeigte der kostbare Hira-Teppich zu seinen Füßen dieselben Motive. Für einen Augenblick ließ sich Wolfram an den geheimen Ort in seinem Inneren entführen, zu dem er niemandem Zutritt gewährte.

Er konnte nicht sehen, dass die junge Frau hinter der Sitara ebenfalls zur Decke hinaufblickte. Ihre hennabemalten Hände hatten den Vorhang etwas zur Seite gezogen. Sie bemerkte den schwarzen Eunuchen, der zu ihr trat, und ihre dunklen, eng stehenden Augen verloren den sehnsüchtigen Ausdruck. »Hast du ihn gesehen?«, fragte Arib. Der Rhythmus des Tamburins in ihrem Rücken holte sie in die Gegenwart zurück und peitschte ihren Puls auf.

»Er ist hier«, antwortete Jauhar. Arib kannte den hünenhaften Eunuchen. Sie wusste, dass er trotz seiner Eigenheiten verlässlich war. Deshalb hatte sie darauf bestanden, dass er und kein anderer sie an diesem Abend bedienen sollte.

Aufatmend schob sie den rosaseidenen Vorhang noch etwas zur Seite. »Welcher ist es?« Ihre Augen folgten seinem Finger, doch in der Menge konnte sie den Fremden nicht ausmachen.

»Der junge Mann in der hellen Tracht der Zechgenossen«, erläuterte Jauhar beflissen. Arib spürte die Augen des Eunuchen auf ihren Brüsten, die das Oberteil aus goldbesticktem Brokat völlig unbedeckt ließ. Sie glaubte sogar zu hören, wie er den Rosenduft einsog, der noch vom Hammam in ihrem Haar hing. »Wollt Ihr es wirklich wagen?«, raunte er ihr ins Ohr. Ungerührt wanderte Aribs Blick durch den Raum. Sie erkannte den Kalifen, grobknochig wie ein baktrisches Lastkamel. Er musste inzwischen etwas über vierzig sein, dachte sie, während sie nach dem Fremden Ausschau hielt. Doch die Mundschenke und die wirbelnden Röcke der Tänzerinnen verstellten ihr immer wieder die Sicht.

»Dieser Mann ist eine Viper«, fuhr Jauhar fort, »schön, aber gefährlich. Und Ihr wisst, dass er Euch vernichten will.«

»Mich vernichten!« Arib lachte klirrend auf. Ein Flötenspieler warf ihr einen zornigen Blick zu, und leiser setzte sie nach: »Er durchschaut, warum ich hier bin. Meine Pläne missfallen ihm und er wird sie zu vereiteln suchen, notfalls mit Gewalt.« Ihre Augen blieben an dem mit Federn geschmückten gebratenen Pfau hängen und die markanten Lippen verzogen sich spöttisch. »Aber einmal gerupft ist auch der stolzeste Pfau nichts weiter als ein bleiches Huhn. Ich kenne diese Art von Mann. Etwas heiße Luft aus meiner geübten Kehle und aus dem hochfahrendsten Krieger wird ein williger Sklave. Du kannst versichert sein, dass ich nichts von ihm übrig lassen werde.«

Jauhars Kinn mit dem eleganten Bärtchen klappte herab. »Ihr versteht Euch darauf, die Seelen zu berühren und sprecht so kalt darüber?«

Arib antwortete nicht. Doch ihre Finger schlossen sich um das unscheinbare Glasamulett an ihrem Hals. Verzweiflung war der einzige Luxus, den sie sich nicht leisten konnte.

»Was schert es dich?«, entgegnete sie und warf die schwarzen Schläfenzöpfe zurück. Die Glöckchen an den Reifen um ihre Fußgelenke klingelten, und ein Hauch des schweren Ambraparfüms stieg auf, das der beste Händler der Stadt eigens für sie mischte. »Stell dich zu dem Fremden, ich will sehen, wer es ist!«

Jauhar trat von einem Bein auf das andere. Er warf einen Blick in den Saal, wo einige junge Männer aufgestanden waren und Aribs Namen skandierten. »Ich bin für das Zeremoniell verantwortlich. Ihr werdet doch nicht etwa da hinaus...«

Arib lächelte.

Ihm brach der Schweiß aus. »Tut mir das nicht an! Eine Sängerin gehört hinter den Vorhang – Euer Herr wird es mich bitter büßen lassen!«

Sie kniff ihn in die Wange. »Du glaubst doch nicht ernsthaft, dass die Leute gekommen sind, um einen Vorhang singen zu hören?«

Jauhar tupfte sich mit einem Taschentuch die Schmucknarbe auf der schwarzen Haut. »Mit Eurer Schamlosigkeit presst Ihr mir noch den letzten Saft aus den Adern.«

Arib reckte sich aufreizend und lockerte die Schultern. »Du ahnst nicht, wie viele Männer dich darum beneiden.«

Jauhar blickte sich um, als wollte er sich überzeugen, dass niemand sie hören konnte. Doch die Aufmerksamkeit des Orchesters richtete sich auf die Mitte des Halbkreises, wo der *Sahib al-Musika* mit seinem Tamburin den Rhythmus vorgab. »Der Fremde scheint Euch weit mehr zu interessieren als der Kalif«, zischte Jauhar. »Aber Ihr habt den Auftrag, Ibrahim zu verführen, nicht ihn. Ihr seid hier, um diesem Thronräuber das Handwerk zu legen, habt Ihr das vergessen?«

Arib lachte erneut. »Ibrahim ist kaum ein Appetithappen. Er interessiert sich ohnehin mehr für Sängerinnen als für sein Amt und ist nicht besser zum Kalifen geschaffen als seine Schuhsohlen. Ich habe meinen Auftrag nicht vergessen, doch alles zu seiner Zeit.« Wenn sie ihr Geld nicht nutzlos verschwendet hatte, hatten ihn ihre Sklavinnen schon heute Mittag im Hammam erwartet – mit dem Auftrag, ihn zu baden, an den richtigen Stellen zu massieren und in jeder Hinsicht auf das Versprechen einzustimmen, das ihre Herrin einlösen würde.

Draußen im Saal hatte sich Ibrahim erhoben. Das pockennarbige Gesicht war vom Wein gerötet, mit großer Geste trug er etwas vor. Die Männer applaudierten frenetisch, und die Tänzerinnen neigten sich vor ihm zu Boden. Doch während er den Becher hob, schweiften seine dunklen Augen zum Vorhang.

Arib lächelte. Der Mann, den man den Drachen nannte, erwartete sie begierig. Sie zwinkerte dem Eunuchen zu und griff nach ihrer Laute. Zärtlich strich sie über die silberne Einlegearbeit. Dann gab sie dem *Sahib al-Musika* ein Zeichen.

Der Rhythmus der Trommeln veränderte sich. Mit leichten Schritten kehrten die Tänzerinnen hinter den Vorhang zurück. *Ta-tam-ta-tam-tam*, summte Arib den schweren *Masmudi*-Rhythmus mit. Sie schlug die Laute an. Die sinnlichen Töne entrückten sie in vergangene Zeiten, als die Sänger mit magischen Urgewalten im Bunde gewesen waren. Ihr Körper wurde eins mit dem bauchigen Leib der *Oud*. Dann begann sie zu singen:

Reich mir den Becher und mach mich trunken,
Besser als Kummer ist der Genuss!
Der ist ein Feigling, der nie versunken
Im Rausch des Weines, in einem Kuss!

»*Ahsanti, ya Jamila!*«, rief eine Männerstimme. »Bravo!« Andere stimmten ein, und dann hörte sie Ibrahim: »Ich trinke auf die verführerischste Frau des Ostens!«

Arib nickte dem Orchester zu und überging Jauhars verzweifeltes Augenrollen. Dann trat sie an den Seidenvorhang und schlug die Sitara zurück.

Das Lärmen verstummte. Ibrahims noch erhobene Hand

mit dem Becher sank herab. Dunkle Schweißflecken zeigten sich auf seinem Seidenhemd. Vom Kalifen bis zum Eunuchen starrten alle Männer sie an. Lächelnd hob sie die Laute und verlieh ihrer Stimme jenen dunklen Klang, der die Männer um den Verstand brachte:

Darum, Geliebter, zier dich nicht weiter,
Genieß die Freuden an meiner Brust!
Der ist der kühnste, tapferste Streiter,
Der sich nicht fürchtet vor höchster Lust!

»Es heißt, der Teufel gebe ihr die Lieder ein«, hörte sie jemanden flüstern, und ein anderer stieß hervor: »Einmal diese Frau in meinem Bett, und ich würde selbst den Teufel anbeten!«

Arib fing die Woge der Begierde ein, die ihr entgegenschlug, und ließ sich davon mittreiben. All ihre Aufmerksamkeit richtete sich nun auf Ibrahim ibn al-Mahdi.

Die Musik steigerte sich zu einem wirbelnden Tanz. *Tam-tatata-tam-tam-tam* pochte der *Sharki*-Rhythmus in ihren Adern, betäubte ihre Sinne wie der Schauer eines leidenschaftlichen Kusses. Sie warf die Laute einem Sklaven zu und näherte sich dem Kalifen. Ibrahims vierschrötige Gestalt spannte sich an. Sein stechendes Parfüm schlug ihr entgegen, und in seinem schwarzen Vollbart glänzte der Wein. Arib kannte diesen Blick, den sie auf ihrer Haut förmlich fühlen konnte. Zum ersten Mal hatte sie ihn vor Jahren bei Harun ar-Raschid gespürt. Langsam stellte sie einen nackten Fuß auf seine gekreuzten Beine.

Den Gästen stockte der Atem. Ibrahim ließ sie willenlos gewähren. Sie war sich sicher, dass er wusste, warum sie hier war. Doch es hatte keine Bedeutung mehr für ihn. Unter ihrem Fuß pulsierte das Blut in seinen Adern. Sie tastete sich zu der Stelle zwischen seinen Beinen vor und lächelte unmerklich.

Arib beugte sich zu ihm herab. Wehrlos starrte er in ihr knappes Oberteil. Sie spürte, wie sein heißer Atem sich beschleunigte. Er ließ die Linke über ihre Fesseln nach oben gleiten, und die goldenen Reife klirrten. Das Zucken der wohlbekannten Schlange unter ihren hennagefärbten Zehen verriet, dass sie ihr Ziel erreicht hatte. Man musste nicht Gedanken lesen können, um zu ahnen, wie er sie im Geiste in Besitz nahm, triumphierend auf dem Schlachtfeld der Leidenschaft. Ohne den Blick von ihm zu nehmen, strich sie ihrem Opfer über die beringten Finger und nahm ihm den Pokal aus der Hand. Sie ließ das Glas über ihren nackten Bauch und zwischen den Brüsten hinaufgleiten. Dann hob sie es an die Lippen.

Ibrahims Atem ging schwer, er kämpfte um seine Beherrschung. Sie zog ihren Fuß zurück und wandte den Kopf dorthin, wo sich Jauhar zwischen den Gästen hindurchdrängte. Bei einem Mann blieb er stehen.

Arib hob die dunkel geschminkten Lider über dem Becher. Ihr Blick traf den des Fremden.

Schlagartig wich die Farbe aus ihrem Gesicht. Wein spritzte auf ihre Kleider, und die kalte Berechnung fiel von ihr ab wie ein schlecht sitzender Schleier. Krampfhaft umklammerte sie das Glas. Das Kristall brach, die Scherben schnitten in ihre Haut. Blut quoll zwischen ihren Fingern hervor, doch sie spürte es nicht. Während Ibrahim sie mit lüsternen Blicken verschlang, überschwemmte sie eine Woge lange vergessener Zärtlichkeit. Atemloses Verlangen und Furcht stritten in ihr, als sei sie wieder das Mädchen in zerrissenen Männerkleidern, er der junge Ritter aus dem Reich des Frankenkaisers. Alles an ihm war fremd und erschreckend – und zugleich unendlich vertraut.

Wolfram erhob sich langsam, die dunkelblauen Augen ungläubig auf sie gerichtet. Nicht der gefeierten Sängerin galt dieser Blick, nicht der Hure der Kalifen, sondern dem Mädchen von damals. Und wie eine kaum hörbare Melodie kehrte die Erinnerung an dieses Mädchen zurück.

Buch 1 — Die Straße nach Westen

Arib war begnadet mit Schönheit und Ausstrahlung, schlagfertig und von einem unglaublichen Talent als Sängerin und Lautenspielerin. Seit den legendären Singsklavinnen von Mekka und Medina hatte es keine gegeben, die ihr glich.

Aus der Chronik des Abu l-Faraj al-Isfahani

Erster Teil

Provinz Khorasan, Afghanistan, im Frühjahr 803.

1 »Arib! Wie oft habe ich dir verboten, deine Nase in meine Kochtöpfe zu stecken!«
Mit beachtlicher Behändigkeit wälzte sich die Köchin durch das Labyrinth von Töpfen und Pfannen. Nur wenige Kienspäne erhellten die Küche, und der Qualm aus den Herdfeuern tat ein Übriges, um ihre Umrisse im Nebel verschwimmen zu lassen. Sie steuerte auf die Tochter des Hausherrn zu, die sich trällernd den Hocker an einen der Kupferkessel herangezogen hatte.

Die zehnjährige Arib fuhr zurück. Scheinbar folgsam verschränkte sie die kleinen Hände hinter dem Rücken. Besser sie suchte jetzt keinen Zwist mit der Köchin. Denn heute hatte sie etwas vor, wofür ihr Vater sie streng bestrafen würde, sollte er sie dabei ertappen.

»Ich habe die Nase nicht hineingesteckt!« Zum Beweis wedelte sich Arib mit der linken Hand die Luft über dem Topf zu. Die Rechte hielt sie weiter hinter dem Körper versteckt. »Ich habe nur daran gerochen, so wie du es mir gezeigt hast, Parvane.« Ihre dunklen, etwas eng stehenden Augen blickten auf und ihre Mundwinkel zuckten. Wer immer der Köchin diesen klangvollen Namen gegeben hatte, musste Sinn für Humor gehabt haben. Ein Schmetterling war jedenfalls das Letzte, was Arib zu der dicken Köchin eingefallen wäre. Parvanes graues Wollgewand wölbte sich über ihren Speckfalten wie ein Kettenpanzer über einem Kriegselefanten.

Arib liebte die Küche im Haus ihres Vaters, und an Festtagen wie diesem liebte sie das fensterlose Gewölbe umso mehr – wenn dieses undurchdringliche Labyrinth durchwölkt war vom Duft gefüllter Vögel. Der Geruch karamelisierenden Zuckers, in dem man frisches Obst und Mandeln wälzte, mischte sich mit einer frischen Essignote. Lammpasteten in bizarren Formen standen auf Blechen aufgereiht wie die Gläubigen beim Freitagsgebet. Wie aus dem Nichts zischte das Fett eines Hammelschwanzes im Halbdunkel, und in irdenen Töpfen wartete ihr Lieblingsgericht: mit Walnüssen gefüllte Fleischtaschen, die man Kalifenbissen nannte. Parvanes Gehilfen schwatzten und sangen. Die Küche war ein Ort voller Rätsel und Geheimnisse. Hier, im Bauch der Erde, fühlte Arib sich geborgen. Heute allerdings hatte sie einen Plan.

Die Köchin wies auf den Hocker, auf dem Arib stand. »Komm herunter! – Halt, was versteckst du da?«

Arib zog den Löffel hervor, den sie hinter dem Rücken verborgen hatte. Sie duckte sich unter der Hand der Köchin hindurch und rannte davon.

»Bleib stehen!«, quiekte Parvane.

Das hättest du wohl gerne, dachte Arib, bog in eine schmale, von aufgestapelten Kupferkesseln gebildete Gasse ein – und übersah einen Turm aus Schüsseln, der krachend in sich zusammenfiel. Ihr Fuß verhakte sich irgendwo, und sie schlug der Länge nach hin. Gackernd suchten mehrere Hühner das Weite.

Arib rappelte sich auf und fand sich in einem Chaos kupferner Töpfe wieder. In manch einem hätte gut und gern sie selbst Platz gehabt, dachte sie mit einem misstrauischen Blick nach der Köchin. »Die standen gestern noch nicht da«, grinste sie verlegen, als Parvane sich vor ihr aufbaute – drohend wie der Elefantengott Ganesha auf dem Bildchen, das ihr ein indischer Reisender einmal geschenkt hatte. Die breite Gestalt versperrte den Fluchtweg, und die übrigen Kessel schwankten bedrohlich. Arib begutachtete ihren Ellbogen. Die aufgeschürfte Stelle brannte.

»*Allahu Rahim* – Gott ist barmherzig, wozu verbiete ich dir eigentlich etwas, wenn du doch tust, was du willst?« Die Köchin schüttelte den Kopf, aber zwischen ihren Pausbacken machte sich ein Lächeln breit. Arib schmiegte sich schmeichelnd an sie. Parvane zog sie zurück ans Feuer, setzte sie auf den Hocker, wo sie sie im Blickfeld hatte, und schmeckte dann die Brühe ab. Der beißende Qualm, der die feinen Aromen überdeckte, schien sie nicht zu stören. Sie klapperte mit den zahllosen Tiegeln im Wandregal gegenüber auf der Suche nach dem richtigen. »Ungehorsam wird aus Leidenschaft geboren«, tadelte sie, während sie mit den Töpfchen scharrte. »Das ist eine gefährliche Eigenschaft für eine Frau.«

»Eine gefährliche Eigenschaft!« Arib äffte sie hinter ihrem Rücken nach wie ein kleiner Zerrspiegel. Weniger aus Trotz als aus schlechtem Gewissen, denn was sie plante, war mehr als nur Ungehorsam. »Du redest immer von Gefahr, wenn du mir Dinge verbieten willst, die den Jungen erlaubt sind.« Neugierig blickte sie zu der Köchin auf, denn warum manche Dinge nur Jungen erlaubt waren, erklärte ihr niemand. Ihr Vater pflegte zu antworten, sie solle sich lieber früher als später damit abfinden.

»Dein Vater ist ein Barmakide«, erwiderte Parvane, wohlweislich ohne darauf einzugehen. Sie sprach laut, um das Brodeln der Kessel zu übertönen. »Damit gehört er zur wichtigsten Familie im Reiche des Kalifen Harun ar-Raschid. Das Oberhaupt eurer Sippe, der Großwesir Jafar, ist der mächtigste Mann nach dem Herrscher. So weit die schwarzen Banner der Kalifen wehen, huldigt man auch den Barmakiden. Du tätest gut daran, dir das öfter ins Gedächtnis zu rufen. Deine Mutter hat dir streng verboten zu toben und zu singen. Ein Mädchen von deiner Herkunft sollte folgsam und bescheiden sein, so wie deine Schwester Latifa.«

Arib wandte gelangweilt den Blick ab und folgte einer Maus, die sich unter dem Regal hervorwagte, blitzschnell nach einem Brotrestchen schnappte und wieder verschwand. Sie kannte diese Predigten. »Meine Katze singt besser als Latifa«, erwiderte sie umso schnippischer, da sie sich ertappt fühlte. Sie zog sich den Hocker heran, um Parvanes suchende Hand im Gewürzregal zu verfolgen. Über der Schulter der Köchin las sie die Aufschriften: Safran, Pfeffer aus Indien, Kardamom, getrockneter Ingwer und Koriander. »Theodora macht auch Musik«, wandte sie ein.

»Theodora ist eine Singsklavin. Mit so einem losen Ding

wirst du dich hoffentlich nicht vergleichen.« Irgendwo im Dunkel zischte etwas, ein Schmerzensschrei ertönte und dann das langgezogene Heulen einer Küchenmagd. »Für anständige Mädchen ist das Geträller nichts. Wenn sie es doch tun, bekommen sie später keinen Mann und müssen beim Jüngsten Gericht schrecklich büßen.« Parvane strich sich das Kopftuch aus der Stirn und winkte Arib zu sich heran.

»Soll ich dir sagen, wie es der Tochter eines Mannes aus Samarkand erging? Gegen den Willen ihres Vaters hat sie heimlich gesungen. Und eines Tages kam ein Blitz vom Himmel und erschlug sie. – Lass es dir eine Warnung sein!«

»Das hat die alte Fatima auch immer erzählt«, überschrie Arib die heulende Magd. Jemand brüllte etwas, und das Geheule verstummte. »Dann wurde sie krank. Der Arzt riet uns, einen Lautenspieler zu holen, um ihre Körpersäfte wieder ins rechte Lot zu bringen. Sie hat sich geweigert, weil sie es unanständig fand, und jetzt ist sie tot.« Dennoch war Arib etwas unheimlich. Was, wenn an der Geschichte mit dem Blitz vielleicht doch etwas dran war?

Parvane überging auch diesen Einwand. Sie hatte den richtigen Tiegel gefunden und gab einen gut bemessenen Löffel in den brodelnden Topf.

»Lass mich riechen!«, bat Arib und kletterte wieder auf den Hocker. Parvane hielt ihr die Gewürzmischung hin, und genussvoll sog das Mädchen den Duft von Nelken, Kreuzkümmel und Zimt ein.

»So«, meinte die Köchin und legte den Deckel darauf. »Ich habe viel zu tun. Und du sei folgsam, sonst gehst du ins Bett!«

Arib schnitt eine Grimasse, doch sie erwiderte nichts. Sie wies auf eine kleine Jadeskulptur, die halb versteckt in einem Winkel stand: die Figur eines dicken Mannes, der mit unterschlagenen Beinen dasaß und lächelte. In seinem Schoß lag eine frische Nelke. »Wer ist das?«

Parvane fasste sie um die Taille und stellte sie auf den Boden, ohne zu antworten. Im Hintergrund gackerte ein Huhn, der

Laut erstarb mit einem dumpfen Schlag. »Alle meine Ahnen haben den Buddha verehrt«, erklärte die Köchin zögernd. »Es kann doch nichts Falsches daran sein, wenn ich es auch tue.«

Neugierig beäugte Arib die Statuette. »Ich werde Vater nichts davon sagen. – Darf ich nach dem eingelegten Gemüse sehen?«, fragte sie dann lebhaft. »Ich bin gleich wieder da.«

Parvane gab ihr durch einen Wink zu verstehen, dass sie gehen konnte und widmete sich wieder dem Fleisch.

Das Mädchen rannte davon und durchquerte den Raum, der fast das gesamte Untergeschoss auf dieser Seite des Hauses einnahm. Sie schlängelte sich an den Feuerstellen vorbei, an Sklavinnen, die Gemüse putzten und raffinierte Füllungen für Pasteten herstellten. Eine ließ das Huhn ausbluten, das vorhin geschlachtet worden war. Der Knecht verschwand mit dem Kopf und hinterließ eine Blutspur. Mit klopfendem Herzen blieb Arib an der Tür stehen, die zum Hof hinausführte. Leise wehte Musik zu ihr herüber. Sollte sie es wirklich wagen?

Gegenüber lag der verbotene Saal, in dem ihr Vater seine Gäste empfing. Oft hatte Arib abends vom Harem aus Musik und Gelächter gehört und sich gewünscht, dabei sein zu dürfen. Die Singsklavin Theodora hatte ihr von diesen abendlichen Treffen erzählt: Von Gold und Silber und seidenen Stoffen, Musik und Gesang, ganz zu schweigen von den erlesenen Speisen, die den Gästen kredenzt wurden!

Arib vergewisserte sich, dass niemand sie beachtete. Dann rannte sie mit wild schlagendem Herzen hinaus in den Hof. Die Sonne sank bereits, und düster ragten die Steinmauern hinter den Maulbeerbäumen auf. Der Anblick dieser Mauern erinnerte sie daran, dass ihr Vater sie tagelang in den Harem einsperren würde, wenn er sie ertappte.

Der Raum war zum Hof hin halb offen. Eine Melodie klang heraus und zog Arib magisch an. Niemand bemerkte sie, als sie atemlos eintrat. Im rechten, offenen Bereich saßen die Männer auf dem niedrigen Diwan. Der Duft von Honig und Mandelhalwa stieg Arib in die Nase, das Parvane schon am

Morgen vorbereitet hatte. Sie machte die hochgewachsene Gestalt ihres Vaters aus. Er war in ein Gespräch mit einem Alten vertieft – vermutlich einer der Philosophen, die er immer wieder einlud, damit sie sich einmal satt essen und Wein trinken konnten. Traumverloren starrte ihr Bruder Ali nach dem Vorhang, der den Teil links vom Eingang abtrennte und Raum für die Musiker bot.

Aribs Blick folgte dem seinen. Sie drückte sich in die erste Nische zur Linken, halb hinter den Vorhang. Im Schutz eines Rosenbuketts konnte sie die Frau sehen, der Alis melancholische Blicke offenbar galten: die *Kayna*, die griechische Singsklavin.

Hingerissen musterte Arib die Sängerin. Gewöhnlich trug Theodora einfache bunte Gewänder, lange Röcke und Jacken. Jetzt war ihre Haut nur knapp von einem braunseidenen, unter der Brust geschlossenen Oberteil bedeckt. Darunter trug sie eine Hose. Ihr blondes Haar fiel offen über den Rücken. An den Schläfen war es zu zwei Zöpfen geflochten, in denen Gold und Rubine funkelten. Die Fingerspitzen hatte sie dunkelrot gefärbt, und kühne schwarze Linien zogen sich bis weit über ihre Augenwinkel hinaus.

Als sie Arib bemerkte, stutzte sie. Dann kniff sie ein Auge zusammen, und ihr geschminkter Mund formte stumm ein Wort. Arib kicherte verstohlen. Sie konnte zwar nicht von den Lippen lesen, doch sie wusste, wie die Kayna sie liebevoll zu nennen pflegte, wenn sie ungehorsam war: *Schirbacce* – kleiner Tiger.

Die Musik setzte wieder ein. Der Lautenklang entführte Arib in eine verzauberte Welt. Und dann begann Theodora zu singen. Aribs Seele geriet ins Schwingen. Sie hatte dem Sog, der sie ergriff, nichts entgegenzusetzen. Die Melodie bebte in ihrem Körper, ihr Herz pochte im Rhythmus des Tamburins. Sie stand reglos da, als würde jede Bewegung etwas Unantastbares verletzen.

Ein scharfer Befehl erklang vom Eingang her. Das Klirren

von Waffen riss Arib aus ihrer Verzauberung. Theodora verstummte. Widerwillig ließ sie die Laute sinken und trat an den Vorhang, um hinauszusehen. Ihre Lippen wurden bleich, die Hand klammerte sich um ihre lange Bernsteinkette. Tropfenweise versiegte die Musik, zuerst das Tamburin, dann die anderen Instrumente. Die Gäste hatten ihre Unterhaltung unterbrochen. Vorsichtig wagte sich Arib ein Stück aus ihrem Versteck.

Ein Trupp Soldaten hatte sich Zutritt zum Saal verschafft, Stahl blitzte auf. Die letzten Sonnenstrahlen umgaben den hereintretenden Mann wie ein feuriger Strahlenkranz. Erschrocken fuhr Arib zurück. Sie sah genauer hin und seufzte erleichtert. Es war nur der *Afschin*.

Sie alle nannten Haidar so, obwohl ihm dieser Titel eigentlich nicht gebührte, da er noch kein eigenes Fürstentum besaß. Sein Vater herrschte über ein kleines heidnisches Reich im nahen Sogdien, was den Sohn jedoch nicht daran gehindert hatte, in die Dienste des Kalifen zu treten. Und man munkelte, diese plötzliche Frömmigkeit sei das Geschäft seines Lebens gewesen.

Neugierig blickte Arib zu ihm herüber. Die schwarzen Augen des jungen Soldaten lagen tief unter buschigen Brauen. Sie verliehen seinem Blick etwas Forschendes, das ihr immer ein wenig unheimlich war. Obwohl Haidar kaum über Zwanzig war, strahlten seine bärtigen Züge eine Strenge aus, die ihn älter wirken ließ. Und heute schien es, als sei er im tiefsten Inneren unruhig. Immer wieder zuckten die sehnigen Finger zum Gürtel seiner Seidentunika.

Anas, Aribs Vater, hatte sich erhoben. »Ihr kommt überraschend, doch Ihr seid willkommen«, grüßte er. »Aber warum in Waffen, mein Freund?« Seine Stimme schwankte unmerklich. Verwundert bemerkte Arib, wie bleich er war. Die Unterhaltung war verstummt, Theodora starrte den Besucher mit weit geöffneten Augen an. Auf seinen Befehl hin verteilten sich Haidars Bewaffnete im Raum. Die Gäste rückten zusammen und raunten einander halblaute Worte zu. Langsam trat der Afschin auf Anas zu.

»Ich bin nicht zum Feiern gekommen.«

Arib bemerkte erschrocken, wie ihr Vater zurückwich. Das schwarze Haar, das ihm unter dem Turban auf die Schultern fiel, bildetet einen scharfen Gegensatz zu seiner alabasternen Haut. Seine Blässe beunruhigte Arib.

»Ihr gehört zur Familie von Jafar dem Barmakiden, dem Wesir Harun ar-Raschids«, sagte der Afschin ruhig.

Anas nickte mit bleichen Lippen. »Jeder hier weiß das«, antwortete er. Arib hatte Jafar einmal kennengelernt und mochte ihn: ein schöner Mann mit klangvoller Stimme und ruhigen Gesten. Es hieß, der Kalif schätze seinen Rat wie den eines Bruders. Auf seinen nächtlichen Ritten durch die Hauptstadt sei der treue Wesir stets an seiner Seite.

»Ich habe Neuigkeiten für Euch«, sagte der Afschin. »Aus Bagdad.« Arib bemerkte, wie die rechte Hand ihres Vaters zum Hals fuhr, als würge ihn etwas. Sie hatte ihn noch nie so gesehen.

»Harun ar-Raschid, der Beherrscher der Gläubigen, hat Jafar gestürzt«, berichtete der Afschin.

»Davon hat man mich nicht benachrichtigt«, erwiderte Anas überrascht. »Seid Ihr sicher, dass es wahr ist?«

Haidars hageres Gesicht blieb unbewegt. »Die Nachricht kam mit einer Brieftaube. Ihr wisst, was das bedeutet.«

Arib verstand nicht, was er damit sagen wollte. Doch Anas wurde noch bleicher.

»Es heißt, Jafar hinge im Geheimen noch seiner früheren Religion an, dem Buddhismus«, fuhr der Afschin fort. Seine Hand krampfte sich so fest um den Schwertgriff, dass die Knöchel weiß wurden. Offenbar kostete es ihn Überwindung weiterzusprechen: »Euer Patron wurde geköpft und die Teile seiner Leiche an drei Brücken Bagdads zur Schau gestellt.«

Bedrücktes Schweigen erfüllte den Raum. Arib presste die geballte Faust auf den Mund.

»Und Ihr?«, fragte Anas endlich. »Seid Ihr gekommen, um mich zu warnen?«

Der Blick aus den tief liegenden Augen des Afschin jagte Arib einen Schauer über den Rücken. Ohne Vorwarnung zog er das Schwert und stieß es Anas bis ans Heft in die Brust.

Arib hörte sich aufschreien. Sie stieß gegen das Blumenbukett, und die schwere Onyxvase geriet ins Schwanken. Gedämpft drangen die entsetzten Schreie der Gäste zu ihr vor.

Anas starrte seinen Mörder mit ungläubig geweiteten Augen an. Ein dünner Faden rann aus seinem Mund, zuerst farblos, dann mischte sich Rot hinein. Haidar neigte sich zu ihm und zischte ihm über die Klinge hinweg etwas zu. Anas öffnete stumm den Mund, ein ersticktes Röcheln rang sich über seine Lippen, die dunklen Augen wurden glasig. Mit einer brutalen Drehung zog der Afschin die Waffe aus dem Leib des Sterbenden. Blut schoss auf seine pelzbesetzte Hose und das Seidenwams. Anas' Lippen färbten sich blau. Blutiger Schaum trat darauf, sein Blick erstarrte. Und dann sah Arib das kalte Lächeln des Afschin.

Ungehemmt schrie sie ihr Entsetzen hinaus. Sie stürmte aus ihrem Versteck. Plötzlich packte sie jemand. In wütender Verzweiflung schlug sie um sich. Jemand umschlang sie, etwas drückte kalt auf ihre Wange. Theodoras Bernsteinkette.

Haltlos schreiend klammerte sich Arib an die Kayna. Sie wollte die Augen vom Geschehen abwenden, doch sie konnte es nicht. Unbarmherziger als alles andere brannte sich Haidars Lächeln in ihr Gedächtnis.

Kreischend sprangen die Gäste auf, Sklavinnen liefen in Panik durcheinander. Anas brach langsam zusammen. Er glitt an Haidar herab und blieb in seiner Blutlache liegen. Erneut wollte Arib sich losmachen, doch Theodoras eiserner Griff ließ ihr keine Möglichkeit.

»Lass mich zu meinem Vater!«, brüllte Arib verzweifelt. »Lass mich los, verdammte Sklavin! Lass mich los!« Sie schrie die Worte, als müsste sie sie nur immer wiederholen, um ihren

Willen zu bekommen. Die Gäste flohen zum Ausgang. Vom Geschrei angelockt, stürzten die Waffenknechte ihres Vaters herbei. Arib sah den alten Huschang bleich werden. Keuchend starrte sie ihn an. Warum unternahm er nichts?

Aus dem Gesicht des Afschin sprach ein Hohn, der ihr das Blut in den Adern gefrieren ließ. Mit einer geschmeidigen Drehung wich er Huschangs Angriff aus und griff in seine Waffenhand. Dann hob er blitzschnell die eigene Klinge. Mit grausamer Eleganz stieß er sie oberhalb des Schlüsselbeins in Huschangs Leib. Ein erneuter Schwall Blut spritzte ihm ins Gesicht, die Augen des alten Waffenknechts traten hervor. Beiläufig zog der Afschin das Schwert zurück und wischte sich mit einem Seidentuch über die Lippen. Aus seinem Turbantuch rann Blut, und seine Hände glänzten rot im Fackelschein.

Vor Aribs Augen verschwamm alles. Vage erkannte sie das fahle Gesicht ihres Bruders. »Ali!«, kreischte sie. Ihre Stimme überschlug sich. Ein heftiger Schlag traf sie auf die Wange, und der Schmerz brachte sie wieder zu sich. »Sei still, du bringst dich um!«, schrie Theodora sie an. Sie warf einen hastigen Blick auf die in Panik auseinanderstrebenden Menschen und zog das Mädchen tiefer in die Nische. Aribs Schreien ging in Wimmern über. Ihre Lippen zitterten, ihre Glieder wurden taub. Sie spürte ihren Körper nicht mehr.

Die schwarze *Durra'a* des Afschin war auf der Brust von Blut durchnässt, ebenso wie seine Hose mit dem Besatz aus Marderfell. Doch seine verschmierte Hand hielt den Schwertgriff sicher. Stahl rieb auf Stahl. Mit einer kreisförmigen Bewegung wehrte er Alis Angriff ab. Die Waffe ihres Bruders flog durch den Saal und schlug klirrend auf. Ehe der Junge sie wieder aufnehmen konnte, durchschnitt Haidars Klinge die Luft. Etwas knirschte, dann prallte Alis Kopf wuchtig auf den Boden. Eine warme, klebrige Flüssigkeit spritzte bis zu Arib herüber.

Sie schrie wie von Sinnen. Theodoras Arme waren kraftlos herabgesunken. Die Frauen ihres Vaters waren vom Tumult angelockt worden, Aribs Mutter stand mit totenbleichem Gesicht im Eingang. Sie hatte nur einen einfachen *Izar* übergeworfen. Darunter trug sie ihr Nachtgewand, weiß wie ein Leichentuch.

»*Modar!*«, kreischte Arib. »Mutter!« Die Mutter fuhr zu ihr herum. Haidars Augen folgten ihrer Bewegung und trafen die Aribs. Mit ausdruckslosem Gesicht kam er auf sie zu.

»Nein!« Aribs Mutter machte Anstalten, sich auf ihn zu stürzen. Mit einer Hand gab er einem seiner Männer einen Wink. Das Mädchen bemerkte den ungläubigen Blick, den der junge Soldat zu ihm zurückschickte. Der Afschin nickte. Mit zitternden Händen bog der Soldat den Kopf ihrer Mutter zurück und stieß ihr den Dolch seitlich in den Hals. Ihr Schrei erstickte in einem Gurgeln. Blut besudelte das Gesicht des Soldaten und seine Kleider. Doch die Mutter sank nicht zu Boden, sondern umklammerte röchelnd seinen Ärmel. Entsetzt versuchte der junge Mann, sich zu befreien. Schreiend schlug er auf sie ein, zerrte an dem Stoff und wollte ihre Finger brechen, um den eisernen Griff gewaltsam zu lösen. Der Afschin stieß einen Fluch aus. Mit wenigen Schritten war er bei ihm und schnitt Aribs Mutter mit einer geübten Bewegung die Kehle durch. In einem unnatürlichen Winkel sank ihr Kopf zur Seite.

Arib zitterte so heftig, dass ihre Zähne aufeinanderschlugen. Sie brüllte erneut auf, als Theodora sie an sich ziehen wollte. Wild schlug sie um sich, kratzte und biss, doch die Kayna packte ihre Arme, und hob sie hoch. Halbblind vor Entsetzen sah Arib, wie die Soldaten die Festgäste im hinteren Teil des Raums zusammentrieben. Der Afschin näherte sich ihnen über die Leichen hinweg. Theodora blieb stehen. Einen Herzschlag lang trafen sich ihre Blicke. Sein Gesicht zuckte kaum merklich.

Dann zerrte die Kayna das Mädchen hinter den Vorhang. Erst jetzt bemerkte Arib die verborgene Pforte in der Stuckverzierung. Theodora stieß die Tür auf und zog das zitternde Bündel mit sich hinaus. Kälte schlug Arib ins Gesicht. Die dunklen Schatten der Nacht verschlangen sie.

2

In scheinbarem Frieden brach der nächste Morgen an. Der Himmel färbte sich in einem hellen, von goldenen Streifen durchzogenen Blau. Kahl ragten die Berge des Hochlands von Khorasan empor, die Geröllfelder an den Hängen leuchteten rosa. Am dunstigen Horizont strömte der Amu Darja auf seinem Weg von den Gletschern des Pamir zum fernen Aralmeer. Noch ruhten die Schaufelräder, die das Wasser des kleineren Balkh-Flusses auf die Felder pumpten. Verloren in diesem weiten Tal lag ein Dorf. Scharfer Qualm wurde von den Herdfeuern über die Ebene getrieben. Einige Schafe und die zweihöckrigen baktrischen Kamele suchten nach Gras. Oberhalb der Umfriedung stand ein grob aus Steinen errichteter Unterstand. Doch heute waren es keine Hirten, die hier Zuflucht vor wilden Tieren suchten.

Arib erwachte mit klammen Gliedern. Ohne zu begreifen, sah sie hinauf zu dem roh zusammengefügten Dach über sich. Sie spürte nur Kälte, die sie lähmte. Um sie herrschte beängstigende Stille. Keine Sklaven schlugen im Haus Türen zu, kein Obstverkäufer pries auf der Straße seine Ware an. Ein Windstoß zerrte an der Mauer, doch die Luft duftete nicht nach frisch gebackenem Brot. Jemand kam herein. Sie erkannte das Gesicht mit dem blonden Haar und den dunkleren Brauen. Theodora.

»Gott ist gnädig, du bist wach!«, sagte die Kayna. »Ich hatte schon Angst, dich auch noch zu verlieren.« Tränen liefen ihr übers Gesicht. Wortlos nahm sie Arib in die Arme und vergrub das Gesicht in ihrem Haar. »Ich weiß, was du empfindest«, flüsterte sie. »Ich weiß es, glaube mir. Dein Vater hat mich aufgenommen, nachdem mein Herr gestorben war. Er war gut zu mir. Auch ich habe alles verloren.«

Arib spürte die Berührung kaum. Blicklos starrte sie vor sich hin und ließ die Worte an sich abperlen. Sie konnte sich nicht erinnern, wie sie hierher gekommen war, und es war ihr auch gleichgültig. Jede Bewegung kostete sie Kraft.

Die Kayna fasste sie an den Schultern und hielt sie ein Stück von sich weg, um ihr ins Gesicht zu sehen. »Du musst jetzt aufstehen, Arib. Hier können wir nicht bleiben.«

Arib reagierte nicht.

»Du musst stark sein«, beschwor Theodora sie, »sonst werden wir auch sterben.« Sie gab ihr einen Klaps auf die Wange, sodass Arib sie ansehen musste. »Ich weiß, wie schwer es für dich ist, aber wir müssen aus der Gegend von Balkh weg. Gleich kommt ein Junge. Er bringt uns etwas zu essen und andere Kleider. Haidar wird nicht aufgeben, ehe er nicht auch dich gefunden hat. Und an unseren teuren Gewändern würde man uns sofort erkennen.« Ihre Stimme versagte.

Aribs Blick wurde klarer. Die Schminke um die Augen der Kayna war verschmiert. Schwarze Streifen zogen sich über ihre Wangen, als hätte sie geweint, und auch das Rot ihrer Lippen war verwischt. Arib bemerkte, dass sich Strähnen aus den blonden Schläfenzöpfen gelöst hatten. Allmählich erinnerte sie sich, dass sie an Theodoras Hand durch die Stadt gelaufen war. Es war dunkel gewesen. Sie war gestolpert. Theodora hatte sie zurück auf die Füße gezerrt. Wieder und wieder.

Die Kayna schüttelte sie leicht: »Die Karawanenstraße ist nicht weit. Es ist gefährlich, doch wir haben keine andere Wahl. Wir müssen eine Gruppe von Reisenden finden, der wir uns anschließen können, sonst sind wir verloren.« Sie schwieg, dann brach sie in Tränen aus. »Sprich endlich mit mir, Arib! Deine Eltern sind tot, aber lass uns doch wenigstens unser Leben retten!«

Arib verfolgte die Spur der Tränen auf Theodoras verschmierten Wangen. Sie zogen sich durch die Schminke wie kleine Rinnsale von Blut – wie das Blut im Gesicht des Afschin.

»Du lügst!«, stieß Arib hervor. Sie befreite sich gewaltsam aus Theodoras Armen. »Verdammte Sklavin!«, schrie sie die Kayna an.

»Still!«, flüsterte Theodora. Sie warf einen hastigen Blick über die Schulter.

33

»Du lügst!«, kreischte Arib. »Ich will zu meinen Eltern! Mein Vater wird dich bestrafen…« Keuchend rang sie nach Luft, ihre Finger verkrampften sich. Sie verlor die Gewalt über ihren Körper, wollte schreien, doch sie spürte ihre Lippen nicht mehr. Alles verschwamm vor ihren Augen. Ihr wurde kalt. Theodoras Worte drangen wie durch Watte gedämpft zu ihr durch. Plötzlich sah Arib den gestrigen Abend wieder vor sich. Jedes einzelne Bild hatte sich unbarmherzig in ihr Gedächtnis gebrannt. Sie brach in Schluchzen aus, ihr ganzer Körper bebte. Sie schmiegte sich an Theodora, fühlte ihre Wärme und wie das Gefühl in ihre tauben Glieder zurückkehrte.

»Ist ja gut«, sagte Theodora erstickt. Mit zitternden Händen strich sie ihr übers Haar. »Ist ja gut.« Sie ließ Arib weinen, bis sie vor Erschöpfung verstummte.

Irgendwann kam der Junge, brachte Brot, Ziegenkäse und einige schmutzige Lumpen. Sein Kinn war erst spärlich behaart. Doch wenn Theodora ihn ansprach, nahm er eine stramme Haltung an, als sei er bereit, ganze Heerscharen von Ungläubigen für sie zu erschlagen. Die Kayna hatte ihren Schmuck abgelegt und in einen Fetzen gewickelt, den sie aus ihrem Ärmel gerissen hatte. Dann verlangte sie, dass Arib die Lumpen des Jungen anzog und ihm ihre eigenen Kleider gab. Arib war zu erschöpft, um sich zu weigern. Sie schlüpfte in eine weite, etwas zu lange Hose aus einem kratzenden Stoff. Darüber kamen ein langes Hemd in einer undefinierbaren Farbe, das nach Schweiß und Vieh roch, und ein Gürtel. Schließlich wickelte sie über alles noch die *Schamla*, eine Decke aus grober grauer Wolle. Auch die Kayna tauschte ihre kostbaren Gewänder ein. Dann knotete sie eine Schnur um das Säckchen mit dem Schmuck und band es auf der Innenseite ihrer Hose am Saum fest. Arib bemerkte, dass der Junge ihnen durch einen Mauerspalt heimlich zusah. Auch danach folgte er Theodora auf Schritt und Tritt und begaffte sie. Er roch wie eine ganze Herde Ziegen. Endlich trollte er sich auf ein schmeichelndes Wort der Kayna hin – wenngleich mit sichtlich enttäuschter Miene.

Theodora drückte ihr das Brot und den ranzigen Käse in die Hand. Auch etwas Obst aus den umliegenden Gärten hatte der Junge gebracht. Arib legte alles neben sich auf den gestampften Boden. Erst jetzt bemerkte sie den Schafkot in der Ecke. Sie zog ihre Lumpen enger um den Leib.

»Iss doch, ich bitte dich!«, beschwor Theodora sie. Inzwischen hatte sie sich die Schminke aus dem Gesicht gewischt. Obwohl sie beinahe Zwanzig war, sah sie nun aus, als sei sie kaum älter als Arib. »Ich weiß, dass dir nicht danach ist, aber du brauchst Kraft.«

»Das Brot ist schlecht«, sagte Arib. »Ich esse kein altes Brot.« Obwohl die Sonne längst aufgegangen war, fror sie noch immer. Die Kleider kratzten und waren schmutzig.

Theodora griff nach dem Brot und legte ihr den harten Klumpen wieder in die Hand. »Ich weiß, dass es nicht gut ist. Aber wir haben kein anderes, also iss es bitte.«

Sie hatte recht. Dennoch schien es Arib leichter, sich aufzugeben, als den Schmerz zu ertragen. Zögernd griff sie nach dem Brot. Es war steinhart, und die Kanten schnitten in ihren Mund. Sie musste es mit Speichel aufweichen und spürte Ekel. Trotzdem schluckte sie langsam. »Und nun?«, fragte sie.

Auch Theodora kaute mit sichtlichem Widerwillen. »Darüber habe ich mir die ganze Nacht Gedanken gemacht«, antwortete sie nachdenklich. »Haidar …«, sie unterbrach sich und sah Arib an. »Hier kannst du jedenfalls nicht bleiben«, meinte sie. Ihre Stimme wurde lebhafter. »Wenn es uns gelänge, die Karawanenstraße zu erreichen! Ich könnte dich nach Rey bringen, zu deinem Onkel. Natürlich würde es lange dauern. Wir sind es nicht gewöhnt, zu Fuß zu gehen. Die Straßen sind unsicher, und wir müssten sehen, wo wir den Schmuck zu Geld machen können. Aber wenn wir eine Karawane fänden, könnten wir es schaffen.« Sie brach ab und starrte auf den gestampften Lehmboden.

Arib war sich nicht sicher, ob Theodora selbst an das glaubte, was sie sagte. »Und der Afschin?«, fragte sie leise. »Er wird uns suchen, nicht wahr?«

Theodora schwieg. Dann sah sie auf und antwortete: »Es ist ein Wunder, dass er uns noch nicht gefunden hat.«

3 Wie eine unüberwindliche Barriere ragte das Hochland von Khorasan vor ihnen auf. Die Straße führte durch eine staubige Ebene. Unendlich klein wirkten die einsamen Wanderer, die am Fuße der steinernen Riesen dahinstolperten. Im Schatten der kahlen Hänge fühlte sich Arib verloren. Das Geröll hatte die Farbe bleicher Knochen, und die Landschaft war so leer wie ihr eigenes Inneres. Nur wenige Salzsteppensträucher und vereinzelte Bäume wuchsen hier, wo es keine künstliche Bewässerung mehr gab. Inmitten der öden Landschaft hätte sie am liebsten laut geschrien.

Die Handelswege, auf denen Seide, Jade und Tee aus China nach Westen gelangten, waren uralt. Sie spannten sich über ganz Asien wie ein magischer Teppich, in den Städte als Knoten gewebt waren. Und doch war die legendenumwobene Straße der Seidenkarawanen kaum mehr als ein Netz von mehr schlecht als recht befestigten Pfaden. Derjenige, dem Arib und Theodora folgten, führte von den Obstfeldern des Amu-Darja-Tals in die Steppe hinaus. Er mied die eisbedeckten Gipfel des Hochlands und verlief nördlich des gewaltigen Massivs gen Westen. Hin und wieder stießen sie auf brackige Flussläufe, an deren Ufer Tamarisken und andere anspruchslose Pflanzen wuchsen.

Irgendwann hörte Arib auf, die immer gleichen Tage zu zählen. Aus Furcht vor den Häschern des Afschin machten sie sich stets erst auf den Weg, wenn es dunkel wurde. Die Nächte waren eiskalt, und bisweilen heulten Stürme über sie hinweg. Der ferne Horizont ließ Arib ihre Einsamkeit noch stärker empfinden.

Das Brot des Jungen war fast aufgebraucht, und sie ernährten sich von halbvertrockneten Wurzeln, die sie am Wegrand fanden. Nach wenigen Tagen wühlte grausamer Hunger in Aribs Eingeweiden. An den Füßen hatte sie Blasen, die bei jedem Schritt schmerzten. Immer wieder liefen ihr verstohlene Tränen über das schmutzige Gesicht. Nur wenn sie an Haidar dachte, vergaß sie die Schmerzen. Der Afschin durfte nicht siegen. Alle Kraft in ihrem kleinen Körper konzentrierte sich auf den jeweils nächsten Schritt, bis sie fast glaubte, Teil dieser entsetzlichen Weite zu sein.

Tagsüber rollten sie sich im Schatten von Felsbrocken oder eines vereinzelten Baums in ihre Schamla. Nach wenigen Tagen waren Aribs Beine von der ungewohnten Anstrengung so steif, dass sie sich kaum noch rühren konnte. Die Hitze brannte herab und ließ sie nicht einschlafen. Zu Hause hätte ihre Mutter ihr etwas Kühles zu trinken gebracht, und Parvane hätte einen Kräuterverband auf die wunden Stellen an ihren Füßen gelegt. Leise schluchzte Arib in ihre Decke.

Theodora kam zu ihr herüber und nahm sie in die Arme. »Ich vermisse sie auch«, flüsterte sie. Leise begann sie zu singen: »*Meiner Laute Zauberklang/ lindert selbst die tiefste Trauer./ Aber wie der Frühlingsschauer,/ den der warme Westwind bringt,/ strömen Tränen, wenn ihr Sang/ machtvoll in die Seele dringt.*«

Aribs Tränen versiegten. »Was ist das für ein Lied?«, fragte sie.

»Man kennt es überall entlang der Karawanenstraße.« Theodora streichelte ihr zerzaustes Haar. »Sing mit!«

Arib erinnerte sich, dass man ihr verboten hatte zu singen und schüttelte den Kopf. Hatte Parvane sie nicht eindringlich gewarnt? Mit geschlossenen Augen sang die Kayna weiter. Es war, als würde sie die Musik mit dem Atem aus der Luft aufnehmen, als fließe sie durch sie hindurch. Der harte Schmerz in Arib begann sich zu lösen. Stockend rangen sich die Töne über ihre Lippen. Zuerst war es kaum mehr als ein verstohlenes Seufzen, dann summte sie mit. Die Tränen flossen stärker, aber dennoch fühlte sie sich auf eine seltsame Art erleichtert. Unwillkürlich blickte sie zum Himmel, doch kein Blitz fuhr herab.

»Es betäubt den Schmerz nicht«, sagte Theodora. »Doch es bewegt die Seele, sodass die Gefühle frei werden. Der Kosmos hat eine geheimnisvolle Heilkraft. Kannst du sie fühlen?«

Arib summte weiter. Sie spürte etwas – den Abglanz einer fernen Harmonie, die sie tröstete. Plötzlich unterbrach sie sich. »Warum hat der Afschin das getan?«, fragte sie.

Theodora zögerte. »Es wäre nicht das erste Mal«, antwortete sie stockend, »dass jemand einen Freund verrät, um sich dessen Vermögen anzueignen. Harun ar-Raschid ist ein gerechter Herrscher, heißt es, der noch den Geringsten seiner Untertanen vor Willkür schützt. Jemand muss die Barmakiden verleumdet haben, er hätte sie sonst nie so hart bestraft. Sie waren die mächtigste Familie des Reiches. Wenn wir nur wüssten, was in Bagdad geschehen ist!« Sie schloss die Arme fester um Arib, und ihr Blick schweifte über die Ebene die kahlen Hänge hinauf. »Ich frage mich, ob ich es nicht hätte ahnen müssen.«

Arib machte sich los, um ihr ins Gesicht zu sehen, doch Theodora schüttelte entschlossen den Kopf. »Wir können nur beten, dass es uns gelingt, Rey zu erreichen. Haidars Männer sind darauf abgerichtet, Menschen zu finden, die nicht gefunden werden wollen. Er muss sich nur an den Steuereintreiber wenden.«

Arib sah sie fragend an.

»Die Steuern sind hoch«, erklärte die Kayna. »Viele Menschen, die sie nicht bezahlen können, fliehen in die Berge und in die Wüste.« Sie verstummte, und ihre Hand schloss sich um das Glasamulett, das sie trug. Es war Arib schon vor Tagen aufgefallen. »Du glaubst nicht, dass wir es schaffen, nicht wahr?«, fragte Arib ernst.

Theodora strich zärtlich über das längliche Stück Glas. Längst waren ihre Finger schmutzig und die Nägel abgebrochen. »Ich bete jeden Tag zur heiligen Maria darum«, entgegnete sie. Sie hob das Amulett an die Lippen, und Arib erkannte das Bild einer Frau mit einem Kind darauf. Leiser setzte die Kayna nach: »Aber der Steuereintreiber kennt jeden Winkel hier. Wenn Haidar sich an ihn wendet, wird es nicht lange dauern, bis er uns findet.«

Zwei Tage später dösten, nur wenige Meilen von diesem Ort entfernt, mehrere Pferde im Schatten einer Tamariske. Verloren inmitten der Steppe war der einsame Strauch das einzige Anzeichen von Fruchtbarkeit weit und breit. Auch die Reiter hatten sich darunter ausgestreckt, denn die Sonne brannte erbarmungslos. Im Süden erhob sich das schneebedeckte Hochland, und ein spärlicher Wasserlauf versickerte zu ihren Füßen im tonigen Boden. Nur der bärtige junge Mann etwas abseits schien die Hitze nicht zu spüren. Gleißend fiel das Licht von dem Papier in seinen Händen zurück. Mit zusammengekniffenen Augen überflog der Afschin den Brief:

Meinem Freund Haidar ibn Kawus, dem Afschin,

Ihr habt mich um Nachricht gebeten, und in der Tat vermag ich wohl, Euch die gewünschte Auskunft zu geben: Gestern, kaum hatte mich Eure Brieftaube erreicht, kam ich in eines der Dörfer, wo ich die Steuern einzutreiben pflege. Es handelt sich um kaum mehr als eine Ansammlung erbärmlicher Steinhütten inmitten eines Kranzes mühsam zu bestellender Felder. Durch Kadaver und Unrat aller Art bahnt man sich den Weg. Flüssigkeiten, welche vor einem Mann von Adel zu benennen unhöflich wäre, rinnen über die Straße. Bisweilen versperren Kamele den Weg, und in ihrem verfilzten Haar hängen Dinge, die zu beschreiben die Feder sich sträubt – kurz, ein von Gott und der Welt verlassenes Dorf.

Dort, sagte man mir, hätten vorgestern zwei zerlumpte Mädchen gerastet. Dies machte mich stutzig, denn welches Mädchen reist schon ohne Schutz und Schirm eines Mannes? Darüber hinaus berichteten die Dorfleute, das jüngere habe ein hochfahrendes Verhalten an den Tag gelegt, wie es keiner Frau ziemt, nicht einmal

39

einer edlen: Einer der Alten bemerkte, da sie männlichen Schutz ja offensichtlich verschmähten, seien sie wohl für jedermann zu haben. Darauf soll die Jüngere erwidert haben: »Jedenfalls nicht für einen Greis, der nur noch vom Dreck in seinen Kleidern aufrecht gehalten wird.« Fürwahr, dies ist nicht die Sprache eines Bauernmädchens!

Die Mädchen suchten sodann eines der größeren Häuser auf – wenngleich die Steinhütten der Dörfler diese Bezeichnung wahrlich nicht verdienen. Als ich dort nachforschte, verwehrte der Bauer mir indes jede Auskunft über seine Gäste. Ich muss dazu sagen, dass er noch jung war und ganz das Gebaren eines Liebeskranken an den Tag legte: Er ward rot und weiß, wenn ich nach den Mädchen fragte, und bald perlte Schweiß auf seiner bleichen Stirn, bald überlief ihn Kälte. Dies weckte meinen Argwohn. Ich ließ ihn also beiseite schaffen, und in der Tat: Nach einigen Schlägen ward sein Verstand flugs wieder größer als seine Männlichkeit, und er begann zu sprudeln wie ein Wasserfall. Die Mädchen hätten teuren Schmuck in bare Münze, einige kleinere Hilfsmittel und Nahrung getauscht. Zwar behaupteten sie, zwei Waisen auf dem Weg zu ihrem Onkel zu sein, doch gestand der Bauer, dass auch er dieser Mär keinen Glauben schenke. Woher hätten sie auch den Schmuck gehabt? Sie erkundigten sich nach einer Karawane, die nach Westen reise und bei der auch Frauen seien. Die Ältere muss dem armen Manne gewaltig den Kopf verdreht haben. Noch als wir ihn prügelten, weigerte er sich, sie zu beschreiben. Erst als ihm das Blut in Strömen herabrann, gestand er, sie sei eine sehr schöne blonde Frau von zwanzig Jahren gewesen. An die andere, ein unscheinbares Kind, könne er sich nicht erinnern.

Das ist alles, was ich aus dem Burschen herausprügeln konnte, und ich denke, dass es auch nicht mehr zu sagen gibt. Es scheint mir, dass diese beiden Mädchen die von Euch gesuchten sind. Fürwahr zu Recht sagt der Poet, es gebe für einen rechtschaffenen Mann nichts Schlimmeres als einer Kayna zu verfallen!

Alaikum Rahmatu llahi wa-Barakatuhu! Und möge Eure Suche von Erfolg gekrönt sein.

Fadl ibn Ali, Steuereintreiber zu Balkh.

Die Lippen des Lesenden verzogen sich zu einem Lächeln, und er ließ den Brief sinken. Arib, sagte er zu sich selbst, wer sonst könnte es gewesen sein? Die verzogene Tochter eines wohlhabenden Mannes, die nicht ahnt, woher der Luxus stammt, in dem sie bisher gelebt hat. Und an ihrer Seite eine durchtriebene Verführerin, die genau weiß, wie sie ihre Reize einsetzen muss. Er sah in die unendliche Ferne. Für die Dauer eines Herzschlags verloren seine Augen ihren harten Ausdruck, und die schmalen Lippen zitterten. Die Landschaft schien selbst Blicke zu verschlingen. Jeder Ausweg verschwamm in der endlosen Weite.

Abrupt erhob sich der Afschin und schwang sich in den Sattel. Mit der Rechten barg er den Brief auf der Brust in seinem Kaftan, mit der Linken griff er die Zügel. Überrascht rafften seine Männer sich auf, als er sie mit einem scharfen Befehl zum Aufbruch trieb.

Theodora hatte sich und Arib währenddessen nur eine kurze Mittagsrast gönnen wollen, um das Dorf so schnell wie möglich weit hinter sich zu lassen. Doch der eilige Marsch nach Westen hatte sie beide erschöpft. Als Arib erwachte, war es bereits früher Abend. Noch immer fühlte sie sich wie zerschlagen. Sie kratzte sich an der hartnäckig juckenden Stelle an ihrem Arm. Theodora schlief im vertrockneten Gras, und der spärliche Schatten eines Dornbuschs fiel auf ihr Gesicht. Es war schmaler geworden, und die edel geschwungenen Lippen waren aufgeplatzt. Schmutzspuren zogen sich über ihre helle Haut, das Haar war ungekämmt, aber Theodora würde selbst todkrank noch schön sein. Arib sah an sich selbst herab. Lang fielen ihr die schwarzen Strähnen über die magere Brust, an manchen Stellen bräunlich abgestumpft und verfilzt. Ihre Kleider waren nur noch Lumpen.

Ein Stück Papier lugte aus Theodoras Ärmel. Neugierig rückte Arib näher. Sie hatte nicht mitbekommen, dass die Kayna im Dorf auch Schreibzeug eingetauscht hatte. Vorsichtig, um sie nicht zu wecken, zog Arib das Blatt heraus und glättete es.

Theodora fuhr mit einem Schrei hoch. »Du bist es!«, seufzte sie dann erleichtert. Sie schüttelte Staub aus ihrem Haar.

»Ich konnte nicht mehr schlafen«, erwiderte Arib. Sie wies auf den Zettel. »Was bedeutet das?«, fragte sie neugierig:

Schnell stellt er sich auf, wenn er sich zuckend entblößt
Und steht, auch wenn keine Schöne ihr Hosenband löst,
Wohl vierzehn Tage, selbst wenn er nichts zum Aufreiten findet,
Wie ein standhafter Muezzin, der feuchte Tage verkündet…«

»Um Himmels willen, lass die Finger davon!« Hastig nahm ihr Theodora das Papier weg und ließ es wieder in ihrem Ärmel verschwinden. »Das ist nichts für dich!«

»Ist das von dir?«, fragte Arib neugierig. Sie wusste, dass viele Singsklavinnen ihre Texte selbst schrieben. Ein oder zwei Mal hatte sie es selbst versucht, doch mit eher bescheidenem Erfolg.

»Nein, von einem berühmten Dichter: von Baschar ibn Burd«, antwortete Theodora knapp. »Ich habe es aufgeschrieben, um es nicht zu vergessen. Aber du bist zu jung für so etwas!« Zum ersten Mal bemerkte Arib, dass die Kayna errötete. Theodora wechselte rasch das Thema. »Warum konntest du nicht schlafen?«

Arib zeigte ihren Arm: »Das hier juckt so.« Es war nicht die einzige Stelle, aber die schlimmste. Auch ihr Haar unter der fettigen Schamla schien nur noch aus Schmutz zu bestehen.

Theodora schob den Ärmel hoch. Kleine Bläschen hatten sich auf Aribs geröteter Haut gebildet, an einigen Stellen hatte sie sich blutig gekratzt. »Wie lange hast du das denn schon?«, fragte die Kayna. »Es muss dich ja seit Tagen quälen.«

»So schlimm war es nicht.« Arib schüttelte tapfer den Kopf. »Es ist doch nicht der Aussatz, oder?«, fragte sie ängstlich. Parvane hatte ihr von dieser heimtückischen Krankheit erzählt: Sie begann auf der Haut und ließ einem nach und nach Glieder und Gesicht verfaulen.

Zu ihrer Erleichterung verneinte Theodora. »Es sieht eher aus wie die Krätze.«

»Die Krätze?«, rief Arib empört. Hastig zog sie ihren Arm zurück und schlug den Ärmel wieder darüber. »Nur Straßenkinder und fahrendes Volk bekommen die Krätze!«

Theodora lachte trocken. »Und was, glaubst du, sind wir?«

Arib starrte sie an. Dann liefen ihr Tränen übers Gesicht. »Ich habe genug«, schluchzte sie. »Wie lange sollen wir denn noch auf der Straße leben?«

Theodora lächelte verstohlen. »Wir Griechen tun das seit Jahrtausenden, Liebes. Seit unser König Alexander hierherkam und seinem Traum nach Unsterblichkeit folgte. Die Schicksale so vieler Menschen sind mit dieser Straße verbunden.« Sie strich Arib das schmutzige Tuch aus dem Gesicht. »Nun lass uns zu dem Bach zurückgehen, den wir vorhin überquert haben. Du musst deinen Arm waschen. Aber nur kurz, es ist gefährlich genug.«

Nach den Tagen auf der staubigen Straße war es eine Erlösung, sich zum Bach wagen zu dürfen. Windgebeugte Büsche klammerten sich ins Geröll der Uferböschung. So nahe an den Bergen war das Wasser noch klar, wenige Meilen weiter würde es im ausgedörrten Boden versickern. Arib stieg ins kalte Wasser. Vor lauter Hast stolperte sie auf den harten Kieseln. Eifrig zerrte sie sich die Schamla vom Kopf und begann sie zu schrubben.

»Das Weib, von dem die Kleider sind, hatte nicht nur die Krätze, sondern war auch noch verlaust!«, beschwerte sie sich. »Wann erreichen wir endlich das nächste Hammam?« Bisweilen träumte sie von dem Dampfbad in ihrem Elternhaus, wo man das Brüllen der durstigen Kamele von der Straße her hörte. Ein Windstoß zerrte an ihren nassen Hosenbeinen und ließ sie frösteln.

»Wir können froh sein, wenn wir es überhaupt erreichen«, erwiderte die Kayna vom Ufer her. »Bis Rey ist es noch weit.«

Neugierig beobachtete Arib, wie Theodora einen schmutzigen Fetzen unter den Steinen verschwinden ließ. »Das war Blut«, bemerkte sie neugierig. »Hast du dich geschnitten?«

Theodora kam heran und ließ ebenfalls Wasser über Hände und Gesicht rinnen. »Nein. Alle Frauen bluten einmal im Monat«, erwiderte sie kurz. »Ich bin sogar froh, dass es angefangen hat.«

Arib erschien das seltsam, doch sie wagte nicht nachzufragen. Gedankenverloren starrte Theodora das steinige Flussbett hinauf zu den rötlichen Bergen. Dann schaute sie unruhig über die Schulter. »Nun komm weg vom Wasser!«

Sie hatten die schützenden Bäume am Ufer erreicht, als Theodora innehielt. Arib folgte ihrem Blick. Ein Stück den Weg hinab erhob sich eine schmale Rauchsäule aus dem Gestrüpp.

»Wer kann das sein?«, flüsterte Arib. »Die Karawane?«

Theodora antwortete nicht. Vorsichtig stahlen sie sich durch die Büsche zurück auf die Straße. Doch als sie sie erreichten, blieb Theodora so abrupt stehen, dass Arib gegen sie stieß. Auf dem Pfad kamen ihnen drei Männer entgegen. Derjenige, welcher der Anführer zu sein schien, war noch jung. Sein löchriger Bart war ungepflegt, auf dem Kopf thronte eine runde Filzmütze, und die Augen umgaben tiefe Ringe. Seine Kleider und die rote Schärpe waren abgetragen und fleckig. Wie ein vertrauenerweckender Händler wirkte er nicht gerade. Besorgt bemerkte Arib, dass ihm eine Hand fehlte. Hatte er schon Bekanntschaft mit dem Arm des Gesetzes gemacht?

»Zwei Mädchen allein auf der Straße!« Er kam einen Schritt näher, und Theodora erstarrte. »Und ich dachte schon, die Soldaten seien uns auf den Fersen, als ich Menschen am Wasser sah. Bei Allah, das nenne ich Glück!«

Die Kayna schwieg, doch Arib fühlte, wie ihre Hand warm und feucht wurde. Unsicher sah sie zu ihr auf.

»Wir haben nichts«, sagte Theodora endlich. Mit fester Stimme log sie: »Wir sind erst gestern Strauchdieben in die Hände gefallen. Nun besitzen wir nur noch, was wir am Leib tragen.«

»Und das sehen wir uns gerne genauer an«, erwiderte der Einhändige grinsend. Ein anderer spielte wortlos mit dem Dolch an seinem Gürtel.

Arib wurde unruhig. Was, wenn sie den restlichen Schmuck und das Geld im Saum von Theodoras Hose entdeckten? Sie reckte das Kinn. »Wir haben nichts. Hast du nicht gehört, was sie sagt?«

Der Mann lachte. »Dünn wie eine Ratte, aber vorlaut.« Er kam näher. »Nimm dich in Acht!«

Theodora warf ihr einen warnenden Blick zu. Arib wollte zurückweichen, doch einer der Landstreicher bezog hinter ihr Posten. »Du solltest lieber das Maul halten.« Er fasste Arib unters Kinn, und ein Schwall übler Gerüche stieg ihr in die Nase. Abgestandener Alkohol mischte sich mit dem süßlichen Duft von Opium und Ausdünstungen, deren Herkunft sie lieber nicht genauer ergründen wollte. Sie bekam es mit der Angst zu tun, aber das wollte sie unmöglich zeigen. Trotzig sagte sie: »Vor meinem Vater vielleicht, aber nicht vor so einem Stück Ziegendreck!«

Der Landstreicher ließ ihr keine Zeit, ihre Worte zu bereuen. Er holte zu einer Ohrfeige aus. Arib sah noch seine schmutzige Hand auf ihr Gesicht zukommen, dann wurde ihr schwarz vor Augen.

Als Arib wieder zu sich kam, lag sie noch immer auf der Straße. Sie konnte nur wenige Augenblicke bewusstlos gewesen sein. Benommen richtete sie sich auf. Zu den dreien hatte sich weiteres Gesindel gesellt, das sie nun begaffte.

»Ah, die Kleine ist wieder wach!«, rief derjenige, der zugeschlagen hatte. Er fasste sich unterhalb des Gürtels an die Hose, dort, wo sie dunkel und fleckig war. »Was ist?« Der schwarzhaarige Mann, den er angesprochen hatte, schüttelte den Kopf. »Für mich ist das nichts. Ich habe eine Tochter in dem Alter. Wenn mich Harun ar-Raschids Steuereintreiber nicht von meinem Land vertrieben hätten, wäre ich jetzt bei ihr.« Die andern lachten ihn grölend aus. »Ich sehe nach, ob die Luft rein ist.« Er blickte auf Arib herab, und sie glaubte, so etwas wie Mitleid in seinen Zügen zu erkennen. Ehe er in den Dornbüschen verschwand, raffte er wie frierend die Jacke vor der Brust. Diese Geste erschreckte Arib mehr als die Mienen der anderen Männer.

»Ihr habt unser Geld, was wollt ihr noch?« Theodoras Stimme klang, als müsste sie sich mühsam beherrschen. Arib begriff noch nicht ganz, doch die unterschwellige Furcht der Kayna machte auch ihr Angst.

Der Anführer blieb dicht vor Theodora stehen. Arib wäre vor Entsetzen gestorben, hätte er sich ihr so genähert, doch die Kayna zuckte mit keiner Wimper. Mit einem anzüglichen Grinsen legte er den Finger unter Theodoras Kinn, um ihr Gesicht anzuheben. »Zum Beispiel eure Unschuld?«

Die anderen Männer johlten. Arib fuhr zusammen. Sie wusste nicht genau, was es bedeutete, seiner Unschuld beraubt zu werden. Doch es galt als das Schlimmste, was einer Frau widerfahren konnte, schlimmer selbst als der Tod. Zitternd zog sie Arme und Beine eng an den Körper.

»Wenn du mit ihr fertig bist, bin ich an der Reihe!«, brüllte einer. Er konnte kaum älter als sechzehn sein, doch sein pickliges Gesicht starrte die Kayna mit unverhohlener Gier an. Der Landstreicher begann nach Theodoras Brüsten zu tasten. Offenbar hatte er erwartet, dass sie ihn um Schonung bitten würde. Als nichts dergleichen geschah, brachte er sein verschmiertes Gesicht dicht an ihres. Sie wich zurück, der Atem des Kerls musste erbärmlich stinken. »Ein Frauenzimmer, das seine Keuschheit auf der Straße spazieren trägt, will sie feilbieten. Was sonst?«

Theodora schien ihre Fassung wiedergewonnen zu haben. Sie warf ihr Haar zurück, auf das die Abendsonne goldene

Reflexe zauberte. »Es sei denn, es hätte sie schon vorher eingebüßt«, erwiderte sie schnippisch. Sie hob die Lider und lächelte
entschuldigend. »Ich sagte doch: Hier gibt es nichts mehr zu
holen!«

Er schlug ihr so heftig ins Gesicht, dass sie zur Seite taumelte. Die anderen Männer lachten. Trotz ihrer Panik warf
Arib einen verwirrten Blick zu Theodora. Die Kayna war kaum
zwanzig Jahre alt und unverheiratet. Bisher hatte Arib geglaubt, eine unverheiratete Frau sei eben eine Jungfrau, doch
offensichtlich war das falsch.

»Harun ar-Raschid wird ein solches Verbrechen nicht ungesühnt lassen!«, mischte sie sich ein.

Sie erntete brüllendes Gelächter. »Der Kalif!«, stieß einer
hervor, »der wird uns ohnehin kreuzigen lassen. Warum uns
also nicht vorher noch das Vergnügen gönnen?«

»Was verschwenden wir unsere Zeit mit den Weibern?«,
warf ein Älterer ein. Er kraulte sich zwischen den Beinen, und
sein Gesicht legte sich in rissige Falten wie eine schlecht ge-
gerbte Schafhaut. »Nehmen wir sie einmal tüchtig her, aber
dann schneidet ihnen die Kehlen durch!« Obwohl Arib den
ersten Teil der Aufforderung nicht ganz verstand, war ihr doch
unmissverständlich klar, was der zweite bedeutete.

Der Anführer nestelte an seinem Gürtel. »Was ist? Willst
du noch immer die Heldin spielen?« Er beugte sich herab und
riss Theodoras weite Hose zwischen den Beinen ein. Als er
Blut an seiner Hand bemerkte, stutzte er. Theodora lächelte
entschuldigend. Zornig wischte er es an seinen eigenen Bein-
kleidern ab und warf die Kayna zu Boden. Mit wild pochen-
dem Herzen sah Arib, wie sie sich auf die Ellbogen aufrichtete.
Das Haar fiel ihr wirr ins Gesicht, sie war blass geworden. Der
Strauchdieb griff sich selbst in die Hose, und der Stoff wölbte
sich. Grinsend stießen die anderen Männer einander an. Dann
löste der Landstreicher den Gürtel. Zuckend hob sich sein ge-
schwollenes Glied. Ein widerlicher Gestank wehte zu Arib
herüber, ihr wurde übel. Als Theodora auf dem Boden zurück-

47

wich, griff der Kerl in ihr Haar und zerrte sie brutal zu sich herauf. »Ich werde dir das Maul stopfen!«

Mit dem Armstumpf drückte er ihr Genick an sich, mit der gesunden Hand umfasste er seine Rute. Theodora wandte den Kopf ab. Mit roher Gewalt zerrte er sie herum. Sie presste die Lippen zusammen, als ihr Gesicht gegen die schmutzigen Spuren auf der Innenseite seiner Oberschenkel schlug. Arib schrie auf. Er wandte sich zu ihr und sie erstarrte.

»Soldaten!« Der Landstreicher, der den Weg hinauf verschwunden war, kam zurückgerannt. »Beeilt euch! Es sind Soldaten im Anmarsch, ich habe Kettenhemden blitzen sehen.« Die Männer sprangen auf. Der mit dem verfilzten Bart ließ Theodora los. Arib lief zu ihr. Tränen der Erleichterung quollen ihr aus den Augen, als sie sie in die Arme schloss. Der Mann begaffte unschlüssig sein aufgerichtetes Glied, dann wieder die beiden Mädchen. Seine Kameraden verschwanden hinter einem Felsen die Straße hinab, wo offenbar ihre Reittiere angebunden waren. Man hörte Pferde schnauben, Hufe stampften.

»Los, weg hier!«, schrie ihm einer zu, während er sein Pferd zu bändigen versuchte. Am Gürtel schlenkerte der Dolch, Staub wirbelte auf. »Oder willst du ihnen mit blankem Hintern in die Hände fallen?« Er gab seinem Tier die Sporen.

Fluchend ließ der Landstreicher seine Männlichkeit los und raffte die Hose. In der Hast bemerkte er nicht, dass er mit einem Fuß darauf stand. Der Stoff riss, und mit nacktem Hintern rannte er seinen Freunden nach. Er versuchte, die ruinierten Beinkleider wenigstens über seine Blöße zu ziehen. Dann war er im Gebüsch verschwunden.

Arib war so erleichtert, dass sie nicht wusste, ob sie lachen oder weinen sollte. Doch Theodora ließ ihr weder zum einen noch zum anderen Zeit. »Da hinüber!«, stieß sie hervor. Sie wies auf die Stelle, wo die Landstreicher zuvor ihre Pferde angebunden hatten. Mit wild schlagendem Herzen warfen sie sich hinter einem Felsbrocken auf den zerstampften Boden. Durch einen Dornbusch konnte Arib die Reiter sehen.

Sie zügelten ihre Tiere direkt vor ihrem Versteck. Aribs Puls stockte, als die weiß gefleckten Fesseln eines braunen Pferdes vor ihr aufstampften. Sie hob den Kopf und blickte an der pelzbesetzten Hose des Reiters empor. Das Leder seiner Stiefel war fleckig, als klebte noch Blut darauf. Sie wusste, dass es der Afschin war, noch ehe sie sein Gesicht erkannte.

»Das waren Straßenräuber«, sagte der Mann, der ihn begleitete. Durch die Zweige konnte Arib den grauen Bart und das zerklüftete Gesicht des Steuereintreibers ausmachen. Sie kannte ihn, ihr Vater hatte ihn bisweilen zum Ringelstechen getroffen. »Ich glaube nicht, dass sie die Mädchen dabei hatten, sonst hätten sie nicht so schnell fliehen können. Ihre Pferde scheinen nicht schwer zu tragen.« Er rief den Soldaten, die hinter ihnen herankamen, einen Befehl zu. Dass der Mann, der so oft mit ihrem Vater gefeiert hatte, nun ihrem Feind half, ließ wütenden Hass in Arib aufsteigen.

»Ob sie schon weit gekommen sind?«, fragte der Afschin. Beim Klang seiner Stimme lief ihr ein eisiger Schauer über den Rücken.

»Ich glaube nicht«, antwortete der Steuereintreiber. »Die letzte Nachricht ist mehr als zwei Tage alt. Wir hätten sie längst gefunden, wären sie noch am Leben. Vermutlich hat ihnen längst Gelichter wie dieses die Kehlen aufgeschlitzt. Wollen wir nicht nach Balkh zurückkehren? Ihr habt Euer Ziel doch erreicht. Anas ist tot und seine Familie entmachtet.«

»Mein Ziel ist erst dann erreicht, wenn ich auch das letzte Mitglied in meine Gewalt gebracht habe«, erwiderte der Afschin. Er starrte nach Westen. »Ich werde das Mädchen finden«, sagte er dann leise. Ein drohender Unterton lag in seiner Stimme: »Und wenn ich ihr um die halbe Welt folgen muss!« Er gab seinem Pferd die Sporen. Staub flog Arib ins Gesicht, dann verschwand der kleine Trupp den Pfad entlang.

Erst als Theodora sie in die Arme nahm, spürte sie die Tränen, die über ihre Wangen liefen. »Warum hasst er mich so?«, flüsterte sie.

»Er hasst nicht dich«, erwiderte die Kayna. Etwas in ihrer Stimme befremdete Arib. Doch Theodora erhob sich und strich ihr beruhigend übers Haar. »Es ist uns ja nichts geschehen«, tröstete sie. »Ohne es zu wissen, hat Haidar uns die Haut gerettet.« Mit einem merkwürdigen Ausdruck in den Augen sah sie in die Richtung, in der die beiden Männer verschwunden waren. Nur der aufgewirbelte Staub verriet noch ihren Weg. »Wir müssen nach Rey gelangen, auch ohne Geld. Ich weiß noch nicht, wie. Aber sollte der Kalif je die Ehre deiner Familie wiederherstellen, wird alles an dir hängen.«

Arib sah verständnislos zu ihr auf.

»Die Ehre einer Familie ist die Unschuld ihrer Töchter. Wenn Haidar nicht gewesen wäre…« Theodora unterbrach sich, ehe sie fortfuhr: »Darum habe ich versucht, den Zorn der Männer auf mich zu lenken. Du bist noch Jungfrau, und du musst es bleiben.«

»Aber wie soll ich das anstellen?«, stieß Arib hervor. »Ich weiß doch nicht einmal, was es bedeutet!« Sie fühlte sich furchtbar machtlos, jeder Gewalt ausgeliefert.

»Du hast ja gesehen, was der Landstreicher mit mir tun wollte.« Theodora räusperte sich, und Arib sah sie erschrocken an. »Ich werde es dir erklären. Nun komm zurück auf die Straße.«

Arib gehorchte. Unwillkürlich machte sie einen Bogen um die Spuren der Pferde. Wenn sie nur ein Junge wäre! Ihre feuchten Hände klammerten sich um den Gürtel, in dem das Messer steckte. Auf einmal kam ihr ein Gedanke. »Schneide mir die Haare ab!«, befahl sie. Sie zog das Messer aus dem Gürtel. »Von nun an werde ich als Junge reisen.«

Die Kayna sah sie ernst an. »Du weißt, dass das verboten ist. Wenn jemand herausfindet, dass du dein Haar abgeschnitten hast und in Jungenkleider geschlüpft bist, bekommst du fünfzig Stockschläge.«

»Schneide es ab«, wiederholte Arib und drückte ihr das Messer in die Hand. »Ein paar Hiebe sind besser, als die Ehre meiner Familie zu verspielen, was auch immer das bedeutet.«

Theodora zögerte. Endlich nahm sie die kleine scharfe Klinge. Sie griff nach einer Haarsträhne, als Arib plötzlich sagte: »Niemand wird mir die Ehre nehmen. Niemals.«

5 Wenige Tage nach der Begegnung mit den Landstreichern hatten Arib und Theodora eine Karawane eingeholt. Aufgewirbelter Staub hatte ihnen zuerst den Weg verraten, dann hatten sie von fern das Brüllen der Kamele gehört. Seither zogen die Mädchen mit den Seidenhändlern nördlich der großen Salzwüste nach Rey. Unzählige Monde waren währenddessen auf- und wieder untergegangen.

Aribs Haut war ausgetrocknet und entzündet, doch obwohl der Sand in ihren Augen brannte, genoss sie den Marsch. Während Theodoras Finger immer wieder besorgt das Glasamulett betasteten, lag die Karawanenstadt für Arib bereits zum Greifen nahe. Neugierig bewunderte sie die Gaukler und Maskentänzer in ihren farbenfrohen Kostümen. Bald waren sie nur hinter den schwankenden Kamellasten weiter vorne zu erahnen, bald liefen sie neben ihnen her. Seit jeher folgten sie den Karawanen.

In der unendlichen Weite verlor Arib jedes Zeitgefühl. Manchmal war sie so müde, dass sie glaubte, keinen Schritt mehr tun zu können. Dann wieder tanzte sie so ausgelassen wie die bunt gemusterten Seidentücher, die im Wind flatterten. Kaum noch dachte sie an Parvanes Höllendrohungen, wenn sie vor sich hinträllerte. Seit Jahrhunderten erklangen hier die immer gleichen Rufe der Treiber. Wenn der Wind scharfkantige Sandkörner über die Ebene trieb, war es, als sängen die Stimmen der Vergangenheit darin und verliehen ihr Mut. Die nickenden Köpfe der Tiere und das rhythmische Klingen der Glöckchen hatten eine Magie, die sie berauschte.

Arib führte ihren Esel am Zügel und summte vor sich hin.

Sie hatten ihn einem Weinhändler abgekauft, um die Dinge für ihren täglichen Gebrauch nicht selbst tragen zu müssen: einen Topf, Löffel, lederne Becher und sogar Ersatzkleidung. Als Theodora den Mann angelächelt hatte, war der Preis für das Tier rapide gesunken. Allerdings fragte sich Arib, woher sie überhaupt noch das Geld für ein Lasttier gehabt hatten. Sie warf der Kayna einen nachdenklichen Blick zu.

»Ist etwas?«, fragte diese. Sie sprach Griechisch, wie sie es in letzter Zeit öfter taten. Anfangs war Arib die fremde Sprache nur schwer über die Lippen gekommen, doch mittlerweile ging es besser.

Arib zögerte. »Also gut«, sagte sie dann, »wie machst du es, dass alle Männer tun, was du willst? Mich sehen sie nicht einmal an.«

Theodora lachte sie aus. »*Ya Salam!* Du bist noch etwas zu jung für solch eine Frage.«

»Sag es mir!«, befahl Arib herrisch. »Du bist meine Sklavin.«

Die Kayna lachte trocken. »Dir gehören nicht einmal die Lumpen, die du am Leib trägst. Hast du vergessen, dass es mein Schmuck war, den wir zu Geld gemacht haben?«

Arib schwieg beschämt. Es war undankbar, Theodora hochfahrend zu behandeln. »Es tut mir leid«, sagte sie unwillig.

Theodora fuhr ihr liebevoll durch das kurze schwarze Haar. Sie beugte sich zu ihr herab und zwinkerte. »Es gibt nichts Leichteres, als einen Mann zu deinem Sklaven zu machen. Sag ihm, er sei der größte Held weit und breit, lächle ihn an und lass die Hände beiläufig über deine Brüste oder deine Hüften gleiten. Schon frisst er dir aus der Hand.«

Machte Theodora sich über sie lustig? Arib sah sie misstrauisch an. Staub wirbelte auf, ein Kamel Rustams trabte an ihnen vorbei, und hustend sah sie ihm nach. Wie der Händler zu diesem Heldennamen aus mythischer Vorzeit gekommen war – nun, *Allahu a'lam*, das wusste nur Allah. Und wie der Herr, so das Gescherr: Dieses Vieh musste weiland schon die Eroberungszüge des Griechenkönigs Alexander miterlebt haben. In losen Büscheln hing ihm das Fell am Leib, und bei jedem Schritt keuchte es derart erbärmlich, dass selbst den Flöhen angst und bange werden musste. Seine Ladung reichte gefährlich weit auf den Boden herab, und der Inhalt drohte ständig herauszurutschen. Im Vorbeilaufen grinste der Treiber sie herausfordernd an. Er war höchstens vierzehn Jahre alt und unter dem schmutzigen Turbantuch hatte er das Gesicht voller Pickel. Zum Ausgleich fehlten ihm ein paar Zähne.

Nachdenklich neigte Arib den Kopf zur Seite und musterte ihn. Dann strich sie ihre Kleider glatt. Unvermittelt drückte sie Theodora die Zügel in die Hand. Die Kayna sah verwundert auf. Arib schob ihre Kappe zurück und lief dem Treiber nach.

»Du bist wirklich der größte Held weit und breit«, lächelte sie ihn an. Mit ihren Brüsten war noch nicht viel Staat zu machen, also fuhr sie sich scheinbar beiläufig über die Hüften.

Blankes Entsetzen stand in dem pickligen Gesicht geschrieben. Seine Augen glitten über ihr kurzes Haar und die Jungenkleider. Dann zog er seinem Kamel die Gerte über, dass es einen Satz machte, und suchte schleunigst das Weite. Immer wieder blickte er über die Schulter zurück, als sei der Teufel hinter ihm her. Arib sah an sich herab und kratzte sich am Kopf.

Theodora verbiss sich das Lachen, als sie sie einholte. Arib strich dem Esel durch die kurze Mähne. Eine Frage brannte ihr schon lange auf den Lippen: »Ist es wahr, was du den Landstreichern gesagt hast? Dass du keine Jungfrau mehr bist?«

Theodora schubste sie scherzhaft. »Das ist keine sehr zartfühlende Frage, *Schirbacce.*«

»Seit damals weiß ich, was das Gedicht bedeutet, das du im Ärmel hast, von diesem Baschar ibn Burd.«

Theodora blieb stehen. »Allah ist barmherzig, Arib! Ich hoffte, du hättest es vergessen.«

Arib schüttelte den Kopf. Immer wieder hatte sie die Kayna abends heimlich beobachtet, wenn diese sie längst schlafend glaubte: Der alte Rustam schenkte Wein aus, und Theodora sang Lieder wie dieses. Und bisweilen verschwand sie mit einem der Männer in der Dunkelheit.

»Weiter, da vorne!«, rief Rustam hinter ihnen, reckte den wilden Bart und schob die Filzkappe aus der zerfurchten Stirn. Eines seiner Kamele hob den zottigen Hals und stimmte brüllend ein. Theodora und Arib sahen einander an und kicherten. Die Ähnlichkeit zwischen Herr und Vieh war bemerkenswert.

»Parvane nannte die Singsklavinnen lose Dinger«, beharrte Arib.

»Lose Dinger?« Theodora räusperte sich. »Vielleicht hatte sie recht«, sagte sie dann.

Arib wurde aufmerksam. »Aber mit wem…« Sie unterbrach sich. Auf einmal war sie sich nicht mehr sicher, ob sie die Antwort wirklich hören wollte.

Theodora wich ihrem Blick aus und sah auf die Straße. Sie hatten den Eingang eines kleinen Tals erreicht. Ein Flüsschen hatte sein Bett in das Geröll gegraben, und der Weg folgte seinem Lauf. »Die meisten Singsklavinnen wärmen ihrem Herrn auch das Bett«, erwiderte sie.

Arib blieb stehen. »*Ihrem Herrn* – soll das etwa heißen: meinem Vater?« Sie packte Theodoras Arm. Der Esel trottete weiter, doch sie kümmerte sich nicht darum.

Die Kayna warf einen Blick zurück, doch niemand achtete auf sie. Wortlos befreite sie sich und ging weiter.

»Das ist nicht wahr!« Arib starrte auf die Rückseite der abgetragenen Schamla. Dann lief sie ihr nach. »Hast du mich deshalb gerettet?«, fuhr sie Theodora an. »Weil du mich und meine Mutter verraten hast? War es Reue? Verdammt, rede mit mir!«

»Ich habe niemanden verraten!« Theodora blieb stehen. »Ein Mann hat das Recht, mit seiner Sklavin zu schlafen«, erwiderte sie scharf. »Und jeder tut es, glaub mir. Umso mehr, wenn er sich seine Gemahlin nicht selbst ausgesucht, sondern von seinen Eltern ins Bett gelegt bekommen hat. Man kann von Glück sagen, wenn er weiß, wie man eine Frau ...« Sie hielt inne. »Zum Teufel, so ist es eben.«

»*So ist es eben!* Ist das alles?«, schrie Arib sie an. »Er war mein Vater!« Theodora raffte die Schamla um die schmalen Schultern und ging weiter. Arib folgte ihr wortlos. Ihr war plötzlich kalt geworden.

Sie rasteten inmitten der grenzenlosen Ebene zur Nacht. In einiger Entfernung lag ein staubiges Dorf. Zerlumpte Kinder rannten ihnen entgegen, lachten und winkten. Die Gaukler trieben ihre Späße, in der Hoffnung dem einen oder anderen Reisenden ein gutes Trinkgeld abzuluchsen. Auch Theodora begann zu singen, kaum hatte Rustam seinen transportablen Weinstand aufgebaut. Bald schon scharten sich die Männer aus dem Dorf darum, lauschten den Erzählungen der Reisenden und warfen der Kayna schmachtende Blicke zu.

»... Der Vogel Simurgh nahm mich mit seinen Krallen auf und warf mich weit abseits der Stadt zu Boden«, hörte Arib die prahlerische Stimme des jungen Seidenhändlers Abbas. »Und was glaubt ihr, wo ich mich wiederfand? In einem Schloss ganz aus Glas, das in der Sonne glitzerte! Und es war umgeben von einem Garten, in dem nackte *Huri* badeten. Solche wie sie!« Er wies auf Theodora, die mit halb entblößten Brüsten Wein ausschenkte. »Ein volles Jahr verweilte ich unter ihnen, und eine war hinreißender als die andere ...«

Arib mischte sich rasch unter die Kinder, die außer Rand und Band den Maskentänzern zujubelten. Fasziniert bewunderte auch sie die bizarren, rot und gelb bemalten Larven. Sie wusste, dass sie uralt waren – viel älter als der Islam. Ihre Träger starben, doch die Masken überdauerten die Jahrhunderte. Die flackernden Feuer erweckten sie zum Leben: Helden und Drachen, die sich bekämpften, liebten und umarmten. Arib wollte sich mittreiben lassen, ihr Puls schlug im Rhythmus der Musik. Da hörte sie plötzlich vom Weinstand her Theodoras

Stimme: »*Schnell stellt er sich auf, wenn er sich zuckend entblößt/ und steht, auch wenn keine Schöne ihr Hosenband löst…*«

Das Lachen einiger Männerstimmen mischte sich hinein. »Das ist bei Allah die reizendste kleine Schlampe, die ich je sah!«, rief einer. Arib presste die Hände auf die Ohren und versuchte, ihre ganze Aufmerksamkeit auf die Masken zu richten. Doch vergeblich.

Sie stand auf und wollte sich in die Dunkelheit zu den Tieren am Rande des Lagers zurückziehen. Auf einmal hörte sie das Kichern einer Frau und die werbende Stimme eines Mannes. Sie hielt inne. Der Mann flüsterte seiner Begleiterin etwas ins Ohr, und diese lachte gurrend. Arib konnte nicht erkennen, wer er war, vielleicht einer der Dorfleute oder ein Reisender. Doch sie hörte seinen schweren Atem, und Weindunst wehte zu ihr herüber. Theodoras Hand glitt an ihm herab zwischen seine Beine – dorthin, wo sich bei dem Landstreicher das geschwollene Glied gehoben hatte.

Hastig drängte sich Arib durch die friedlich kauenden Kamele davon. Mit Schamröte im Gesicht erreichte sie ihren Lagerplatz. Das war also der Grund, warum Theodora sie schlafen schickte, ehe sie zu singen begann! Tränen der Wut liefen ihr über die Wangen. Parvane hatte recht gehabt, dachte sie, während sie das Abendmahl richtete. Eine Kayna war ein ehrloses Weib. Wütend schlug sie mit dem Löffel in die *Laban Farsi*, und die Dickmilch spritzte auf.

Theodora kam erst zurück, als die Trommeln längst verstummt waren. Nur noch die Kaufleute besprachen in einiger Entfernung die Ereignisse des Tages. Minzeduft und hin und wieder ein Schlürfen verrieten, dass sie sich aus Joghurt ihren *Dugh* bereitet hatten. Das Feuer beschien das Gesicht der Kayna. Ihr Haar war feucht, als hätte sie sich noch im Bach gewaschen. Ihre Augen wirkten so verloren wie an dem Morgen, als sie Arib das Leben gerettet und sie in die Arme genommen hatte.

Aribs Zorn legte sich. Wortlos reichte sie Theodora die Schüssel und das Brot. »Warum?«, fragte sie leise.

»Die Landstreicher haben unser Geld«, erwiderte Theodora knapp. Sie sah Arib nicht an und begann hastig zu essen. »Wir besitzen keinen einzigen Dirham.«

»Ich will nicht, dass du das meinetwegen tust!« Arib ließ ihr Brot sinken.

Theodora sah kurz auf und widmete sich dann wieder ihrer Schüssel. »Ich tue es nicht deinetwegen. Ich will schließlich auch essen.«

»Und bei meinem Vater?«, fragte Arib leise. »Ging es bei ihm auch um Geld?«

Theodora stocherte lustlos in der Dickmilch. »Bald werden wir in Sicherheit sein«, lenkte sie ab.

»Das war keine Antwort.«

Die Kayna legte das Brot beiseite. »Du bist erwachsen geworden, weißt du das?«

Arib hockte stumm neben ihr.

»Du darfst nicht schlecht von deinem Vater denken«, sagte Theodora schließlich. »Es war anders als hier. Er tat nur, was jeder Mann tut. Und ich habe getan, was jede Frau tut.«

»Das stimmt nicht!«, protestierte Arib heftig.

»Wirklich nicht?«, erwiderte die Kayna scharf. »Hätten wir nicht fliehen müssen, hättest du auch irgendwann geheiratet. Und was hätten deine Eltern wohl von deinem Mann erwartet?«

Verunsichert von ihrem Ton, sah Arib zur Seite. »Ich weiß nicht«, erwiderte sie. »Dass er mich ernähren kann, vermutlich, und dass er aus einer guten Familie kommt.«

»Dass er Geld hat«, ergänzte Theodora. »Für Geld hättest du ihm deinen Körper gegeben. Wie ich.«

Arib wollte wütend protestieren, doch ihr fehlten die Worte.

»Es war der Preis für das Leben, das ich führte«, sagte die Kayna ruhiger. »Und er war nicht hoch, im Vergleich zu dem, was ich dafür bekam.«

Arib winkelte die Beine an, schlang die Arme darum und legte den Kopf in den Nacken. Über den Bergen waren

die Sterne so viel deutlicher zu sehen als in der Stadt. »Und
was hast du bekommen?«, fragte sie leise. »Ich möchte es verstehen.«

Theodora lehnte sich zurück. »Ich musste mich nicht der
Tyrannei der Ehre unterwerfen«, antwortete sie. »Niemand be-
strafte mich, wenn ich mich einem Mann aus freien Stücken
hingab. Aber das war nicht der Grund«, sagte sie. »Man hätte
mir Martern androhen können, und ich hätte mich doch dafür entschieden. Denn ich konnte etwas tun, was mir mehr bedeutete als Reichtum und Macht, selbst mehr als Liebe – ich
konnte singen.«

Im Dunkel war das Gesicht der Kayna kaum mehr zu erkennen. Die anderen Reisenden wickelten sich in ihre Decken
und legten sich schlafen. Vereinzelt klang noch leises Lachen
und Scherzen herüber. Auf einmal verstand Arib. »Darum
habe ich dich beneidet, seit ich dich das erste Mal hörte.« Sie
versuchte, in Worte zu fassen, was sie damals empfunden hatte.
Es war, als hätte Theodora einen Teil ihrer Seele berührt, von
dem sie nichts geahnt hatte. Als hätte sie ihn zum Schwingen
gebracht wie die Saite einer Laute. Von diesem Moment an
hatte sie gewusst, dass sie singen wollte. Ganz gleich, was man
von einem anständigen Mädchen erwartete. »Wenn wir in Rey
sind, musst du das nicht mehr tun«, versprach sie Theodora.
Plötzlich überkam sie das Gefühl, der Sklavin ihres Vaters etwas
schuldig zu sein. »Mein Onkel wird dich gut behandeln.«

»Noch sind wir nicht da«, erwiderte Theodora. Zärtlich
fuhr sie Arib durch das schwarze Haar. »Der Mann vorhin … er
sagte, dass in Bagdad noch mehr Angehörige deiner Familie
gestorben sind. Aber vielleicht wollte er sich auch nur wichtig
machen und es ist nicht mehr an dieser Geschichte, als an der
Mär vom Vogel Simurgh. Schlaf jetzt! In Rey werden wir mehr
erfahren.«

Das Feuer war niedergebrannt. Arib sah zum grenzenlosen
Nachthimmel. »Sing mir das Lied vor, das von der Laute!« bat
sie.

Theodoras tiefe Stimme summte die Melodie, und sie rollte sich in ihre Schamla. Die Musik flocht sich in die Stille. Langsam zogen die Sterne über sie hinweg wie in einem Tanz. Theodora verstummte. Lächelnd deckte sie Arib zu, doch diese war längst eingeschlafen.

In ihrem Traum war sie verschwenderisch mit Juwelen geschmückt. Zu ihren Füßen jubelten ihr die Menschen zu. Doch sie nahm nur die Melodie wahr, die sie sang, die den Sternen folgte, ohne sie je zu erreichen.

6 Als die Karawane die Hochebene von Rey erreichte, war es Herbst geworden. Über der Stadt hing eine Dunstwolke, und das gewohnte Farbenspiel von Weiß, Fahlgelb und zartem Braun war einem schmutzigen Graubraun gewichen. Dennoch war es Arib, als hätte sie nie etwas Schöneres gesehen. Schon von Weitem machte sie die Burg aus. Dahinter erhob sich dunkelblau das schneebedeckte Elburz-Gebirge. Vom fernen Gipfel des Damowand stieg Rauch auf, und auf einer Hügelkuppe schimmerte bleich ein *Dakhmah* – ein *Turm des Schweigens*, worin die Anhänger des alten Feuerkults ihre Toten betteten. Geier zogen ihre Kreise, und der alte Rustam neigte ehrfürchtig vor der heiligen Stätte das Haupt. Arib hingegen hatte nur Augen für die in einen Staubschleier gehüllte Festung. Der Gedanke an ein Bad in Rey war ungemein verlockend, zumal sie seit Tagen ein übler Durchfall plagte. Auch die Tiere schienen die nahe Rast zu spüren: Brüllend strebten Kamele und Esel vorwärts, und ihre Laute erfüllten die Ebene.

Wenige Stunden später standen sie unter der abweisenden, mit Pfeilern verstärkten Stadtmauer. Flirrende Hitze hing über den Minaretten. Die Karawane hatte vor dem Zollhaus gehalten. Arib beobachtete besorgt, wie die Händler mit den Wachposten gestikulierten. »Was ist los?«, flüsterte sie. »Wir hatten doch bisher keine Schwierigkeiten.« Panik kam in ihr auf. So kurz vor ihrer Zuflucht durften sie einfach nicht scheitern!

Endlich kam einer der bewaffneten Diener den Zug entlanggeritten. »Meldet euch einzeln am Tor!«, rief er. Arib blickte zu Theodora auf. Während ihrer Reise hatten weder die Zöllner in Schapurkan noch die in Nischapur genau hingesehen. Zwei zerlumpte Kinder waren für sie von weit geringerem Interesse gewesen als die großen Kamellasten mit Seide und Jade, mit teurer Zimtrinde, Tee und Rhabarber. Was bedeutete diese Aufmerksamkeit?

Entschlossen stellte sich die Kayna dem Waffenknecht in den Weg. Er zügelte den schwankenden Passgang seines Kamels und brachte es zum Stehen. »Was gibt es denn?«, fragte sie.

»Die Stadt ist völlig überfüllt«, antwortete der Waffenknecht. Er schirmte die Augen mit der Hand. »Es scheint, als hätte eine Menge hoher Herrschaften dort Quartier bezogen. Der *Muhtasib*, der Marktvogt, will genau wissen, wer die Stadt betritt und wann er sie wieder verlässt. Richtet Euch darauf ein, dass es einige Stunden, vielleicht sogar Tage dauern wird, bis Ihr den *Jawaz* bekommt und eingelassen werdet.«

Aribs Herz begann wild zu schlagen. Die Kayna drückte stumm ihre Hand. »Nun bleib ruhig«, flüsterte sie. »Wir gelten als Bauernkinder. Was soll schon geschehen?«

Hasserfüllt starrte Arib auf das aus Lehm gebaute Torhaus. Nur noch dieser Bau stand zwischen ihr und der Zuflucht bei ihrem Onkel, doch er war unüberwindlich.

Stunden verbrachten sie in der Hitze der Steppe. Mehr und mehr schien Arib das gelbliche Torhaus zu einem Traumbild zu werden, das sich umso weiter entfernte, je länger sie warteten. Die geometrischen Ornamente über dem Eisentor verschwammen mit der Umgebung. Und je länger sie ausharren mussten, desto unwiderstehlicher wurde die Sehnsucht nach einem Bad und einem weichen Bett. Arib malte sich aus, wie ihr Onkel sie in die Arme nehmen und sich ihre Geschichte anhören würde. Verstohlen wischte sie sich über die Nase.

Theodora stieß sie plötzlich an. »Wir sind an der Reihe!«

Hastig erhob sich Arib. Der Weg zum Torhaus schien ihr unendlich lang. Die Wächter trugen Schwarz, wie es bei den Beamten des Kalifen Sitte war. Ihre Züge waren streng, sie waren sich ihrer Macht nur allzu bewusst. Aribs Mund wurde trocken. Was, wenn die Männer sie einer Nichtigkeit wegen festhielten und entdeckten, wer sie war?

Der Zollbeamte fragte nach ihren Namen und dem Zweck ihres Aufenthalts. Beflissen erzählte Arib ihre Geschichte. Sie musste den Kopf in den Nacken legen, und die tiefstehende Sonne blendete sie. Er griff ihr unters Kinn, um sie zu mustern. »Wie alt bist du, Junge?«

Vor Aufregung verschluckte sie sich. Im letzten Moment fiel ihr ein, dass die wenigsten Bauernkinder zählen konnten. Mit klopfendem Herzen hielt sie den stechenden Augen über der Raubvogelnase stand. »Ich weiß nicht, Herr«, erwiderte sie. »Fünf. Oder Fünfundzwanzig?«

Der Mann zögerte. Arib brach der Schweiß aus, und sie kämpfte gegen das Bedürfnis an, einfach wegzulaufen. Einen schier endlosen Augenblick lang sah der Beamte ihr forschend ins Gesicht. Dann winkte er seinem Diener. Der schwarze Sklave verzog angeekelt den Mund, als er die wunde Stelle auf Aribs Arm entdeckte. Doch endlich drückte er ihr das Siegel auf die Haut. Arib sah ihn unsicher an.

»Nun mach dich von dannen!«, rief der Wachposten. »Verschwinde, ich habe zu tun!«

Arib hastete weiter. Theodora folgte ihr, auch sie hatte Schweiß auf der Stirn. Nach der gleißenden Sonne draußen war es im Torhaus dunkel und kühl. Ihre Schritte hallten hohl darin wieder. Als sie die andere Seite erreichten, blieb Arib geblendet stehen.

Ein Feuerwerk von Farben zog sie in seinen Bann. Goldene Kuppeln blitzten, Kacheln in türkis, blau und weiß glänzten wie Edelsteine. Rot, gelb und grün gemusterte Seide flatterte im Wind. Treiber feuerten ihre brüllenden Kamele mit Zurufen an. Das Rattern von Karren auf dem Pflaster und das Pfeifen unzähliger Zikaden vereinten sich zu einer berauschenden Kakophonie.

Arib schmiegte sich an die Kayna. Nach den Monaten in der fahlen Einöde war dieses bunte Paradies mehr, als sie fassen konnte. Die vielen Menschen schüchterten sie ein – sibirische Zobeljäger mit Pelzmützen, Chinesen in kostbaren gelben Seidenkaftanen, bärtige Nordmänner vom fernen Bernsteinmeer. Sie fing Scherzworte auf, die sie nicht verstand, und ihr schwindelte. Ausgezehrte Kamele setzten unter ihrer Last langsam einen Fuß vor den anderen. Scharf traten die Rippen unter ihrem räudigen Fell hervor. Ein Träger schleppte seine Melonen vorbei. Kardamom und würzige Düfte aus den Garküchen hingen in der Luft. Aribs Magen begann zu knurren.

Theodora zog sie in den Schatten einer geschnitzten Holztür. »Da du noch nie hier warst, werden wir jemanden nach deinem Onkel fragen müssen.«

Arib sah unruhig über die Schulter. »Ist das nicht gefährlich?«

»Sicher, aber was …« Die Kayna unterbrach sich plötzlich und zerrte Arib tiefer in den Schatten. Einige prachtvoll gekleidete Soldaten mit blitzenden Rüstungen ritten vorbei. Ihre iranischen Streitrösser tänzelten. Theodora blickte ihnen nach, bis sie von der Menge verschluckt wurden. Sie schien fieberhaft zu überlegen. »Die Stadt ist belebt. Die scharfen Kontrollen vorhin am Tor und jetzt die vielen Soldaten – hier geht etwas vor«, raunte sie dann. »Dort muss der *Han* sein, wo Rustam seinen Stand aufbauen wollte.« Aribs Blick folgte ihrer Hand, die auf das ummauerte Gasthaus wies. Es wirkte trutzig wie eine Festung, doch das schwere Tor stand offen. Theodora richtete sich auf. »Ich werde mich umhören, beim Wein verraten die Männer alles. Hol dir etwas zu trinken, nach deinem Durchfall brauchst du Wasser. Und warte am Brunnen auf mich!«

Die Mauern umgaben den Han wie eine eigene Stadt. Vorbei an brüllenden Eseln und Treibern drängten sich die Mädchen in den Hof. Theodora nickte Arib zu. Sie schlängelte sich an einem Mann in der schwarzen Robe eines Kadi vorbei und verschwand in Richtung des Weinstandes. Seinem geistlichen Amt zum Trotz schien der Richter Rustams Wein lebhaft zuzusprechen.

Kaum war sie allein, blickte sich Arib nach Verfolgern um. Hinter ihr beim Tor befanden sich das Haupthaus und Rustams Stand. Daran schlossen sich an den Längsseiten die Schlafräume an. Die unteren Stockwerke dienten vermutlich, wie in allen Karawansereien, als Warenlager. Sie musterte die kleine Lehmmoschee am andern Ende des Hofes. Daneben lagen gewaltige Stallungen, doch auch dort blitzte kein Kettenhemd in der Sonne. Nur einige Hühner suchten gackernd nach Fressbarem. Arib spürte, wie durstig sie war.

Entschlossen steuerte sie die Läden links unter den Arkaden an. Sie drängte sich an Handwerkern, Geldwechslern und Dolmetschern vorbei, die dort in allen Sprachen laut ihre Dienste anboten. Prall mit leuchtenden Orangen, Pfirsichen und Granatäpfeln gefüllte Netze luden zum Verweilen ein. Theodora hatte ihr Geld gegeben, und dankbar holte sich Arib einen Orangensaft mit Eis. Seit sie aus Balkh geflohen waren, hatte sie keinen mehr getrunken und nun genoss sie die Kälte im Mund. Sie überlegte sogar, einen der honigtriefenden Pistazienkuchen zu kaufen, deren Duft verführerisch zu ihr herüberwehte.

»Die Franken geben neuerdings viel Geld für Reliquien aus«, hörte sie jemanden sagen. »Ein gutes Geschäft, wenn man nicht allzu zartfühlend ist, was die Herkunft der Gebeine betrifft.«

»Eine Modetorheit!«, erwiderte ein anderer. »Die Franken eignen sich besser zu Waffenschmieden als zu Heiligen. Sieh her!« Arib beobachtete beiläufig die beiden Händler und das Schwert, das der eine dem anderen reichte. Es glänzte bläulich und ließ sich trotz seines Gewichts biegen.

»Hast du auch davon gehört?«, fragte der Waffenhändler auf einmal: »Der Kalif soll in Rey sein. Harun ar-Raschid ist selbst in seine Geburtsstadt gekommen.« Arib zuckte zusammen und drückte sich an eine Säule.

»Wenn er hier wäre, würde unsereins ihn nicht erkennen«, winkte der andere ab. »Angeblich reitet er nachts verkleidet durch die Straßen, um heimliches Unrecht aufzudecken. Ein Freund von mir schwört, dass er ihn einmal in Bagdad gesehen hat – in den Kleidern eines Kaufmanns, auf einem Esel reitend. Ein armes Fischerweib fasste seine Kleider an und warf sich ihm zu Füßen. Am nächsten Morgen rief man sie in den Palast, und der Kalif verschaffte ihr Recht.«

»Kindermären!«, spottete der andere, doch sein Gegenüber beharrte: »Selbst der erbärmlichste Schuhflicker kann vor ihm Gehör finden. Harun ar-Raschid ist der gerechteste Herrscher seit König Salomon.«

Ein Menschenauflauf am Tor lenkte die beiden Männer ab. Eine Frau schlug dort den Vorhang ihrer Sänfte zurück, und als sie leichtfüßig heraussprang, ging ein Raunen durch die Menge. Auch Arib starrte sie mit offenem Mund an. Die Frau war hinreißend schön. Das braune Haar trug sie offen und mit Juwelen geschmückt. Sie war in ein langes Kleid aus goldfarbener Seide gehüllt, und an den Füßen hatte sie perlenbestickte Pantoffeln aus demselben Stoff. Arib blickte an ihren eigenen Lumpen herab.

»Das ist die Kayna Jamila!«, raunte jemand.

»Zuletzt war sie die Geliebte Ibrahims, des Bruders des Kalifen«, flüsterte ein anderer. »Man munkelt, selbst Harun ar-Raschid sei nur ungern wieder aus ihrem Bett gestiegen. Ihretwegen sterben die jungen Männer in Bagdad wie die Fliegen an der Liebeskrankheit. Was für eine Kurtisane!«

Eine Hure? Erschrocken sah sich Arib nach den Sprechern um. Sie waren höchstens zwanzig und gut gekleidet. Vermutlich Reisende, die auf einen Dolmetscher warteten und einige Tage Muße hatten.

»Bei Allah, das ist wahr!«, erwiderte der erste. »Wenn sie mich nur so nahe heranließe, dass ich ihre Fingerspitzen berühren dürfte – ich würde sie anbeten.« Arib musterte ihn verblüfft. Er hatte ein schmales, edel geschnittenes Gesicht mit sinnlichen Lippen und dicht bewimperten Augen. Das glänzend schwarze Haar war von einer Kappe bedeckt.

»Ihr würdet eine ehrlose Frau anbeten?«, fragte sie neugierig.

Wie ein Mann wandten sich die beiden zu ihr um. Sie wechselten einen Blick. »Seht Euch den an, Abdallah ibn ar-Raschid! So jung und schon ein Frömmler!«

Arib fuhr zusammen. *Abdallah, Sohn von ar-Raschid?* Am Ende von Harun ar-Raschid?

»Im Gegenteil: ein Ketzer, weil er die Schönheit lästert«, meinte der mit Abdallah Angesprochene spöttisch. »Ein Ketzer wie die Barmakiden.«

Arib brachte keinen Laut hervor. Mit weit aufgerissenen Augen starrte sie ihn an.

»Hör zu, du verlauster Sandfloh«, sagte Abdallah ibn ar-Raschid: »Der kleine Finger dieser Frau ist mehr wert als deine ganze Lumpenehre!«

Erschrocken zog Arib den Kopf ein.

Der junge Mann schnupperte an ihr. »*La haula wa-la quwwat illa billahi!* Du stinkst wie ein Ziegenbock!« Er gab ihr einen scherzhaften Klaps.

Eilig machte sich Arib aus dem Staub und floh unter die Arkaden. Sie drückte sich zwischen den Obstsäcken der Saftverkäufer herum und wartete auf Theodora.

»Da bist du ja, *Schirbacce*!«

Arib stieß einen Seufzer der Erleichterung aus. Sie wollte von ihrer Begegnung berichten, doch die Kayna winkte ab. Sie überging die ausgestreckte Hand eines Bettlers und legte den Arm um sie. Erst jetzt fiel Arib auf, wie erschöpft sie wirkte – verglichen mit der schönen Kurtisane. Ihr Gesicht war bleich, das Haar stumpf, und unter ihren Augen lagen dunkle Ringe.

65

»Ich hatte Glück. Der Muhtasib war gerade an Rustams Stand.«

»Der Marktvogt?«, fragte Arib erschrocken. »Um Rustam zu bestrafen, weil er Wein verkauft?«

Theodora lachte trocken. »Sicher, er ist wahrscheinlich deshalb gekommen. Doch mit einigen Bechern von dem hervorragenden Schiraz war er leicht zu besänftigen. Ich habe ihm ein paar Schmeicheleien gesagt und etwas Opium in seinen Wein gemischt, und schon sprudelte er wie eine Quelle. Schließlich verdient er ja ganz gut an den Steuern auf Wein und auf …« Sie unterbrach sich.

Arib fragte nicht, auf welches verbotene Gewerbe man noch Steuern erhob. »Und was sagte er?«, fragte sie ungeduldig.

Theodoras Miene verdüsterte sich, sie legte den Arm um Arib. »Es ist leider ernst«, antwortete sie. »Man hat deinen Onkel ins Gefängnis geworfen.«

Arib wollte antworten, doch nur lautlose Silben kamen über ihre aufgeplatzten Lippen. Wir sind verloren, dachte sie. Alles war vergeblich. »Was sollen wir denn jetzt tun?«, flüsterte sie endlich. »Onkel Yahya war unsere letzte Zuflucht! Sie werden uns finden!«

Einige Jungen liefen johlend an ihnen vorbei, und Theodora zog sie tiefer in den Schatten. »Hör mir zu«, beschwor sie Arib, »wir müssen die Stadt so schnell wie möglich verlassen. Der Kalif hat alle Barmakiden entmachtet. Ich kann mir das nicht erklären. Man sagt, dass er Jafar, das Oberhaupt seiner Sippe, liebte wie einen Bruder. Haruns Söhne wurden von den Barmakiden erzogen, und diese stellten auch die Gouverneure seiner Provinzen. Gleichwie, du kannst hier nicht bleiben.« Die Kayna streichelte ihr zerzaustes Haar.

Arib machte sich los. »Der Kalif soll in der Stadt sein«, stieß sie hervor. »Man sagt, er sei gerecht. Soll ich mich ihm nicht zu Füßen werfen und seine Gnade erbitten? Ich glaube, ich habe einen seiner Söhne gesehen. Was immer in Bagdad geschehen ist, ich bin doch daran nicht schuld. Er wird mir Gerechtigkeit widerfahren lassen.«

Theodora hielt ihr beschwörend den Finger an die Lippen. »Still!«, befahl sie. »Wäre der Kalif alleine hier, könnten wir es wagen. Aber du weißt noch nicht alles.«

Beunruhigt blickte Arib zu ihr auf.

»Offensichtlich hat sich das Volk in Khorasan nach dem Sturz der Barmakiden erhoben. Trotz der harten Steuern hatte deine Familie viele Freunde in ihrer Heimat. Einige Offiziere aus Khorasan sind hier, um dem Kalifen Bericht zu erstatten.«

Arib verstand. »Der Afschin«, flüsterte sie.

»Wenn Haidar dich findet, wird er dich töten, ehe Harun ar-Raschid etwas unternehmen kann. Wenn er gnädig ist.« Mit gepresster Stimme setzte Theodora hinzu: »Doch wahrscheinlicher ist, dass er dir die Jungfräulichkeit nehmen würde, um deine Familie zu entehren.«

Arib erinnerte sich an das Lächeln des Afschin, als er ihren Vater getötet hatte. Fröstelnd warf sie einen Blick hinaus in den gleißend sonnigen Hof. »Aber warum nur?«

7

»Mädchen, bring mir noch einen Becher!«

Arib, die im Schatten von Rustams Weinstand am Boden hockte, blickte von ihren Würfeln auf.

Seit sie erfahren hatte, dass ihr Todfeind in Rey war, fürchtete sie ständig erkannt zu werden. So wich sie seit Tagen nicht von Theodoras Seite, auch wenn die Gesellschaft vor Ort nicht immer die beste war. Vom reichen Tuchhändler bis zum zerlumpten Scharlatan traf sich der ganze Han hier. Bisweilen waren zwielichtige Gestalten darunter: Abgehackte Gliedmaßen oder ein unruhiger Blick verrieten, dass sie auf der Flucht vor dem Gesetz waren. Doch derzeit zog keine Karawane nach Westen, und es blieb den Mädchen nichts anderes übrig, als zu warten. Immerhin war es heute ruhig. Die Anwesenheit des Marktvogts, der sich inzwischen täglich einfand, hielt das Gelichter fern.

Der Weinstand befand sich bei den Arkaden, sodass die Gäste deren Schatten nutzen konnten. Eigentlich war er nicht mehr als ein Zelt auf groben Balken, vor dem einige abgewetzte Teppiche ausgebreitet waren. Die gewaltigen Kupferkannen und irdene Krüge verrieten bereits von Weitem, was hier ausgeschenkt wurde. Schon schallte der eintönige Ruf des Muezzins durch das Geviert. Der eine oder andere Gläubige hastete zur Moschee und betrachtete im Vorbeigehen Theodoras weiten Ausschnitt.

Die Kayna eilte mit dem Becher zum Muhtasib. »Das Beste, was die Schläuche zu bieten haben, für Euch, Herr«, scherzte sie. Sie hob den Quirl am Gürtel, mit dem sie den Gästen ihren Wein mischte. »Wasser?«

Der Vogt, der im Schneidersitz auf einem der Teppiche ruhte, streichelte ihren Fußknöchel. »Nur ein Narr würde diesen Wein mit Wasser mischen.«

Lachend tätschelte sie seine ausgezehrte Wange und steckte den Quirl wieder weg. Arib mochte es nicht, wenn sie mit den Männern scherzte. Es versetzte ihr einen Stich, wenn einer von ihnen Theodora an eine abgelegene Stelle unter die Arkaden führte. Oft genug hatte die Kayna bei ihrer Rückkehr blaue Flecken und getrocknete Tränenspuren auf den Wangen. Und jedes Mal lief sie danach ins Hammam. Doch heute war sie gelassen und schöner denn je. Vom Elburz-Gebirge wehte ein kühler Wind herab und fegte ihr goldene Fäden ins Gesicht. Vor dem Lehmbau der Karawanserei unter dem erbarmungslos hellen Himmel des Ostens wirkte sie wie ein Engel auf einem byzantinischen Mosaik.

Alle wandten sich zum Tor, als sich lauter, vielfacher Hufschlag näherte. Theodora schirmte die Augen mit der Hand, und auch Arib sprang erleichtert auf. Wenn eine neue Karawane kam, konnten sie Rey vielleicht früher als erhofft verlassen.

»Kurden!«, rief ein Junge, der sofort zum Tor gerannt war. »Stammeskrieger aus den Bergen, ein ganzer Trupp!«

Der Muhtasib erhob sich und strich aufmerksam seine schwarze Robe glatt. Die wenigen Leute auf dem Hof sammelten sich neugierig, um die berüchtigten Barbaren zu begutachten. Im Nu hatte sich ein Menschenauflauf rund um den Weinstand gebildet. Arib vergaß ihre Sorge und reckte den Hals.

Ein Trupp auf kleinen, struppigen Pferden trabte in den Hof. Mit offenem Mund bewunderte Arib die Reiter. Es war das erste Mal, dass sie Männer dieses Bergvolkes zu sehen bekam, doch von ihrem wilden Trotz und ihrem kriegerischen Wesen hatte sie schon viel gehört. Die wettergegerbten, bärtigen Gesichter, die stolze Haltung und die Waffen verliehen ihnen ein ungezähmtes Aussehen. Über der rechten Schulter trugen sie Kelims mit braunem, rotem und grünem Zinnenmuster. Bald war der Hof voll von durstigen Tieren, durcheinanderrufenden Männern und schwitzenden Sklaven. Am Brunnen drängten sich schnaubend die Pferde. Die Reiter wateten mit ihren fellbesetzten Stiefeln durch den Schlamm und scherzten laut miteinander. In den Pfützen aus Dung spiegelte sich die Sonne in allen Farben.

Theodora kam zu Arib herüber. Während sie die fremden Krieger musterte, meinte sie nachdenklich: »So weit im Osten sieht man sie sonst nicht. Zuerst der Kalif, jetzt die Kurden – damit hat es etwas auf sich. Ich werde mit ihnen sprechen.« Sie wirkte nicht besorgt. Neugierig folgte Arib ihrem Blick hin zu einem kräftigen jungen Mann mit schwarzem Schnurrbart und vollen Lippen. Er bewegte sich geschmeidig, als er das Pferd absattelte, und der schmucke Kelim ließ seine Schultern noch breiter wirken. Erst als er mit seinen durchdringenden Augen zu ihnen herübersah, schlug Theodora die Lider nieder. Arib wies auf den ansehnlichen jungen Mann. »Heißt *mit ihm sprechen* auch *mit ihm schlafen?*«

Theodora schlug mit der flachen Hand nach ihr. »Du siehst nicht nur aus wie ein Junge, du bist auch mindestens so frech!«

69

Schon nach wenigen Tagen war der junge Kurde ein ebenso zuverlässiger Gast am Weinstand wie der Muhtasib. Er hieß Baran und fand sich vor allem in den Abendstunden ein, wenn Rustam im nahen Feuertempel betete und Theodora allein am Stand war. Die ersten Händler schlossen dann bereits die Gitter vor ihren Läden, und es wurde allmählich ruhiger.

Als er sich heute auf dem staubigen Teppich niederließ, wirkte Baran verärgert. Wie immer verlangte er in gebrochenem Persisch ein *Ratl* Mischwein. Aber seine dichten Brauen waren zusammengezogen und die Lippen gespannt. Theodora bückte sich, um unter dem gerafften Leinensegel ins Innere des Zeltes zu treten. Über ihr schwankte die Öllampe. Sie hob die schweren irdenen Krüge und goss je einen Viertel Liter Wein und Wasser zusammen. Arib fiel auf, wie sie Baran dabei ansah. Es war nicht der abschätzende Blick, mit dem sie die anderen Männer bedachte.

»Was ist denn geschehen?«, fragte die Kayna von drinnen. Sie sah noch nach dem winzigen Feuer im Zelt, das Rustam aus Ehrfurcht vor dem heiligen Element nie ausgehen ließ. Dann kam sie mit dem Becher ins Freie. »Liefen Eure Geschäfte nicht gut?« Als sie Baran das Getränk reichte, berührten sich ihre Finger wie versehentlich.

»Wir gehören zu einer Abordnung aus den Zagros-Bergen«, erklärte der Kurde und stürzte einen tiefen Schluck hinunter. »Die Stämme sind unzufrieden. Wir haben den Kalifen um Steuererleichterung gebeten, doch er hat sie uns verweigert.« Zornig wischte er sich über den dichten Schnurrbart. Arib fielen seine Hände auf: Sehnig und abgearbeitet waren sie, mit dunklen Rändern unter den Nägeln, aber schön geformt. »Während die Araber in Saus und Braus leben, lässt man uns und unseren Herden kaum genug zum Leben!«

»Was habt ihr nun vor?« Theodora warf das Haar zurück, und Barans Augen blieben an ihrem schlanken Hals hängen.

»Wir werden morgen früh abreisen«, erwiderte er schroff.

Überrascht bemerkte Arib Theodoras Bestürzung.

»Mädchen, noch Wein!«, mischte sich ein junger Mann ein. Er stieß den Kurden grob beiseite und ließ sich auf den Teppich fallen. Der stiere Blick verriet, dass er bereits kräftig getrunken hatte. Seine Kleider waren staubig und stanken nach Urin. Die glasigen Augen glitten mit unverhohlener Gier über die schöne Kayna. Als sich Theodora zu ihm beugte, fasste er sie um die Hüften und zog sie auf seinen Schoß. Arib sah zu Boden. Theodora wehrte sich nicht, doch sie sah hilfesuchend zu Baran. Hastig sprang Arib auf und lief unter die Arkaden. Sie hielt die Hände auf die Ohren und summte vor sich hin.

Jemand berührte ihre Schulter. »Na, Junge, langweilst du dich?« Der Tuchhändler Mahmud war von der Moschee her gekommen. Hinter sich hörte Arib die aufgebrachten Stimmen Barans und des Betrunkenen. Sie zog den groben Mizar zusammen, als wolle sie unter dem Überwurf die erste Wölbung ihrer Brüste verbergen.

»Ich gehe zur Weberei«, sagte Mahmud. »Willst du mich nicht begleiten? So etwas hast du sicher noch nicht gesehen.«

Arib wäre überallhin mitgegangen, wo sie den Streit und die obszönen Schimpfworte nicht hören musste.

Die Seidenweberei lag nur wenige Schritte entfernt unter den Arkaden und war noch geöffnet. Bunte Bänder, wie sie von den Reisenden gern als Schmuck für die Saumtiere gekauft wurden, dienten als Aushängeschild. Eine Inschrift in verschnörkelten *Kufi*-Lettern zierte den Eingang, die Arib allerdings nicht lesen konnte. Im Halbdunkel des langgestreckten Lagerraums sah sie sich neugierig um. Im hinteren Teil lagen auf Bretter gerollt und übereinander gestapelt glänzende Seidenballen in Rot, Gelb und Grün. Den größten Teil des Raums nahm der Webstuhl ein: fünf oder mehr Schritte lang, war er aus massivem Holz gefertigt. Sklaven legten die hauchdünnen bunten Seidenfäden nach, die auf Spindeln gerollt warteten. Vorsichtig ging sie darum herum. Das Zickzackmuster in Grün, Rot und Weiß kannte sie aus Balkh.

»Noch vor wenigen Jahrhunderten wusste niemand außer

den Chinesen um das Geheimnis der Seidenfertigung«, erklärte Mahmud. Er zwirbelte einen der Fäden zwischen den Fingern, wie Arib es oft bei Kaufleuten gesehen hatte, wenn sie die Ware begutachteten. »Nur auf den uralten Karawanenwegen gelangte der Stoff nach Westen. Dann aber stahlen zwei persische Mönche einige Kokons mit lebenden Raupen und brachten sie nach Byzanz – noch ehe der Prophet seine erste Offenbarung erhielt. Und so wurde das Geheimnis gelüftet.« Er hielt den Faden ins Licht und betrachtete ihn andächtig. »Ein einziger Faden wird aus dreitausend Schmetterlingskokons gewonnen. Dreitausend Raupen sterben, noch ehe sie ihre Flügel zum ersten Mal entfalten konnten.«

Arib ließ ihre Finger über das Gespinst gleiten. Es machte sie traurig und faszinierte sie zugleich, dass Schönheit und Tod so eng beieinander lagen. Im Rhythmus ihres Herzens schlug das Webschiffchen gegen den Stoff.

Mahmud war nach hinten gegangen und winkte sie zu sich heran. Arib stieß einen entzückten Laut aus und legte den Mizar über den Arm. Beinahe hatte sie das Gefühl, wieder zu Hause in Balkh zu sein.

»Das ist die feinste Seide, die es gibt«, erklärte Mahmud. »Wenn die Raupen im heißen Wasser getötet sind, nimmt man die Kokons und entfernt vorsichtig die äußeren Schichten. Nur das, was ganz zum Schluss übrig bleibt, dünn wie eine Spinnwebe, wird zu diesem kostbaren Satin verarbeitet.«

Arib bemerkte seine Befremdung, als sie den Stoff an sich hielt, doch sie achtete nicht darauf. »Meine Tante hatte ein Kleid aus diesem *Zaitun*, als sie heiratete«, erzählte sie eifrig. »Auch ich soll ihn tragen, wenn ich einmal einen Bräutigam …«

Mahmud sah auf. Es überlief sie siedend heiß. Sie konnte förmlich spüren, wie das Blut langsam aus ihrem Gesicht wich. Unfähig weiterzusprechen starrte sie ihn an. Dann stürzte sie hinaus ins Freie.

Draußen am Weinstand blickte Arib furchtsam in Mahmuds Richtung. Der Tuchhändler war ihr nachgekommen und nun in ein Gespräch mit dem Imam verwickelt. Unter dem weiten Mantel hatte der gestikulierende Körper des mageren Vorbeters etwas Groteskes, doch Arib war nicht zum Lachen zumute. Der Imam wirkte besorgt. Immer wieder sahen die Männer zu ihr herüber.

»Warum musstest du auch davonlaufen, Baran war doch da!«, zischte Theodora. Mit raschen Schritten ging sie zum Brunnen, und Arib stapfte mit gesenktem Kopf hinterher. Während die Kayna unter dem Sonnendach den Pokal ausspülte, blickte sie immer wieder beunruhigt über die Schulter. »Jetzt bereden sie, mit wem sie dich verheiraten oder unter wessen Obhut sie dich stellen sollen. Man wird sagen, dass du eine Gefahr für die Moral bist. Falls du Haidar auf uns aufmerksam machen wolltest, hättest du dir nichts Besseres einfallen lassen können!«

Arib biss sich auf die Unterlippe. Sie wünschte, ihren Fehler ungeschehen machen zu können.

»Hör zu«, sagte Theodora plötzlich, als sei ihr ein Gedanke gekommen. Sie zog Arib zu sich heran. »Vielleicht gibt es doch noch eine Zuflucht.« Sie warf einen erneuten Blick über die Schulter, als suche sie jemanden. »Es gibt einen Ort, den selbst die Truppen Harun ar-Raschids meiden. *Dive* sollen dort hausen – Dämonen, die Menschen in die Irre leiten und in zerklüftete Schluchten stürzen. Die Wege führen über schwankende Brücken und werden im Winter von Wildbächen weggerissen. Bären und Wegelagerer machen die Gegend unsicher. Niemand wagt sich freiwillig dorthin.«

Arib starrte sie an.

Theodora kniete nieder und fasste sie beschwörend an ihrem groben Leinenhemd. »Wir haben keine Wahl!«

Zweiter Teil

Aachen, Kaiserpfalz Karls des Großen im Jahre des Herrn 803.

1 Kalter Wind fegte über die Reetdächer der Kaiserpfalz. Er trug den Frühlingsregen mit sich, der gegen die lehmverputzten Wände klatschte. Über dem Torhaus flatterte ein Rabe auf, und durch das Gewölbe pfiff der Sturm in die ummauerte Anlage. Im zugigen Gang heulte einer der großen, schwarzen Hunde, und der Wachsoldat erhob sich, um den Ankömmlingen entgegenzusehen. Als er den Kronvasallen Konrad, dessen Tochter und den Mönch Bernhard erkannte, verneigte er sich. Ohne Notiz von ihm zu nehmen, stürmte der Ritter vorbei.

»Gott zum Gruße, Herr Konrad«, rief ein junger Mann, der im Torgang auf einem grobgezimmerten Hocker lümmelte. Er zog das Marderfell vor der Brust zusammen und nestelte an der schweren Fibel, die den modisch geschlitzten Umhang darüber hielt. Dennoch blies der Wind ungehindert in seinen Kragen und zerzauste sein schulterlanges blondes Haar.

»Zum Teufel, wo ist der Kerl?«, fuhr Konrad ihn grob an. Bierdunst breitete sich aus, als er sprach. In ein Schaffell gehüllt wirkte seine Gestalt noch massiger, als sie ohnehin schon war. Die wässrigen Augen hatten etwas Lauerndes, und der breitlippige Mund verschwand unter einem gewaltigen, bis zum Kinn herabhängenden Schnurrbart. »Wolfram von Aue! Ihr steckt doch stets mit ihm zusammen, Riculf. Und seit Ihr gemeinsam dem Kaiser den Eid geschworen habt, mehr als zuvor.«

Der Angesprochene erhob sich bedächtig. Breitbeinig war Konrad im Windschutz des Torhauses stehengeblieben und blickte über den Hof zur Königshalle. Das Gebäude war aus Stein gemauert, trutzige runde Türme erhoben sich an beiden Enden. Ein Aufsatz aus Fachwerk barg die wohnlicheren Gemächer, wo Kaiser Karl residierte. Doch noch brannte dort kein Licht.

»Soll ich der Hüter Eures Eidams sein?«, fragte Riculf spöttisch. Um seinen künftigen Schwiegervater war Wolfram wahrlich nicht zu beneiden, dachte er mit einer Spur von Mitgefühl. Man munkelte, Konrad hätte seinen Ritterstand nur durch eine hastige Bekehrung zum Christentum und einige zweifelhafte Raubzüge gegen seine sächsischen Stammesgenossen erworben. Es war eine Ironie des Schicksals, dass Kaiser Karl letztes Jahr die *Lex Saxonum* in Kraft gesetzt hatte. Und eine Strafe des Himmels, dass Wolfram im heiratsfähigen Alter war, just da diese Versöhnung zwischen Sachsen und Franken durch zahlreiche Ehebündnisse besiegelt ward.

Konrad wies auf das vierzehnjährige Mädchen hinter sich. »Seine Verlobung mit meiner Tochter soll heute öffentlich bekannt gegeben werden, wenn die Gesandtschaft aus dem Orient eintrifft. Und er ist wie vom Erdboden verschluckt!«

Riculf musterte die künftige Gattin seines Freundes. Bertha hielt die Augen züchtig gesenkt und die Mundwinkel wie üblich nach unten verzogen, als sei sie kurz davor, in Tränen auszubrechen. Ihr schmales Gesicht verschwand fast gänzlich unter dem Schleier, und ihre magere Gestalt schien unter dem mit bunten Steinen besetzten Gürtel schier zusammenzubrechen. Er fragte sich, was an Wolframs Los härter war: der grobschlächtige Schwiegervater oder dieses weinerliche Blesshuhn.

»Der Hundsfott ist doch nicht im Badehaus?« Konrad zog die fleischige Unterlippe nach oben. Mit dem Kinn wies er auf den überdachten Korridor, der die Schreibstuben und die Garnison beherbergte, und nach rechts zur achteckigen Pfalzkapelle. Hinter deren Anbauten lagen die heißen Bäder. Regen triefte ihm aus Bart und Haar und verlieh ihm etwas Tückisches.

»*Quamvis sunt sub aqua, maledicere temptant*«, grinste Riculf in der beruhigenden Gewissheit, dass Konrad kein Latein verstand. *Selbst unter Wasser schmähen die Frösche noch.*

»Noch so einer, der kein ehrliches Fränkisch versteht«, brummte Konrad zwischen den Zähnen. »Mein feiner Eidam wird meiner Tochter nichts als lateinische Bastarde machen!«

Schamhaft errötete das Mädchen. Bernhard, der Mönch,

hingegen hatte Riculf umso besser verstanden. Er schnaubte missbilligend und fuhr sich mit dem Ärmel seiner schwarzen Kutte über die knochige Nase.

»Ich glaube kaum, dass Wolfram im Badehaus ist«, bemerkte Riculf genüsslich. »Wollte er, könnte er jede Jungfer haben. Und warum eine Kebse mit schlechtem Betragen und noch schlechteren Zähnen für etwas bezahlen, das ihm die hübschen jungen Mägde umsonst anbieten? Wenn er sich mit einer Dirne ins Warme verkrochen hat, dann gewiss nicht im Badehaus.«

»Er lehnt sich auf gegen den *Ordo* – die heilige Ordnung, das unverrückbare Gesetz, nach dem alles lebt«, bemerkte Bernhard und schnüffelte wie eine asthmatische Ratte. Mit seinen wimpernlosen Augen schien er bis ins Fegefeuer sehen zu können. »Er war mein bester Lateinschüler, doch er zog die Gesellschaft des Juden Isaak der seiner Lehrer im Kloster vor – desselben Isaak, der vor sechs Jahren auserwählt wurde, die Gesandtschaft in den Orient anzuführen. Ich sage Euch: Wolfram wahrt den Schein, doch insgeheim zerren düstere Kräfte an ihm. Seht Euch vor, Konrad! Er könnte sich auflehnen gegen Beschlüsse, die andere in Weisheit für ihn treffen!«

»Wenn ich ihn an seinem Verlobungstag mit einer Magd aus dem Heu ziehen muss, schlage ich ihn tot!«, grollte Konrad.

»Ihr wollt ihn suchen?« Riculf blickte ins Freie, und der Regen schlug gegen seine glattrasierten Wangen. Morast aus Dung, Wasser und dem Blut der gestrigen Jagdbeute überzog den Hof. Das Ochsengespann, das den Reisewagen des Kaisers zu ziehen pflegte und soeben auf die Stallungen zusteuerte, sank bis weit über die Fesseln ein.

»Bertha, warte am kaiserlichen Tiergarten auf deinen Bräutigam!«, überschrie Konrad die brüllenden Tiere. »Ich werde den Kerl zu dir schicken. Und wehe, er wagt es, sich zu widersetzen!« Er wandte sich an Riculf: »Kommt mit mir!« Doch der junge Mann war verschwunden.

Eilig war Riculf durch den Torgang zurück und aus der Pfalz gehastet. Er schlug den Weg entlang der aufgeweichten Straße zum Anger ein. Hier feierten die Bauern der Umgebung die Rückkehr der Gesandten aus dem Orient. In seiner Hast stieß er einen betrunkenen Tagelöhner zur Seite, der taumelnd und das Trinkhorn fest umklammernd, Platz machte. Dankbar sah Riculf zum Himmel, wo die Märzsonne durch die Wolken brach.

Das Volk hatte sich durch den Regenschauer offenbar nicht in seiner Feierlaune stören lassen. Fröhliches Treiben herrschte allerorts. Bänder flatterten im Wind. Unter der alten Linde erzählte ein Gaukler seine phantastischen Geschichten, und die Kinder schrien vor Begeisterung. Musiker spielten zum Siebensprung auf, bekränzte Jungfrauen tanzten. Ein Mönchlein streunte zwischen den Feiernden umher und hielt nach Sünden Ausschau, getreu dem Augustinuswort: Der Tanz ist ein Kreis, in dessen Mitte der Teufel steht. Und in der Tat war das Laster überall anzutreffen. Einer der Burschen schwenkte sein Mädchen hoch in der Luft herum, und der junge Ritter erhaschte einen Blick unter ihren geblähten Rock. Neben der Tanzfläche waren Jungfrauen damit beschäftigt, einem Knappen das Wams über die Hüften hochzuziehen, um ihm den Hintern zu versohlen. Ihr Lachen war weithin hörbar, und der Jüngling ließ sich die Züchtigung sichtlich gefallen. Es war vergebliche Liebesmüh, dachte Riculf amüsiert, den Leuten das heidnische Treiben zu verbieten. Eine Gruppe Kinder kam an ihm vorbei die Straße entlanggerannt und begaffte einen Ritter hoch zu Ross. Der Blick des jungen Mannes folgte ihnen und fiel auf ein grasendes Pferd ohne Reiter. Riculf grinste.

An den wenigen Bauernhöfen und die einzige Straße hinab trieben die Obstbäume erste Blüten. Der nahe Mühlbach rauschte, und dahinter am Waldrand lag eine Scheune. Schützend breitete eine alte Buche ihre Äste über das niedrige Dach. Lachen und Musik drangen gedämpft vom Anger herüber. Die letzten Regentropfen perlten glitzernd von den Zweigen und aus dem braunen Reet.

»Genug der Liebesspiele!«, rief Riculf und klopfte laut und vernehmlich an die Brettertür. »Die Pflicht ruft, mein Freund, in Gestalt eines übellaunigen Barbaren, der seine bleichsüchtige Tochter unter der Haube wissen will.«

Geflüsterte Worte, hastiges Rascheln und Scharren im Inneren verrieten, dass man ihn wohl vernommen hatte. An die Bretterwand gelehnt blieb Riculf stehen. In der Tat, er musste nicht lange warten. Die Tür flog auf, und ein hübsches Mädchen im blauen Festgewand der Bauern trat heraus. Hastig flocht sie ihr lichtes Haar und zog einen Strohhalm aus den Zöpfen. Dann befestigte sie den Spiegel, der zur Tracht gehörte, am Gürtel. Als sie Riculf bemerkte, errötete sie und machte sich eilig davon. Mit einer Verbeugung trat er an ihr vorbei und in die Scheune.

Heuduft hing in der Luft, die Sonne fiel wärmend durch die Tür und die hohen Lichtschächte im Gebälk. Der junge Mann drinnen kam ins Licht. Ein rötlicher Schimmer glänzte auf seinem dunkelblonden Haar, das sich regenfeucht auf der Stirn kräuselte.

»Kann man nicht eine Stunde lang vergessen, dass ein Mann von Stand verurteilt ist, eine lebende Leiche zu heiraten?« Finster schloss Wolfram seinen Gürtel und griff nach dem kragenlosen Leinenhemd. Sein eleganter Umhang und das glatte Otterfell lagen noch im Heu.

Riculf griff nach dem Mantel und hob ihn auf. »Das Blesshuhn Bertha«, erwiderte er. »In der Tat, sie wirkt nicht viel lebendiger als die in Spezereien eingelegten, fremdartigen Tiere, die sich der Bischof aus dem Orient schicken lässt.«

Seufzend bückte sich Wolfram nach seinem Schwert und befestigte es am Gürtel. »Es gibt eigentlich nichts an ihr auszusetzen«, gestand er. »Sie ist jung und schön, das ist mehr als so mancher von seinem Weib erwarten kann. Aber niemand hat mich gefragt, ob ich sie liebe.«

Riculf lachte schallend auf. »Als ob das von Bedeutung wäre! Sieh dir meinen Bruder an: Als er so alt war wie wir, fünfzehn oder sechzehn, sagte er dasselbe. Aber dann heiratete er und zog in die Sachsenkriege. Als er wieder in den grauen Ehealltag zurückkehrte, hatte er seinen Traum von der Liebe vergessen. Jetzt nimmt er sich ab und zu eine Magd fürs Vergnügen, und zeugt ansonsten mit seiner Frau die Nachkommenschaft. So ist nun einmal der Ordo. Je eher du das einsiehst, desto besser.«

»Der Ordo!« Gereizt warf Wolfram den Kopf zurück und schloss die schwere Fibel an der Schulter. »Man kann nicht einmal auf den Abtritt gehen, ohne dass einem der Ordo vorschreibt, wie man sich dort seinem Stande gemäß zu verhalten hat!« Er hob das Otterfell auf, als ein Schatten auf die beiden jungen Männer fiel.

»Hier steckt also dieses Vorbild an Tugend! Meiner Treu, das nenne ich unverfroren. – Ihr verdammter Bastard!« Konrads Berserkergestalt hatte sich im Tor aufgebaut und fing das Sonnenlicht ab. »Habt wohl ein wenig geübt, was? Hattet Ihr Angst, im Bett meiner Tochter zu versagen?« Speichel spritzte über seine Lippen.

Wolframs Hand zuckte zum Schwert, und Riculf griff nach seinem Arm. Konrad machte einen schwankenden Schritt, doch schon hatte sich eine dürre Gestalt an ihm vorbeigeschoben.

»Haltet ein!«, befahl der Mönch Bernhard. Mehr Kutte als Kerl fasste er beherzt den muskulösen Arm des Sachsen. Der schüttelte den hageren Gottesmann ab wie eine lästige Fliege. Krachend taumelte Bernhard gegen die Bretterwand. Konrads tief liegende Augen funkelten Wolfram an.

»Dies ist Sache des Kaisers!«, rief der Mönch und schnappte nach Luft. »Karl wird sich Eurer Sache annehmen! Vorerst kehrt zurück an Euren Platz in der Pfalz! Und was Euch angeht«, wandte er sich mit drohender Priestergebärde an Wolfram, »sucht unverzüglich Eure Braut im Tiergarten auf und leistet Abbitte!«

Konrad liebäugelte sichtlich mit dem Gedanken, nicht nur seinem Schwiegersohn, sondern auch dem Kirchenmann den Schädel einzuschlagen. Doch Bernhards geistliche Würde schien ihn immerhin zur Vernunft zu bringen. Er trat so dicht an Wolfram heran, dass sein Bieratem dem jungen Mann betäubend ins Gesicht schlug. »Ihr habt nicht nur mir und meiner Tochter, sondern auch Kaiser Karl die Treue geschworen. Und doch brecht Ihr seinen Ordo, wann immer Ihr Gelegenheit dazu findet. Seid versichert«, drohte Konrad mit blutleeren Lippen, »dass Ihr nicht ungeschoren davonkommen werdet! Dieses Mal habt Ihr den Bogen überspannt!«

2 Entlang der aufgeweichten Straße tummelten sich bereits die Schaulustigen, als sich Wolfram und Riculf der Grasböschung näherten. Von ferne war Musik zu hören. Zu ihren Füßen knieten Krüppel ohne Zehen oder Unterschenkel und flehten um milde Gaben. Wolfram warf einem Betteljungen mit einem nässenden Ausschlag eine Münze zu. Das Kind wollte überschwänglich danken, doch er winkte ab.

»Du kommst noch früh genug zu deiner Bertha«, spottete Riculf und lachte, als Wolfram aufstöhnend das Kreuzzeichen schlug. »Hier ist ohnehin kein Durchkommen, lass uns den Einzug der Gesandtschaft abwarten.«

Gaukler in bunten Flickengewändern und mit glöckchenbehangenen Hüten näherten sich. Drei von ihnen bildeten eine menschliche Pyramide. Kinder jauchzten, das Klirren von Ochsengeschirr war zu hören, und lautes Trompeten übertönte alles.

»Weißt du noch, als Kaiser Karl die Gesandtschaft vor sechs Jahren an den Hof des Herrn von Bagdad schickte?«, überschrie Riculf die Spielleute. »Wie heißt der Kalif noch gleich?«

»Harun, also Aaron«, rief Wolfram zurück. »Kaiser Karl

und er haben einen gemeinsamen Feind: einen abtrünnigen Vasallen Aarons, den Emir von Córdoba. Seine Ritter fallen immer wieder ins Heilige Römische Reich ein. Diese Mauren haben Ritter Roland getötet, erinnerst du dich?«

»Wie sollte ich nicht, sein Tod ist legendär«, erwiderte Riculf. »Roland war der angesehenste Paladin Kaiser Karls. Er ritt ins Grenzland, um die Mauren zurückzutreiben wie einst Karl Martell, der Ahn des Kaisers. Aber beim Flecken Roncesvalles geriet er in einen Hinterhalt.«

Der Zug kam näher und unterbrach sie. Musikanten schlugen ihre Trommeln zu einem aufpeitschenden Rhythmus, schmetternd fielen die anderen Instrumente ein. Wehrgehänge blitzte auf, blaue Mäntel wurden vom Wind gebläht – die Kronvasallen geleiteten die Gesandtschaft zum Kaiser. Wolfram erkannte den Pfalzgrafen, und nicht weit davon Konrad und die hochgewachsene Gestalt seines Vaters. Mit Stolz musterte er ihn. Nur um seinetwillen hatte er in die Verbindung mit Bertha eingewilligt. Der elegante Lamprecht von Aue und der grobschlächtige Konrad hätten verschiedener nicht sein können.

Hinter den Kronvasallen kam der Anführer der Gesandtschaft, der Jude Isaak. Als Wolfram den Freund sah, machte er eine impulsive Bewegung. Sie brachte ihm einen Rippenstoß ein, doch er kümmerte sich nicht darum. Hoffentlich ergab sich eine Gelegenheit, Isaak zu sprechen. Hundertmal lieber als zu heiraten, wäre Wolfram mit ihm in das fremde Land gereist. Besorgt bemerkte er, wie müde der Freund aussah. Der graue Bart war durchnässt, und die Wangen glühten wie im Fieber. An seiner Seite ritten zwei Männer, die aus dem Orient kommen mussten.

Die Schaulustigen flüsterten bewundernde Worte. Die Obergewänder der Fremden bestanden aus schwarzer, golddurchwirkter Seide, die allein schon eine Pfalz wert sein musste. Darunter trugen sie ebensolche Hosen und Stiefel aus bestem Leder. Ihre Mäntel waren aus kostbarem Zobelpelz, und an

Gürteln und Turbanen funkelten Juwelen, wie sie nicht einmal Kaiser Karl besaß. Hinter ihnen rollten schwer beladene Ochsenkarren durch den Schlamm, vermutlich Geschenke des fremden Herrschers. Dahinter führten schwarzhäutige Sklaven ein gewaltiges Tier. Wolfram ertappte sich dabei, es mit offenem Mund anzustaunen wie der zerlumpteste Straßenjunge.

Es überragte noch einen Reiter mit Leichtigkeit. Rechts und links des riesigen Kopfes war es mit furchterregenden säbelartigen Zähnen bewehrt. Unentwegt hob es seinen gewaltigen Tentakel und trompetete, dass es Wolfram durch Mark und Bein ging. Die Posaunen des Jüngsten Gerichts konnten lauter nicht sein. Dieses Vieh musste einen Menschen mühelos in der Luft zerreißen und verschlingen können. Was für ein Herrscher musste Harun ar-Raschid sein, dass er solch eine Bestie zu bändigen verstand!

»Die Schlösser des Kalifen sind mit kostbaren Teppichen geschmückt und ihre Wände aus Edelsteinen!«, raunte Riculf. »Er besitzt Hunderte von Frauen, die alle in Gold und Seide gekleidet sind und unter ihrem Geschmeide fast zusammenbrechen!«

»Hütet Eure Augen!«, rief ein hageres Mönchlein. »Hütet Euch, dass Ihr nicht verfallet der Sünde und dem Pfuhl der Hölle!« Die fromme Warnung war indes vergeblich. Weit mehr als die Strafen des Jenseits fürchteten die Schaulustigen offenbar, die Wunder des Diesseits zu verpassen: Atemlos wies Riculf auf die Musikanten, die dem Geistlichen folgten. Sängerinnen spielten Instrumente, wie Wolfram sie noch nie gesehen hatte, Fideln und Lauten mit abgeknicktem Hals. Unwillkürlich glitten seine Blicke über die anmutigen Leiber, die ohne Scham dargeboten wurden. Er fing einen Blick aus dunklen Augen auf. Die Heidin öffnete verführerisch die Lippen. Ein Laut zwischen Bewunderung und Abscheu bebte durch die Menge.

»Nun sieh dir das an!«, stieß Riculf hervor. »Wenn es im Orient mehr Weibervolk dieser Art gibt, verstehe ich, warum nur unser guter Isaak zurückkehrt. Die noblen Herren Gesandten haben es wohl vorgezogen zu bleiben.«

»Die Ritter, die ihn begleitet haben, sind dort an einer Krankheit gestorben«, wandte Wolfram ein. Doch sein Blick wurde von den Fremden magisch angezogen.

»An einer Geschlechtskrankheit, wie man hört«, erwiderte Riculf trocken. »Was Wunder, dass sich der Kaiser auf den alten Mann verlässt? Mir wäre auch bange um jeden Jüngling, den ich diesen Sirenen in die Fänge schickte!« Er legte Wolfram den Arm um die Schulter. Sein strohblondes Haar war vom Wind zerzaust und sein Gesicht gerötet. »Der Orient«, sagte Riculf und schmatzte den Frauen einen Kuss hinterher, »der Orient, Freund, ist das Reich der Sünde.« Er tippte Wolfram auf die Brust. »Es wimmelt nur so von willigen Weibern. Ihre Lippen sind süß wie Honig, und ihre Kehlen glatter als Öl. Sie pflegen ihre Schönheit mit duftenden Essenzen. Anders als unsere Bademägde hier, die furzen, wenn man sie besteigt! Sie haben Fertigkeiten, die einen Mann um den Verstand bringen!« Wolfram hob die Brauen. Riculf lachte schallend auf. »In der Tat, du solltest besser nach dem Tiergarten gehen und deine Braut versöhnen. Ich gehe, um eine dieser Burgen zu erstürmen!«

Scherzhaft boxte er Wolfram gegen die Schulter und verschwand in der Menge, um sich zum Torhaus zu drängen. Einmal drehte er sich noch um und winkte auffordernd. Wolfram hob grüßend die Hand. Doch insgeheim schloss er die Augen und betete um die Kraft, sein Los wie ein Mann zu tragen.

Er fand Bertha beim Elefantengehege, wo man die Bestie aus dem Zug untergebracht hatte. Der kaiserliche Tiergarten erstreckte sich nördlich der Bäder bis zum Wald. Hinter den Bäumen, die ihn umgaben, sah man die Türme der Königshalle und der Pfalzkapelle.

Schon von Weitem machte Wolfram das gewaltige Tier vor dem reetgedeckten Unterstand aus. Der Tentakel schlenkerte lustlos durch das regenfeuchte Heu. Dass ein so furchterregendes Geschöpf das Gleiche fraß wie eine Kuh, befremdete ihn. Eichen und Nadelbäume wuchsen in dem weitläufigen Gehege, am Bretterzaun erkannte er die in einen kostbaren Mantel gehüllte Frauengestalt. Er trat näher. »Gott schütze Euch«, grüßte er mit unbewegter Höflichkeit.

Bertha zuckte zusammen.

»Ich möchte Euch um Verzeihung bitten«, sagte er widerwillig und lehnte sich neben sie an den Zaun.

In stummer Ergebenheit blickte Bertha zu Boden und hauchte: »Ich bin Eure gehorsame Dienerin.«

Wolfram konnte sich nicht erinnern, je viel mehr aus ihrem Mund gehört zu haben. Besaß sie denn gar keinen Stolz? »Schön, aber Gehorsam ist nicht alles.« Er warf seiner Braut einen verstohlenen Seitenblick zu. Vielleicht lohnte es sich ja, sie einmal ohne die erdrückende Gegenwart ihres Vaters kennenzulernen? Schließlich hatte sie ihn ebenso wenig gewählt wie er sie. Diese Eheschließung war eine rein politische Angelegenheit. Dass es mit dieser Frau allerdings überhaupt so etwas wie ein eheliches Leben geben sollte, war nur schwer vorstellbar. Er versuchte, sie sich keuchend vor Lust und mit aufgelöstem Haar auszumalen. Doch stets sah er nur ihre herabgezogenen Mundwinkel und den Blick nach allem, worin sie ihr Antlitz spiegeln konnte, vor sich.

»Ihr seid ein Mann, der eine Frau beschützen und reich ausstatten kann. Jedes Mädchen wäre froh, Euch zu heiraten«, erwiderte sie zögernd. Doch sie sah ihn nicht an.

»Zum Teufel, Ihr seid nicht jedes Mädchen«, entgegnete Wolfram schroff. Er bemerkte, dass sich ein weinerlicher Zug um ihren Mund legte und besann sich. Ruhiger meinte er: »Ich wollte sagen, ich möchte nicht, dass Ihr mir nur durch Zwang angehört.«

Bertha senkte schamhaft die Lider. »Es ist die Aufgabe einer Frau, ihrem Gatten zu gehorchen.«

»Erwartet Ihr Euch nicht mehr als meinen Schutz?« Er

betrachtete sie genauer. Eigentlich war sie mit ihrem blonden Haar und der zarten Haut eine Frau, um die ihn mancher Mann beneiden würde. Ob dieser herabgezogene Mund küssen konnte?

Sie schlug die Augen nieder. »Seid versichert, dass ich meine Pflichten kenne«, hauchte sie mit der ergebenen Miene eines Lammes im Angesicht der Schlachtbank. Wolfram beschloss, es doch nicht auf den Versuch ankommen zu lassen. Er fragte sich, was er tun musste, um ihr eine Geste zu entlocken, die nicht vor dem Spiegel einstudiert war. Zugegeben behagte ihm auch der Gedanke nicht sonderlich, sie am Hochzeitstag vor Zeugen zu entjungfern. Erst recht nicht nach der Heirat seines Bruders im letzten Jahr: Der hatte, von den anfeuernden Zurufen der Zeugen und den Schmerzensschreien seiner Gattin aus dem Konzept gebracht, schließlich wutentbrannt das eheliche Lager verlassen. Noch Wochen danach hatte der gesamte Salhof das Malheur genüsslich zergliedert. Aber das wollte er Bertha lieber nicht anvertrauen. »Er heißt Abu l-Abbas«, meinte er im Bemühen, etwas Freundliches zu sagen, und wies auf das Tier im Gehege. »Nach dem Ahnen des Kalifen. Es ist ein Elefant.« Er zwang sich zu einem Lächeln, das Bertha kläglich erwiderte.

»Können wir nicht gehen?«, wisperte sie. »Ich finde ihn erschreckend.«

Natürlich, dachte Wolfram resigniert und bot ihr den Arm.

Auf dem Weg zurück zur Pfalz kam ihnen ein Diener entgegen. »Wolfram von Aue«, sagte er mit einer kühlen Verneigung. »Euer Kaiser erwartet Euch.«

Als sie die Königshalle erreichten, erschien Wolfram die steinerne Treppe steiler als sonst. Die Fackeln wirkten düsterer und die Schatten an den roh behauenen Mauern länger. Konrad hatte recht: Es war nicht das erste Mal, dass er den Ordo gebrochen hatte. Warum fiel es ihm nur so schwer, seinen rebellischen Geist in diese Form zu pressen!

Der kahle Vorraum im ersten Stock war leer. Ein grobgeschnitzter Tisch stand an der Längsseite und gemahnte Wolfram daran, dass die Angelegenheit durchaus auch im Gerichtssaal über dem Torhaus geregelt werden konnte. Im Halbdunkel glänzte die Wandtäfelung. Die Lampen wurden der Gäste wegen heute nicht mit stinkendem Talg, sondern mit Olivenöl aus Italien gespeist. Dennoch roch es beißend, und die schwachen Flämmchen vermochten die verrußten Wände kaum zu erhellen. Unruhig lief Wolfram auf und ab. Was mochte der Kaiser über ihn beschließen? Die schwere Eichentür zum Königssaal öffnete sich. Mit gebeugtem Haupt kniete er vor dem Mann nieder, der heraustrat.

Kaiser Karl war sechzig Jahre alt. Wie die meisten älteren Männer trug er einen Schnurrbart, dessen Enden bis zum Kinn herabhingen. Unter den golddurchwirkten Kleidern zeigte sich ein kleiner Wanst, dennoch war er eine beeindruckende Erscheinung. Hinter ihm kamen der Mönch Bernhard und Isaak. Wolframs Vater und Konrad waren nirgends zu sehen, doch Isaaks Anblick ließ seinen Puls etwas ruhiger schlagen. Der Kaiser nahm zuerst keine Notiz von ihm, sondern wandte sich zur Treppe, wo ein Page im blauen Wams beflissen herbeieilte.

»Wo, zum Teufel, ist der Tölpel von Seneschall? Sollen meine Gäste verhungern?«, brüllte er ihn an. Der Junge zog den Kopf ein, sodass das über den Ohren abgeschnittene Haar unfreiwillig komisch abstand. Doch Wolfram war nicht zum Lachen zumute. Endlich musterte der Kaiser ihn.

»Steht auf!«, befahl er. Seine Stimme war hell und schien nicht recht zu der breiten Gestalt zu passen. Wolfram gehorchte eilig.

»Sieh an. Mein neuer Kronvasall!« Karl machte eine Pause, um seine Worte wirken zu lassen. Wolfram presste die Kiefer aufeinander. Zu gut wusste er, dass er durch falschen Stolz seine Lage nicht verbessern würde.

»*Durch diesen Eid verspreche ich, meinem Herrn, dem sehr from-*

men Kaiser Karl, Sohn des Königs Pippin und der Bertrada, treu zu sein… Erinnere ich mich recht, diese Worte aus Eurem Mund gehört zu haben?« Die zornigen blassblauen Augen zwangen Wolfram, den Blick zu senken. »*Fortitudo et sapientia*«, fuhr der Kaiser in stockendem Latein fort, »Tapferkeit und Weisheit machen den Ritter. Erstere habt Ihr zweifellos, doch von der zweiten Tugend habe ich noch nichts bemerkt.« Karl schlug mit der Faust auf die eichene Tischplatte, sodass Wolfram zusammenfuhr. »Euer Betragen war säuisch!«, schrie der Kaiser ihn an. In heftigem Grimm fegte er einen Kerzenleuchter vom Tisch. »Eine Bauerndirne! Ich muss mich auf meine Vasallen verlassen können. Was glaubt Ihr, wozu ich Gesetze erlasse? Damit Ihr Euch benehmt wie ein Heide?«

Wolfram spürte, wie sein Nacken sich versteifte und zwang sich zur Besonnenheit. »Ich weiß, dass ich gefehlt habe. Ich schulde meinem Vater und künftigen Schwiegervater Gehorsam. Und mehr noch, ich schulde meinem Lehnsherrn die Treue, die ich geschworen habe. Nennt mir die Strafe, ich werde sie auf mich nehmen.«

Karl schüttelte den Kopf. Sein strenger Ton milderte sich ein wenig. »Ihr habt mehr Glück als Verstand. Ich müsste Euch streng bestrafen, doch Isaak legte Fürsprache für Euch ein.«

Überrascht sah Wolfram zu dem Juden hinüber. Dessen ergrauender Bart zuckte leicht.

»Ich gebe Euch die Gelegenheit, Euren Fehltritt wiedergutzumachen«, sagte der Kaiser. »Isaak wird im nächsten Frühjahr aufbrechen und mit Eurem Vater eine neue Gesandtschaft in das Reich des Kalifen Aaron anführen. Er sagt, Ihr sprecht Griechisch.« Wolfram bejahte stumm. Griechisch oder Fränkisch, er brachte kein Wort heraus.

»Auf bezahlte Dolmetscher ist oft kein Verlass, und man versteht diese Sprache an Aarons Hof. Ihr werdet die Gesandtschaft nach Rakka begleiten – der neuen Hauptstadt des Kalifen in Syrien. Und geht vorher gefälligst in die Pfalzkapelle und bittet Gott um Standhaftigkeit!«

»Rakka?«, flüsterte Wolfram. Das Blut strömte schneller durch seine Adern.

Bernhards wimpernlose Augen huschten über Wolfram hinweg. »Dankt Gott für die Milde Eures Kaisers. Ich beuge mich dem Willen unseres Herrn, doch ich zweifle, ob dies der beste Ort ist für einen Mann, der sich schon hierzulande kaum in die rechte Form fügen lässt.«

»Nun, eine Reise ist eine Gelegenheit, sich selbst kennen-zulernen«, hielt Isaak dagegen. »Sie ist eine Möglichkeit, sei-nem Herrn zu dienen. Und außerdem verschafft sie Zeit, wenn eine unangenehme Begebenheit... in Vergessenheit geraten soll.« Er zwinkerte Wolfram zu.

Dieser sprang auf, um die Hand des Kaisers zu küssen. »Ihr werdet diese Gnade nicht bereuen!«, versicherte er.

»Das will ich hoffen«, erwiderte Karl und zog seine Hand zurück. »Denn merkt Euch eines: Dies ist Eure letzte Gelegen-heit, mir Eure *Triuwa* zu beweisen. Solltet Ihr mich noch ein-mal enttäuschen, wäret Ihr besser tot. Es gibt keine größere Sünde, als eidbrüchig zu werden.« Er beugte sich über den jun-gen Mann. »Noch ist Euer Schicksal nicht entschieden. Aber versagt Ihr bei dieser Probe, seid Ihr die längste Zeit mein Kronvasall gewesen! Beugt Euren steifen Nacken endlich unter das Joch«, warnte Karl, »oder Ihr werdet es bereuen!«

Hochland im Zagrosgebirge, im Frühjahr anno 806.

3 Hunderte von Meilen westlich von Rey schien das Zagrosgebirge bis zum Himmel zu reichen. Die steinerne, mehrere Tausend Fuß hohe Barriere trennte die iranischen Steppen vom fruchtbaren Tiefland. Während die Auen der uralten Ströme Euphrat und Tigris Kultur und Religion hervorgebracht hatten, waren die Berge ein wildes, unwirtliches Land. Hier, wo sich die unüberwindlichen Massive des Zagros und des Taurus vereinten, schreckten wilde Tiere und zerklüftete Schluchten Reisende ab. Die Menschen in den Tälern glaubten, dämonische *Dive* trieben hier ihr Unwesen. Wegelagerer und räuberische Stämme machten das Gebiet unsicher. Nicht einmal die Truppen des Kalifen wagten sich hierher.

In einem Bach, der sich zu einer Furt auffächerte, spiegelte sich das bleiche Morgenlicht. Das Plateau war übersät von Schafen und langhaarigen Ziegen. Auf struppigen Pferden machten bewaffnete Stammeskrieger die Runde. Zelte wurden vom Wind gerüttelt und verrieten, dass die Bewohner auf dem Weg zu ihren Sommerweiden waren. Wäsche flatterte dazwischen im Wind. Noch verbargen die kahlen Gipfel die Sonne.

Theodora hockte mit einer Spindel im hinteren Teil eines Zeltes und summte vor sich hin. Zu ihren Füßen kauerte Arib, in einen roten Kelim gewickelt. Hinter ihnen war die Wiege mit dem Jüngsten der Sippe aufgehängt. Die engen Wände aus Tierhäuten, die Teppiche und die farbenfrohen Stofftruhen hatten Arib ein lange verlorenes Gefühl von Sicherheit zurückgegeben.

Als sie damals mit Barans Männern aus Rey geflohen waren, hatte der *Khan* der Kurden sie ohne Zögern aufgenommen. Es hatte Arib überrascht, wie schnell der Stammesführer zwei zusätzliche Esser willkommen hieß. Wohl nicht grundlos argwöhnte sie, dass sie in Baran einen leidenschaftlichen Fürsprecher gefunden hatten.

Schon nach kurzer Zeit ritt Arib wie die Nomadenjungen auf dem blanken Pferderücken. Wenn sie über die blumenübersäten Weiden unterhalb der Gipfel sprengte, war es, als hätte ihre Seele das Fliegen gelernt. Schnell schloss sie Freundschaft mit dem Enkel des Khan. Sie mochte den schwarzhaarigen Roni mit seinen dunkel blitzenden Augen. Seine Zähne waren schlecht und die Nägel seiner breiten Füße eingewachsen, doch mit seinen wilden Spielen nahm er sie auf der Stelle für sich ein.

Bald waren die beiden unzertrennlich. Anfangs hatte Theodora noch so schnell wie möglich nach Byzanz weiterreisen wollen. Doch dann waren die Monate vergangen. Ihre Flucht aus Balkh lag nun drei Jahre zurück.

Nachdenklich folgten Aribs Augen der Spindel. Sie wagte nicht, den Wunsch auszusprechen, den sie in sich trug, seit sie Theodora singen gehört hatte: Singen, als beschwöre sie eine Magie, inbrünstiger als jedes Gebet. Schließlich fasste sie sich doch ein Herz. »Zeig mir, wie du deine Lieder machst!«, bat sie.

Die Spindel drehte sich rhythmisch weiter. »Das ist eine schwierige Kunst, *Schirbacce*«, erwiderte Theodora ohne aufzusehen. »Man lernt sie nicht über Nacht wie ein Volkslied.«

Arib rückte näher. »Wir haben Zeit.«

Der Blick der Kayna wanderte zu Roni, der am Eingang über dem Schachspiel brütete, das Arib ihm beibrachte. »An deiner Singstimme kann jeder sofort hören, dass du ein Mädchen bist«, warnte sie leise.

Arib schmiegte sich an sie, doch Theodora schüttelte den Kopf. Trotzig richtete das Mädchen sich auf. »Versprich mir, dass du es mich lehrst, oder ich schreie die Verse von deinem Baschar ibn Burd durchs Zelt!«

Die Kayna lachte. »Gott bewahre!«

»Ich meine es ernst: *Schnell stellt er sich auf...*«

»Um Himmels willen, schweig!«, zischte Theodora und hielt ihr den Mund zu. Die Frauen, die ein Stück entfernt an der Kochstelle beisammen saßen, hielten in ihrer Unterhaltung inne. Arib lächelte süß. »Zeigst du mir nun, wie eine Kayna singt und Lieder schreibt?«

Theodora sah sich unruhig um. Die Frauen begannen zu tuscheln.

»Zeigst du es mir?« Arib holte drohend Atem.

»Also gut, ja! Wenn du es als Sängerin nur halb so weit bringst wie als Erpresserin, wirst du die berühmteste Kayna im Reiche des Kalifen!«

Sie warteten den Abend ab. Vorsichtshalber zogen sie sich ein Stück vom Lager zurück. Schon nach wenigen Schritten hatte man das Gefühl, völlig allein zu sein. Der Schein der Feuer verblasste, nur die Sterne erhellten das Dunkel. Das vereinzelte Blöken eines Schafs drang an ihre Ohren, geisterhaft verloren in der nächtlichen Unendlichkeit.

»Beginnen wir mit dem Lied des Barden!«, sagte Arib ungeduldig.

Theodora lachte. »So weit sind wir noch lange nicht!«

»Aber warum nicht? Ich kann es auswendig.«

Die Kayna verschränkte die Arme und lehnte sich an einen einzelnen Baum, sodass ihre Umrisse in der Finsternis kaum noch auszumachen waren. »Unsere Vorfahren haben die Sänger als Zauberer verehrt«, hörte Arib ihre Stimme. »Es hieß, sie stünden mit der Welt des Übernatürlichen im Bunde. Musik besitzt eine geheimnisvolle Kraft, die jeder Sänger verstehen muss. Wenn du nur den Mund aufmachst und wartest, was herauskommt, dann tust du nicht mehr als ein Kamel, das nach Wasser brüllt!«

Sie kam heran und kniete nieder. Sanft drückte sie Arib die flache Hand auf den Bauch. »Hier entsteht das Leben, wie ein Kind im Leib der Mutter. Im Atem liegt deine Stimme, deine ganze Lebenskraft.«

Arib schloss die Augen und spürte der warmen Hand nach, die sich mit ihrem Bauch hob und senkte. Ihre Wahrnehmung drang tiefer vor, erreichte ihre Beine und floss nach unten in die Erde.

»Das ist gut.« Theodora nahm ihre Hand weg und stützte Aribs Brust und Rücken. »Nun richte dich auf. Langsam. Du musst es genießen, dass alle Blicke auf dir ruhen.«

»Was?« Arib riss die Augen auf. »Meine Mutter sagte, ich solle mich bescheiden verhalten und keine Blicke auf mich ziehen.«

Theodora erhob sich. »Und wer soll dir dann zuhören?«, fragte sie mitleidig.

Mit den Tagen, die vergingen, begriff Arib: Je eher sie vergaß, was man ihr früher als gutes Benehmen beigebracht hatte, desto besser. Theodoras Methoden waren gelinde gesagt befremdlich, und Arib bezweifelte, dass sie sie aus den gelehrten Abhandlungen über Musik hatte.

Einmal knotete die Kayna ihr einen Strick um die Schultern und befestigte das andere Ende am Geschirr eines Esels. »Lehne dich aufrecht zurück, soweit der Strick es zulässt«, wies sie Arib an. »Du kannst nicht stürzen, ich will nur deine Haltung verbessern. Wenn du das Gefühl hast, du würdest nur noch von dem Strick gehalten, ist es richtig.« Der Schwanz des Tieres fegte Arib übers Gesicht, und zweifelnd sah sie auf. Hatte Theodoras Verstand bei der Arbeit in der prallen Sonne Schaden genommen? Sie gehorchte zögernd. Dann auf einmal spürte sie, wie ihre Schultern sich lockerten. Sie hatte das Gefühl zu schweben.

»Und jetzt«, sagte Theodora, »sing!«

Arib sog die Stimme tief aus ihrem Inneren. Der Ton begann in ihr zu schwingen, und stolz legte sie mehr Kraft hinein.

Pfeifend traf Theodoras Stöckchen den Esel aufs Hinterteil. Er machte einen erschrockenen Satz nach vorne, und Arib, die an das Tier gefesselt war, fiel der Länge nach in Kamelmist.

»Niemals aus Eitelkeit auf die Stimme drücken«, sagte Theodora, während sie die Gerte in die flache Hand senkte. »Das macht den Sitz unsicher.«

Arib wischte sich den Schmutz aus dem Gesicht und maß die Kayna mit einem Blick, in dem die blanke Mordlust stand. Grimmig rappelte sie sich auf, befreite sich von der Fessel und schleuderte das schmutzige Seil zu Boden.

Theodora lachte. »Wasch dich. Daran werden wir noch arbeiten müssen.«

Hatte Arib diese Methoden zu Anfang auch mit Misstrauen beäugt, fand sie nach einer Weile Gefallen daran. Nie hatte sie gelernt, ihrem Körper viel Beachtung zu schenken. Doch nun entdeckte sie ihn als ein Wunder, das jeden Tag neue Überraschungen bereithielt. Der Sommer kam, und Arib war nun dreizehn Jahre alt. So oft es ging, sang sie heimlich mit Theodora. Parvanes Warnung hatte sie längst vergessen.

»Ya Layli...« Ihre Stimme gewann an Kraft, schwang in ihrem Körper wie in einem Instrument. »Ya Ayni...« Sehnsüchtig fuhr sie mit dem klagenden Gesang fort, keiner vorgegebenen Melodie, nur der unbestimmten Leidenschaft in ihrem Inneren folgend. Sie hielt inne, ohne zu atmen, und der Ton hing in der warmen Bergluft. Dann verklang er in einem Hauch.

»Vortrefflich!« Theodora, die ihr in einiger Entfernung zugehört hatte, kam näher. »Die Layali gleiten dir wie Honig durch die Kehle. Diese Musik liegt dir im Blut.«

Aribs Gesicht glühte. Es kam selten genug vor, dass die Kayna sie so lobte. Atemlos sah sie ihr entgegen. Mit dem langen, in der Mitte gescheitelten Haar und in den bunten Gewändern der Kurdinnen war Theodora schöner denn je. Sie schien von innen her zu strahlen.

Arib selbst fühlte sich so unbeschwert wie lange nicht mehr. Sie ließ den Blick über die Weiden gleiten und sog die Ruhe und Kraft der Landschaft in sich auf. Schützend umschlossen die steinernen Gipfel die Wiesen. Kaum hatte der Sommer die letzten eisigen Stürme vertrieben, hatten sich die Matten mit einem Flor aus Abertausenden von gelben Blüten überzogen. Ziegen bevölkerten die Hochebene, und es roch nach trockenem Gras.

»Ich hoffe, wir können noch eine Weile bei den Kurden bleiben.« Theodora war Aribs Blick gefolgt. Wie immer, wenn sie unter sich waren, sprach sie Griechisch. »Hier sind die Barmakiden nicht sehr beliebt. Solange deine Verkleidung dich schützt, sind wir sicher. Aber du wirst allmählich ein hübsches Mädchen – das kann gefährlich werden.«

Arib sah an sich herab. Nur selten betrachtete sie sich im klaren Wasser. Ihr war aufgefallen, dass sie nicht mehr so mager war wie einst. Ihr Gesicht mit den eng stehenden Augen war voller geworden, und auch ihre Formen rundeten sich zusehends. Anfangs war es noch ein Leichtes gewesen, ihre Brüste unter weiten Hemden zu verbergen, doch längst musste sie sie mit Baumwolltüchern flachdrücken. Dennoch, wer sollte den Mummenschanz schon durchschauen?

Theodora sah zum Lager hinüber. »Nun mach weiter! Wir haben noch etwas Zeit, bis die Männer zurückkehren.«

Arib nickte und begann das Lied des Dorfbarden zu singen, das sie so liebte. Die klagende Weise umfasste nur wenige Töne. Einfach wie das Leben der Kurden erzählte sie vom harten Leben am Fuße der Berge, auf denen der Himmel ruhte.

»Nicht steif werden«, unterbrach sie die Kayna.

Arib brach ab. »Was mache ich falsch?«

Theodora schüttelte den Kopf. »Du machst nichts falsch, du bist nur nicht ganz in deinem Körper.« Sie warf die Zöpfe auf den Rücken und hob die Laute auf. Der Barde lieh sie ihr hin und wieder – ohne zu wissen, wofür sie sie verwendete. »Erinnerst du dich an das, was ich dir über die Saiten der *Oud* gesagt habe?«

»Es sind vier«, erwiderte Arib. Jedes Mal, wenn sie das Instrument berührte, lief ein leichter Schauer über ihre Haut. Sie fühlte, wie der Wind über die Saiten strich. »Sie heißen *Zir, Mathna, Mathlath* und *Bamm*. Warum?«

»Zwei Namen sind arabisch, zwei persisch«, erklärte die Kayna. Wieder legte sie die Hand auf Aribs Bauch. Der Atem des Mädchens ging ruhiger, und das leichte Ziehen, das sie seit gestern dort spürte, ließ nach. »Die alte arabische Tradition steht für das Können, die persische für das Gefühl«, erklärte Theodora. »Du kannst singen wie die legendären Sklavinnen von Mekka, aber ohne die Liebe zu dem, was du tust, wirst du niemanden bewegen. *Löse die Seele von ihren Banden*, sagt der Weise Hermes Trismegistos. Verstehst du? Übung *und* Gefühl. Es gibt kein Entweder – Oder.«

Arib schloss die Augen. Sie wartete, bis sie die Melodie in ihrem Innern spürte. Dann begann sie zu singen. Ihr Atem ging tiefer, ihr Leib verschmolz mit der Erde. Ihre Stimme gewann einen völlig unbekannten, hellen Beiklang. Sie ließ sie strömen, gab ihr Raum, wie ein Vogel davonzufliegen. Urplötzlich überfiel sie die Erinnerung.

Arib sah ihren Vater zusammenbrechen, sah ihre Mutter zu Boden sinken. Die fleckigen Stiefel des Afschin, als er durch das Blut auf sie zukam. Sie sah die weite Steppe Khorasans vor sich, wo sie gegen die Endlosigkeit anschreien zu müssen glaubte.

Der Ton gerann zu diesem Schrei. All ihre ungeweinten Tränen lagen darin. Sie brachen aus ihr heraus wie eine unbeherrschbare Flut und setzten sich in der klagenden Melodie fort. Arib hatte das Gefühl, zerrissen zu werden. Der Schmerz floss durch ihren Leib, sie überließ sich ihm. Mit jedem Atemzug sog sie die Kraft ein weiterzuleben – anzusingen gegen die leblose Stille der Steppe, gegen die Erinnerungen, gegen Tod und Verzweiflung.

»Gütiger Gott!«, flüsterte Theodora.

Aribs Beine gaben nach, und sie schlug die Hände vors Gesicht. Theodora nahm sie in die Arme. »Ich kann nicht mehr«, schluchzte Arib erstickt. »Bitte, lass mich aufhören!«

Die Kayna schüttelte den Kopf und wischte ihr mit beiden Händen über das Gesicht.

Durch den Tränenschleier nahm Arib wahr, dass sie lächelte. »War es gut?«, fragte sie unwillkürlich.

»Gut?« Theodora fasste sie an den Schläfen und sah sie eindringlich an. »In meinem ganzen Leben habe ich nie eine Kayna so singen gehört. Was auch geschieht, du darfst niemals damit aufhören!«

Arib fuhr sich mit dem Ärmel übers Gesicht. Ihre Tränen versiegten. »Kann ich mir das Gesicht waschen?«

Die Kayna gab ihr einen erleichterten Klaps. »Geh nur!«

Dankbar lief Arib zum nahen Bach. Zwischen den Büschen am Ufer war sie vor Blicken geschützt. Sie wusste selbst nicht, was sie überkommen hatte, doch es machte ihr Angst. Eine Weile hockte sie reglos am Ufer und hielt die Hände in den

Bach. Das Wasser, das klar über das weiße Geröllbett strömte, tat gut. Sie schöpfte sich einen Schwall ins Gesicht und richtete sich auf, um zu Theodora zurückzukehren. Erschrocken hielt sie inne. Vor ihr stand Roni, der Enkel des Khan.

4

Ronis rot und braun gemusterter Kelim blähte sich im Wind. Wortlos starrte Arib ihn an. Wie viel hatte er gehört?

»Warum hast du mir nicht gesagt, dass du ein Mädchen bist?«, fragte er. Arib schlang die Arme um den Körper. Von ihren Lippen tropfte Wasser, doch sie wischte es nicht ab.

Er berührte ihren Arm. »Wie ist dein richtiger Name?«

Sie brauchte einige Zeit, ehe sie antworten konnte. »Arib«, murmelte sie endlich. »Wirst du es deinem Vater erzählen?«

»Warum versteckst du dich?«, fragte er, statt zu antworten.

Hilfesuchend sah sich Arib nach Theodora um. Dann erzählte sie zögernd ihre Geschichte.

»Eine Barmakidin«, wiederholte Roni heiser.

Arib erinnerte sich an Theodoras Worte: Die Barmakiden waren bei den Kurden nicht sehr beliebt. Wenn er sie verriet, waren sie verloren. Die dunklen Augen ruhten auf ihr, und ihr Herz schlug schneller. Langsam ging sie auf ihn zu und berührte sanft seine Wange. Roni bebte unter der Berührung. Als könnte er nicht anders, näherte er sich langsam ihrem Gesicht. Seine Umrisse verschwammen. Dann berührten seine weichen Lippen die ihren.

Es prickelte ihren ganzen Rücken hinab. Das Gefühl war erschreckend und angenehm zugleich, obwohl es nur einen Herzschlag lang dauerte.

Verlegen wich Roni zurück und tippte ihr auf den blauen Fleck am Kinn. »Das war ich, gestern.« Auf einmal blitzten seine Augen. »Eine Barmakidin also. Ich wollte schon immer mal einen von eurer Sippe verprügeln.«

Arib umarmte ihn wortlos. Eine tiefe Wärme durchströmte sie. Ungeschickt streichelte er ihren Rücken, und das Prickeln überlief sie erneut. Dann spürte sie wieder seine Lippen auf ihren. Und dieses Mal schloss sie die Augen.

Als die Männer nach Hause kamen und wie jeden Abend die Wollteppiche im Freien ausgebreitet wurden, streunte Arib rastlos durchs Lager. Ihr war klar, dass sie ihre Lage keineswegs verbessert hatte. Wenn schon ihre Stimme sie verraten konnte, wie viel mehr würden es dann die Zärtlichkeiten, die sie und Roni ausgetauscht hatten?

Die Musikanten spielten ihre eintönigen Melodien, und der leichte Schmerz in ihrem Unterleib verstärkte sich. Arib suchte Theodora und fand sie im Zelt des Khans. Gedämpft drang die Musik herein, und das milde Licht ließ die Teppiche rot und braun leuchten.

Theodora sah von ihrer Spindel auf. »Was ist mit dir? Du bist schon den ganzen Tag so ruhelos. Dabei hast du gesungen wie eine *Huriya* im Paradies.«

»Das ist es nicht.« Arib zögerte. »Ich ... glaube, ich habe jetzt auch diese Blutung«, antwortete sie verlegen. Vorhin, als sie sich in die Büsche geschlagen hatte, hatte sie einen roten Fleck in ihrer Wäsche bemerkt.

Theodora lachte, und Arib atmete auf. Sie hatte Tadel befürchtet, vielleicht weil sie wegen des Kusses ohnehin ein schlechtes Gewissen hatte. »Kein Wunder, du musst ja beinahe vierzehn sein. Hast du etwas, um es in deine Kleider zu legen?«

Arib schüttelte den Kopf, und die Kayna ging in den hinteren Bereich des Zeltes. Auf Holzpodesten waren dort die bunten Stofftruhen mit den Habseligkeiten der Sippe verwahrt. Sie öffnete einen der Packen und kramte darin. Schließlich kam sie mit etwas Baumwolle und sauberen Tüchern zurück.

»Wechsle den Stoff, sobald er vollgesogen ist. Es dauert nur wenige Tage, dann hört es von selbst auf.« Theodora betrachtete sie nachdenklich. »Das macht es in Zukunft noch schwieriger, zu verbergen, wer du bist.«

»Ich weiß nicht, ob ich es ewig verbergen will«, erwiderte Arib. Dankbar zog sie sich in den Teil des Zeltes zurück, wo einige Kelims den Frauenbereich abtrennten. Rasch polsterte sie ihre Wäsche mit den Tüchern aus. Dann schlug sie den Teppich zur Seite und kam wieder ans Feuer. »Wenn jemand sieht, wie Roni mich küsst, wird es ohnehin bekannt«, meinte sie beiläufig. Unter halb gesenkten Lidern warf sie Theodora einen abwartenden Blick zu.

»Er hat deine Verkleidung durchschaut?« Die Kayna fasste sie am Arm. »Was ist geschehen?« Auf einmal klang ihre Stimme scharf.

»Er hat mich durchschaut, aber er wird uns nicht verraten. Er hat es versprochen.« Ein übermütiges Hochgefühl durchströmte Arib.

»Hör zu!« Theodora sah sich um, doch sie waren allein. »Wir müssen vorsichtiger sein denn je. Baran sagt, neuerdings treibe sich die Barid in den Bergen herum.«

Arib zuckte trotzig die Schultern.

»Die geheimen Spione des Kalifen!«, wiederholte die Kayna eindringlich. »Weißt du, was das bedeutet?«

Widerwillig nickte Arib. Immer wieder hatte sie unterwegs von der gefürchteten Geheimpolizei Harun ar-Raschids gehört: Wie aus dem Nichts tauchten ihre Schergen auf und verschwanden ebenso schnell wieder. Sie übermittelten ihre Botschaften mit Brieftauben, die schneller waren als jeder Reiter. Auch die Nachricht vom Schicksal der Barmakiden, erinnerte sie sich, hatte den Afschin so erreicht.

Theodora zwang sie, sie anzusehen. »Du weißt, dass die Ehre deiner Familie an deiner Unberührtheit hängt.« Sie griff Arib so hart unters Kinn, dass es schmerzte. »Hast du mit Roni mehr getan, als ihn zu küssen?«

Ihr herrischer Ton machte Arib zornig. »Und warum sollte ich nicht? Die Ehre, ja!«, fuhr sie auf. »Das ist ein wunderbarer

Vorwand, mir etwas zu verbieten, ohne einen Grund dafür zu nennen! Aber wenn ich wirklich so hochgeboren bin, warum sollte ich mich dann von einer Sklavin bevormunden lassen?«

»Weil die Sklavin mehr Sorge für deine Ehre trägt als du?«, erwiderte die Kayna ruhig. Arib ging auf sie los und holte aus, um sie zu schlagen. Doch Theodora hielt ihre Hand fest und fing auch die zweite ab. »Wenn deine Hände schneller sind als deine Zunge«, meinte sie amüsiert, »ist das keine gute Voraussetzung für eine Kayna.«

Arib hatte gute Lust, ihr die Zunge herauszureißen. Ihr Gesicht musste etwas dieser Art ausdrücken, denn Theodora lachte plötzlich und sagte: »Nun sieh mich nicht so an, als wolltest du mich auffressen, *Schirbacce*!«

»Nenn mich nicht *Schirbacce*!«, erwiderte Arib scharf. »Ich bin kein Kind mehr!«

»Meinetwegen. Du bist wirklich erwachsen geworden«, lenkte Theodora ein. Ihre Mundwinkel zuckten, und mit einem seltsamen Funkeln in den Augen setzte sie nach: »Nun, du hast ja recht. Es gibt wohl Möglichkeiten, die Freuden der Liebe zu genießen, ohne dabei seine Jungfräulichkeit aufs Spiel zu setzen.«

Arib ließ die Hände sinken. »Was soll das heißen?« Doch in ihren scharfen Ton mischte sich Neugierde.

»Ich dachte, du wüsstest es längst. Schließlich ist es das Reich einer Kayna, das den Menschen vom Tier unterscheidet«, sagte Theodora, ohne eine Miene zu verziehen.

»Die Sprache?«, fragte Arib misstrauisch.

»Sprechen kann jeder Papagei«, erwiderte Theodora abfällig. »Ich meine die Musik – und die weibliche Lust.«

Arib spürte, wie ihr das Blut ins Gesicht stieg. Entwaffnet starrte sie die Kayna an.

Theodora lächelte. »Das dachte ich mir. Niemand hat dir bisher gesagt, dass es so etwas überhaupt gibt, nicht wahr?« Sie ließ ihre Worte wirken, dann forderte sie: »Schwöre, deine Jungfräulichkeit zu bewahren, und ich verrate dir, was du Roni erlauben darfst.«

Die Neugierde obsiegte. »Also gut«, willigte Arib zögernd ein. »Ich verspreche es.«

Als sie das Zelt einige Zeit später verließ, hatte sie das Gefühl, verführerischer zu sein als eine Huriya im Paradies. Sie summte vor sich hin und wiegte sich in den Hüften, wie sie es bei Theodora gesehen hatte. Arib, die Sängerin, dachte sie. Roni wird Augen machen!

»He, Ahmad!«, rief Farzin, der soeben aus dem benachbarten Zelt kam. »Was ist mit dir, du wackelst mit deinem Hintern wie ein Mädchen!«

Arib lief puterrot an. »Sieh dich vor«, rief sie zurück, »dass ich dir nicht mit einer Ladung Kamelscheiße das Maul stopfe!«

5

Die nächsten Abende, wenn die Menschen um das Feuer saßen und der Musik lauschten, dachte Arib an Theodoras Worte. Sobald Roni sie ansah, stieg ihr eine heiße Glut ins Gesicht, und sie richtete den Blick rasch auf den Barden. Die Flöte des Spielmanns, mal fröhlich, mal klagend wie das Röhricht, aus dem sie geschnitzt war, nahm Arib seltsam gefangen. Verstohlen sah sie zu Roni hinüber.

»Das Lied von Delal und Azad«, sagte er leise, als hätte er darauf gewartet. »Sie liebten sich, aber ihre Eltern wollten sie nicht miteinander verheiraten.«

Sein Blick machte Arib verlegen. Roni saß so dicht neben ihr, dass sie seine Wärme spüren konnte.

»Was ist mit dir?«, flüsterte er. Seine Hand strich leicht über ihre. »Deine Finger sind ganz heiß.«

Arib zog ihre Hand zurück. »Red keinen Unsinn!«, erwiderte sie schroff und rückte ein Stück von ihm ab. Er sah sie verwundert an, und das Herz schlug ihr bis zum Hals. Sie fühlte sich wie bei etwas Verbotenem ertappt. »Ich bin müde«, sagte sie und erhob sich. »Ich gehe schlafen.«

Verwirrt lief sie zu den weiter entfernten Zelten. Vor Barans blieb sie stehen. Sie hatte ihn vorhin am Feuer nicht gesehen, nur Zozan, seine Frau, war dagewesen. Die Geschichten, die Baran ihnen zu erzählen pflegte, waren nie beunruhigend. Sie handelten von dem bärenstarken Schmied Kawa, der rein gar nichts mit der Liebe zu schaffen hatte: Stattdessen zog er aus, um Ungeheuer zu erschlagen, die sich von den Hirnen neugeborener Kinder ernährten. Genau so eine Geschichte wäre jetzt das Richtige, dachte Arib und schlug die Tierhaut vor dem Eingang zurück.

Drinnen war es dunkel, nur hinter den Kelims, die den Frauenbereich abtrennten, brannte schwaches Licht. Ein Geräusch war zu hören. Arib durchmaß die Hütte und zog einen der Webteppiche beiseite.

Auf der zerwühlten Liegestatt lag Theodora, Baran zwischen ihren Schenkeln. In einem leidenschaftlichen Rhythmus bewegten sich die nackten, aneinandergepressten Leiber unter dem Wollteppich. Auf Barans Haut perlte Schweiß. Schwer atmend suchte er mit den Lippen ihre Brustwarzen, die unter der Berührung dunkel hervortraten. Theodora rang stoßweise nach Atem. Ihre eine Hand krallte sich in die Kissen, mit der anderen hielt sie seinen Nacken umfasst. In wilder Lust bäumte sie sich unter ihm auf, und ihr Haar floss über den roten *Gabbeh* wie ein schimmernder Goldschleier.

Arib wurde heiß, sie bekam keine Luft mehr. Auf einmal öffnete Theodora die Augen und erkannte sie. Baran bemerkte es nicht. Er stützte den Oberkörper auf beide Arme. Der Kelim rutschte von seiner braungebrannten Haut und entblößte das kraftvolle Spiel der Muskeln an Rücken und Lenden. Er keuchte, sodass es Arib schien, nur ein Tier könne solche Laute von sich geben. Und doch erregte es sie seltsam.

Theodora sah sie noch immer an. Hastig drehte sich das Mädchen um und verließ die Hütte. Hinter ihr schrie Baran auf.

Mit eingezogenem Kopf stolperte Arib durch das Dorf. Dort, wo Theodora sie gewöhnlich unterrichtete, ließ sie sich zu Boden fallen. Langsam fuhr sie sich über das glühende Gesicht. Dann nahm sie ein Stöckchen auf und begann fahrig ein Schachbrett in die Erde zu zeichnen. Sie hätte nicht sagen können, wie lange sie dort saß. Irgendwann näherten sich leise Schritte, und Theodora ließ sich neben ihr nieder.

Arib sah zur Seite. »Das wollte ich nicht.« Das Blut stieg ihr erneut ins Gesicht, als sie daran dachte, was das Bild vorhin in ihr ausgelöst hatte.

Theodora lachte leise. »Es wäre nett gewesen, wenn du ein wenig später gekommen wärst. Aber es hätte ja schließlich auch Zozan sein können.«

Arib wagte einen Seitenblick. Im Dunkeln konnte sie das zerzauste blonde Haar der Kayna erkennen. Sie hatte das Gefühl, sie selbst schäme sich weit mehr als Theodora.

»Baran hat uns sehr geholfen«, sagte die Kayna, doch Arib spürte, dass das nicht alles war. Theodora wirkte so glücklich wie lange nicht mehr.

»Wirst du ihn heiraten?«, fragte Arib.

Theodora ordnete lächelnd ihr Haar. »Wer weiß? Er kann sich eine zweite Frau leisten, und hier wird uns Haidar nicht suchen.«

Derselbe Gedanke war Arib auch schon durch den Kopf gegangen. Aber als Theodora den Afschin erwähnte, fielen ihr plötzlich die Worte des jungen Mannes in Rey wieder ein. »Ich habe jemanden sagen hören, die Barmakiden seien dem Islam abtrünnig. Glaubst du, das stimmt?«, fragte sie stockend.

»Nun, die Ahnen deiner Familie, waren buddhistische Mönche«, erklärte die Kayna. Doch es klang nicht, als sei sie deshalb besorgt. »In Balkh gründeten sie vor langer Zeit das Kloster Nova Vihara. Ihren Vorsteher nannten sie den *Parmak*, daher der Name deiner Familie.«

»Parvane hatte einen Buddha in ihrer Küche«, warf Arib ein.

»Das hat nichts zu bedeuten.« Theodora winkte ab. Und begann ihre Zöpfe neu zu flechten. »Die Anschuldigung der Ketzerei ist sehr beliebt, um jemanden loszuwerden, der sonst nichts verbrochen hat.« Sie kicherte plötzlich. »Aber selbst wenn es die Wahrheit wäre – auch Haidar ist nicht gerade der unbescholtenste Ritter des wahren Glaubens. Er ist ja nicht einmal beschnitten.«

Arib prallte zurück. »Er ist *was* nicht?« Fassungslos sprang sie auf. »Woher weißt du, dass der Afschin nicht beschnitten ist?« Die Beschneidung wurde schließlich nicht gerade an einem aller Welt sichtbaren Körperteil vorgenommen. Auf einmal fiel ihr auch auf, dass die Kayna ihn immer nur bei seinem Vornamen Haidar nannte. »Das ist nicht wahr!« Ihre Stimme versagte.

»Ich konnte doch nicht ahnen, was er tun würde!«, erwiderte Theodora zornig. Leiser fuhr sie fort: »Die anderen Männer – das war ein Handel, nichts weiter. Aber bei Haidar war es anders. Er war leidenschaftlich, und er gab mir das Gefühl, ich sei für ihn mehr als nur ein angenehmer Zeitvertreib.«

Arib stieß einen verzweifelten Laut aus. »Und ich habe dir vertraut!«, schrie sie die Kayna an. Der Gedanke, dass Theodora mit ihrem Todfeind dasselbe getan hatte wie vorhin mit Baran, machte sie fast verrückt. »Du verdammte Hure!«

»Denk, was du willst, aber mach keine Dummheiten!«, gab Theodora scharf zurück. »Ich kenne Haidar. Wenn er etwas will, lässt er nicht davon ab. Er ist dafür bekannt, seine Aufträge äußerst gründlich auszuführen. Das Einzige, woher dir Gefahr droht, ist deine eigene Leidenschaft«, warnte sie und fasste Aribs Gesicht mit beiden Händen. »Nur sie kann dich verraten. Haidar hat seine Suche gewiss nicht aufgegeben. Und ganz gleich, welches Band ihn und mich einmal verbunden hat: Wenn er uns findet, wird er uns beide töten.«

Arib starrte sie an. Auf einmal fühlte sie sich entsetzlich allein und voller Zweifel.

»Vertrau mir«, sagte Theodora tonlos.

»Vertrauen?«, rief Arib. »Der Frau vertrauen, die sich meinem Todfeind hingibt? Wer weiß, vielleicht ist es kein Zufall, dass der Afschin immer dort auftaucht, wohin wir fliehen!«

Theodora verstummte. »Du bist ungerecht, und das weißt du«, sagte sie endlich leise.

Arib ertrug ihren Anblick nicht länger. Sie wollte zum Dorf zurücklaufen, doch die Kayna hielt sie fest. Außer sich vor Wut riss Arib sich los und schlug ihr mit aller Kraft ins Gesicht. Theodora starrte sie wortlos an. Dann drehte sie sich abrupt um. Nach wenigen Schritten lösten sich ihre schlanken Umrisse in der Dunkelheit auf.

»Es tut mir leid«, flüsterte Arib stockend. Tränen rannen ihr übers Gesicht, und sie ließ sich zu Boden sinken. Sie fühlte sich so verlassen wie nie zuvor in ihrem Leben. »Es tut mir so leid«, wiederholte sie. Doch Theodora drehte sich nicht um.

6 Als Arib später ins Zelt kam, lag Theodora schon im Frauenbereich. Auch die nächsten Tage wich sie ihr aus. Arib fühlte sich von der Kayna verraten.

Sie ritt mit den Jungen hinaus, um das Vieh zu hüten, doch sie war nicht recht bei der Sache. Die Weide war so gut wie baumlos, eine blumenübersäte grüne Fläche unterhalb der dunklen Gipfel. Arib hatte eines der Mutterschafe eingefangen und hielt es fest, während Roni es molk. Seine Finger strichen gleichmäßig und sanft über die Zitzen. Das Geräusch, wenn der Strahl in das Gefäß spritzte, war ihr vertraut geworden, und sie liebte es. Schnell waren alle Trinkschalen gefüllt. Roni reichte Arib eine und rief nach den anderen Jungen. Sie löste den Strick, um das Schaf wieder freizulassen. Dann griff sie begierig nach der noch warmen Milch. Ihre Finger berührten sich, und er lächelte. Scheu wich Arib seinen Augen aus. Dabei bemerkte sie eine Bewegung in der Herde.

Ein einzelner Reiter näherte sich und bahnte sich seinen Weg durch die auseinanderstrebenden Schafe. Er war jung und kräftig, das Gesicht unter dem schwarzen Turban sonnenverbrannt. An seinem gefütterten dunklen Kaftan zerrte der Wind. Der Mann ritt ein großes, ausdauerndes Pferd von iranischer Rasse und trug Schwert und Dolch. Arib wechselte einen Blick mit Roni. Die wenigsten Reisenden wagten sich allein ins Gebirge, ganz gleich, wie gut sie bewaffnet waren. »Selam«, grüßte der Fremde. »Lagert euer Stamm hier in der Nähe?«

Aufmerksam betrachtete Arib sein Gepäck. Er hatte eine flache Ledertasche bei sich, die ihre Neugier erregte. Hinter dem Sattel war etwas in einen Kaftan geschnürt, vermutlich seine Wäsche. Auf der ihr abgewandten Seite schien noch etwas zu hängen, doch sie konnte nicht sehen, was es war.

Roni wies nach Westen. »Wenige Meilen weiter werdet Ihr unsere Zelte finden. Sagt dem Khan, dass Roni Euch schickt. Ein Gast ist bei uns immer willkommen.«

Der Fremde dankte und stieß seinem Pferd die Fersen in die Flanken. Als er es wendete, bemerkte Arib den kleinen vergitterten Kasten auf der anderen Seite des Sattels. Etwas Weißes bewegte sich darin. Sie fuhr zusammen, als sie erkannte, was es war: Im Käfig befand sich eine Taube.

Arib sah dem Mann nach, während seine Gestalt den Abhang hinab verschwand. Ihre Hände zitterten. Weißliche Schafsmilch spritzte ins Gras, und sie ließ ihre Schale fallen.

Roni hob sie auf. »Was hast du?«

»Hast du die Taube an seinem Sattel gesehen?«, erwiderte Arib leise. »Es war eine Brieftaube.«

Roni sah sie verständnislos an.

»Er ist ein Mann der Barid«, flüsterte Arib. »Der Geheimpolizei des Kalifen.«

»Bist du sicher?« Roni warf dem Fremden einen raschen Blick nach. Er schien zu überlegen. »Bleib in unserer Nähe«, sagte er dann. »Einen Jüngling allein sieht er sich vielleicht genauer an, aber in der Gruppe wirst du ihm nicht auffallen.«

Sie blieben lange auf den Weiden und kehrten erst abends zurück. Ronis Mutter, eine Frau, an der das Leben bereits seine Spuren hinterlassen hatte, brachte ihnen Dugh und Fladenbrot. Arib griff durstig nach dem Joghurtgetränk. Während sie trank, suchten ihre Augen den Fremden. Unter den farbenfrohen Kaftanen der Kurden stachen seine dunklen Kleider hervor. Theodora war nirgends zu sehen.

Der Abend schritt voran, und die Unterhaltung wurde ausgelassener. In Kelims gehüllt saß man um das Feuer, und die Männer erzählten sich wahre und erfundene Geschichten. Zum hundertsten Mal gab der alte Azad seine Heldentaten im Krieg gegen die Araber zum Besten. Seine knorrigen Hände unterstrichen die Abenteuer mit großen Gesten. In eintönigem Singsang trug der Barde seine Sagen vor, bis die Berge allmählich in der Dunkelheit verschwanden. Arib begann sich sicherer zu fühlen. Da ohnehin niemand von den Jungen erwartete, dass sie sich am Gespräch beteiligten, drängte sie sich dicht an Roni und lauschte.

Auch der Fremde steuerte seltsame Begebenheiten von seinen Reisen zur Unterhaltung bei: Unterwegs, erzählte er, sei er einmal einer schönen jungen Frau begegnet. Jeden Tag zur selben Zeit sei sie auf den Markt gekommen und danach stets im selben Han verschwunden. Einmal sei er der geheimnisvollen Schönen gefolgt. Doch wie groß sei sein Erstaunen gewesen, als sie ihre Schleier ablegte: Denn ein junger Mann kam darunter zum Vorschein! Er habe die Sache dem Kadi gemeldet, und der habe dem Jüngling fünfzig Stockschläge verabreichen lassen.

Die Kurden lachten laut und klopften sich auf die Schenkel. Der weißbärtige Khan grinste über das zahnlose Gesicht und schenkte dem Fremden vom Dugh nach.

»Aber das ist doch nichts gegen unseren Ahmad!«, mischte sich Farzin ein, stolz, dass auch er etwas zu erzählen hatte. Er rückte zu den älteren Männern und wies auf Arib. »Jüngst schwang er die Hüften wie ein Mädchen! Ihr hättet ihn sehen sollen!«

Arib fuhr zusammen. Unwillkürlich versuchte sie, sich kleiner zu machen und schob sich halb hinter Ronis Rücken. »Narr!«, winkte dieser ab und warf eine Walnussschale ins Feuer.

Farzin ließ nicht locker. »Du verteidigst ihn, weil ihr ständig zusammensteckt. Zieht er auch manchmal Weiberkleider an?« Er schüttete sich schier aus vor Lachen.

Arib bemerkte, dass der Fremde sie aufmerksam musterte, und erschrak. Im Bemühen um einen möglichst männlichen Tonfall wandte sie sich an Farzin: »Habe ich dich nicht gestern erst verprügelt? Du willst wohl noch eine Tracht!« Die Augen im scharfkantigen Jägerantlitz des Fremden ruhten unverwandt auf ihr. Sie erhob sich, zupfte an ihrer bunten Schärpe und schob die Filzmütze keck in die Stirn. »Ich sehe noch einmal nach dem Schaf, das demnächst lammen soll. Der da setzt sich am Ende noch neben den Widder und wartet darauf, dass er Nachwuchs bekommt.«

Die Männer lachten, und Farzin schnitt ihr eine Grimasse.

Mit betont ruhigen Schritten entfernte sich Arib. Roni sah ihr nach, doch er blieb sitzen. Sie durchmaß das Lager und erreichte die Weide. Leise lockte sie das Mutterschaf, doch das Tier kam nicht näher. Arib hörte Schritte hinter sich. Langsam drehte sie sich um.

»Du hast eine scharfe Zunge, mein Sohn«, sagte der Fremde. Seine schlanke Gestalt schälte sich kaum aus dem Dunkel. Wo der Bart sein Gesicht bedeckte, war nichts zu erkennen außer Schwärze. »Fast zu scharf für einen dummen Nomadenjungen.«

Arib war froh um die Finsternis. Sie senkte die Stimme und antwortete: »Dummköpfe gibt es in den prunkvollsten Palästen. Und scharfe Zungen in den ärmlichsten Zelten.«

»Du scheinst dich mit prunkvollen Palästen auszukennen.« Nur die leisen Geräusche der Dunkelheit durchbrachen die Stille – das Rauschen des Windes, der klagende Ruf eines Tieres. Arib wollte sich abwenden, da fasste der Fremde sie am

Arm. Wie gelähmt blieb sie stehen. »Vor wenigen Jahren war ich noch Soldat, musst du wissen«, meinte er.

Sie versuchte sich loszumachen.

»Bleib!«, befahl der Fremde. »Ich gehörte zu einem Trupp, der nach einem Mädchen suchte. Sie war von einem Tag auf den andern aus Rey verschwunden. Die letzte Spur führte zu einem kurdischen Stamm.« Er zog sie zu sich heran, um sie genauer zu betrachten. Seine durchdringenden Augen huschten über ihr Gesicht, flink wie ein Wiesel.

Aribs Herz begann so wild zu rasen, dass ihr übel wurde. Mühsam beherrschte sie sich und fragte scheinbar gleichgültig: »Und habt Ihr sie gefunden?«

Der Fremde verzog keine Miene. »Nein. Damals glaubte man, sie sei gestorben. Nun bin ich auf dem Weg nach Rakka zum Kalifen. Aber mein ehemaliger Hauptmann bat mich, die Augen offen zu halten, wenn ich durch das Kurdengebiet reite.«

»In unseren Sagen wimmelt es von *Diven*, die solche Mädchen auf ihre Geisterschlösser entführen«, bemerkte Arib. Trotz ihrer Furcht bemühte sie sich um einen frechen Ton. »Habt Ihr dort nicht nachgesehen?«

Seine Mundwinkel verzogen sich leicht. »Mein Herr glaubt nicht so recht an Geister und *Dive*.«

Arib machte sich los. »Ich muss nach meinem Bruder sehen. Ständig macht er Narreteien.« Sie rannte davon, so schnell sie konnte. Erneut klang der Ruf eines wilden Tieres durch die Nacht, als wollte es sie warnen. Als sie das Leder vor dem Zelteingang des Khans zurückschlagen wollte, griff jemand nach ihrem Arm.

7 Theodora legte den Finger auf den Mund und zog sie ein Stück hinter das Zelt. Arib brach in lautlose Tränen aus und klammerte sich an sie. »Es tut mir so leid«, beteuerte sie. »Bitte, verzeih mir!«

»Dafür ist jetzt keine Zeit«, flüsterte die Kayna. »Was wollte der Mann?«

Zitternd berichtete Arib von dem seltsamen Gespräch. »Er gehört zur Barid. Der Afschin hat nie aufgehört, mich zu suchen!«, stieß sie hervor. »Aber warum? Was habe ich ihm nur angetan?«

Theodora setzte zu sprechen an, doch dann hielt sie inne. Sie schob Arib von sich weg, um ihr in die Augen sehen zu können. »Der Fremde hat dich erkannt. Es ist eine Frage der Zeit, bis Soldaten hierherkommen.« Sie sah sich um und strich Arib durchs Haar. »Wir müssen von hier weg. Irgendwohin, von wo aus wir über die Grenze nach Byzanz kommen. Nur dort bist du sicher. Wir reiten noch heute Nacht.«

»Nein!« Arib machte sich los und sah zu ihr auf. »Es … ist doch nur für kurze Zeit, nicht wahr?«, fragte sie stockend. Der Wind strich um die Zelte wie ein hungriges Raubtier und berührte kalt ihren Nacken.

Theodora schüttelte den Kopf. »Es ist zu gefährlich.«

»Aber mein Leben ist hier!«, rief Arib so laut, dass die Kayna zusammenzuckte. »Und deins auch«, setzte sie leiser nach.

Theodoras Augen schweiften unruhig durchs Lager.

»Ich gehe nicht weg!«, sagte Arib stur. »Und wenn mir der Afschin das gesamte Heer Harun ar-Raschids auf den Hals hetzt! Die Kurden werden uns verteidigen.«

Die Kayna lachte hart auf. »Selbst wenn sie es wollten, es wäre aussichtslos. Ein Nomadenstamm, der sich gegen den Kalifen erhebt, würde niedergemacht wie eine Herde Schafe.«

»Können wir nicht doch zu Harun ar-Raschid …«

»Nein!«

»Aber ich will nicht weg von Roni«, flüsterte Arib verzweifelt.

Theodora wollte sie in die Arme nehmen. »Du wirst ihn vergessen, und er dich auch.«

Arib stieß sie von sich. »Was verstehst du schon davon?«, fragte sie zornig. »Du gibst dich Männern hin, wenn sie etwas für dich tun sollen. Dir ist es doch nie mit etwas ernst!«

Theodora schwieg. Endlich sagte sie: »Doch, Arib. Einmal war es mir ernst. Bei den anderen war es Pflicht oder Dankbarkeit, aber nicht bei ihm.« Ihre Stimme verlor an Festigkeit. »In seiner Liebe war er so bedingungslos wie in seinem Hass. Was immer ich dir über die Lust gesagt habe, es ist nichts im Vergleich zu dem, was ich in seinen Armen empfand. Es war, als würden die Grenzen meiner Seele sich auflösen. Ich glaubte, ich könnte mir eher verbieten zu atmen als ihn zu lieben.« Sie sah Arib an. »Bis zu dem Augenblick, als er deinem Vater das Schwert in die Brust stieß.«

Noch nie hatte Arib die Kayna so von einem Mann sprechen hören. Nach all den Jahren, die vergangen waren, zitterte ihre Stimme noch immer.

»Also erzähl mir nichts von Liebe, solange du dieses Gefühl nicht kennst!«, sagte Theodora schließlich schroff. Sie zerrte Arib unter die Zeltstangen. »Weißt du, was mit deinem Roni geschähe, wenn er versuchte, dich zu verteidigen? – Man würde ihn als Hochverräter nach Bagdad schaffen. Dort würde man ihn enthaupten und die Teile seiner Leiche an den Toren zur Schau stellen!« Arib starrte sie entsetzt an, doch Theodora ließ ihr keine Zeit zum Nachdenken. »Da, sieh her!«, befahl sie und stieß das Mädchen dorthin, wo die Pferde standen. »Siehst du es? Weißt du, was das bedeutet?«

Sie schob Arib zum Gepäck des Fremden, das bei seinem Pferd hinter dem Zelt lag. Das große Tier schnaubte und trat von einem Bein aufs andere, als Arib daran vorbeistolperte. Sie erkannte den Käfig der Brieftaube. Dann stockte ihr der Atem.

Er war leer.

»Die Männer werden sich bald zu Bett begeben«, flüsterte Theodora. »Sprich mit Roni, er soll uns zwei Pferde bereitstellen. Sobald alle schlafen, kommst du hierher.« Sie zögerte, dann setzte sie leise nach: »Auch ich habe ein Leben hier, Arib. Aber es gibt keinen anderen Weg.«

Roni erschrak, als Arib ihm alles erzählte und ihn um Hilfe bat. Doch er begriff sofort. Während Arib sich ins Zelt begab, verschwand er und kehrte bald darauf zurück. Wie jeden Abend legte er sich neben sie, und ihre Hände berührten sich. Aribs Finger klammerten sich um Ronis, und lautlose Tränen liefen über ihr Gesicht. Auf einmal spürte sie seine Hand auf ihrer Wange. Er streichelte sie sanft und küsste sie. Arib schloss die Augen, und ihr Herz schlug im Rhythmus eines wilden Tanzes. Sie wollte sich an ihn schmiegen, doch er ließ es nicht zu.

»Ich werde dich nicht vergessen«, flüsterte sie. »Niemals!« Arib wünschte, er würde sie am ganzen Leib berühren. Verzweifelt küsste sie ihn und spürte das Beben seines Körpers dicht neben ihrem. Sie beugte sich über ihn.

Abrupt schob Roni sie zur Seite und richtete sich auf. »Es ist Zeit!«, raunte er. Arib versuchte, im Dunkel in seinem Gesicht zu lesen. Hatte sie etwas falsch gemacht? Er erhob sich und half ihr auf. Verwirrt stolperte sie hinter ihm ins Freie.

Theodora wartete schon bei den Pferden. »Beeil dich!«

»Ich lege mich auf deinen Platz«, sagte Roni zu Arib. In der kühlen Nachtluft schien er gefasster. »Und morgen sage ich, dass ein Pferd verschwunden ist und dass du es suchst.« Er lächelte sein verlegenes Lächeln. »Das stimmt ja auch fast.«

Arib umarmte ihn und schmiegte sich fest an ihn. Doch Theodora ließ ihnen keine Zeit für Zärtlichkeiten. Sie sprang auf das ungesattelte Pferd und stieß ihm die Fersen in die Flanken. Arib bestieg das andere Tier. »Leb wohl«, sagte sie leise und drückte Ronis Hand.

Er hielt sie einen Augenblick lang fest und sah ihr in die Augen. Dann befreite er sich und schlug dem Tier auf die Flanke. Arib nahm die Zügel und folgte Theodora.

8

»Seht nur!« Wolfram von Aue richtete sich im Sattel auf und wies den Hang hinab. Obwohl es erst März war, brannte die Sonne erbarmungslos und blendete seine an milderes Licht gewöhnten Augen. Zwischen verkrüppelten Kiefern wehte dunkler Qualm zu dem fränkischen Reitertrupp herauf und verhieß nichts Gutes. Sofort zogen die Ritter ihre Schwerter. Isaak trieb sein Maultier heran, und auch Wolframs Vater, Lamprecht von Aue, sprengte herbei. Sein graumeliertes Haar wehte im Wind, und der blaue Umhang blähte sich. Die beiden älteren Männer wechselten einen Blick.

Wolfram wusste, dass sie dasselbe dachten wie er und sah sich wachsam um. Mitten durch eine unwegsame Bergwelt führte der Gebirgspass im Norden Syriens. Zu beiden Seiten ragten fahlgelbe Hänge auf. Weiter oben hatten Wind und Wetter den Sandstein zu bizarren Formen geschliffen. Nur selten sah man Hirten eine kleine Ziegenherde durchs Geröll treiben. Stattdessen wimmelte es in dieser gottverlassenen Gegend von räuberischen Beduinen.

Beinahe vier Jahre waren vergangen, seit sie von Aachen aufgebrochen waren. In den Alpen hatte ein plötzlicher Kälteeinbruch sie drei Saumtiere gekostet, die auf vereisten Wegen stürzten und getötet werden mussten. Schneidend kalt fegten Winde durch die engen Passstraßen. Er war froh, als sie endlich das norditalienische Flachland erreichten. Doch auch hier kamen sie nur langsam voran, denn die Langobarden, die dort hausten, waren unzuverlässige Untertanen des Kaisers. Mehr als einmal musste sich die Gesandtschaft der Überfälle gieriger Stammesfürsten erwehren. Die Überfahrt nach Kleinasien war stürmisch. Das Schiff ächzte schlimmer als der Kahn des Totenschiffers Charon, der nach dem heidnischen Glauben die Seelen in die Unterwelt brachte. Mit jeder neuen Welle schien es bersten zu wollen. Wolken rasten über sie hinweg. Die knatternden Segel, tausend Mal geflickt, hielten dem Unwetter kaum stand, Regen peitschte in die Gesichter. Als sie endlich in einer kleinen byzantinischen Basilika das Neujahrsfest 807 begingen, atmete Wolfram auf. Doch der gefährlichste Teil der Reise stand ihnen noch bevor: die unruhige Grenzprovinz Awasim im südlichen Taurusgebirge.

Lamprecht von Aue gab der Gesandtschaft ein Zeichen zu warten. Langsam trieben er, Wolfram und Isaak ihre scheuenden Tiere den Hang hinab. Kiefernsträucher zerrten an Mänteln und Schabracken. Lamprecht zügelte sein Pferd. Die Lippen unter seinem langen Schnurrbart blieben unbewegt, doch er schlug das Kreuzzeichen. Wolframs behandschuhte Rechte schloss sich fester um die Zügel.

Die ausgebrannten Ruinen des Gehöfts rauchten noch. Versengte Tierkadaver lagen unter herabgestürzten Trümmern. Schwarze Spuren zogen sich über die gekalkten Wände und verkohlte Balken ragten anklagend in den milchigen Himmel. Der scharfe Gestank von Qualm und totem Fleisch hing darüber.

»Das ist erst gestern Nacht geschehen«, sagte Lamprecht heiser. »Vermutlich ein rebellischer Stamm«, erwiderte Isaak. Er blickte über die Schulter, dorthin, wo der übrige Trupp wartete. »Betet, dass es nicht auch das Kloster getroffen hat, wo wir zur Nacht rasten wollen. Ich werde Gott danken, wenn wir die Provinz Jazira erreichen.« Sie wendeten die Pferde und galoppierten den Hang hinauf zurück. Isaak trieb die Männer zur Eile an. Immer wieder sah er die Hänge rechts und links der gewundenen Passstraße hinauf. Wolfram ließ sein Pferd neben dem Maultier des Freundes traben.

»Harun ar-Raschid scheut keine Mühsal, um auch seine Untertanen hier im Norden zu schützen«, beantwortete Isaak seine unausgesprochene Frage. »Doch es gelingt nicht immer.«

»Hier leben fast nur Christen, nicht wahr?«

»Gegen eine Steuer darf jeder, der an den einen Gott glaubt, seine Religion ausüben«, bejahte der alte Mann. »Selbst unter den Ratgebern des Kalifen finden sich Christen und Juden.«

»Kaiser Karl pflegt zu sagen, nur wenn die unterworfenen Stämme unseren Glauben annähmen, seien sie auch vertrauenswürdig.«

»Nun, besser zufriedene Untertanen, die ihre Steuern zahlen, als unzufriedene, die sich erheben, meint Ihr nicht auch?«, erwiderte Isaak. Aber er schien nicht bei der Sache. »Ihr habt Euch verändert, seit wir aus Aachen aufgebrochen sind«, wechselte er das Thema. »Ihr übertrefft die Erwartungen, die Kaiser Karl in Euch gesetzt hat. Doch Eure Leidenschaft ist noch da.«

Wolfram starrte unwillig nach vorne, wo die Straße einen Bogen machte. Die Berge zu beiden Seiten rückten hier dicht zusammen und ließen nur einen schmalen Spalt, auf dem kaum drei Pferde nebeneinander gehen konnten. Der Freund hatte recht, weit mehr als ihm bewusst war. Doch was half es, darüber zu sprechen?

»Euer Vater macht sich Sorgen – und ich auch«, fuhr Isaak vorsichtig fort. »Bisweilen umgibt Euch etwas Düsteres, als würdet Ihr etwas verbergen.«

»Hat mein Vater Euch gebeten, mich auszuhorchen?«, erwiderte Wolfram kühl, ohne ihn dabei anzusehen.

Isaak verneinte. Er wartete einen Augenblick, dann fragte er: »Was sucht Ihr, Wolfram?«

Der junge Ritter antwortete nicht. Schweigend ritten sie zwischen den gewaltigen Hängen hindurch. Dahinter erweiterte sich die Schlucht zu einem breiten Tal. Die Bergflanken wichen zurück und machten dunkelgrünen Kiefernwäldern und steinigen Weinbergen Platz. Niedrige Türme aus Bruchstein schmiegten sich in die wilde Landschaft. Die Bogenfenster mit ihren Säulen waren von weither zu erkennen.

»Ist dies das Kloster, das Ihr meintet?«, fragte Wolfram.

Isaak richtete sich im Sattel auf und stieß einen erleichterten Seufzer aus. »Gott ist allmächtig!«

Das byzantinische Kloster wirkte nicht besonders groß, als sie die Pforte passierten. Hinter der wehrhaften Mauer öffnete sich ein Hof, um den sich das Gästehaus, die Stallungen und die Taverne gruppierten. Die Bruchsteinkirche war von hier wie von der dahinterliegenden Enklave aus zugänglich und bildete das Herz der Anlage. Es herrschte auffällige Geschäftigkeit – Pferde wurden von Stallknechten geführt, die einander Befehle zuriefen, Karren mit Obst und Gemüse ratterten über das Pflaster, als richte man sich auf eine Belagerung ein. Wolfram machte einen kugelrunden Mönch aus, der einen Weinkrug zur Taverne schleppte und sich immer wieder mit schmerzverzerrtem Gesicht an den Rücken fasste. Vor allem aber zogen die Krieger seine Aufmerksamkeit auf sich, die überall zu sehen waren. Ihre fremdartigen Kettenpanzer wirkten geschmeidig, als bestünden sie aus feinem Stoff und nicht aus Eisen. Manche trugen glänzende Schuppenkleider, wie aus der Haut eines Drachen gefertigt. Trotz der Hitze schienen sie frisch, während Wolfram schon unter seiner leichten Brünne schwitzte. Zwiebelförmige Helme glänzten weiß im Sonnenlicht, und bei jedem Schritt klirrten schlanke, gebogene Schwerter.

»Persische Soldaten«, stellte Isaak erleichtert fest. »In den nächsten Tagen wird es hier keine Überfälle geben. Vermutlich will der Kalif die aufständischen Beduinen züchtigen.«

Am Abend stand Wolfram auf der Wehrmauer des Klosters. Aus dem Fels unter ihm wuchsen gelbe Blumen, und die sinkende Sonne tauchte die kahlen Bergflanken in rötliches Licht. Wie eine dunkelgrüne Schlange wand sich ein Dattelhain bergab, wo in der Ferne die gefürchtete syrische Wüste zu erahnen war. Von Anfang an hatte diese Weite den jungen Ritter gefesselt. Sie ließ ihn nachfühlen, warum die biblischen Propheten ihrem Gott in der Einöde begegnet waren: Die Wüste war Gott und Teufel zugleich.

»Es ist ein unerbittliches Land.« Isaak war unhörbar hinter ihn getreten. »Gewaltig, aber auch ehrlich.«

Wolfram drehte sich nicht zu ihm um. Der abendliche Windhauch kühlte sein Gesicht und wehte angenehm durch sein leichtes blaues Leinenwams. »Ihr hattet recht, heute Mittag«, gestand er leise. »Ich kann nicht einmal sagen, was es ist, wonach ich suche. Ich weiß nur, dass ich es noch nicht gefunden habe.« Schatten breitete sich über das Tal, als die Sonne glühend hinter den Gipfeln verschwand. »Ich werde mich weniger denn je in den Ordo fügen können«, setzte er nach.

»Leidenschaft, Stolz und Unbeugsamkeit sind keine Fehler«, erwiderte Isaak. Er lehnte sich neben Wolfram an die Brustwehr. »Wenn Ihr Eure Gaben richtig einzusetzen versteht, können sie zu Tugenden werden. Ihr wollt etwas leidenschaftlich lieben, Wolfram, das ist nicht verwerflich. Ihr seid ein Ritter.«

Der junge Franke starrte geradeaus. Der Himmel hatte sich von glühendem Rot zu einem dunklen Violett verfärbt. »Mag sein. Aber dabei geht es nicht um Kaiser Karl, nicht um die Kirche und erst recht nicht um meine Braut«, erwiderte er. »Um nichts von dem, was der Ordo für mich vorsieht.«

»Nun, wir haben noch etwas Aufschub«, meinte Isaak verschmitzt. »Ich habe mit dem Anführer der Soldaten gesprochen. Ein Magenleiden macht Harun ar-Raschid zu schaffen. Es kann dauern, bis wir die Erlaubnis erhalten, Rakka zu betreten. Wir werden solange hier bleiben.«

Wolfram erwiderte nichts, doch er wandte dem Freund den Kopf zu. Um seine Lippen spielte ein schwer zu deutendes Lächeln.

»Da ist nur eines, was mir Sorge bereitet.« Der letzte violette Schimmer meißelte Isaaks römisches Profil aus der Nacht. Isaak wirkte ernst, als er sagte: »Ihr seid zu heftiger Liebe fähig. Was aber, wenn sie je enttäuscht würde?«

9 Etwas oberhalb des Klosters lag ein kleiner Bauernhof. Das bescheidene Geviert wurde von Stall, Haupthaus und einer Scheune eingefasst. Seit die Soldaten im Kloster Quartier bezogen hatten, stand das grobgeschnitzte Holztor tagsüber offen. Ziegen und Schafe streunten frei umher. Auf den Bruchsteinmäuerchen, welche die kargen Felder begrenzten, sonnten sich Eidechsen. Dahinter begann die nur von niedrigen Macchien bewachsene Landschaft des Taurus.

Unter ihrem einfachen braunen Kopftuch blickte Theodora nach Norden. »Die Grenze ist nur ein paar Meilen entfernt. Hoffentlich finden wir bald einen vertrauenswürdigen Mann, der uns hinüberbringt.«

Die Mädchen saßen vor dem offenen Tor an die gekalkte Mauer gelehnt. Hinter einer Anhöhe konnten sie die runden Türme des Klosters sehen. Im Haus hörten sie die Bäuerin mit einem Kind zanken.

»Als wir in Khorasan auf der Straße standen, hätte ich niemals geglaubt, dass wir es schaffen«, fuhr die Kayna fort. »Ich hätte mir nicht träumen lassen, einmal als freie Frau nach Griechenland zurückzukehren.«

Monate waren seit ihrer Flucht von Ronis Stamm vergangen. Auf dem Bauernhof in der Grenzprovinz Awasim hatten sie eine unsichere Zuflucht gefunden – gefährlich nahe der Residenz Harun ar-Raschids. Es hieß, der legendenumwobene Kalif halte sich kaum noch in Bagdad auf, sondern weile fast nur noch im nahen Rakka. Verbittert von der schlechten Luft und den Fiebersümpfen habe er sich den Ort am oberen Euphrat zur Heimstatt erkoren. War er es leid, auf den nächtlichen Ritten in seiner eigenen Hauptstadt nicht mehr sicher zu sein? Hier waren die Quellen und kühlen Winde des Taurusgebirges nicht weit. Auch die letzte Barmakidin nicht, aber das würde er, *inschallah*, erst erfahren, wenn diese buchstäblich über alle Berge war. Arib blinzelte in die silbrigen Blätter eines Ölbaums. »Ich kann mir kaum vorstellen, wie ein Leben in Sicherheit aussehen soll – ohne den Afschin im Nacken und ohne, dass die Barid nach meinen Fersen schnappt.«

Theodora warf ihr einen erschrockenen Blick zu, dann lachte sie mit. »Ich werde der heiligen Mutter Maria danken, wenn ich dich nicht mehr bewachen muss!«

Arib wies auf das Amulett, das die Kayna noch immer trug. »Glaubst du, dass sie uns hergeführt hat? Das ist doch aus Griechenland, nicht wahr? Es sieht aus wie die Ikone in der Kapelle unten beim Kloster.«

Theodora bejahte zögernd. Rasch ließ sie das fingerlange Glas unter ihrem Hemd verschwinden. Arib starrte auf die runden Türme. »Sind die Klöster in Byzanz wie dieses?«

Die Kayna nahm das Kopftuch ab, um ihr Haar neu zu flechten. »Wahrscheinlich. Ich bin zwar Griechin, aber ich habe die Heimat meiner Eltern nie gesehen. – Dein Haar wächst unglaublich schnell«, meinte sie und wies auf Aribs schulterlange Locken. »Soll ich es nicht noch einmal schneiden?«

»Die Männer in Rakka tragen es alle so, sagt der Sohn des Bauern.« Arib erhob sich. »Ich gehe hinauf zum Kiefernwald. Wer weiß, ob ich noch singen darf, wenn wir erst einmal in Sicherheit sind – eingesperrt in einem Kloster.«

Sie lief die wenigen Schritte zur Straße, die zwischen steinigen Feldern zur Enklave hinabführte. Hinter der ersten Biegung zweigte links ein ausgetretener Pfad ab. Durch die ausgedörrten Macchien führte er um den Hügelkamm herum und dann steil bergauf. Arib folgte ihm. Ihre Gedanken schweiften in die Zukunft. Was konnte das Leben einer Frau ihr schon bieten außer Enge und Zwang? Sicher würde ihr niemand mehr erlauben, in vollem Galopp über die Sommerweiden zu sprengen oder heimliche Küsse zu tauschen. Außer Atem durchquerte Arib das Wäldchen auf der abgewandten Seite des Hangs, bis sie eine kleine Lichtung erreichte.

»*Ya Layli…*« Arib ließ den Gesang aus sich herausströmen, und augenblicklich vergaß sie ihre Sorgen. Sie schloss die

Augen wie unter einer zärtlichen Berührung. Der Atem floss durch sie hindurch. Sie überließ sich dem immer schneller werdenden Rhythmus und der Klang erfüllte ihren ganzen Körper. Arib verharrte in der sehnsüchtigen Tonart, zögerte die Auflösung bis ins Unerträgliche hinaus.

Ein Pferd schnaubte. Sie verschluckte den letzten Ton und riss die Augen auf.

Am Rande der Lichtung, nur wenige Schritte entfernt, stand ein Mann. Das dunkelbraune Pferd, das er locker am Zügel hielt, begann zu grasen – er musste sich soeben erst aus dem Sattel geschwungen haben. Sein Wams war schwarz: die Farbe der Abbasidenkalifen.

Arib machte auf dem Absatz kehrt und rannte davon. Er rief etwas, das sie nicht verstand, sie fühlte sich am Ärmel gepackt. Mit einem Aufschrei fuhr sie herum. Er wich ihrem Tritt aus und strauchelte. Arib wurde von ihm zu Boden gerissen und fiel bäuchlings auf seine Brust. Sie spürte seinen Atem unter ihren Händen. Sein Körper unter dem groben Leinen war warm und strahlte eine bedrohliche Kraft aus.

Plötzlich schleuderte er sie auf den Rücken, als sei sie nicht schwerer als eine Feder. Erschrocken schrie sie auf und trat nach ihm. Der junge Mann stieß einen erstickten Laut aus. Arib spürte sein Gewicht auf sich, er krümmte sich und rang nach Luft. Doch dann packte er ihre Handgelenke und hielt sie neben ihrem Kopf fest. Sie versuchte vergeblich, nach ihm zu schlagen, wandte das Gesicht zur Seite und biss zu.

»*Firfluohhan!*«, keuchte er mit verzerrtem Gesicht. Arib stutzte. Diese Sprache hatte sie noch nie gehört. Jetzt bemerkte sie, dass seine Kleider nicht schwarz, sondern dunkelblau waren. Ein Fremder, fuhr es ihr durch den Kopf. »*Mé ekplettóu emé* – Hab keine Angst vor mir«, stieß er auf Griechisch hervor. »Verzeih, wenn ich dich erschreckt habe. Ich wollte dich nicht unterbrechen.«

Er atmete tief durch, und sein Gesicht entspannte sich. Offenbar hatte sie ihn vorhin an einer empfindlichen Stelle getroffen, dachte Arib mit schlechtem Gewissen. Neugierig sah sie ihn genauer an. Seine Augen waren dunkelblau wie Stahl, auf dem ein Funke aufblitzt. Sie wollte ihnen ausweichen, doch wider Willen sah sie erneut hin. Ihre Bewegung schien den jungen Mann daran zu erinnern, dass er noch immer auf ihr lag. Er räusperte sich und ließ sie los.

Arib rappelte sich auf und wich in den Schatten einer Kiefer zurück.

Der Fremde blieb in geziemender Entfernung stehen und klopfte sich den Staub aus den Kleidern. Das Fell um seine Schultern und der Lederbeutel an seinem Gürtel verliehen ihm eine fremdländische, raue Eleganz. Unter dem Leinenwams trug er kein Hemd. Sie musste es bis zum Gürtel aufgerissen haben, dachte Arib errötend und bemühte sich, nicht auf seine nackte Brust zu sehen.

»Ich schulde dir meinen Namen«, sagte er und schob den Ärmel hoch, wo die Spur ihrer Zähne deutlich zu erkennen war. »Man nennt mich Wolfram von Aue.« Das war nicht sehr hilfreich für Arib, da sie den Namen keiner Sprache zuordnen konnte. Nur das Schwert am Sattel verriet seinen Stand – eine schwere Waffe ohne Zierat, wie sie aus den Ländern des Nordens bis nach Asien gelangten. Immerhin war er keiner von den Männern des Kalifen.

»Ich heiße Arib. Arib al-Barm ...« Sie biss sich auf die Lippen. War sie von Sinnen, ihren wahren Namen zu nennen?

»Arib«, wiederholte er und streifte den Ärmel wieder über. Er deutete den Hang hinauf, wo die bizarren Sandsteinformationen der Berge zu sehen waren. »Hast du niemanden, der dich beschützt? In dieser Gegend wimmelt es von Beduinen und Wegelagerern.«

Von dem Gelichter, das die Straßen unsicher machte, hätte Arib ihm allerhand erzählen können: Oft genug hatten Theodora und sie in verfallenen Scheunen oder gar Erdlöchern Zuflucht gesucht, wenn wieder einmal betrunkene Landstreicher oder marodierende Soldaten ihren Weg kreuzten. »Für einen

123

Ritter seid Ihr reichlich ängstlich, Herr«, erwiderte sie schnippisch. Herausfordernd fragte sie: »Brauche ich denn Schutz?«

Er lächelte und stützte den Arm direkt neben ihr gegen den Baumstamm. Die geschmeidige Bewegung hatte etwas von einem Raubtier. Nun, da er so dicht vor ihr stand, bemerkte Arib erst, wie groß er war. Sein dunkelblondes Haar hatte einen rötlichen Schimmer. Er war glattrasiert, doch über den Lippen, auf Kinn und Hals lagen dunkle Schatten. Diese Schönheit hatte etwas Unberechenbares.

»Wohnt Ihr unten im Kloster?«, fragte sie. Sie erinnerte sich, dass sie schon von den Rittern aus dem Norden gehört hatte. Der Sohn des Bauern hatte die Nachricht mitgebracht, nachdem er das letzte Mal seine Abgaben an Ziegenkäse, Brot und Oliven geleistet hatte.

Wolfram von Aue bejahte. »Ich gehöre zu einer Gesandtschaft. Wir reisen im Auftrag Karls, Kaiser des Heiligen Römischen Reichs und Gebieter aller Franken. Ich bin einer der Ritter, die ihm Gehorsam geschworen haben.« Als habe ihn die Bemerkung an etwas Unangenehmes erinnert, setzte er nach: »Harun ar-Raschid sandte meinem Kaiser Tribut. Wir sind auf dem Weg nach Rakka.«

Arib prallte zurück. »Rakka?« Mühsam versuchte sie sich zu sammeln. »*Tribut?*«, wiederholte sie dann spöttisch: »Harun ar-Raschid ist der Beherrscher der Gläubigen, der *Khalifat Allah*, Gottes Stellvertreter auf Erden. Der Kaiser von China schickt ihm Porzellan und Seide. Aus Afrika kommen Sklaven, aus Persien Lapislazuli, und aus Indien kostbare Zimtrinde. Die Zahl seiner Frauen geht in die Hunderte. Er beschenkt alle Barbarenfürsten reich, die sich ihm unterwerfen, also haltet die Nase nicht zu hoch, Herr!«

»Du sprichst, als gingest du an seinem Hof ein und aus.« Wolframs Blick streifte ihren abgetragenen Kaftan, die verwaschene Schärpe und die ausgefranste Filzmütze. Er wies mit seinem blütenweißen Handschuh darauf. »Ist es Sitte bei diesen Hunderten von Frauen, sich so zu kleiden?«

Seine hochfahrende Art reizte Arib. »Wartet es ab«, entgegnete sie trotzig. »Ich bin der Mode voraus.«

Wolfram machte keine Anstalten, seinen Arm von dem Baum zu lösen, an dem er sie noch immer gefangen hielt. »Ich bin ein Fremder, aber sagen eure frommen Männer nicht, eine Frau solle ihr Gesicht verhüllen?«

Er hatte recht, aber sie wäre lieber gestorben, als das zuzugeben. »Es gibt sicher die eine oder andere, bei der man nicht allzu viel versäumt, wenn sie sich verschleiert.«

»Wäre das wohl der Grund für das Gebot?«

»Oder auch der Grund, warum ich es nicht befolge.«

»Das leuchtet ein, ist aber nicht ungefährlich.« Er lächelte, doch seine kalten Augen schweiften über die Lichtung. Als sei Arib nicht bewusst, dass sie mutterseelenallein in der Wildnis waren!

»Keine Frau muss sich verschleiern, wenn der Mann ihr gegenüber wohl erzogen ist«, hielt sie dagegen. Sie tauchte unter seinem Arm hindurch. Unversehens verfiel sie in den schroffen Ton, den sie bei den Kurden so oft angeschlagen hatte: »Außerdem habe ich keine Angst. Habt Ihr eine Vorstellung davon, was für Töne eine Sängerin hervorbringen kann?«

Das Lächeln spielte noch immer um seine Lippen. »Darauf möchte ich es keinesfalls ankommen lassen.«

»Ich auch nicht«, erwiderte Arib schnippisch und verschwand zwischen den Bäumen.

Verwirrt und mit rotem Kopf kehrte sie zurück zum Bauernhof. Im Schatten der Pinie am Brunnen ließ sie sich nieder. Über ihr schrillten die Zikaden, und gedankenverloren strich sie über die raue Rinde. Der junge Ritter ging ihr nicht aus dem Kopf. Sie fragte sich, was an ihm sie so aus der Fassung brachte.

Theodora kam zu ihr herüber. Arib hatte sich vorgenommen, kein Wort über ihre Begegnung verlauten zu lassen. Doch dann sprudelte alles aus ihr heraus. Als sie geendet hatte, fragte die Kayna besorgt: »Ein Franke, auf dem Weg zu Harun ar-Raschid?«

125

Sie hatte ihre Zöpfe unter einem Tuch verborgen und trug ein langes braunes Hemd wie die Dorfweiber. Es erinnerte Arib daran, dass mit ihrem eigenen Äußeren auch nicht viel Staat zu machen war. Röte schoss ihr ins Gesicht, als sie daran dachte, wie der Fremde sie angesehen hatte.

»Das gefällt mir nicht«, sagte Theodora. »Wir müssen so bald wie möglich über die Grenze.«

Träumerisch blickte Arib hinauf in die Zweige, wo die Pinienzapfen im leichten Wind schwankten. »Muss das sein? Was soll er schon verraten?«

»Noch bist du nicht in Sicherheit!«, schärfte Theodora ihr ein. »Wenn man dich erkennt, wird man dich nach Rakka bringen, und du weißt, was das bedeutet!« Sie zwang Arib, sie anzusehen. »Ich weiß, dass es hart klingt, doch dies ist der denkbar schlechteste Moment, einen jungen Mann kennenzulernen. Du tust dir nur selbst weh, denn du wirst ihn in jedem Fall verlassen müssen. So sehr ich an die Gerechtigkeit Harun ar-Raschids glaube, so sicher ist, dass die Feinde der Barmakiden dich verleumden würden. Noch hält dieser Mann dich für ein einfaches Mädchen. Aber was, wenn er erfährt, dass die Häscher des Kalifen nach dir suchen?«

10 Am nächsten Morgen zur selben Zeit erreichte Arib die Lichtung. Außer Atem blieb sie stehen. Hinter den Bäumen ragten die Sandsteinfelsen auf, und unterhalb davon sah sie das dunkelbraune Pferd grasen. Sie musste sich eingestehen, dass Theodoras Warnung berechtigt war: Am Abend zuvor hatte Arib von der Straße aus zum Kloster hinabgeblickt. Sie hatte Rüstungen in der Sonne blitzen sehen. Ein Trupp Soldaten war vom Pass zwischen den Felsen herabgekommen und hatte an der Pforte gehalten. Ihre zwiebelförmigen Helme und die schwarzen Waffenröcke hatten verraten, dass sie zum Heer Harun ar-Raschids gehörten.

Es war ein Wagnis, den jungen Franken zu treffen. Arib hätte selbst nicht sagen können, warum sie es einging.

Wolfram lag, auf einen Arm gestützt, im Gras. Wie gestern trug er ein gegürtetes Wams mit schmalen Ärmeln, das seine kräftigen Schultern betonte. Er hatte sie bemerkt und richtete sich etwas auf.

»Liegt Ihr stets hier auf der Lauer, um harmlose Mädchen zu erschrecken?«, überspielte Arib ihre Unruhe. Sie hatte ein schlechtes Gewissen, weil sie Theodora belogen hatte – ihr hatte sie erzählt, sie wolle mit dem Sohn des Bauern zu den Herden.

»Und du?«, erwiderte er. »Willst du mir mit einem besonders schrillen Ton die Ohren zerplatzen lassen?«

»Verdient hättet Ihr es, so wie Ihr über meinen Putz gesprochen habt.« Noch immer hatte Arib das Gefühl, seine Augen könnten sie bis ins Innerste durchdringen. Doch heute war sie gewappnet. Sie hatte Kleider und Gesicht gewaschen und das Haar sorgfältig gekämmt. Als sie sich in der Wasserschüssel betrachtet hatte, hatte sie bemerkt, wie sich ihre Züge verändert hatten. Es waren die einer jungen Frau, nicht mehr die eines kleinen Mädchens. »Ich bin schon froh, wenn Ihr mir nicht wieder mit dem Schleier kommt«, setzte sie nach.

»Bist du denn so sicher, dass du keinen brauchst?«, fragte er und näherte sich ihrem Gesicht.

Arib stockte der Atem. Dann begriff sie, dass er versuchte sie zu verwirren. Scheinbar ungerührt ließ sie sich rücklings neben ihn ins Gras sinken. »Wolltet Ihr nicht nach Rakka?«, fragte sie.

»Der Kalif ist nicht bei guter Gesundheit«, antwortete Wolfram und bedachte die vertraute Geste mit einem Zucken seiner Mundwinkel. Er steckte einen Grashalm in den Mund. »Ein Magenleiden, wie man hört.« Er spuckte den Halm aus und beugte sich über sie. »Ich habe viel Zeit totzuschlagen.« Er lächelte, doch dieses Mal lag nichts Berechnendes darin. Unwillkürlich erwiderte sie dieses Lächeln, das sie ihm nicht zugetraut hatte.

Arib wusste nicht, was sie immer wieder zu der kleinen Lichtung zog. Die Tage vergingen, und sie lagen im Schatten der Kiefern. Wie üblich hatten sie sich geneckt und waren schließlich in ein vertrautes Schweigen gefallen. Wolfram hatte den Kopf auf seinen zusammengerollten Mantel gebettet. Unter halbgeschlossenen Lidern bemerkte Arib, wie er sie ansah. Etwas daran war anders als sonst. Verwirrt sah sie in die Zweige über ihnen, durch die die Sonne sie blendete. Doch sie spürte seine Augen weiter auf sich. Sie fuhr sich durchs Haar und zupfte an ihren Kleidern. Die Stille wurde unerträglich. Leise begann sie vor sich hin zu summen.

»Du bist eine Sirene«, sagte Wolfram. Arib unterbrach sich. Er stand auf, als bereue er, überhaupt etwas gesagt zu haben. »Eine Fee«, beantwortete er ihre unausgesprochene Frage. Der Wind spielte mit seinem Wams. Über das Wäldchen und die Geröllhänge hinweg blickte er nach dem Tal. Von hier aus war es kaum zu erahnen, nur von fern klang das Läuten der Glocke herauf, das die Mönche im Kloster zum Gebet rief. Sie rechnete schon nicht mehr damit, da fuhr er rau fort: »Mit ihrem Gesang können sie einen Mann so verführen, dass er sterben würde, nur um sie zu hören.«

Überrascht setzte sich Arib auf. Es war das erste Mal, dass er sie hinter seine überlegene Maske blicken ließ. »Hast du Angst?«, fragte sie scherzhaft.

»Vielleicht.« Wolfram ging über das Du hinweg, als hätte sie ihn nie anders angesprochen. Als fiele es ihm schwer, es auszusprechen, sagte er: »Wenn du singst, ist es, als gäbe es die Unterschiede nicht mehr, die Menschen voneinander trennen – Unterschiede des Standes oder des Glaubens.«

Sie wollte etwas erwidern, doch ihre Stimme versagte. Er hatte recht, und nie hatte sie dieses Gefühl stärker empfunden als jetzt. Aber wie konnte er das wissen?

Wolfram kam zurück und ging neben ihr in die Hocke. Seine Knie unter dem blauen Wams berührten beinahe ihre Schultern. Sanft strich er über ihre Kehle und unter ihr Kinn.

Die Berührung ließ ein Prickeln über Aribs Haut laufen, aber sie wehrte sich nicht. »Sing noch einmal«, bat er.

Arib erwiderte nichts, als könnte jedes zu laute Wort die plötzliche Vertrautheit zwischen ihnen zerstören. Zögernd begann sie ihre Layali. Die Art, wie er sie dabei ansah, beunruhigte sie, aber noch unheimlicher war ihr das, was dieser Blick in ihr selbst wachrief. Die sonderbare Unruhe verlieh ihrer Stimme eine ungewohnte Kraft.

Wolfram erhob sich abrupt. Verwirrt hielt Arib inne. Er entfernte sich einige Schritte, ohne sie anzusehen. Doch sie bemerkte, wie er die Hand so fest um die Sattelriemen seines Pferdes schloss, dass seine Armmuskeln unter dem engen Wams hervortraten.

Wenige Tage später teilte Theodora ihr mit, sie habe einen verlässlichen Mann für ihre Flucht gefunden. Einmal hatte Arib den alten Kostas schon auf dem Hof gesehen. Er war drahtig und vertrocknet, aber gerissen wie ein Fuchs. Der Bauer vertraute ihm hin und wieder sein Öl an, um es am Zoll vorbei nach Griechenland zu schmuggeln. In der kommenden Nacht sollte er nun die beiden Mädchen über die Grenze bringen.

Als Arib sich durch das schwere Tor auf die Straße drückte und den ausgetretenen Pfad zum Kiefernwäldchen einschlug, tobte etwas in ihr, das sie selbst nicht verstand. Immer wieder zögerte sie wie aus Furcht, um dann wieder durch das Geröll bergauf zu laufen, bis sie keuchend innehalten musste. Rechts und links von ihr hatte sich der Boden mit zartgrünen Frühlingskräutern überzogen. Arib hastete daran vorbei, bis sie die Lichtung erreichte. Wolfram gab seinem Pferd einen Klaps auf die Flanke, und schnaubend entfernte es sich. Dann kam er ihr entgegen.

»Was ist mit dir?«, fragte er und schien zu spüren, dass etwas in ihr vorging.

»Nichts.« Arib schüttelte den Kopf.

»Das ist nicht wahr.« Er strich ihr das verschwitzte Haar

zurück, das auf ihrer Wange klebte. Das Gefühl der Vertrautheit war so stark, dass Arib gewaltsam gegen das Verlangen ankämpfte, ihn zu umarmen. Zu gut wusste sie, welche Gefahr jeder Augenblick so nahe der Residenz des Kalifen bedeutete. Sie wollte sich befreien. »Ich hätte nicht kommen sollen.« Auf einmal bedrängte sie seine Nähe.

Wolfram hielt sie fest. »Wie lange willst du noch davonlaufen?«, fragte er ernst.

»Was verstehst du davon?«, rief sie. »Du weißt nicht, wovor ich fliehe!«

Er schloss die Hand fester um ihren Arm. »Das ist wahr. Ich weiß es nicht, und ich habe dich nie danach gefragt. Aber die Flucht ist dir zur Gewohnheit geworden.«

Arib empfand fast eine Art Furcht vor ihm. Zugleich genoss sie seine Berührung so sehr, dass es schmerzte.

Wolfram lockerte plötzlich seinen Griff. »Vor ein paar Tagen hat uns ein Ritter aus meiner Gesandtschaft beobachtet«, gestand er. Aribs Herz setzte einen Schlag aus.

»Wenn ich dich weiterhin sehe, wird er meinem Kaiser davon berichten. Vasallentreue ist mehr als nur billiger Zierat. Es ist eine Verpflichtung für das ganze Leben. Ich kann mich ihr nicht entziehen. Täte ich es, würde ich alles verlieren: meine Familie, mein Vermögen – meine Ehre.« Arib starrte ihn wortlos an.

»Aber ich kann dich nicht aufgeben«, sagte Wolfram. Zärtlich glitten seine Hände über die Ärmel ihres geflickten Kaftans hinauf zu ihren Schultern. »Komm mit mir!«, bat er.

»Das ist unmöglich, und das weißt du!«, erwiderte Arib aufgewühlt. Atemloses Verlangen und Furcht stritten in ihr, sie konnte ihn nicht ansehen. »Welchen Platz hätte ich in deinem Ordo, bei deiner Familie – oder deiner Gemahlin?«

»Dann komme ich mit dir.« Es klang entschieden. »Wir finden einen Weg!«, beschwor er sie.

Arib sah verzaubert in seine Augen. »Das sagst du jetzt«, erwiderte sie endlich. Sie wies auf sein Wams mit der einfachen

Goldbordüre, das glatte Otterfell am Sattel des Pferdes, das Schwert – die Tracht der Franken. »Aber nachher, wenn du wieder bei deinen Leuten bist?« Einmal hatte sie die fremden Ritter heimlich beobachtet: den großen älteren Mann, dem der Schnurrbart tief übers Kinn herabhing. Sie hatte Wolframs Ähnlichkeit mit ihm bemerkt, und ihr war klargeworden, dass sie nichts von ihm wusste. So vertraut er ihr sonst war, so fremd war er ihr in jenem Moment gewesen.

»Erzähl mir, was geschehen ist!«, überging Wolfram ihren Einwand.

Arib schüttelte seine Hand ab. »Nichts!«, wiederholte sie schroff. Sie wollte zurück zum Hof laufen.

»Sag mir die Wahrheit!«

Arib blieb stehen. Verzweifelt drehte sie sich um und schrie ihn plötzlich an: »Die Wahrheit – was soll das sein?«

»Was die Wahrheit ist?« Wolfram überwand die wenigen Schritte zwischen ihnen und zog sie an sich. Arib prallte gegen seinen warmen Leib. Die Berührung durchlief sie wie ein Schlag. Langsam glitten seine Hände auf ihren Rücken und in ihr Haar. Die abgetragene Filzmütze fiel ins Gras. Aribs Herz schlug wild. Ihr ganzer Körper glühte unter seiner Liebkosung. Es war, als ob die Grenzen ihrer Seele sich auflösten. Wolfram näherte seinen Mund ihren Lippen. Sein schneller Atem flog über ihre Haut.

Ruckartig machte sie sich los und schlug ihm ins Gesicht. Ein Zucken überlief ihn, und er schien nicht sicher, ob er zurückschlagen oder sie erneut mit dieser angsteinflößenden Leidenschaft in seine Arme ziehen sollte. Seine Lippen bebten.

»Rühr mich nicht an!«, sagte Arib zitternd. »Rühr mich nie wieder an!«

Außer Atem erreichte sie den Bauernhof. Verwirrt fragte sie sich, warum sie Wolfram geschlagen hatte. Er hatte nichts getan, was unschicklich war. Zumindest fast nichts.

Sie schloss die Augen, und das Gefühl, das seine Berührung in ihr ausgelöst hatte, überkam sie wieder. Eine wirre Abfolge von Tönen, wild und zärtlich zugleich, formte sich zu einer Melodie.

Arib öffnete die Augen. Als wären tausend Dämonen hinter ihr her, lief sie über den sonnendurchglühten Hof zur Scheune, die ihr als Unterkunft diente. Mit zitternden Fingern suchte sie im Heu nach Theodoras Schreibzeug. Die Feder flog über das Papier, schrieb die Worte auf, die sie wild und verrückt überfielen, Töne, die sich zu einer fremdartigen, leidenschaftlichen Melodie flochten. Der Augenblick dehnte sich zu einer Ewigkeit, bis ihre Finger von der ungewohnten Anstrengung schmerzten und schwarz von Tinte waren.

Arib sah auf. Das Dachgebälk mit den alten Spinnweben schien tiefer über ihr zu hängen. Unbemerkt war die Brettertür zugefallen und knirschte in den Angeln. Sonst herrschte Stille. Arib sprang auf. Wie von Furien gehetzt rannte sie zurück zu der kleinen Lichtung. Mit erschreckender Klarheit wusste sie plötzlich, warum sie vor Wolfram geflohen war. Theodora hatte recht gehabt: Alles, was sie bisher für Liebe gehalten hatte, war nichts gegen dieses Gefühl. Sie konnte nicht nach Griechenland fliehen. Sie würde mit ihm gehen, ganz gleich wohin und welchen Platz sie dort hätte. Ich liebe dich, pochte es in ihrem Kopf, Wolfram, ich liebe dich! Keuchend erreichte sie die Lichtung und presste die Hand in die Seite. Der Ort lag verlassen vor ihr.

11 Unten am Hang duckte sich das byzantinische Kloster in die wilde Berglandschaft. Eine kleine Taverne schmiegte sich an die Bruchsteinmauer. Der Wein war wohlfeil, und jeder, der im Reiche Harun ar-Raschids Durst litt, wusste, dass die christlichen Klöster das Schankrecht besaßen.

Wolfram kam hastig herein und stolperte beinahe über den Hund, der im Schatten auf der Schwelle döste. Die Gäste saßen auf Matten am Boden, einziger Schmuck war die kunstvoll geschnitzte Zedernholztür. Ein Mönch eilte mit dem Weinkrug an ihm vorbei. Im Halbdunkel wirkte er wie eine flinke Kugel, die den Strick um die Kutte zu sprengen drohte – der feurige Stephanos, wie ihn die Gäste seiner Gesichtsfarbe wegen scherzhaft nannten. Aufseufzend lehnte sich der junge Franke an den Türrahmen. Es war gut, unter Menschen zu kommen.

Wolfram ließ sich auf eine der Matten fallen. Stephanos stellte ihm ungefragt den Becher hin, ohne den Inhalt mit Wasser zu mischen. Gierig stürzte Wolfram den Trank hinunter. Seine Augen wanderten über die Besucher: Die meisten kannte er, wie die beiden jüdischen Kaufleute, die sich bei Wein und Nougat austauschten. Mit schlauen Äuglein folgte der fuchsgesichtige Grieche, den man ab und zu hier antraf, Wolframs Blick. Trotz der frühen Stunde erzählte der Geschichtenerzähler mit hoch aus der Stirn zurückgeschobenem Turban seine Mären. Auf seinem üblichen Platz hinten an der Mauer stierte ein einsamer Zecher vor sich hin. Er kam jeden Tag, blieb mehrere Krüge Wein und einige Rülpser lang und musste schließlich auf die Straße gesetzt werden: nicht die beste Gesellschaft, nicht einmal jetzt.

»...und so kam es, dass der edle Wesir Jafar in Liebe zur Schwester des Kalifen entbrannte«, deklamierte der Geschichtenerzähler – heute auf Griechisch, aber Wolfram wusste, dass er irgendwann unvermittelt ins Arabische wechseln würde. »Doch hatte der Wesir Neider, die ihm die Gunst der schönen Abbasa missgönnten.«

Die Gäste achteten kaum auf den Alten. Legenden über Harun ar-Raschid wurden überall in dessen Reich erzählt. Wolfram hingegen lauschte mit halbem Ohr. Er konnte nicht vergessen, wie Arib ihn angesehen hatte. Als er sie berührt hatte, hatte ihn ein unbeschreibliches Gefühl überwältigt. Es hatte nichts mit dem flüchtigen Vergnügen gemein, das er früher ab und zu in den Armen einer Magd genossen hatte.

»So geschah es«, fuhr der Geschichtenerzähler fort, »dass einer von ihnen dem Kalifen Harun die Nachricht überbrachte. Bekümmert über den Verrat an seiner geliebten Schwester ließ der Kalif Jafar zu sich kommen.« Mit rollenden Augen blickte er durch den Raum und zog das gebogene Sarazenenschwert neben sich aus der Scheide. »Der getreue Wesir ahnte sein Schicksal, doch er entzog sich ihm nicht. Mit eigenen Händen erschlug Harun ar-Raschid den Freund!« Er riss die in tiefen Höhlen liegenden Augen auf und ließ die Klinge vor sich auf den Teppich niedersausen. »Sterbend röchelte Jafar: Mein Gebieter, ich habe deine Ehre nicht verletzt. Eher hätte ich Abbasa ein Schwert ins Herz gestoßen, als sie zu berühren.«

»Ein Schwert in ihr Herz!«, brüllte jemand. Lederstiefel traten auf den gestampften Lehmboden, und Waffen klirrten. »Dein Wesir muss schwul gewesen sein, da wäre mir aber was Besseres eingefallen!« Soldaten hatten den Raum betreten und verlangten lautstark nach Wein. Einer rief etwas auf Arabisch, vermutlich eine Zote, denn die anderen brachen in schallendes Gelächter aus. Hinter ihnen erkannte Wolfram die hagere Gestalt ihres Anführers. Der Kalif hatte ihn erst kürzlich aus dem Osten hierher berufen. Doch in den wenigen Tagen, die er hier war, hatte Wolfram ihn als vertrauenswürdigen Mann kennengelernt.

»Haidar ibn Kawus«, begrüßte der junge Franke ihn froh. »Es ist gut, Euch zu sehen!«

Der Afschin kam herüber. »Was ist Euch denn widerfahren?« Er lächelte, doch die scharfen Falten um Mund und Nase verzogen sich dabei kaum. Mit einer Hand winkte er dem feurigen Stephanos und ließ sich nieder. »Sagt nichts, mein Freund. Wenn ein Mann in eine Taverne kommt und ohne Weiteres einen Becher leert, ist immer eine Frau der Grund.«

Der Mönch brachte den Soldaten Wein und wurde mit lauten Zurufen begrüßt.

»Ich weiß nichts über Euer Land«, meinte Wolfram, ohne den lärmenden Männern Beachtung zu schenken. »Aber bei uns kann ein Ritter keine namenlose Heidin lieben. Diese Reise ist die letzte Gelegenheit, meinem Kaiser die Treue zu erweisen. Verspiele ich sie, bin ich ein Ausgestoßener.« Er konnte ohnehin von Glück reden, wenn nicht längst ein Brief an Karl unterwegs war, der den Kaiser von seiner Liebe zu Arib unterrichtete.

Stephanos kam zu ihnen herüber. Er musste einen Bogen um den Betrunkenen machen, der sich mittlerweile behaglich grunzend auf dem Boden ausgestreckt hatte.

Der Afschin nahm den Becher entgegen. »Was hat ein Mädchen mit dem Eid zu schaffen, den Ihr Eurem Herrn geschworen habt? Kauft sie, und Ihr habt Frieden.«

Wolfram schüttelte den Kopf. »Sie ist keine Sklavin.«

Einer der Soldaten stolperte über den Zecher am Boden und schlug der Länge nach hin. Grölend lachten seine Kameraden ihn aus. Er hob wütend das Schwert, um es dem beseligten Schläfer in den vom Wein geblähten Wanst zu rammen – just in dem Augenblick, als sich selbigem ein gewaltiger Furz entrang. Johlend klatschten die Soldaten. Der Mann grinste. Er gab dem Betrunkenen einen Fußtritt und steckte das Schwert wieder in die Scheide.

»Hat sie Euch abgewiesen? Macht Euch nichts daraus, die meisten Weiber sagen Nein und meinen Ja«, erwiderte der Afschin, der die Szene beiläufig verfolgt hatte. In bitterem Ton setzte er nach: »Umso mehr, wenn sie leichtfertig die Leidenschaft eines Mannes entfachen wie eine ehrlose Sängerin.«

Erhitzt ließ Wolfram die Hand übers Gesicht gleiten. Heute hatte er mühsam dagegen ankämpfen müssen, Arib einfach in seine Arme zu ziehen. Kein Ritter im Frankenreich hätte mit einem Bauernmädchen viel Federlesens gemacht, wenn er Gefallen an ihm fand. Doch als Arib unter seiner Berührung bebte, war er zurückgescheut wie vor etwas Heiligem. Ungehalten erwiderte er: »Sie ist ...«

»...unschuldig? Mag sein. Aber das wird sie nicht ewig bleiben. Also, warum wollt Ihr nicht derjenige sein, der ihr Siegel bricht?« Die Züge des Afschin verzogen sich zu einem spöttischen Lächeln.

Kopfschüttelnd erhob sich Wolfram. »Habt Ihr nie geliebt?«

Etwas veränderte sich in Haidars Ausdruck, als hätte Wolfram einen wunden Punkt berührt. Sein Mund verzog sich zu einem gezwungenen Lächeln.

»Lieber sähe ich Arib niemals wieder, als ihr Zwang anzutun«, sagte Wolfram entschlossen.

Der Afschin horchte auf. »Arib«, wiederholte er interessiert. »Was für ein außergewöhnlicher Name! Man findet ihn selten bei einer Frau. Wie alt ist denn Euer Mädchen?«

»Ich weiß nicht«, antwortete Wolfram, unwillig, dass er überhaupt von ihr gesprochen hatte. »Vierzehn, vielleicht fünfzehn.«

»Vierzehn, so«, sagte der Afschin tonlos und nahm einen tiefen Schluck aus seinem Becher.

12

Als Arib endlich zu dem kleinen Bauernhof zurückkehrte, stand die Sonne bereits tief. Stundenlang hatte sie auf Wolfram gewartet, doch er war nicht zurückgekommen. Langsam ging sie zum Brunnen in der Mitte des Hofes. Sie verscheuchte einige Ziegen, die sich meckernd entfernten, und ließ das kalte Wasser über Gesicht und Arme laufen. Am Himmel waren dunkelviolette Wolken aufgezogen. Eine Bö fegte durch den Hof, und irgendwo fiel eine Tür ins Schloss. Mit schweren Flügelschlägen schwebte ein Geier über sie hinweg. Aribs Blick folgte seinem Schatten.

Das Geräusch von Pferdehufen ließ sie sich umdrehen. Sie schirmte die Augen mit der Hand. Ein Reiter auf einem dunkelbraunen Pferd kam durch das offene Holztor auf sie zu. Staub hüllte ihn in fiebergelben Dunst.

Wolfram!, dachte Arib. Er musste sie genauso gesucht haben wie sie ihn. Ein Lächeln stahl sich auf ihr Gesicht. Sie wollte ihm entgegenlaufen, da senkte sich der Staub. Arib blieb stehen. Eisige Kälte lähmte sie.

»*Selam*, Arib«, grüßte der Afschin. »Du bist ja eine junge Frau geworden.«

Sie starrte ihn wortlos an. Sein bleiches Gesicht mit dem schmalen Bart war unverändert. Nur die Falten rechts und links seiner Nase hatten sich tiefer in die Haut gegraben. Wie damals trug er ein schwarzes Seidengewand und eine Hose mit Pelzbesatz. Panisch sah Arib sich um. Der Hof war verlassen, nur ein paar Ziegen knabberten an den vertrockneten Disteln beim Tor. Der Afschin schwang sich vom Pferd und trat näher. Sie wich zum Brunnen zurück, bis sie an die Steinmauer stieß.

»Als ich dich zuletzt sah, warst du ein Kind«, sagte er und hob langsam ihr Kinn. »Du bist hübsch geworden«, stellte er leidenschaftslos fest. Seine Finger waren kühl und hielten ihr Gesicht unbarmherzig umfasst. »Wer hätte das gedacht. Damals warst du kaum mehr als der Auswurf eines Raubvogels, nichts als Haare und Knochen.«

Die Furcht nahm Arib den Atem zum Schreien. Er konnte ihr jetzt und hier Gewalt antun und sie danach mit durchschnittener Kehle liegenlassen.

»Lass sie, Haidar!«

Der Afschin zuckte zusammen, als Theodoras Stimme die Stille durchschnitt. Er ließ von Arib ab. Das Mädchen rang nach Luft, als hätte er sie gewürgt.

Langsam wandte er sich zu Theodora um. Die Kayna hatte sich barfuß von der Scheune her genähert. »Ich hatte keinen Zweifel, dass du versuchen würdest, Arib nach Rey zu bringen«, sagte er. »Dort verlor ich euch aus den Augen. Später hörte ich durch die Barid von zwei Mädchen, die im Kurdengebiet verschwunden waren. Balkh – Rey – das Zagrosgebirge –

mir war sofort klar, welchen Plan du verfolgst.« Arib zitterte am ganzen Leib.

»Ich kenne deinen Mut«, fuhr er an die Kayna gewandt fort. »Deshalb ließ ich mich nach Awasim versetzen, das auf dem Weg nach Byzanz liegt. Als ich dann von einem Mädchen namens Arib hörte, gab es keinen Zweifel mehr.«

»Und ich kenne deinen Scharfsinn«, erwiderte Theodora. Ihr Gesicht war blutleer, doch sie trat furchtlos näher. »Ohne deine Spürhunde von der Barid hättest du uns niemals gefunden.«

Der Afschin musterte sie. Das blonde Haar fiel ihr offen über den Rücken, und sie trug nur ihr langes Hemd. Mit ihren geweiteten Augen erinnerte sie mehr denn je an die Engel auf byzantinischen Mosaiken. »Es ist lange her, aber du hast dich nicht verändert. – Nein, das ist nicht wahr«, sagte er plötzlich rau. »Du bist schöner denn je.«

»Aber dir hat die Jagd das Gesicht ausgezehrt«, erwiderte Theodora kühl. Sie war so groß, dass sie nicht zu ihm aufsehen musste. »Was immer der Grund für deinen Hass ist, der des Kalifen muss nach all den Jahren längst erloschen sein.«

Sein Gesicht verzerrte sich, als er wiederholte: »Der Grund für meinen Hass?«

Aribs Augen schweiften verständnislos zwischen Theodora und dem Afschin hin und her. Er bemerkte es und wandte sich wieder an die Kayna: »Du bist nicht nur schön wie einst, sondern auch noch genauso klug. Du hast es ihr nie gesagt.« Er krampfte die Hände um den silberverzierten Knauf seines Dolches.

»Dein Zorn macht dich blind«, entgegnete die Kayna. Sie trat hinter Arib und legte ihre kühle Hand auf deren Schulter. »Harun ar-Raschid wird es dir nicht lohnen, wenn du ihm Arib jetzt noch bringst. Er wird dein Spiel durchschauen.«

Seine hageren Züge gewannen an Farbe. »Warum willst du das Mädchen unbedingt beschützen? Ohne sie bist du frei. War das nicht immer dein Traum?«, fragte er heiser. »Ich erinnere mich, wie du davon sprachst, als du zuletzt in meinen Armen lagst.«

»Hör auf, Haidar!«, stieß Theodora hervor.

»Es ist noch nicht zu spät.« Er kam auf sie zu, doch Theodora war schneller. Sie stieß ihn beiseite und stellte sich vor Arib. Fahrig strich Haidar seinen seidenen Ärmel glatt, doch er griff nicht nach der Waffe.

»Wenn du Arib töten willst, musst du auch mich töten«, sagte Theodora mit bebender Stimme.

»Wer sagt, dass ich sie töten will?« Die Schatten waren länger geworden und fielen auf das Gesicht des Afschin. Er hatte sich wieder in der Gewalt. Langsam ließ er seine Augen über Arib gleiten. Es lag kein Begehren darin, nur das kühle Abschätzen der Beute. Doch das erschreckte sie mehr, als jede Lüsternheit es getan hätte. »Es gibt andere Möglichkeiten, mit den Töchtern seiner Feinde zu verfahren«, bemerkte er.

Arib biss die Zähne aufeinander, um nicht zu schreien. »Wenn Euch vom vielen Reiten noch Kraft dazu geblieben ist«, erwiderte sie.

Theodora brachte sie mit einer Handbewegung zum Schweigen. »Ich habe dich geliebt«, sagte die Kayna. Ihre sonst so beherrschte Stimme verlor an Festigkeit. »Und ich weiß, dass du mich geliebt hast. Dieses Mädchen ist unschuldig.«

Die Lippen des Afschin öffneten sich, doch er brachte keinen Laut hervor. Seine Stimme war ausdruckslos, als er endlich sagte: »Lass mich vorbei, Theodora.«

Die Kayna schüttelte den Kopf.

Noch immer hing der verzierte Silberknauf des Dolches unberührt in Haidars Gürtel. Doch sein Gesicht war aschfahl geworden. »Ich will dich nicht töten«, sagte er tonlos.

»Du wirst es müssen«, erwiderte Theodora ebenso. Die Kieferknochen in seinem schmalen Gesicht traten hervor.

»Hasst du sie mehr, als du mich geliebt hast?«, fragte die Kayna.

Schweißperlen traten auf Haidars Stirn. Seine Hände begännen zu zittern. Mit gepresster Stimme stieß er hervor: »Bitte, Theodora, geh zur Seite!« Er fuhr sich übers Gesicht und entfernte sich einige hastige Schritte. Dann kam er zurück und blieb dicht vor Theodora stehen. »Geh zur Seite!«, schrie er mit verzerrtem Gesicht. Es klang verzweifelt, in einer Weise, wie Arib es ihm nicht zugetraut hätte. »Verflucht seiest du, geh zur Seite!«

Die Kayna bewegte sich keinen Zoll. Der Afschin wollte sie gewaltsam wegstoßen. Arib stürzte an ihnen vorbei und blieb atemlos außer Reichweite stehen. In Theodoras Hand blitzte etwas. Reflexartig griff seine Hand in den Gürtel. Arib schrie auf. Er zog den Dolch, und in derselben fließenden Bewegung stieß er Theodora die Waffe ins Herz.

Sie wurde durch die Wucht des Stoßes herumgerissen. Ungläubig sah sie an sich herab. Unter ihrer linken Brust breitete sich ein dunkler Fleck aus. Noch immer hielt Haidar den Silbergriff des Dolches. Zwischen seinen Fingern quoll Blut hervor. Theodora blickte zu ihm auf. Ihre Hand krampfte sich in seinen Ärmel, und das, was sie darin gehalten hatte, fiel herab. Es war das Glasamulett.

Blutstropfen fielen auf den staubigen Boden und das gläserne Marienbild. Ein dünner roter Faden rann ihre vollen Lippen hinab. Als würde ihm erst jetzt bewusst, was er getan hatte, ließ der Afschin den Dolch los. Fassungslos starrte er auf die Ikone am Boden, dann auf seine blutige Hand. Er zitterte.

In einzelne Bilder zerhackt nahm Arib wahr, wie Theodora langsam zusammenbrach. Haidar fasste sie um die Hüfte und ließ sie sanft zu Boden gleiten. Dann kniete er neben ihr nieder und flüsterte etwas. Theodora stöhnte. Seine blutigen Finger streichelten ihre Wange, er nahm ihre Hand und schüttelte den Kopf. Sie rang nach Atem und bäumte sich krampfhaft auf. Blutiger Schaum quoll aus ihrem Mund. Dann sank sie leblos zurück.

Haidar schloss ihr die Augen und strich über das blonde Haar. Er beugte sich über sie und berührte mit den Lippen ihren blutüberströmten Mund.

Für einen Augenblick war Arib wie erstarrt. Dann schrie sie verzweifelt auf. Wie eine Besessene stürzte sie sich auf den Afschin.

Geschmeidig wie ein Panther fuhr er zu ihr herum und packte mit geübtem Griff ihre Arme. Sie versuchte, sich zu befreien, doch er hielt sie unbarmherzig an seine Brust gepresst. Arib spürte, wie das noch warme Blut auf seiner Kleidung ihr Gesicht verschmierte. Sie fühlte den harten Körper ihres Feindes. Ihre Schreie erstarben in einem erstickten Seufzen. In hilfloser Panik erschlafften ihre Glieder, während er sie zu seinem Pferd zerrte.

13

Dichter Rauch drang zu Arib in die Sänfte. Sie hörte Stimmen. Handkarren ratterten, irgendwo brüllte ein Esel – die Geräusche einer belebten Straße. Sie hob den Teppich, der als Vorhang diente, einen Spalt und sah hinaus. Die Kamele drängten sich durch eine Gasse zwischen niedrigen Bretterhütten. Durch die offenen Eingänge konnte sie erkennen, wie Männer über den qualmenden Feuerstellen glühende Ballen aufbliesen, sie mit Spateln in Form brachten und zum Auskühlen ablegten. Am Straßenrand türmten sich bunte Flaschen, Gläser und bauchige Flakons. Winkend liefen Kinder hinter der Karawane her, Weiber mit schweren Wasserkrügen tauschten Neuigkeiten aus. Unter ihren neugierigen Blicken ließ Arib den Vorhang wieder fallen. Die rhythmischen Geräusche unzähliger Blasebälge und das Zischen heißen Glases verrieten, dass die Handwerkersiedlung zu einer größeren Stadt gehörte. Sie mussten in Rakka angekommen sein.

Aribs Finger schlossen sich um Theodoras Glasamulett. Wie ein Wunder erschien es ihr, dass der Afschin ihr die letzte Woche keine Gewalt angetan hatte. Es war, als hätte Theodoras Tod etwas in ihm verändert. Jedenfalls hatte er nichts mehr von der grausamen Ironie an den Tag gelegt, die sie so sehr an ihm fürchtete. Es musste ihr gelingen, Harun ar-Raschid zu sprechen, dachte Arib verzweifelt. Der Kalif mochte ein Feind ihrer Familie sein, doch er konnte nicht denselben unversöhnlichen Hass hegen wie der Afschin. Noch der armseligste seiner Untertanen konnte seine Gerechtigkeit anrufen.

Arib vergrub das Gesicht in den Händen. Ohne Theodora fühlte sie sich entsetzlich verlassen. Fünf Jahre lang war die Kayna ein unverrückbares Wegzeichen auf ihrer Irrfahrt gewesen. Ihr Lachen und ihr Singen hatten sie getragen. Könnte Theodora noch leben, wenn sie Wolfram niemals begegnet wäre? Immer wieder spürte sie seine Hände in ihrem Haar, und ihre Haut glühte.

Draußen rief jemand etwas, und erneut hob sie den Teppich, um hinauszusehen. Sie steuerten auf ein mit Ornamenten geschmücktes Lehmziegeltor zu. Die Männer des Afschin wechselten einige Worte mit dem Posten. Man schien sie erwartet zu haben, denn die schweren Eisenflügel öffneten sich, und sie passierten das Tor. Das starke Schwanken ihres Sitzes und das Brüllen des Kamels verrieten Arib, dass das Tier niederkniete. Ein Soldat klopfte von außen an die Sänfte. Sie band den Schleier um, den man ihr zusammen mit den Frauenkleidern gegeben hatte. Dann nahm sie ihren Mut zusammen und stieg hinaus.

Verblüfft sah Arib sich um. Lärm und Qualm waren verschwunden, stattdessen verströmten Blumen einen betörenden Duft. Der Platz, auf dem das Kamel niedergekniet war, war mit Marmor gepflastert. Sie hatte den belebten Hof einer Söldnergarnison erwartet, doch vor ihr lagen weitläufige Gärten. Der Soldat winkte ihr, ihm zu folgen. Die stuckverzierten Mauern eines majestätischen Palastes umrahmten üppig blühende Beete und einen Brunnen. Vom Haus her öffneten sich vergitterte Fenster und ein Eingang aus rosafarbenem Marmor. Dort erschien nun ein Eunuch. Er trug einen schwarzen Seidenturban und ein langes, am Hals geschlitztes schwarzes Hemd, das von einem kostbaren Gürtel gehalten wurde. Die *Durra'a* – die Hoftracht Harun ar-Raschids. Vor Erleichterung schossen Arib die Tränen in die Augen. Offenbar hatte selbst der Afschin seine Befehle. Sie befand sich im Palast des Kalifen.

Das Haremsgemach, in das der wenig gesprächige Eunuch sie brachte, war mit atemberaubender Pracht ausgestattet: Kostbare Teppiche aus Hira bedeckten den Boden. Im hinteren Teil des Zimmers gab es eine Liegestatt, die mit seidenen Kissen gepolstert war. Vasen mit seltenen Blumen schmückten die stuckgerahmten Nischen, die Wände waren mit Glasmosaiken geschmückt. Ein Kohlenbecken aus Silber stand für kalte Tage bereit. Ambrafackeln verbreiteten betörenden Duft, und auf dem Teppich stand eine Schale mit reifen Pfirsichen. Nichts ließ erkennen, dass Arib eine Gefangene war. Harun ar-Raschid ließ sie standesgemäß behandeln. Und wenn der Kalif sich ihrer annahm, war sie vor dem Afschin in Sicherheit.

Eine ältere Sklavin kam herein und brachte frische Wäsche und Kleider. »War der *Khadim* unfreundlich?«, fragte sie. »Mach dir nichts daraus. Er war Bischof oder so ähnlich, ehe ihn Sklavenhändler verkauften, das hat er bis heute nicht vergessen. Aber weiße Eunuchen sind nun mal rar«, grinste sie zahnlos.

»Was wird mit mir geschehen?«, fragte Arib schüchtern. »Wird der Kalif mir Gehör schenken?«

»Er weiß, dass du hier bist«, erwiderte die Frau, während sie die Kleider sorgfältig faltete und in eine silberbeschlagene Truhe legte. Sie musterte Arib. »Komm erst einmal ins Hammam. So kannst du ihm auf keinen Fall unter die Augen treten.«

Leichteren Herzens ließ Arib sich ins Badehaus bringen. Je besser der Eindruck, den sie auf Harun ar-Raschid machte, desto eher würde er ihr Gnade gewähren. Gutes Benehmen oder gar die Etikette bei Hof waren noch nie ihre Stärke gewesen, und nach all den Jahren fühlte sie sich auf diesem Feld alles andere als sicher.

Das Hammam befand sich im Erdgeschoss des Palastes. Jetzt, am späten Vormittag, war es völlig leer. Der schwarz gepflasterte Boden erweckte den Eindruck einer Höhle. Doch an den Wänden und an der Kuppel des Ruheraums flatterten bunte Märchenvögel durch sagenhafte Urwälder. Arib wollte die Malerei bewundern, doch die Alte drängte sie zur Eile.

Sie wies dem Mädchen einen Platz auf der *Suffa* zur Linken an und befahl ihr, die Kleider abzulegen. Arib gehorchte und ließ sich die Körperhaare mit einem kleinen scharfen Messer schneiden. Als die Alte mit großen, hennabemalten Händen ihre Scham berührte, wollte sie zurückweichen, doch die Sklavin hielt sie fest. »Du bist wirklich völlig verwahrlost«, meinte sie kopfschüttelnd und gab Arib einen Klaps. »Du hast dir hier noch nie die Haare entfernt, was?«

Beschämt sah das Mädchen zu Boden. Die Alte legte das Messer beiseite und holte einen Teller, auf dem sich eine gelbliche Masse befand. Sie nahm etwas davon, knetete es leicht und legte es dann auf Aribs Beine. Mit sanften Bewegungen verstrich sie die klebrige Masse, die nach Zucker und Zitronen roch. Dann zog sie sie ruckartig wieder ab.

Arib schrie erschrocken auf. Sie holte aus, um zuzuschlagen, doch die Alte hielt ihre Hand fest. »Du reißt mir ja die Haut vom Leib!«, beschwerte sich Arib.

»Nun hab dich nicht so«, erwiderte die Bademagd. »Du bist behaart wie ein Affe, so kannst du nicht bleiben.«

Arib biss die Zähne zusammen und ließ die flinken Hände hantieren. Es dauerte eine schiere Ewigkeit. Am ganzen Körper enthaarte die Sklavin sie. Am liebsten hätte Arib wieder geschrien, als ihr an den empfindlichsten Stellen die Haare ausgerissen wurden. Doch das schamlose Weib schien eben jenen Körperteilen besondere Zuwendung zu schenken, die Arib nicht einmal selbst zu berühren gewagt hätte. Je unbehaglicher das Mädchen zuckte, desto breiter wurde ihr Grinsen und desto gründlicher ihre Aufmerksamkeit. Arib atmete auf, als die Alte endlich zufrieden war. Sie ließ sich mit Zitronensaft einreiben und fühlte erstaunt, wie weich ihre Haut mit einem Mal war.

Die Magd wand ihr nun ein Tuch um die Hüften und führte sie durch einen verwinkelten, schwarzweiß gepflasterten Gang in die Eingeweide des Bades. Sie durchquerten einen zentralen runden Raum und betraten das Gemach zur Linken. Arib hockte sich neben einem steinernen Becken an der Wand nieder. Die Alte griff nach der silbernen Schöpfkelle und übergoss sie mit Wasser. So rasch folgten die Güsse aufeinander, dass Arib dazwischen kaum Luft holen konnte. Leise fluchend rang sie nach Atem, was die Alte offenbar zu noch mehr Gründlichkeit anfeuerte. Kurz bevor sie zu ersticken glaubte, ließ das Weib von ihr ab.

Durch das runde Gemach wurde Arib in den Hitzeraum auf der anderen Seite geführt. Dort, im Dampfnebel, ließ man sie für einen Moment allein. Sie lehnte den Kopf an die Wand und schloss die Augen. Nach all den Schrecken und Strapazen bemerkte sie erst jetzt, wie müde sie war. Sie fühlte Schweiß und Staub an ihrem Leib herabrinnen. Schläfrig spürte sie einem Tropfen nach, der über ihren Hals und zwischen den Brüsten hindurchperlte, bis er schließlich in dem Tuch um ihre Lenden versickerte. Ein Geräusch riss sie aus dem Halbschlaf. Erschrocken fuhr Arib hoch, doch nur ein neuer Dampfstoß war ins Innere des Hitzraums gedrungen.

Da erschien auch schon wieder die Dienerin. Sie brachte Arib zurück in den Waschraum und begann nun, sie am ganzen Körper einzuschäumen. Arib hätte sich lieber selbst gewaschen. Doch sie konnte sich ausmalen, was eine erneute Beschwerde bewirkt hätte, also zog sie es vor zu schweigen. Danach wurde sie mit Wasser aus einem anderen Becken übergossen, dem eine duftende Essenz beigegeben war. Arib fing an die Prozedur zu genießen. Wie lange hatte sie diese Annehmlichkeiten nicht mehr erfahren! Willig neigte sie den Kopf, als die Alte ihr das Haar mit dem Rosenwasser wusch. Ihre Nasenflügel weiteten sich, um die Düfte einzusaugen.

Als die Frau sie mit einem Handschuh aus Ziegenhaar massierte, überließ sich Arib mit Genuss den kreisenden Bewegungen. Seufzend schloss sie die Augen und spürte, wie ihre Haut unter dem rauen Handschuh prickelte. Schließlich wurde sie noch einmal abgespült und anschließend in den Ruheraum gebracht, wo eine Sklavin sie mit Öl einrieb. Arib sog den Duft von Jasmin ein. Zu guter Letzt wurden ihr die Augenbrauen gezupft und ihr Haar mit der Brennschere zu Locken gedreht.

Arib fühlte sich wie neugeboren. Die Dienerin reichte ihr frische Kleider. Vorsichtig strich sie darüber, fast schienen sie ihr zu schade, um sie anzuziehen. Die Seide floss weich über ihre Haut. Unwillkürlich ließ sie die Hände am Körper herabgleiten und genoss das Gefühl ihrer unschuldigen Weiblichkeit. Zum ersten Mal fühlte sie sich in Frauenkleidern wohl. Sie hielt still, als die Sklavin sie schminkte, ihr die Zähne mit einer Mischung aus gestoßenem Salz und Holzkohle bleichte und ihre Hände manikürte. Endlich hielt ihr die Alte einen Spiegel vor, und verblüfft starrte Arib ihr Ebenbild an.

Eine schöne junge Frau sah ihr entgegen. Ihre Pantoffeln waren mit Edelsteinen besetzt. Die Kleider, eine Hose und ein kostbar besticktes langes Obergewand, umschmeichelten ihre schlanke Gestalt und betonten sanft ihre Rundungen. Arib betastete den Brokatstoff und die abgerundeten Kanten der Edelsteine auf dem Gürtel. Auf ihren Lidern lag Goldpuder, das ihre dunklen, eng stehenden Augen strahlen ließ. Ihre Lippen und Wangen waren rot gefärbt, und die Zähne schimmerten weiß. Das schwarze Haar war zu schulterlangen Locken gedreht und glänzte wie Onyx. Es war zu kurz, um es vorne zu zwei modischen Zöpfen zu flechten, so hatte die Alte es offen gelassen und nur ein juwelenbesetztes Stirnband darum gewunden. Eine lange Bernsteinkette lag um ihren Hals, goldene Reife schmückten ihre Handgelenke. Arib starrte ihr Spiegelbild verzaubert an: »Ich sehe aus wie eine Huriya im Paradies!«

Die Alte lachte. Sie tupfte Arib noch etwas Jasminparfüm

auf Hals und Handgelenke, und überwältigt schnupperte das Mädchen daran. Wenn Wolfram sie nur so sehen könnte!

Die Sklavin trat zurück und musterte sie. »So kannst du dem Kalifen schon eher unter die Augen treten.«

Arib sah auf. »Ich werde ihn sehen?«

»Sobald er Zeit findet«, bejahte die Alte.

Erleichtert atmete Arib auf und folgte ihr zurück in ihr Zimmer.

Später, am Abend, sah sie durch die Holzgitter hinab in den weitläufigen Hof. Unten lachten und zechten offenbar Gäste des Kalifen. Lieder und Musik klangen herauf. »Lass uns etwas hören, Abu Isa!«, hörte Arib jemanden rufen. Eine Männerstimme begann zu singen, hell, doch nicht unmännlich. Arib lauschte hingerissen. Theodoras Lied kam ihr in den Sinn. Sie sehnte sich nach ihr und nach Wolfram. Tränen liefen ihr übers Gesicht, doch die Musik tröstete sie ein wenig.

Die Tür in ihrem Rücken wurde geöffnet. Arib wischte sich übers Gesicht und sah sich um. Sprachlos blickte sie dem Besucher entgegen.

Nur einmal, als kleines Kind, war sie seiner ansichtig geworden, doch sie erkannte Harun ar-Raschid sofort wieder. Er musste inzwischen das vierzigste Jahr überschritten haben. Dunkles gelocktes Haar fiel unter dem schwarzen Turbantuch herab, an dem ein gewaltiger Smaragd funkelte. Hemd und Hose waren aus feinstem Linnen, und die schwarze Durra'a aus kostbarer Seide. Darüber trug er die *Burda*, einen Mantel aus blauem und goldenem Brokat – das Zeichen seiner Herrschaft.

Arib hatte nicht mehr damit gerechnet, heute noch vorgelassen zu werden, und noch weniger damit, dass Harun ar-Raschid sie selbst aufsuchen würde. Und doch – dies war der Kalif, der als einfacher Mann verkleidet durch die Straßen ritt. Er schloss die Tür hinter sich. Voller Ehrfurcht warf sie sich vor ihm zu Boden und drückte die Stirn auf den Teppich.

»Nicht doch, Mädchen!« Der Kalif beugte sich nieder und hob sie auf.

Arib fiel auf, wie vorsichtig er sich bewegte, als habe er Schmerzen. Sie erinnerte sich, dass Wolfram erzählt hatte, ein Magenleiden quäle ihn. Doch seine Gestalt war kräftig und schlank.

»Du bist also Arib, die Tochter von Anas.« Seine Stimme klang hoch und etwas schrill. Er sprach Persisch, und Arib erinnerte sich, dass er in Rey geboren war. Sein schwarzer Vollbart stach von dem hellen, mit kostbaren Salben gebleichten Gesicht ab.

»Meine Eunuchen haben die Wahrheit gesprochen. Du bist schön wie der Vollmond.« Seine tief liegenden Augen waren mit *Kuhl* geschminkt, was ihnen etwas Unheimliches verlieh.

»Ich bitte Euch um eine Gnade«, sagte sie entschlossen. »Werdet Ihr mich anhören?«

Er machte eine beiläufige Geste durch den Raum. »Ich hoffe, es ist alles zu deiner Zufriedenheit.«

Arib senkte den Kopf. Nach all den Jahren unter Nomaden fiel es ihr schwer, wie eine wohlerzogene junge Frau zu sprechen. »Es ist mehr, als ich zu erhoffen gewagt hätte, *Amir al-Mu'minin*. Eure Großmut beschämt mich zutiefst.« Ihre Worte kamen ihr gestelzt vor, doch sie wusste sich nicht besser auszudrücken.

»Es ist das Mindeste, was ich einem schönen Mädchen schuldig bin«, entgegnete der Kalif. »Setz dich und erzähle mir von dir.« Er wies auf die Suffa, und folgsam nahm sie auf der gepolsterten Bank Platz. »Du hast eine abenteuerliche Reise hinter dir.«

Arib wischte eine Träne der Erleichterung ab und verschmierte dabei die schwarze Augenschminke. Harun ar-Raschid zog ein seidenes Taschentuch hervor und säuberte sie sanft. Überrascht ließ Arib es geschehen. Sie hatte wieder Hoffnung. Dies war der Kalif, den sie aus den Märchen kannte.

»Ich habe mir oft gewünscht, sie möge zu Ende sein. Aber vieles war auch sehr schön.« Sie dachte an Wolfram. Ob er

Rakka erreicht hatte und sie es wagen konnte, den Kalifen um ein Wiedersehen mit ihm zu bitten?

Harun ar-Raschid ging in den hinteren Teil des Gemachs und kam mit zwei Weinbechern zurück. Er reichte ihr einen, und der Diamant an seinem Ringfinger blitzte auf. »Trink!«

Arib schüttelte den Kopf. »Lieber nicht, vielen Dank.« Für ihr Anliegen tat ein klarer Verstand bitter not.

Der Ausdruck seiner geschminkten Augen veränderte sich, die bleichen Züge wurden hart. Er stellte seinen eigenen Becher auf ein Jadetischchen und wiederholte: »Trink!« Ehe Arib begriff, war er bei ihr. Seine Brauen zogen sich zusammen, und er packte ihr Genick. »Hast du nicht gehört, was ich dir befehle? Trink!«, schrie er sie an. Er presste den Becher so fest gegen ihre Lippen, dass es schmerzte. Hastig schluckte sie und spürte, wie die Flüssigkeit über ihr Kinn und auf die kostbaren Kleider tropfte. Sie wollte sich wehren, doch er flößte ihr den Wein gewaltsam ein. Endlich war der Becher leer. Keuchend wischte sich Arib den Mund ab und sah verängstigt zu ihm auf. Der Alkohol strömte heiß durch ihre Adern, ihr Herz raste. Harun ar-Raschid stellte den Becher ab. Seine Züge entspannten sich, als sei nichts geschehen.

»Gut so«, sagte er ruhiger. »Wenn du gehorchst, hast du nichts zu befürchten.« Er ließ sich neben ihr nieder, und ein fauliger Hauch aus seinem Mund schlug ihr entgegen. Unwillkürlich wich sie ein Stück auf der Suffa zurück.

»Du bist noch Jungfrau, sagte man mir.« Seine Hand streichelte ihre Wange und glitt nach unten. Er schickte sich an, ihren Gürtel zu lösen. »Nein«, stieß Arib hervor. Sie befreite sich und entfernte sich einige hastige Schritte. Harun ar-Raschid folgte ihr nicht. »Bedenke, was du ausschlägst, Mädchen. Jede Frau in meinem Reich beneidet dich heute Nacht.« Arib schüttelte so heftig den Kopf, dass ihr die weichen Locken in die Stirn fielen. »Nein!«, wiederholte sie leise, aber bestimmt.

Er erhob sich langsam und kam auf sie zu. »Du verweigerst dich deinem Herrscher?«

Arib schlug das Herz bis zum Hals, doch sie hielt seinem Blick stand. »Ich verweigere, was selbst mein Herrscher nicht fordern darf. Ich bin eine Tochter der Barmakiden, keine Sklavin.«

Ein Zucken lief über seine Wange. Die fein gezeichneten Brauen zogen sich erneut zusammen, und eine steile Falte bildete sich auf seiner Stirn. Röte schoss ihm ins Gesicht, und die Sehnen an seinem Hals traten hervor. Arib kämpfte gegen das Bedürfnis an, vor ihm zurückzuweichen. Auf einmal zuckte er die Achseln. »Wie du willst.«

Arib atmete auf. Vielleicht hatte er ihren Widerspruch erwartet und sie nur auf die Probe stellen wollen? Er wandte sich zur Tür und rief einen Befehl auf Arabisch. Ein Eunuch betrat den Raum. Aus dem Hof drang Lachen herauf. »Besorg es der kleinen Barmakidenschlampe!«, rief jemand.

Arib fuhr zusammen. Ein bedrohliches Lächeln spielte um Harun ar-Raschids Lippen. Er zog sie zu sich heran. Sie riss sich los, doch der Eunuch war bereits bei ihr. Der große, kräftige Mann packte ihre Arme und zerrte sie zum Bett. Mühelos warf er sie auf die Kissen. Arib schrie gellend auf. Zurufe aus dem Hof kommentierten ihren Schrei, und sie erschrak zu Tode. In stummer Verzweiflung versuchte sie, sich zu entwinden, doch der Eunuch hielt ihre Schultern unerbittlich fest.

Ein weiterer Mann trat ins Zimmer – der Afschin. »Meine Sklavin widersetzt sich?«, fragte er ausdruckslos. Aribs Herz setzte einen Schlag aus.

Harun ar-Raschid näherte sich dem Bett. »Offenbar glauben selbst die Töchter der Barmakiden, meine Wünsche seien nichtiges Geschwätz«, stieß er hervor. Er beugte sich über sie, und erneut schlug ihr der faulige Gestank entgegen. »Aber auch du wirst meine Macht erfahren.«

Arib erstarrte. Und sie begriff: Sein Hass auf ihre Familie war niemals erloschen. Die Gerechtigkeit, auf die noch der Geringste seiner Untertanen Anspruch hatte, galt nicht für die

Tochter der Barmakiden. Aus keinem anderen Grund hatte der Afschin sie unberührt nach Rakka gebracht.

Gott, lass mich sterben, betete Arib stumm. Verzweifelt warf sie sich herum und begann mit Armen und Beinen um sich zu schlagen. Da spürte sie die scharfe Klinge eines Dolches an ihrem Hals. Der Afschin beugte sich zu ihr herab. Sie hielt inne, wagte nicht einmal zu atmen.

»Nun, was ist jetzt mit deinem Stolz?«, flüsterte er. »Du kannst stillhalten oder dich wehren. Leben oder Sterben. Es ist deine Entscheidung.«

Arib war wie gelähmt. Harun ar-Raschid riss ihr die Kleider auf und schlug sie bis über ihre Hüften hoch. Sie zuckte zusammen wie unter einem Schlag, als kalte Luft ihre Haut traf. Er löste sein seidenes Hosenband und ließ die Hose an den haarlosen Beinen herabgleiten. Sie stieß einen erstickten Laut aus, als sein aufgerichtetes Glied über ihr zuckte. Mit seiner beringten Hand umfasste er das angeschwollene Fleisch. »Ich werde dich lehren, wer dein Herr und Gebieter ist!«, zischte er. Verzweifelt wandte Arib den Kopf ab. Der kalte Stahl drückte erbarmungslos auf ihren Hals. Alles in ihr krampfte sich zusammen.

Mit beiden Händen zwang Harun ihre Beine auseinander. Sein stechendes Parfüm drang ihr in die Nase. Sie spürte sein Gewicht auf sich. Etwas stieß hart gegen die Innenseiten ihrer Oberschenkel, der Gestank aus seinem Mund nahm ihr den Atem. Arib keuchte erschrocken. Sie würgte, doch in diesem Augenblick fuhr ein grausamer Schmerz durch ihren Unterleib.

Arib hatte das Gefühl, ihr Körper würde zerfetzt. Sie wollte schreien, doch kein Laut kam über ihre Lippen. Stöhnend rang sie nach Luft. Aus dem Hof drang lautes Lachen. Ihr Peiniger stieß erneut zu, dieses Mal noch tiefer als zuvor. Sie schrie auf, doch er ließ ihr keine Zeit zum Atmen. Wieder und wieder drang er mit brutaler Wucht in ihren Leib. Sie verlor jedes Zeitgefühl. Das einzige Bruchstück der Wirklichkeit, das sie wahrnahm, war das Gesicht über ihr. Das verzerrte Lächeln um seinen Mund. Der scharfe Geruch seines Parfüms. Auf einmal hielt er inne und zog sich zurück. Arib wimmerte. Etwas Heißes rann in einer dünnen Spur über ihre Oberschenkel. Sie roch Blut. Es musste vorbei sein.

Verängstigt sah sie zu ihm auf. Er stieg nicht vom Bett, sondern blieb über ihr knien. Sein Gesicht war bleich und angestrengt. Die Hand auf den Bauch gepresst holte er zwei, drei Mal tief Luft. Noch immer lag die Klinge kühl und hart an ihrem Hals.

Harun ar-Raschid atmete auf. Er rieb seinen blutverschmierten Phallus. Dann richtete er die geschminkten Augen wieder auf Arib. Sie wollte zurückweichen, doch er hielt sie an den Hüften fest und warf sich auf sie. Erneut drang er mit Gewalt in ihren aufgerissenen Leib ein, und wieder schrie sie auf. Mehrmals nacheinander stieß er in schneller Folge wuchtig zu. Arib wurde schwarz vor Augen, sie hatte keine Kraft mehr zu schreien. Es war, als stünde sie außerhalb dieses geschundenen Körpers. Ihr Peiniger stöhnte auf. Krampfhaft presste er sich in sie, sein Speichel troff auf ihr Gesicht. Endlich ließ er von ihr ab.

Halb erstickt und wie durch einen Schleier nahm Arib wahr, dass Harun ar-Raschid sich erhob. Ein starker Geruch breitete sich aus, fremd und widerlich. Zwischen ihren Beinen rann eine warme Flüssigkeit auf das Laken. Der Afschin nahm den Dolch von ihrem Hals. »Na also«, sagte er kalt.

Der Schmerz tobte wie wild in ihrem Unterleib. Wimmernd zog Arib die Beine an, doch das machte es nur noch schlimmer. Der Geruch nach seinem Schweiß, dem stechenden Parfüm, nach Blut und seinem Samen haftete an ihr. Arib wurde übel. Unter halbgeschlossenen Lidern sah sie ihn verängstigt an. Doch er schien genug zu haben. Wortlos griff Harun nach dem Tuch, das ihm der Eunuch reichte und reinigte sein erschlaffendes Glied. Erneut hielt er die Hand auf den Leib.

»Sind es wieder die Krämpfe?«, fragte der Eunuch. »Soll ich den Arzt rufen lassen?« Harun ar-Raschid nickte stumm.

»Kein Wunder, das war anstrengend«, grinste der Eunuch. »Die Kleine stöhnt wie die geborene Hure.«

»Ich schenke sie Euch, wenn Ihr es wünscht«, sagte der Afschin leidenschaftslos. Der Kalif warf einen Blick auf sie. Arib biss die Zähne zusammen, um die Tränen zurückzuhalten. Dieser Mann würde sie nicht weinen sehen.

Mit einem angewiderten Gesichtsausdruck reichte Harun ar-Raschid dem Eunuchen das blutige Tuch zurück. »Nein«, sagte er in einem Tonfall, der sie noch mehr demütigte als alles Vorherige. »Schenk sie meiner Frau. Zubaida wird schon etwas mit ihr anzufangen wissen.« Er wandte sich an den Eunuchen. »So schlimm waren die Krämpfe noch nie. Ich muss mich hinlegen, ehe ich den *Ghusl* vollziehe. Ruf den Arzt, er soll mir nach der Waschung die Medizin vom letzten Mal reichen.« Er verließ den Raum, ohne sich noch einmal umzusehen. Mit einem leisen Klicken fiel die Tür hinter den Männern ins Schloss.

Arib starrte blicklos an die Decke. *An dir hängt die Ehre deiner Familie*, schossen ihr Theodoras Worte durch den Kopf. *An dir. An dir!* Das war noch schlimmer als der Schmerz. Arib warf sich auf dem seidenen Laken herum und brach in ersticktes Schluchzen aus. *Du hast die Ehre deiner Familie beschmutzt!*, schrie die Stimme in ihr. Warum hatte sie nicht den Tod gewählt! In plötzlichem Hass schlug sie sich die Fingernägel in die Haut und zog sie mit aller Kraft nach unten. Blut rann über ihr Gesicht, doch den Schmerz spürte sie kaum. Überall auf ihrer Haut war sein Schweiß, und zwischen ihren Schenkeln klebte der stinkende Erguss. Eine sonderbare Fremdheit gegenüber diesem vergewaltigten Körper machte sich in ihr breit. Arib ekelte sich vor sich selbst.

Sie erbrach sich qualvoll. Galle rann auf das seidene Laken, doch sie hob nicht einmal die Hand, um ihren Mund abzuwischen. Unten wurden die Männer mit lauten Zurufen empfangen. Doch die obszönen Schilderungen und Schmährufe gegen die verhassten Barmakiden drangen kaum zu ihr vor. Sie

153

hatte das verzweifelte Bedürfnis, sich zu waschen, doch jede Bewegung schmerzte so furchtbar, dass sie einfach liegenblieb. Alles verschwamm im Nebel. Ihr Inneres war wie tot.

»Sie hat ihn hergenommen wie eine Hure!«, hörte sie die Stimme des Afschin. »Habt ihr sie stöhnen gehört?« Lachen dröhnte herauf.

Langsam richtete Arib sich auf. Wirr fiel ihr das Haar in die Stirn. Mit dem Ärmel wischte sie sich Erbrochenes, Blut und Speichel aus dem Gesicht. Es kostete sie Überwindung, doch etwas gab ihr Kraft: der Hass. Hass auf Harun ar-Raschid. Aber mehr noch auf den Mann, der sie unberührt ihrem Todfeind ausgeliefert hatte. Der Schmerz war so stark, dass ihr wieder übel davon wurde. Doch in diesem Augenblick wusste sie, dass sie weiterleben wollte. Leben. Um eines Tages am Afschin Rache zu nehmen.

Buch 2 *Die Kurtisane*

»*Die Liebe zu Singsklavinnen ist gefährlich. Sie erfüllt einen Mann mit einer Befriedigung wie nichts anderes auf der Welt. Aber eine Kayna meint es kaum je ernst mit ihrer Leidenschaft oder ist mit ganzem Herzen verliebt. Von Natur aus trachtet sie danach, ihrem Opfer Fallen zu stellen.*«

Al-Jahiz

Erster Teil

1

In derselben Nacht zogen schwarze Wolken über das Kloster im Taurusgebirge. Ein kalter Wind wehte von den Bergen herab, die jedes Licht verschluckten. In den Ölhainen raschelte das silbrige Laub. Düster ragten die festungsartigen Bastionen über dem Tal empor, und die Bruchsteintürmchen hoben sich kaum aus der Finsternis. Mensch und Vieh hatten sich zwischen die schützenden Mauern zurückgezogen.

Im Gästehaus des Klosters herrschte tiefe Stille. Längst schlief das Gesinde im großen Saal, und auch die Ritter der fränkischen Gesandtschaft ruhten in dem für sie hergerichteten Raum.

Mit einem Schrei fuhr Wolfram von Aue aus dem Schlaf. Er saß aufrecht im Bett, seine schweißüberströmte Brust hob und senkte sich keuchend. Orientierungslos starrte er in die Dunkelheit. Ein leises Stöhnen drang an sein Ohr. Wolfram griff nach dem Öllicht neben seinem Bett. Der Raum war klein, dennoch erhellte der schwache Schimmer das Dunkel kaum. Durch das Fenster an seinem Kopfende fiel Mondlicht herein und tauchte die grob aus Kiefernholz gezimmerten Liegestätten in bleiches Licht. Dicht gedrängt an den Wänden ließen sie nur eine schmale Gasse in der Mitte frei. Im Bett neben seinem Sohn wälzte sich Lamprecht von Aue auf die andere Seite.

Langsam fuhr sich Wolfram durch das ungekämmte Haar und atmete tief durch. Er hatte zu hören geglaubt, wie Arib verzweifelt um Hilfe schrie. Aber es war ein Traum gewesen. Nur ein Traum.

Aufseufzend ließ er sich zurück auf die Strohmatratze sinken. Doch die Gedanken hörten nicht auf, in seinem Kopf zu kreisen. Er wälzte sich unruhig auf seinem Lager. Morgen würde die Gesandtschaft nach Rakka weiterreiten. Tagelang hatte er umsonst auf Arib gewartet. Wenn sie nun wirklich seines Schutzes bedurfte? Voller Zweifel starrte Wolfram an die Decke. Daran durfte er nicht einmal denken! Einem Ritter ziemte Selbstbeherrschung. Er war längst zu weit gegangen.

159

Wenn er jetzt noch abtrünnig würde, könnte ihm nichts und niemand die Gunst des Kaisers zurückbringen.

Und wenn er rechtzeitig zurück wäre? Wolfram schlug das Laken zurück. Im spärlichen Licht musste er eine Weile tasten, ehe er Hemd, Wams und Stiefel fand. Beim Aufstehen stieß er gegen eines der Holzgestelle. Er wartete. Der Schläfer grunzte, Weindunst stieg auf, doch der Mann erwachte nicht. Wolfram rieb sich das schmerzende Knie. Vorsichtig stahl er sich zwischen den Betten hindurch zum Ausgang. An der Tür sah er noch einmal zurück und erflehte stumm die Vergebung Lamprechts von Aue. Dann drückte er vorsichtig die Klinke nach unten und stand im Schlafsaal der Bediensteten.

Auch hier war alles still. Nur das Schnarchen eines Reisenden störte in regelmäßigen Abständen die Ruhe. Der Geruch getragener Kleider hing über dem Schlafenden. Eine Fackel brannte, doch sie erfüllte den Raum eher mit Rauch, als dass sie ihn erhellte. Wolfram unterdrückte den Hustenreiz und sah sich um. Es dauerte eine Weile, bis er die dunkelblonden Locken des jungen Eunuchen Faik ausmachte, den die Franken als Dolmetscher gekauft hatten: Er teilte sich das Lager mit dem Mönch Guntram und einem Waffenknecht. Die feiste Gestalt war am Bettrand zu einer Kugel zusammengerollt. Als der junge Ritter ihn sacht am Arm rüttelte, grunzte er unwillig und wollte sich auf die andere Seite wälzen.

»Ich bin es«, flüsterte Wolfram. »Wach auf!«

Faik fuhr hoch wie von der Tarantel gestochen. »Herr!«, stotterte er. »Was…« Seine Augen wanderten über Wolframs nackten Oberkörper, und wie immer achtete der junge Ritter nicht darauf. Unbeeindruckt warf er sein Hemd über und fragte: »Du sprichst den hiesigen Dialekt, nicht wahr?«

Der Eunuch brachte keinen Ton hervor, er nickte nur stumm.

»Nun halte keine Maulaffen feil!«, befahl Wolfram leise. »Wir werden zurück sein, ehe die Gesandtschaft morgen nach dem Nachmittagsgebet aufbricht.« Er schlüpfte in sein Wams und boxte Faik auffordernd gegen die Schulter. »Hol deine Kleider! Wir treffen uns im Stall bei den Pferden!«

Endlich fand Faik die Sprache wieder. »Aber Herr!«, stieß er hervor.

Wolfram zischte unwillig und legte den Finger auf den Mund.

Leiser fuhr der Eunuch fort: »Ihr habt doch das niedergebrannte Gehöft gesehen, als wir kamen. Wisst Ihr nicht, was es bedeutet, ohne Erlaubnis in das Gebiet der Beduinen einzudringen?«

Der erste helle Streifen war am Horizont zu sehen, als die beiden Reiter das Kloster hinter sich ließen. Die aufgehende Sonne färbte die Höhenzüge fahlgelb. Allmählich konnte man das helle Braun von Sand und Geröll und das zarte Grün würziger Kräuter unterscheiden. Aber noch war der Wind kalt, der Wolfram das Haar ins Gesicht fegte. In der Dämmerung, inmitten dieser gewaltigen Landschaft empfand er die Einsamkeit ohne Arib umso stärker.

Nach und nach veränderte sich das endlose Farbenspiel der Wüste. War der rötliche Hauch auf den Hügeln zuerst gläsern, fast durchscheinend gewesen, wurden die Töne nun kräftiger. Auf graubraunes Geröll folgten mit Aleppokiefern bewachsene Hänge, dann wieder trabten die Pferde über blanke Felsen. Die Sonne stand bereits hoch am Himmel, als Wolfram in einer Senke etwas unterhalb die Ruinen eines griechischen Tempels ausmachte. Ein halb verfallener Säulengang verriet, wo einst der Weg verlaufen war. Er zügelte das Pferd mitten auf der schräg abfallenden Sandsteinplatte. Wortlos richtete er sich im Sattel auf und wies hinab: Die uralte Straße entlang zog eine Karawane durch die Ruinen. Der Wind zerrte an seinen blaugoldenen Schabracken, und er zog das Tuch höher, mit dem er seinen Mund vor Staub schützte.

Faik, der wie ein nasser Sack auf dem Pferd schaukelte, kam langsam heran. »Das ist eine Seidenkarawane.« Der Eunuch zeigte auf die Reiter zu Pferde, die entlang der Kamelreihe ihre Runde machten – vermutlich Bewaffnete, um eine kostbare Fracht zu schützen. »Glaubt Ihr, sie haben Euer Mädchen gesehen?«

Wolfram zuckte die Schultern. Er gab seinem Pferd die Sporen und wollte hinabsprengen. Plötzlich hörte er Faik hinter sich aufschreien.

Instinktiv riss er so jäh an den Zügeln, dass das Tier sich schnaubend aufbäumte. Ein Pfeil schwirrte sirrend an seinem Gesicht vorbei. Das Pferd machte einen Satz, der ihn beinahe aus dem Sattel geschleudert hätte, und er musste alle Kraft aufwenden, um es zu bändigen. Unter den Hufen flog Staub auf, bedeckte seine Hose bis hinauf zum Knie. Keuchend sah er sich nach Faik um. Der Eunuch blickte den Hang hinauf. Er war totenbleich.

Mehrere Kamele hatten den Kamm überschritten. Mit erhobenen Schwertern stießen ihre Reiter trillernde Laute aus. Ihre langen Hemden blähten sich, die Kopftücher flatterten im Wind. Rote Troddeln schmückten die Sättel wie es bei den Stammeskriegern üblich war. Wolfram riss die schwere fränkische *Spatha* aus dem Gürtel, doch Faik fiel ihm in den Arm: »Im Namen des heiligen Stephanos, besinnt Euch!«

Die Beduinen hielten die Bogensehnen gespannt auf sie gerichtet. Mit einem Fluch stieß Wolfram das Schwert zurück in die Scheide. Der Eunuch hatte recht, Widerstand war zwecklos.

Das Lager der Nomaden, wohin man die beiden jungen Männer brachte, bestand aus nicht mehr als ein paar staubigen Teppichen im Schatten einer verkrüppelten Kiefer. In einer Kuhle im Boden schwelte ein Feuer. Einer der Beduinen begann in kupfernen Schnabelkannen ein Gebräu zuzubereiten, das Wolfram nicht kannte. Er ließ sich sichtlich Zeit dabei.

»Was mögen sie mit uns vorhaben?«, raunte der Franke. Seine Anspannung wuchs mit jedem Mal, dass der Nomade die heiße Flüssigkeit von einer Kanne in die andere goss, um sie mit Zucker zu vermischen.

»Ich bin Dolmetscher, kein Hellseher!«, erwiderte Faik säuerlich. »Es war blanker Wahnsinn, hier hinauszureiten und unser Leben und Eure glorreiche Zukunft aufs Spiel zu setzen! Wir werden dieses Mädchen ohnehin nicht finden. Wahrscheinlich hat sie Euch einfach den Laufpass gegeben.« Er bemerkte Wolframs Blick und stieß einen leisen Pfiff aus. »Nun, dann möchte ich nicht in ihrer Haut stecken.«

Der junge Ritter wollte ihm zu verstehen geben, er täte besser daran, sich um seine eigene Haut zu sorgen. Da füllte der Beduine das fertige Getränk in bauchige Gläser und reichte sie ihnen.

»Tee«, erklärte der Eunuch. »Er kommt mit den Karawanen aus China. Greift zu! Sie würden es als Beleidigung auffassen, wenn Ihr ihn verweigert.«

Während Wolfram misstrauisch an dem Trank roch, sagte der Beduine etwas auf Arabisch.

»Er meint, wir seien ohne Erlaubnis in ihr Gebiet eingedrungen«, übersetzte Faik. »Sie hätten uns töten können.«

Das konnten sie auch jetzt noch tun, dachte Wolfram. Er leerte das winzige Glas in einem Zug und würgte. Das Gebräu war süß und so bitter, dass er es am liebsten wieder ausgespuckt hätte. Besaßen diese Barbaren denn weder Trinkhörner noch Bier?

»Er hat recht, Herr, mit Eurer Erlaubnis«, bemerkte Faik. »Wasser bedeutet hier Leben, und so ist jeder Eindringling eine Gefahr.«

»Auf wessen Seite stehst du?«, erwiderte Wolfram mit verzerrtem Gesicht. »Erzähl ihm, was du willst, aber sieh zu, dass du uns endlich freibekommst!«

Beleidigt rückte Faik die Schärpe über seinen Pluderhosen zurecht. Mit den großen Augen und dem kleinen Mund hatte er etwas von den byzantinischen Heiligenbildern, die sie auf der Reise gesehen hatten. Aber ein Heiligenbild, dachte der junge Ritter grimmig, hätte ihm wenigstens keine Vorhaltungen gemacht. Dass der Eunuch überdies Verständnis für die

163

Wegelagerer aufbrachte, stimmte seinen Herrn nicht unbedingt milder.

Faik hatte sich zu dem Beduinen herübergebeugt und erklärte etwas auf Arabisch. Dabei machte er eine übertriebene Geste zur Brust.

»*Imra'a?*«, wiederholte der Beduine. »*Yuhibbuha Hubban Udhriyan?*«

Wolfram horchte auf. Zwar verstand er kein Wort, doch es schien, als habe Faik immerhin das Interesse des Mannes geweckt. Der Nomade rief seine Kameraden. In erklärendem Tonfall schob der Eunuch einige arabische Sätze nach. Die anderen Männer kamen näher. Wolfram wollte nach dem Schwert tasten, doch die Waffe lag unerreichbar auf einem Felsen neben dem Beduinen. »Würdest du mir gütlichst verraten, was du mit dem Kerl beredest?«, fuhr er seinen Diener an.

Faik verzog schmollend das Ikonenmündchen. Er wies auf die sonnenverbrannte Haut auf der Stirn des jungen Ritters. »Ich rette Euer angesengtes Fell, Herr.«

Wolfram wollte zu einer Erwiderung ansetzen, doch in diesem Augenblick beugte sich der Beduine zu ihm herüber. Überrascht wollte der junge Franke ausweichen, doch der Mann drückte nur seine Hände. Seine Fingernägel waren schmutzig und eingerissen, und Wolfram zog die behandschuhte Rechte zurück. »Was zum Teufel hast du ihnen erzählt?«, fragte er den Eunuchen.

Faik grinste breit. »Die Wahrheit, Herr. Dass Ihr Euer Volk und Eure Ehre vergessen habt, eines Mädchens wegen.«

Der Ritter fuhr auf. »Du wagst es …«

»Still!«, warnte Faik und hob den Finger an die Lippen. Er genoss es sichtlich, dass er es heute war, der die Befehle gab. Wolfram bezwang seinen Zorn, doch in Gedanken spießte er ihn auf einen Pfahl und röstete ihn über dem Feuer.

»Wie Ihr seht, war es richtig«, fuhr Faik unbeeindruckt fort. »Mein alter Sklavenhändler pflegte zu sagen, die Beduinen liebten solche Geschichten. Also zeigt Euch nicht allzu grob, auch wenn in ihren Augen *Ihr* der Barbar seid!«

Der Eunuch mochte aussehen wie der heilige Stephanos, dachte Wolfram, aber wenn er nicht ebenfalls zum Märtyrer werden wollte, sollte er wissen, wann er den Mund zu halten hatte.

Der Beduine berührte Faiks Ärmel und warf etwas ein.

»Er fragt, wie das Mädchen heißt«, übersetzte dieser und lächelte süßer als der Tee.

Wolfram schob das Glas von sich weg. »Das geht ihn gar nichts …« Er unterbrach sich. »Arib«, antwortete er dann.

Verständnisvolle Blicke trafen den jungen Franken. Diese bis an die schwarz verstümmelten Zähne bewaffneten Gesellen zeigten wahrhaftig Rührung!

Faik malte dieses Bekenntnis mit einigen weiteren Worten aus. Ein Beduine schenkte daraufhin Tee nach, ein anderer reichte Wolfram mit einem auffordernden Lächeln einen Napf. Misstrauisch förderte der junge Ritter eine Art trockenes Gebäck zutage. Er biss hinein und erstarrte. War das ein Insekt?

»Was erzählst du diesen Galgenvögeln für Narreteien?«, wandte er sich widerwillig schluckend an Faik. Angewidert schob er den Tee von sich weg.

»Ihr solltet ihnen mit etwas mehr Achtung begegnen, Herr«, erwiderte dieser. »Ihr habt selbst mehr von einem Beduinen, als Ihr denkt.«

Wolfram erwog allen Ernstes, trotz der Übermacht sein Schwert an sich zu reißen und dem Eunuchen den Wanst aufzuschlitzen. Da setzte Faik nach: »Oder kennt Ihr einen fränkischen Ritter, der den Makel des Treubruchs für ein Bauernmädchen gewagt hätte? In Eurem Land würde ein Mann sich nehmen, was er will, oder das Mädchen vergessen. Ein Beduine aber gibt für die Frau, die er liebt, seinen Stamm und seine Ehre auf – selbst sein Leben. Wie Ihr, Herr.«

Verwirrt sah Wolfram den Hang hinab, wo sich die Pfade im Geröll verloren. Schon als er mit dem Afschin über Arib

165

gesprochen hatte, hatte er die Veränderung an sich bemerkt. War es dieses Land voller Widersprüche, das ihn alles tiefer empfinden ließ?

Der Beduine redete weiter auf den Eunuchen ein. Unter seinen dichten Brauen warf er Wolfram aufmerksame Blicke zu.

Faik nickte und erklärte an den Ritter gewandt: »Er besteht darauf, dass ich Euch seine Worte genau übersetze: Die Liebe, sagt er, sei das Größte, was ein Mensch empfinden kann. Wer liebt, sei ein Märtyrer und verdiene dieselbe Achtung wie der Mann, der auf dem Schlachtfeld fällt. Kurzum, Herr, Ihr habt mehr Glück als Verstand: Sie verzichten auf das Lösegeld, das ihnen zusteht.«

Überrascht sah Wolfram die Beduinen an. Solche Worte hätte er ihnen nicht zugetraut. Auf einmal erschienen ihm die Nomaden sogar auf eine raue Art schön. Er nickte ihnen zu. »Das hast du gut gemacht«, lobte er Faik, und der Eunuch errötete zierlich. »Sag ihnen, dass ich ihre Gastfreundschaft nicht länger genießen kann. Ich muss meine Pflicht erfüllen.« Er dachte nach. »Und frag sie, ob sie vielleicht ein Mädchen in Männerkleidern gesehen haben!«

Die Unterhaltung wurde lauter, als Faik nachhakte, doch dann beruhigte sich das Gespräch wieder. Der Eunuch wandte sich an seinen Herrn: »Es tut mir leid, *ya Sahibi*.«

Die Sonne begann bereits über der endlosen Bergkette des Taurusgebirges zu sinken, als sie sich der Hauptstraße näherten. Ein Felsabbruch ragte über dem Tal empor. Kiefern, die im bröckelnden Geröll Halt suchten, verrieten, dass hier nach Regenfällen Sturzbäche die Felsspalten hinabjagten. Auf halber Höhe, unterhalb des Abbruchs, verlief ein schmaler Pfad. Das späte Licht warf die Schatten der beiden Reiter an die Felswand.

Wolfram fuhr sich ungeduldig über die Stirn. Schon verschwand die Sonne hinter den Bergen und ließ die Gipfel in feurigem Rot aufglühen. Die Schatten im Tal wurden länger, und das Geröll färbte sich graubraun. Sie hatten absichtlich die Straße gewählt, um die Gesandtschaft vielleicht noch einzuholen. Doch die Männer mussten längst ohne ihn abgereist sein. Wenn sie auf dem Rückweg von Rakka wieder hierher kamen, würde der Zorn seines Vaters grenzenlos sein. Trotzdem vermochte er seinen Entschluss nicht zu bereuen.

»Was ist das, Herr?«, riss Faiks helle Stimme ihn aus seinen Gedanken. Der Eunuch wies auf die Kuppe über ihnen. »Da vorne.« Zum Pfad hin war der Hang so scharf abgebrochen, dass nicht einmal die niedrigen Sträucher dort Halt fanden. Doch in der Luft über ihnen schwebten Vögel.

Wolfram zog das Tuch vor seinem Mund herab und schirmte die Augen mit der Hand. »Nur ein paar Geier«, meinte er. Ein Zucken überlief das dunkelbraune Fell seines Pferdes, und er griff fester in die Zügel. Unruhig tänzelnd suchte das Tier auf dem schmalen Felspfad Halt.

»Geier auf der Hauptstraße?«, fragte Faik. »Aber sie ernähren sich von Aas, Herr. Was könnten sie …« Er unterbrach sich und wurde bleich.

Unvermittelt schlug Wolfram seinem Pferd die Fersen in die Flanken. Erde und Geröll spritzten auf. Er hetzte das Tier die steilen Kehren hinauf. Knirschend kaute es auf dem Gebiss, Schaum triefte von seinem Maul und netzte die Stiefel des Reiters. Doch der junge Franke spürte nur das entsetzliche Gefühl, zu langsam zu sein.

Ruckartig brachte er das Pferd zum Stehen und sprang aus dem Sattel. Die Flanken des Tieres hoben und senkten sich hastig. Geier hüpften aufflatternd zur Seite, und ein Schakal verschwand mit eingeklemmtem Schwanz zwischen den Kiefern. Fassungslos wanderten Wolframs Augen über das zerfetzte Banner im Staub, die zerbrochenen Waffen, die blauen Kleiderfetzen zwischen den Felsen. Pfeile ragten aus den entstellten Leibern. Die Gesichter der Toten waren unter den eingeschlagenen Schädeln kaum noch zu erkennen. Längst hatten gierige Schnäbel die Augen herausgehackt. Bleiche Splitter ragten aus der blutigen Masse, wo einmal eine Nase oder ein Wangenknochen gewesen war, langes blondes Haar klebte an den Hautfetzen. Der Schakal hatte begonnen die Eingeweide herauszuzerren. Ameisen eilten über eine klebrige Spur geronnenen Blutes.

»Nein!«, flüsterte Wolfram. Kraftlos ließ er die Zügel fallen. Eine eiskalte Hand schloss sich um seine Kehle. Hinter ihm kam der nach Luft schnappende Faik heran.

»Nein!«, schrie Wolfram. Das Pferd scheute zur Seite. Er riss das Schwert aus der Scheide und schlug nach den Geiern. Blindlings hackte er auf Disteln und Gestrüpp ein, brüllte wie von Sinnen. Zweige brachen knirschend, Kiefernduft mischte sich mit dem Geruch des toten Fleisches, Harz und Erde beschmutzten die Klinge. Krampfhaft schlossen sich seine Finger um den Griff, dann entglitt das Schwert seiner zitternden Hand. Wolfram taumelte, den entsetzten Blick starr auf die Toten gerichtet.

Vor ihnen lagen die blutigen Leichen der Gesandtschaft Kaiser Karls.

2 »*Huwa Ishak al-Mausili!* – Es ist Ishak al-Mausili! Endlich!« Eine Gruppe von Mädchen eilte durch den Korridor im ersten Stock des Kalifenpalastes. Ihre Schatten huschten über die von Stuckleisten begrenzten Wandmosaiken, durchsichtige Schleier wehten hinter ihnen her. Der marmorgefliese Gang war ohne Mobiliar, bis auf einige schwere chinesische Vasen. Holzgitter schützten die Bewohnerinnen des Harems vor fremden Blicken, nur der betäubende Lilienduft drang in den verbotenen Bereich. Neugierig drückten die Sklavinnen ihre Gesichter an die Gitter, um hinabzusehen.

Ein hochgewachsener, bartloser Mann von vielleicht vierzig Jahren hatte den Hof betreten. Er kam den palmenbeschatteten

Weg entlang und schritt elegant über die geometrischen Muster aus Kieseln. Dunkles Haar fiel modisch unter dem Turban herab auf seine Schultern. Die auffällige Nase stand ein wenig schief, als wäre sie einmal gebrochen gewesen. Um seine breiten Lippen lag ein amüsierter Zug, als machte er sich verstohlen über etwas lustig. Die schwarzen Eunuchen an der Pforte begrüßten ihn mit seinem Namen. Er wies auf die verschleierte Frau, die einen Schritt hinter ihm wartete. »Ich bringe Takrub, das Mädchen, das Zubaida mir in die Lehre gegeben hat.« Seine helle Stimme war klangvoll.

Tuschelnd und kichernd liefen die Sklavinnen hinter dem Holzgitter weiter. Ambra und Rosenduft umwehten sie. Dann verschwanden sie um die Ecke, und das Klatschen ihrer nackten Füße auf dem Marmorboden wurde leiser.

Am entgegengesetzten Ende des Ganges öffnete sich eine Tür. Arib war aus dem Schlafsaal der einfachen Sklavinnen gekommen und ans Gitter getreten. Wie üblich trug sie eine viel zu weite *Jubba*. Ihre schwarzen Locken waren unfrisiert, und sie fühlte sich wie zerschlagen vom Fieber.

Der Afschin hatte den Befehl des Kalifen befolgt und die letzte Barmakidin an dessen oberste Gattin verschenkt: an Zubaida, die unumschränkte Herrscherin über den Harem. In ihren prunkvollen Gemächern fühlte sich Arib verzweifelter denn je. Für die neue Herrin, eine Frau mit dem Auftreten eines Großwesirs und dem Geschmack eines zu Geld gekommenen Wasserträgers, empfand sie nichts als Hass. Die ersten Tage nach Harun ar-Raschids Besuch hatte Arib vor Schmerzen kaum gehen können. Ihre Handgelenke, wo der Eunuch sie festgehalten hatte, waren blau, genauso wie die Innenseiten ihrer Oberschenkel. Ihr Unterleib war aufgerissen und voller Blutergüsse, jede Berührung ließ sie aufschreien. Tagelang hatte sie apathisch auf ihrem Bett gelegen, zu verängstigt, um zu schlafen. Jedes Geräusch hatte sie zu Tode erschreckt, und nachts ließ sie die Öllampe neben ihrem Bett brennen. Sie hatte mit niemandem über die Nacht gesprochen, die ihr Leben verändert hatte. Wozu auch – das Gesetz kannte nur erlaubten oder unerlaubten Beischlaf, aber das Einverständnis einer Frau spielte bei beidem keine Rolle. Niemand hatte sich um ihre Wunden gekümmert. Am Hofe des Mannes, der die besten Ärzte der Welt versammelte, war eine Sklavin nicht mehr wert als ihr Kaufpreis. Irgendwann hatte ihr eine Frau mit Essig getränkte Tücher gegeben, und die Entzündung war schließlich abgeheilt.

»Sein Vater soll ein Landstreicher und Gesetzloser gewesen sein«, sagte jemand hinter Arib. »Aber er behauptet, er sei von Adel.«

Mit einem Aufschrei fuhr Arib herum. Wie gelähmt starrte sie auf einen von aschblondem Haar umrahmten Schatten. Stark aufgetragenes Ambra schlug ihr entgegen.

»Soumaya!«, brachte sie hervor.

»Ishak al-Mausili ist der wichtigste Mann in Bagdad, wenn es um Musik geht«, tuschelte die Kayna mit ihrem singenden slawischen Akzent. Sie wies den Korridor entlang, dorthin, wo die anderen Sklavinnen vorhin verschwunden waren. »Der gesamte Harem hat seit Wochen auf seinen Besuch gewartet. Der Kalif hat ihn zum *Nadim* ernannt«, erklärte sie respektvoll. »Nur ausgewählte Männer dürfen sich seine Zechgenossen nennen. Er ist der Mittelpunkt der Gesellschaft, der berühmteste Sänger zwischen Indien und dem Maghreb. Wollen wir uns nicht ansehen, was er aus Takrub gemacht hat? Es soll fast unmöglich sein, vor seinem Ohr zu bestehen, aber vielleicht findet er ja Gefallen an mir.« Mitleidig musterte sie Arib. »An dir jedenfalls wohl kaum. Ich will deine Gefühle nicht verletzen, aber du siehst aus wie eine Leiche.«

Arib schüttelte unwillig den Kopf. Mehr als einmal hatte sie daran gedacht, einfach davonzulaufen. Sie sehnte sich so sehr nach Wolfram, dass sie hätte schreien können. Aber dann stellte sie sich vor, wie die fremden Ritter sie ansehen würden – besonders der strenge ältere Mann, der ihm wie aus dem Gesicht geschnitten war. Wie sie Wolfram in die Augen blicken und ihm erzählen musste, was geschehen war. Die Gewissheit, dass er sie verachten würde, war mehr, als sie glaubte, ertragen zu können. Es war der unbezähmbare Wille, das Verbrechen des Afschin nicht ungerächt zu lassen, der sie aufrecht hielt.

Der Gesang einer tiefen Frauenstimme klang durch die gefliesten Gänge. Arib hob den Kopf. Seit Theodoras Tod hatte sie nicht mehr gesungen.

Soumaya war bereits den Korridor hinab entschwebt. Arib lief ihr plötzlich nach und holte sie ein. Die Musik verstummte, als sie die erste Tür hinter der Biegung des Ganges öffneten.

Noch nie war Arib dabei gewesen, wenn ihre Herrin hier Besucher empfing. Es kam selten genug vor – außer Ärzten und Sklavenhändlern durfte kein Mann den heiligsten, unverletzlichen Ort des Palastes betreten.

Zubaida lag auf einem *Sarir* zur Linken. Früher musste sie sehr schön gewesen sein, jetzt aber, da sie sich den Vierzig näherte, war sie auseinandergegangen wie ein Sesambrotfladen. Für den Anlass hatte sie sich mehr als sonst zurechtgemacht: Juwelenbestickte Kleider drückten sie so schwer in die Kissen, dass Arib sich unwillkürlich fragte, wie sie unter dieser Last überhaupt gehen konnte. Ein Amulett mit einem pompösen Bergkristall schmückte ihren Hals, goldene Halbmonde gruben sich in das welkende Fleisch ihrer Brüste. Zubaidas nachgefärbtes Haar duftete nach teurem Rosenöl. Unter der Puderschicht wirkte das mit Salben gebleichte Gesicht maskenhaft, nur ihre Mundwinkel waren wie immer gelangweilt nach unten verzogen. Hinter ihr standen ihre Zofen und ein gutaussehender weißer Eunuch, der immer wieder verstohlen ihre Schulter berührte.

Die Stimmen tuschelnder Sklavinnen waren hinter einer Seitentür zu hören. Der Mann, dem all diese Aufmerksamkeit galt, Ishak al-Mausili, saß auf einem Hocker zur Rechten. Zwischen ihm und Zubaida hielten Sklaven einen Teppich gespannt, um die edelste Frau des Reiches vor unerlaubten Blicken zu schützen. Jetzt ließ der Sänger die Oud sinken, auf der er gespielt hatte.

Die dunkelhaarige Kayna an seiner Seite musste Takrub sein. Als die Tür sich öffnete, wandte sie den schönen Kopf – langsam und sich ihrer Wirkung vollends bewusst. »Ich kann nicht singen, wenn ständig Leute hereinkommen«, beschwerte sie sich und verzog die Lippen zu einem sorgfältig einstudierten Schmollmund.

Zubaida streifte die beiden Mädchen flüchtig und winkte sie mit ihrer hennabemalten Hand herein. Takrub hingegen bedachte Arib mit einem Blick, in dem deutlich geschrieben stand, was sie von schlecht gekleideten Sklavinnen hielt. »Wenn du mich schon unterbrichst, hast du vielleicht auch einen guten Rat musikalischer Art?«, bemerkte sie spitz.

Soumaya setzte zu einer geharnischten Antwort an, doch Arib kam ihr zuvor: »Es war ein wenig…«

Alle Augen richteten sich auf sie. Ishak al-Mausilis buschige schwarze Brauen hoben sich überrascht. »Nun?«, fragte er. Seine volltönende Stimme ließ nicht erkennen, ob er es ernst meinte oder sich lustig machte.

Von sich selbst überrumpelt fingerte Arib nach Theodoras Glasamulett. Soumaya hatte ihn den berühmtesten Sänger zwischen Indien und dem Maghreb genannt. Sicher hatte er Takrub wochenlang auf diesen Tag vorbereitet. »…künstlich«, murmelte sie endlich. »Und der Übergang, als Ihr die Tonart gewechselt habt, war unsicher.«

Ishak hatte die Laute abgestellt. Der ironische Zug um seinen Mund verschwand, und über der gebrochenen Nase blickte er Arib forschend an. »Das wird ja immer schöner!«, rief Takrub. »Wenn du es besser kannst – *tafaddali*!« Zornig warf sie ihr ebenmäßiges Profil zurück und trat zur Seite. Nicht ohne sich dort in eine zweifellos einstudierte Pose zu stellen.

Aribs Herz schlug schneller. In den letzten Wochen war ihr nicht klar gewesen, wie sehr sie es vermisst hatte zu singen. »Darf ich?«, fragte sie Zubaida.

Die Herrin lehnte sich nachlässig zurück. »Sei nicht töricht, Mädchen! Du hast den Mund bisher kaum zum Sprechen aufgebracht, geschweige denn zum Singen. Außerdem hast du seit Wochen nichts gegessen und bist mager wie eine Ratte. Eine Kayna muss schön sein wie die Huri im Paradies.«

»Darf ich?«, wiederholte Arib.

Zubaida lachte, dass die Juwelen an ihren Gewändern klirrten. »Wenn du dich unbedingt zum Gespött des Harems machen willst, meinetwegen: Hier sitzt Ishak, der oberste *Rawi* des Kalifen – der erste Sänger bei Hof und der beste Kenner der Musik, soweit Harun ar-Raschids Macht reicht. Überzeuge ihn von deiner Gabe!« Ihre Sklavinnen kicherten verstohlen. Die Mädchen hinter der Tür tuschelten, und eine kam neugierig hervor. Ishak al-Mausili nickte und hob mit einer eleganten Bewegung die Oud. Doch auch um seinen breiten Mund spielte ein Lächeln. »Ich höre.«

Trotzig richtete Arib sich auf, wie Theodora es ihr gezeigt hatte. Ohne nach dem Instrument zu greifen, begann sie zu singen.

Mit dem ersten Ton veränderte sich etwas in ihr. Ishaks Gesicht verschwamm. Wo sie war, wurde unwichtig. Ihre Stimme floss sicher durch sie hindurch und füllte den Raum. Die sonderbare Fremdheit ihrem Körper gegenüber verschwand. Sie sang das Lied, das sie für Wolfram geschrieben und das er nie gehört hatte. Die Musik entführte sie an einen Ort, wo Schmerzen und Demütigungen nicht mehr zählten. Der Klang vibrierte in ihr, sie genoss ihn wie eine zärtliche Berührung. Auf einmal wusste Arib, dass sie ohne dieses Gefühl nicht leben konnte.

Sie ließ den letzten Ton langsam verklingen. Das Schweigen wurde bedrückend. Arib blickte auf.

Die Sklaven hatten den Vorhang sinken lassen hinter dem Zubaida wie ein fetter Krebs in seiner Schale saß. Die Gattin des Kalifen hatte sich aufgerichtet. Ihre Sklavinnen und selbst Takrub starrten Arib fassungslos an.

Ishak hatte seine Oud abgestellt. »Du brauchst fürwahr keine Laute zur Begleitung«, brachte er endlich hervor. Seine beherrschte Stimme schwankte. Er wandte sich an Zubaida: »Es wäre ein Verbrechen, dieses Mädchen nicht ausbilden zu lassen, *Sayyida*.«

Zubaida gab ihren Zofen einen Wink und setzte die Füße in den spitzen Satinpantoffeln auf den Boden. Gestützt auf die beiden Mädchen kam sie heran, keuchend und steif in ihren juwelenstarrenden Gewändern. »Warum hast du mir nicht gesagt, dass du singst?« Sie hob Aribs Kinn, um sie betrachten zu können. Ihre Mundwinkel hingen noch immer nach unten, doch der gelangweilte Ausdruck war aus ihrem Gesicht verschwunden. Prüfend ließ sie die dunklen Augen über jeden Zoll von Aribs Leib gleiten. »Du bist so reizvoll wie eine Distel in der Wüste«, urteilte Zubaida erbarmungslos. »Andererseits … Weibliche Formen hast du ja. Man müsste dich ein wenig füttern.« Unvermittelt schickte sie die anderen Mädchen und den Eunuchen hinaus. Nur Ishak blieb.

»Ich habe dich unterschätzt, Arib al-Barmakiya«, raunte Soumaya Arib im Vorbeigehen zu. »Für eine Leiche singst du gar nicht so übel.«

Zubaida wartete, bis sich die schwere Zederntür geschlossen hatte. Dann wälzte sie sich zurück auf ihr Lager. »Nun, Arib, du hörst, was Ishak sagt«, meinte sie. Doch ihr Lächeln wirkte nicht vertraulich. »Er glaubt an dich. Allein, eine solche Ausbildung ist teuer, und deshalb muss ich wissen, ob ich mich auf dich verlassen kann.«

»Zweifelt nicht daran, Herrin!«, beteuerte Arib und trat an die Liege. Sie wusste nicht, was Zubaida von ihr erwartete. Doch zum ersten Mal hatte sie einen Raum betreten, in dem Harun ar-Raschid keine Macht hatte. Er konnte sich ihren Körper nehmen, aber nicht ihre Stimme.

Zubaida schien noch zu zögern. »Ich möchte dir diese Gefälligkeit gerne erweisen, mein Kind«, sagte sie endlich. »Ich sehe, dass dein Herz daran hängt. Allerdings möchte ich auch dich um einen Gefallen bitten.«

Arib verschlug es die Sprache. Zubaida, die erste Gemahlin

Harun ar-Raschids, die Mutter seines Thronfolgers, bat sie, die Sklavin Arib, um einen Gefallen?

Zubaidas tiefschwarz mit Kuhl umschattete Augen verrieten nichts. »Ich sorge mich um meinen Sohn«, begann sie. »Mein Gemahl ließ ihn letzte Woche aus Bagdad herkommen.«

Arib zuckte zusammen, als vom Kalifen die Rede war.

»Muhammad ist Haruns erster Thronfolger«, fuhr Zubaida fort, die offenbar nichts bemerkt hatte. »Er entstammt vonseiten des Kalifen wie von meiner Seite einem uralten edlen Geschlecht. Doch er ist nicht sein ältester Sohn. Ein halbes Jahr vor mir gebar auch eine persische Sklavin dem Kalifen einen Erben.« Sie räusperte sich. »Dieser Abdallah ist ehrgeizig. Obwohl seine Mutter keine Araberin war, hat Harun ar-Raschid ihn zum zweiten Thronfolger ernannt. Denn Muhammad…« Sie unterbrach sich, und der rotbraune Puder auf ihren Wangen färbte sich dunkler. »Mein Sohn ist zwanzig Jahre alt und hat noch kein Kind gezeugt«, sagte Zubaida dann weiter, ohne Arib anzusehen. Sie zwirbelte ihre Kette beängstigend um den Hals, und die Kristalle knirschten. »Böse Zungen behaupten, er sehe seine Frauen nicht an, weil…« Es war ihr sichtlich unangenehm, doch dann vollendete sie: »Sie sagen, er fröne dem khorasanischen Laster.«

Arib schüttelte verständnislos den Kopf. Zubaida zerrte so sehr an ihrer Kette, dass der Seidenfaden riss. Klirrend fielen die kostbaren Bergkristalle zu Boden. Die Gattin des Kalifen sah nicht einmal auf.

»Er interessiere sich mehr für sein eigenes Geschlecht als für die Frauen«, half Ishak, ohne eine Miene zu verziehen.

Verwirrt zuckte Arib die Schultern. »Ich verstehe nicht.«

Zubaida fegte die verstreuten Kristalle von ihrem gewaltigen Busen und erhob sich. Sie beugte sich über Arib wie ein rosenduftendes Raubtier über seine Beute. »Sing vor Muhammad«, zischte sie. »Und bring ihn dazu, dass er das mit dir tut, was Harun getan hat!«

Arib fuhr zurück. Sie fühlte das Blut aus ihrem Gesicht weichen, langsam, als ströme zugleich das Leben aus ihren Adern. Unbarmherzig vollendete Zubaida: »Entflamme Muhammads Herz für die Frauen! Du hast gezeigt, dass du die Seelen zu bewegen vermagst.« Ein hartes Lächeln verzerrte die Maske ihres Gesichts. »Nun, gelingt es dir, auch seine Lenden zu bewegen, kannst du zu Ishak in die Lehre gehen.«

3 Ohne ein weiteres Wort verließ Zubaida den Raum. Sprachlos starrte Arib ihrer Herrin nach. Harun ar-Raschid hatte ihr die Ehre genommen, aber diese neue Demütigung war kaum weniger unerträglich. Zubaida zeigte ihr einen neuen Weg – und verlangte einen Preis dafür, den sie nicht zahlen konnte. Arib schlug die Hände vors Gesicht und brach in Schluchzen aus. Sie war verloren.

Eine Hand legte sich auf ihre Schulter, und sie fuhr zusammen. Die stark gezeichneten Brauen Ishaks schoben sich in ihr Blickfeld. Mit sehnigen, vom Greifen der Akkorde schwieligen Fingern reichte er ihr ein Baumwolltuch. »Ist es wahr, was ich Soumaya vorhin sagen hörte«, fragte er, »dass du eine Barmakidin bist?«

Dankbar wischte sich Arib die Tränen ab. »Mein Vater gehörte zur Familie von Jafar al-Barmaki«, bejahte sie. Die Stimme des Sängers hatte etwas Beruhigendes.

»Jafar«, wiederholte Ishak ohne seine vorherige Ironie. »Ein bewundernswerter Mann, und ein großer Förderer der Künste, bis zu seinem unverdienten Ende. – Nun verstehe ich Zubaida. Nicht umsonst sagt man, wer mit den Frauen einer Sippe schläft, unterwirft auch ihre Familie.«

Arib ließ das Tuch sinken. »Niemals!«

Ishak nahm es ihr aus der Hand und ließ es wieder in seinem rotseidenen Ärmel verschwinden. »Du wirst dich auf die Dauer kaum widersetzen können, fürchte ich. So angesehen die Barmakiden einmal waren, so verhasst sind sie jetzt – da-

176

gegen fällt selbst mein Einfluss nicht ins Gewicht. Und der Kalif kann sich jederzeit gegen deinen Willen nehmen, was du seinem Sohn verweigerst.«

Arib wurde eiskalt. Die Wände schienen zusammenzurücken, um sie zu erdrücken. Wieder sah sie Haruns verzerrtes Lächeln über sich. Ishak schien einen Moment zu überlegen, dann kniete er neben ihr nieder. »Ich weiß, dass es dir schwerfällt, aber versuch, die Sache einmal mit Zubaidas Augen zu sehen.«

Widerwillig blickte Arib zu den vergitterten Fenstern hinüber.

»Einst war sie die Favoritin des Kalifen«, sagte Ishak eindringlich. »Sie weiß, dass eine Frau ihres Standes nur eine Möglichkeit hat, Macht und Einfluss zu erreichen: dem Herrscher einen Sohn zu gebären. Schönheit und Jugend gehen vorbei, aber Zubaida ist klug und ihr Stolz auf ihre adlige Abstammung ungebrochen. Scheinbar hat sie sich Harun unterworfen. Doch tatsächlich war sie es, die gegen seinen Willen Muhammad als Thronfolger durchgesetzt hat. Ihre Schönheit, ihren Geist, ihre Liebeskünste hat sie für dieses Ziel eingesetzt. Sie hat Haruns Favoritinnen überdauert mit allem, was ihr zu Gebote stand: Verführung, der Macht ihrer Familie, und man munkelt, selbst mit Gift. Sollte Muhammad keinen männlichen Nachkommen zeugen, steht auf dem Spiel, wofür sie ein Leben lang gekämpft hat. Wenn du der mächtigsten Frau des Reiches einen Gefallen tust, kannst du Nutzen daraus ziehen.«

»Nutzen! Als Hure des Thronfolgers!«, erwiderte Arib hart. Vermutlich steckte er mit Zubaida unter einer Decke und sollte sie nur willfährig machen. »Warum solltet Ihr mir helfen wollen?«, fragte sie abfällig.

Ishak lachte. Seine Stimme war hell und geschmeidig wie Honig. »Ich sehe schon, dir kann man nichts vormachen. Es wäre eine Lüge zu behaupten, ich täte es aus Sympathie, denn ich kenne dich nicht. Auch für Mitgefühl bin ich nicht der rechte Mann.«

Unwillkürlich sah sie ihn an. Die gebrochene Nase unter

den dichten Brauen verlieh ihm etwas Zwiespältiges. Trotzdem hatte sie das Gefühl, ihm glauben zu können.

»Ich will dir helfen, weil du das begabteste Mädchen bist, das mir je unter die Finger gekommen ist«, sagte Ishak al-Mausili. »Deine Stimme ist ein Diamant, und ich kann ihn schleifen. Ich will dir offen gestehen, dass ich einen mächtigen Rivalen habe: Ibrahim ibn al-Mahdi, den Bruder des Kalifen. Er hat eine schöne Stimme, aber er ist leichtlebig, und noch mehr als die Musik liebt er die Frauen.« Er unterbrach sich, um seinen Zorn zu unterdrücken. Seine helle Haut rötete sich. »Jede Sängerin, die ich ausbilde, ist eine Schlacht, die ich gegen ihn schlage. Du, Arib, kannst die glorreiche Schlacht von Badr für mich werden. Ich biete dir einen ehrlichen Handel: Deine Gabe für meinen Ruhm. Und meine Erfahrung für deine Macht.«

»Macht!« Arib lachte verächtlich. Sie befreite sich und ging zum vergitterten Fenster. Unten im Hof tuschelten die Sklavinnen, die Zubaida aus dem Zimmer geschickt hatte. Immer wieder sahen sie herauf. »Ich habe keine Ehre und nicht mehr Rechte als ein Hund«, meinte sie bitter.

»Und Möglichkeiten, von denen du noch nichts ahnst«, erwiderte Ishak. Etwas in seiner Stimme verriet Arib, dass seine Worte nicht einfach nur dahingesagt waren. Um seine Augen bildeten sich Fältchen. »Wenn du es willst, kann ich dich zur größten Sängerin im Reich des Kalifen machen. Du wirst arbeiten müssen, und die Arbeit wird hart sein. In deinem Lied höre ich die Klänge der Karawanenstraße, aber noch sind sie roh und ungeordnet. Du musst lernen, welche Gefühle du mit den *Maqamat* erwecken kannst, mit den Tonarten. Zwar singst du besser als viele ausgebildete Sklavinnen, aber noch weißt du nicht, wie du einen Ton hervorheben musst, um deine Zuhörer wirklich zu verzaubern. Du wirst die Lieder der Sängerinnen von Mekka und Medina studieren, um mit neuen, raffinierten Wendungen überraschen zu können. Und du wirst lernen, wie eine Dame sich benimmt ...«

»… und wie sie die Lust ihrer Freier befriedigt?«, vollendete Arib scharf.

»Ein Mann wird dir nur zuhören, wenn du auch seine Leidenschaft zu erwecken verstehst«, antwortete der Rawi. »Eine Überlieferung des Propheten sagt: ›Die besten eurer Frauen sind die, welche zu betören und zu verlocken wissen.‹ Eine Kayna betört alle Sinne ihrer Zuhörer, nicht nur das Ohr. Bei ihr suchen die Männer, was sie von ihren Frauen nicht bekommen, und das ist weit mehr als nur Lust. Die Kunst zu singen, Arib, ist die Kunst zu verführen.«

Abrupt wandte Arib sich ab.

Ishak kam ihr nach und hielt sie von hinten an den Schultern fest. Sie wollte sich losmachen und blieb dann doch stehen. Unerbittlich fuhr die geschmeidige Stimme in ihrem Rücken fort: »Was hast du noch zu verlieren? Zubaida bietet dir die Möglichkeit zu singen«, fuhr er fort. »Und glaub mir, ich bin selbst Sänger, ich weiß, was das für dich bedeutet.«

Ich hätte es auch getan, wenn man mir Martern angedroht hätte, hörte Arib Theodora sagen. Sie starrte auf die seidenbespannte Wand. Am liebsten hätte sie schreiend um sich geschlagen und die Flucht ergriffen. Vor dieser eindringlichen Stimme, vor diesen verführerischen Worten.

»Denk nach, Arib!«, beschwor Ishak sie. »Du hast deine Ehre verloren, ich muss dir nicht sagen, was das bedeutet. Die Barmakidin Arib ist tot. Finde dich damit ab, je eher, desto besser! Aber die Sängerin Arib ist noch nicht einmal geboren: eine Göttin am glanzvollsten Hof der Welt. Du hast eine Gabe, aber eine Gabe ist nicht einfach nur ein Geschenk. Vor allem anderen ist sie eine Verpflichtung. Es wird Augenblicke geben, da wirst du sie verfluchen. Ich kann dir dein altes Leben nicht zurückgeben. Aber ich kann dich für das wappnen, was vor dir liegt. Hast du schon einmal vom *Tarab* gehört?«

Arib schüttelte den Kopf.

»Tarab ist eine Art Rausch – das Gefühl, völlig außer sich zu sein. Ein guter Sänger beeindruckt sein Publikum nicht nur, er verzaubert es. Er spielt mit ihm und lenkt die Leidenschaft seiner Zuhörer nach seinem Willen. Im Tarab sind Menschen, als hätten sie zu viel Wein oder Opium genommen. Wer sich sein Leben lang nur mit Frivolitäten abgegeben hat, empfindet tiefe Gefühle, wer fromm war, wird lüstern.«

Er zog sie dorthin, wo er seine Oud abgelegt hatte, kniete nieder und führte ihre Hand auf den bauchigen Körper. Aribs Finger prickelten, als sie das golden gemaserte Holz berührte. Dieser Leib war ihr fast vertrauter als das misshandelte Fleisch, das der Kalif sich genommen hatte. Sie betastete den Hals, elegant nach hinten geknickt wie der eines scheuen Mädchens, die verschiedenfarbigen Hölzer, die silberne Einlegearbeit in den Löchern. Der Rawi führte ihre Finger über die Saiten, und sie schloss die Augen, als berühre sie ihre eigene Seele.

»Allahs Macht endet vor dem Teufel«, flüsterte Ishak. »Doch eine Sängerin kann selbst den Teufel zu ihrem willigen Sklaven machen. Deine Allmacht heißt Tarab, und du musst nur die Hand danach ausstrecken.« Er ließ ihre Hand los. »Muhammad ist ein Anfang, doch vielleicht kannst du auch seinen begabteren Bruder Abdallah gewinnen. Die Männer, um die es hier geht, Arib, sind Söhne eines Herrschers. Und eine kluge Kayna kann von ihrem Liebhaber alles bekommen.«

Arib sah dem Rawi des Kalifen direkt in die Augen. Leise, aber entschieden fragte sie: »Auch den Kopf eines Mannes?«

4 »Ich tue, was Ihr wollt. Aber es gibt eine Bedingung.«
Zubaida sah mit gerunzelter Stirn auf, als Arib sie in solch forschem Ton ansprach. Ihre Liege thronte gebieterisch inmitten des ganz in Rosa gehaltenen Toilettenzimmers. Die Gattin des Kalifen darauf bot indes einen weniger herrschaftlichen Anblick: Wie ein toter fetter Käfer lag sie auf dem Rücken, Arme und Beine von sich gestreckt.

Auf ihrem nassen, am Kopf klebenden Haar lag eine Henna-packung. Sklavinnen bestrichen ihre Hände mit bleichen-der Salbe und bemalten ihre Füße mit den traditionellen ver-schlungenen Motiven.

»Und die wäre?« Zubaidas Puppengesicht verriet nicht, ob sie Bedingungen zu erfüllen gedachte oder nur wissen wollte, wofür sie ihre anmaßende Sklavin prügeln ließ.

»Ich möchte die schriftliche Erlaubnis, den Mann zu hei-raten, den ich will«, sagte Arib. Die hübsche junge Schwarze, die ihrer Herrin die beißende Salbe in die Haut gerieben hatte, stand auf. Kopfschüttelnd schob sie Arib zur Seite, um mit der schweren Keramikschale zur Tür zu gehen.

Zubaida warf den Kopf zurück und lachte. Wie schlankere Zerrspiegel gaben ihre Zofen das Lachen wieder. »Die letzten Wochen warst du eine lebende Leiche, und nun verhandelst du wie ein Heerführer. Was hat Ishak nur mit dir gemacht?«

Arib atmete auf. Der Rawi hatte ihr genau eingeschärft, wie sie vorgehen sollte. Sie hockte sich bei dem erkalteten Kohlen-becken neben dem Sarir nieder. Zubaida verrenkte sich den Hals, um sie im Auge zu behalten. Doch die zweite Zofe hielt sie am Handgelenk fest und pinselte ihr die Fingerspitzen mit Henna ein.

»Nun, eines müsst Ihr mir erklären«, meinte Arib: »Warum sollte Euer Sohn ausgerechnet an mir Gefallen finden? Vermut-lich besitzt er weit schönere Sklavinnen, die sich ihm mit Freu-den hingeben würden. Und sicher habt Ihr ihm schon mehr als einmal eine Frau zugeführt, die ihn von seiner kleinen ... Eigenart heilen sollte. Offenbar ohne Erfolg. Mir scheint also, dass Schönheit nicht alles ist.«

Zubaidas dunkle Augen blitzten auf, und sie lachte erneut. »Die Unverfrorenheit einer Kayna besitzt du jedenfalls, das hast du ja schon bewiesen, als du Harun verführt hast. Kein Mann verliert schließlich ohne Grund die Beherrschung.«

Arib verschlug es die Sprache. Nie zuvor hatte die Her-rin ein Wort über jenen Abend verloren. Dass sie sie nun als

181

die Schuldige darstellte, ließ Arib das Blut ins Gesicht schießen.

Zubaida zuckte mit keiner ihrer aufgeklebten Wimpern. Sie wedelte nur mit der salbenbeschmierten Hand und beflissen trat die Zofe zur Seite, sodass sie ihre Besucherin betrachten konnte. »Ich habe das Gefühl, mein Gemahl hat mir da die Katze im Sack geschenkt. Nun gut: du sollst bekommen, was du willst.«

Verblüfft sah Arib sie an. Sie machte sich keine Hoffnungen – selbst wenn sie Wolfram je wiedersehen sollte, würde er die Buhle des Thronfolgers niemals kaufen und schon gar nicht heiraten. Doch Ishak hatte ihr geraten, ihren Wert auf die Probe zu stellen. Und dieser Wert war bemerkenswert.

»Du bist jedenfalls nicht dumm«, fügte Zubaida milder hinzu. »Vielleicht kannst du eines Tages deinem Herrn einen Sohn gebären, sodass er dich tatsächlich heiratet. Es ist besser, eine rechtmäßige Ehefrau zu sein. Auf die Treue der Männer ist nun einmal kein Verlass.« Ein weicher Zug legte sich um ihren überschminkten Mund. Zum ersten Mal konnte Arib sich vorstellen, wie auch Zubaida einst ängstlich darum gekämpft hatte, ihren Platz im Harem des Kalifen zu behaupten. Doch die Herrin winkte ab, als bereue sie ihre Offenheit schon wieder. Ächzend rückte sie die breiten Schultern in eine bequemere Lage und gab ihrer Zofe ein Zeichen, die Salben abzunehmen. Während das Mädchen sie mit einem duftenden Tuch abrieb, sagte sie: »Du wirst die Erlaubnis erhalten, sobald Muhammad getan hat, was er soll. Auch wenn dich jemand kaufen will, muss er die Bedingung anerkennen. Bist du zufrieden?«

Arib hatte nicht erwartet, so leicht ihren Willen zu bekommen. Sie war sprachlos.

»Bist du zufrieden?«, wiederholte Zubaida.

Langsam nickte Arib und erhob sich. »Es ist jetzt Mittag«, fügte sie mit einer Kälte hinzu, die sie selbst von sich nicht kannte. Doch sie half ihr, den Gedanken an den Handel, den sie soeben geschlossen hatte, weit von sich zu schieben. »Wenn wir uns beeilen, kann ich Euren Sohn noch heute Abend aufsuchen.«

Zubaida winkte sie zu sich heran. »Habe ich dich unterschätzt?« Sie fasste Arib unters Kinn, um ihr in die Augen zu sehen. »Du bist eine Tigerin. Aber ich glaube, ich habe die richtige Wahl getroffen.«

Aribs Knie begannen zu zittern. Nun gab es kein Zurück mehr.

Soumaya und Takrub brachten sie ins Hammam des Kalifenpalastes – jene feuchte, parfümgeschwängerte Grotte im Herzen des Harems, wo auch die Favoritinnen Harun ar-Raschids vorbereitet wurden, um ihrem Herrn die Nächte zu versüßen. Während die Mädchen an ihr hantierten, fragte sich Arib, ob sie überhaupt fähig war zu tun, was sie Zubaida versprochen hatte. Ishak hatte sie ermutigt: Sie könne ihre fehlenden Liebeskünste bei Muhammad wettmachen, wenn sie ihm bot, was er noch nicht gesehen hatte. Was das allerdings sein sollte, war ihr schleierhaft.

Sie standen an dem achteckigen Brunnen, der den Ruheraum unter der Kuppel dominierte. Auf dem Marmorrand hatten die Sklavinnen Töpfchen, Tiegel und seltsame Geräte aufgereiht, mit denen Arib nichts anzufangen wusste – Fläschchen aus buntem, hauchdünnem Glas, in denen kostbare Öle in allen Farben funkelten, Kämme und Döschen aus Elfenbein, silberne Tiegel mit duftenden Pasten.

Nachdem man ihr Körperhaar entfernt und sie mit Rosenwasser gewaschen hatte, ölten die Mädchen Arib ein. Als man sie so für den Kalifen vorbereitet hatte, hatte sie die Prozedur genossen, doch heute spürte sie gar nichts. Sie sah an sich herab und betrachtete ihre glänzenden Brustwarzen wie etwas Fremdes: ihr Instrument, das sie für einen Auftritt vorbereitete.

»Du bist ein hübsches Ding«, raunte Soumaya, während sie das Ambraöl mit streichelnden Bewegungen in Aribs Schultern rieb. »Wenn du noch Unterweisung in der Liebeskunst brauchst, lass es mich wissen. Ich weiß, wie man einen Mann um den Verstand bringt – und wenn kein Mann zur Hand ist, auch eine Frau.« Arib senkte die Lider, und Soumaya kicherte.

»Lass sie in Ruhe!«, mischte sich Takrub ein. Sie würzte einen Weinbecher mit Opium und reichte ihn Arib. Offenbar war sie nicht mehr beleidigt, dass ihr der große Auftritt vor der Herrin verdorben worden war. Vielleicht hatte Zubaida sie auch zur Rechenschaft gezogen, jedenfalls war sie viel freundlicher als zuletzt. Mit einer hautfarbenen Masse verdeckte sie einen Pickel auf Aribs Kinn. »Die kleine Krähe ist schon verwirrt genug. Lass sie ihr Glück bei Muhammad versuchen, sie wird genauso scheitern wie wir alle.«

Nun, dachte Arib ernüchtert, vermutlich war dies das Höchstmaß an Liebenswürdigkeit, zu dem Takrub fähig war. Sie verbot sich die Frage, was mit ihr geschehen würde, wenn die Kayna recht behielt. Ein Stück Opium blieb an ihren Zähnen kleben, als sie trank. Sie kaute die zähe, bittere Masse und spürte, wie sich eine sonderbare Kraft in ihrem Körper ausbreitete.

»Erzählt mir von Muhammad«, bat Arib. Sie stellte den Wein ab, hob einen Metallspiegel vom Brunnenrand und strich sich das frisch mit Henna behandelte Haar aus dem Gesicht. Sie fand sich blass, doch als sie eine Bemerkung darüber machte, lachten die Sklavinnen sie aus. »Wozu gibt es Puder und Schminke? Du wirst staunen, was wir aus dir machen!« Während Takrub Aribs Haar trocknete und mit einem breiten Kamm ordnete, erklärte Soumaya: »Er ist etwas über Zwanzig, Liebes. Früher war er Zubaidas Liebling, aber je länger er keinen Sohn zeugt, desto mehr kühlt ihre Zuneigung ab.« Mit dem Handrücken schob sie das Band zurück, das ihr blondes Haar hielt, stellte das Ölfläschchen zur Seite und wischte sich die Finger ab. »Für guten Wein und Musik gibt er ein Vermögen aus, deswegen sind seine Taschen meistens leer. Alles andere musst du seine Eunuchen fragen.«

Nervös wollte Arib nach ihrem Becher greifen. Ein schmerzhaftes Zerren an ihrem Haar erinnerte sie daran, dass Takrub noch immer damit beschäftigt war, sie zu kämmen. Sie sah über die Schulter in die weit auseinanderstehenden, mandelförmigen Augen der Kayna. Die dunkle Lockenpracht betonte Takrubs hohe Wangenknochen und den edlen Schnitt ihrer Lippen. Erneut fragte sich Arib, wie ausgerechnet sie Muhammad ibn ar-Raschid verführen sollte, wenn die schönsten Frauen Bagdads bei dieser Aufgabe versagt hatten. Was konnte sie ihm nur bieten, das er nicht kannte?

»Wenn selbst Soumaya nicht an ihn herankommt, schaffst du es auch nicht«, meinte Takrub, als könnte sie ihre Gedanken lesen. Ihre Mundwinkel waren nach unten verzogen, es behagte ihr offensichtlich nicht, die Zofe spielen zu müssen. »Sie war mit allem im Bett, was Rang und Namen hat.«

Soumaya stieß sie scherzhaft an. »Nicht mit Ishak!«

Takrub trank ihren Wein in einem Zug aus. Soumaya musste Aribs sehnsüchtige Blicke nach dem unerreichbaren Becher bemerkt haben. Sie schenkte nach und reichte ihn ihr herüber. Arib nahm einen tiefen Schluck, und der schwarzweiße Marmorboden begann zu schwanken.

»Ishak schläft nicht mit den Mädchen, die er ausbildet«, sagte Takrub, während sie die Brennschere an Aribs Haar setzte. Zwischendurch zupfte sie immer wieder an ihren eigenen Kleidern und blickte verstohlen in den kleinen Spiegel auf dem Brunnenrand. »Ich habe es versucht, aber er ist eine harte Nuss. Das solle ich mir für die Prinzen aufsparen, meinte er.«

Soumaya verschwand in dem Eingang, der nach links zu den Nebenräumen führte. »Das kann nicht sein«, rief sie durch die offene Tür. Als sie zurückkam, balancierte sie mehrere Puderdosen und Pinsel vor ihren fülligen Brüsten. »Er ist der erste Rawi des Kalifen. Wie soll eine Kayna bei Hof singen können, wenn sie es nicht mit ihm getrieben hat?« Beide Mädchen brachen in Gelächter aus. Nicht einmal Theodora hatte solche Worte verwendet, zumindest nicht vor Arib.

»Sieh nur, unsere Kleine ist schamhaft!«, lachte Takrub. Während sie weiter an Aribs Haar zerrte, meinte sie in wichtigem Ton: »So ist es eben, *Habibti*: Männer haben die Macht über Krieg und Staatsgeschäfte. Aber wir haben die Macht über die Männer.« Wieder kreischten die beiden Sklavinnen vor Lachen. »Eine Kurtisane zu sein ist eine hohe Kunst, Schätzchen«, flüsterte sie Arib vertraulich ins Ohr: »Jeder Mann hat eine Schwäche, und die gilt es zu finden. So wie Zubaida die von Harun ar-Raschid gefunden hat.«

Arib zuckte zusammen, als der Name des Kalifen fiel, und verschüttete den Wein.

»Du willst sicher wissen, welche das ist«, fuhr Takrub geheimnisvoll fort. Mit der freien Hand angelte sie nach einem Tuch und bedeutete Arib, sich abzuwischen. »Ich will es dir sagen: Der Kalif ist ein gottserbärmlicher Schachspieler!«

Soumaya, die am Brunnen einige der Puderdosen auswählte, lachte hell auf. »Du kennst die Geschichte?«

Verwirrt sah Arib von der einen zur anderen.

»Zubaida soll mit ihm Schach gespielt haben, und sein Einsatz war … nun ja, du weißt schon.« Arib schüttelte den Kopf, und Soumaya seufzte. »Allmächtiger, was bist du unschuldig! Jedes Mal, wenn er verlor, musste er …« Sie machte eine eindeutige Bewegung mit den Hüften. »Nun spielt der Kalif zwar gerne Schach, aber offenbar zum Erbarmen schlecht. Er verlor ständig. Zubaida indes bestand mitleidlos auf ihrem Recht. Als sie ihn schließlich bis zum letzten Tropfen ausgesaugt hatte und schon wieder gewann, musste er sich auch auf dem Schlachtfeld der Liebe geschlagen geben. Doch die Herrin, nicht faul, forderte flugs einen Schuldschein.« Sie kicherte, und Takrub vollendete: »Darauf soll eine Sklavin, die dabeistand, ihr geraten haben, sie möge sich nicht mit einem einfachen Schuldschein zufriedengeben. Stattdessen solle sie sich die alleinige Verfügungsgewalt über das bewusste Ding sichern. Harun war über diese Schlagfertigkeit so entzückt, dass er unversehens wieder zu Kräften kam. Er zeugte mit der Sklavin seinen Sohn Abdallah – noch bevor Zubaida Muhammad empfing!«

Soumaya schüttete sich aus vor Lachen. Der Alkohol umnebelte Aribs Gehirn, und sie umklammerte den Becher fester. Hoffentlich teilte Muhammad nicht die Vorliebe seines Vaters für diese Art Wetten! Beunruhigt blickte sie Takrub nach, die mit federleichten Schritten zum Ausgang tänzelte.

»Was ziehst du denn für ein Gesicht? Ach richtig, du bist ja noch fast Jungfrau«, meinte Soumaya, die mit einem Pinsel in Aribs Gesicht zugange war. Konzentriert runzelte sie die Stirn und legte die Zunge zwischen die Zähne. Sie musterte ihr Werk und lächelte zufrieden. »Du hast Angst vor Schmerzen, nicht wahr?«, fuhr sie fort. »Aber dagegen gibt es Abhilfe, Liebes: Viel Opiumwein von innen, und etwas Öl von außen. Ich werde dir von meinem geben – ägyptisches, das wirkt Wunder! Ein paar Tropfen davon zwischen die Beine, und deine Mandel ist noch glatter als deine Kehle!«

»Danke«, murmelte Arib, zweifelnd ob sie wirklich dankbar sein sollte. Sie blickte zu Boden.

»Halt den Kopf gerade! – Du musst keine Angst haben, die meisten Männer hier bei Hof sind gute Liebhaber«, tuschelte Soumaya, während sie weiter mit dem Pinsel über ihr Gesicht fuhr. »Denk nur daran, ihn mit den richtigen Worten zu erregen. Dann wird er dich bearbeiten, bis du ihn anflehst, in dich einzudringen. Versuch gar nicht erst, oben zu liegen, das mögen die Männer nicht. Ansonsten gibt es tausend Möglichkeiten: *Hanashi* – von oben nach Art der Schlange, oder auch *Bakari* – von hinten, nach Art des Stiers. Abdallah versteht sich darauf! Ich war seine Sklavin, ehe Zubaida mich kaufte, Takrub platzt deswegen fast vor Neid. Dieser Junge weiß, wo man eine Frau berühren muss, ich sage dir, er hat…«

»Bitte!«, flehte Arib. Hastig stürzte sie den Rest ihres Weins herunter. Soumaya nahm ihr den Becher weg und pinselte mit einem ausgefransten Stück Holz an ihren Lippen herum. »Ob Muhammad wirklich Männer liebt?«, nuschelte

Arib. »Immerhin ist er der Sohn des Kalifen, und die Religion verbietet ...«

Gelächter belehrte sie, dass man es im Hause des Kalifen mit den Verboten der Religion nicht so genau nahm. Soumaya hielt sie offenbar für eine prüde Imamstochter, dachte sie wütend. Dabei hätte sie ihr einiges erzählen können: von lüsternen Landstreichern, betrunkenen Händlern und Liedern wie dem von Baschar ibn Burd!

Soumaya fuhr mit der Puderquaste über ihre Nase, sodass Arib niesen musste. Auf einmal flüsterte sie: »Ich habe es noch nie mit einem Mann getrieben, der sein eigenes Geschlecht bevorzugt. Wenn du Erfolg hast, sag mir unbedingt, wie es war!«

Der Wein und das Opium taten ihre Wirkung. Arib begann zu kichern. Je mehr sie trank, desto gleichgültiger wurde ihr alles.

Zubaida kam herein, gestützt auf ihre beiden Zofen. Selbst im warmen Hammam trug sie ihre juwelenbesetzten Gewänder. Nur ihr Haar war unbedeckt, vermutlich, damit man die mit Perlen durchflochtenen Zöpfe bewundern konnte. Hinter ihr brachten Sklavinnen und Takrub die Kleider, die sie für Arib ausgesucht hatte.

»Was ist, seid ihr fertig?« Kritisch musterte sie Arib, und unwillkürlich hielt diese die Hand vor ihre Blöße. Der Blick der schwarz umschatteten Augen war ihr unangenehm. Zubaida gab einen Befehl. Drei schwarze Dienerinnen schafften elfenbeinerne Hocker herbei und breiteten die bestickten Seidengewänder darauf aus: Im gedämpften Licht schimmerten grüne und rote Stoffe, blitzten edelsteinverzierte Pantoffeln und Damaszener Brokatgürtel. Soumaya stieß einen entzückten Laut aus. Sie hob ein Diadem auf, das nach der neuesten Mode tief in die Stirn fiel, und ließ es durch die Finger gleiten.

Arib musste an Wolfram denken. Wenn er sie nur in solchen Kleidern sehen könnte! Die zerlumpten Männerkleider fielen ihr ein, die sie getragen hatte, und seine Worte: *Ist es*

Sitte bei diesen Hunderten von Frauen, sich so zu kleiden? Auf einmal kam ihr ein Gedanke.

»Bringt das wieder weg!«, sagte sie zu den Sklavinnen. »Ich werde heute Abend Männerkleider tragen.«

Zubaida erbleichte unter ihrer aufgeschminkten Maske. »Aber eine Frau…«

»Ihr wollt, dass ich Euren Sohn verführe, obwohl Euer Gemahl mir beigewohnt hat«, unterbrach Arib die Herrin. Ihre Zunge war schwer, aber sie fühlte sich viel mutiger als vorher. »Da dürften die Männerkleider wohl der kleinere Verstoß gegen die Gesetze sein.« Sie verstand nicht das Geringste von den Leitsätzen der Scharia, Ishak hatte ihr den Hinweis gegeben: Es gab offenbar strenge Regeln, ob und wann jemand bei einer Frau liegen durfte, die seinem Vater angehört hatte.

Mit Genugtuung bemerkte sie Soumayas anerkennenden Blick. Zubaida machte eine verblüffte Bewegung. Dann aber lachte sie, dass die Perlenschnüre auf ihrem gewaltigen Busen tanzten. »Du bist ein durchtriebenes Ding! Das hat selbst der Thronfolger noch nicht gesehen. – Ihr habt gehört, was sie sagt.« Sie gab den Sklavinnen einen Wink und wandte sich wieder an Arib: »Muhammads Halbbruder Abdallah wird bei ihm sein. Kümmere dich nicht darum, auch wenn er vermutlich einige feurige Blicke auf dich werfen wird. Die beiden trinken nur gemeinsam, weil Harun es so wünscht.«

Sie schickte die Mädchen weg. Tuschelnd verschwanden die Sklavinnen durch die Tür dorthin, wo Soumaya vorhin die Puderdosen geholt hatte. Zubaidas geschminkte Mundwinkel zogen sich noch tiefer nach unten. Verstohlen steckte sie Arib einen stark riechenden Wollbausch zu. Sie sah ihr dabei nicht ins Gesicht. »Und führe das in dich ein, ehe du gehst!«, befahl sie schroff. »Ich will einen richtigen Erben von Muhammad, keinen Bastard einer Sklavin.«

Arib starrte auf den von Granatapfelsaft und Alaun verfärbten Gegenstand. Dann kicherte sie plötzlich: »Ich bin ganz Eurer Meinung, Herrin!«

5 Zubaida hatte ihr Haar mit einem Goldnetz und einem Stirnband aus *Dibaj*-Brokat bedecken wollen. Doch Arib hatte schließlich einen schwarzen Turban durchgesetzt, unter dem ihre Locken offen auf den Rücken fielen. Noch waren sie nicht viel länger, als es bei den Männern Mode war. Sie hätte ein Junge sein können, hätte nicht die gegürtete Qaba ihre weiblichen Formen hervorgehoben. Rote Hosen zogen die Blicke auf sich. Soumaya hatte eines ihrer eigenen bestickten Hosenbänder beigesteuert. Wenigstens ein weibliches Kleidungsstück solle Arib tragen, fand sie, und wenn Muhammad sich erst einmal dafür interessierte, hätte sie die Schlacht ohnehin gewonnen. *Ghoulamiya* nannten die Mädchen Arib scherzhaft, als sie fertig war: Mädchen und Knabe zugleich.

Durch einen Türspalt sah Arib hinaus in den gedämpft erleuchteten *Iwan* im Prinzenpalast. Der Thronfolger war dafür bekannt, einiges zu vertragen. Dennoch, falls er heute schon mit dem Frühschoppen begonnen hatte, wäre es zweifelhaft, ob er noch zustande brachte, was er sollte.

Die Tür, hinter der Arib stand, führte seitlich in den zum Hof hin offenen Raum. Wasser rieselte an aufgespannten Leinentüchern die Wände herab. Alles war in Gold gehalten und mit byzantinischen Mosaiken ausgelegt, so wie es auch Zubaida liebte. Doch besaß ihr Sohn sichtlich den besseren Geschmack: der übertriebene Pomp seiner Mutter fehlte hier völlig. Auf den gepolsterten Ebenholzbänken an der rückseitigen Wand saßen zwei Männer. Arib konnte sie durch den Spalt nicht genau sehen, nur die ziselierte Silberkanne vor ihnen war gut zu erkennen. In der Luft hing der Duft von Aloe.

Auf Matten im Hof hatten sich die Musiker niedergelassen. Dass es keine Sitara geben würde, weil Muhammad seine Sänger niemals hinter dem Vorhang auftreten ließ, hatte Ishak ihr schon gesagt. Aribs Finger umklammerten die *Saffakatan*, die der Rawi ihr gegeben hatte. Die Kastagnetten schienen ihm das passendste Instrument zu den Liedern, die er mit ihr einstudiert hatte. Arib dachte an die obszönen Texte, doch der Opiumwein tat längst seine Wirkung. Der angenehme Nebel betäubte alles außer dem Gedanken an ihr Ziel.

Der Eunuch, der sie hergebracht hatte, versetzte ihr einen Stoß in den Rücken. »Hinaus mit dir!«

Ungeschickt stolperte Arib in den Iwan. Hinter sich hörte sie den Diener entsetzt aufstöhnen. Rasch hob sie die Arme mit den Kastagnetten. Sie passte sich dem Rhythmus der Musiker an und versuchte einige Tanzschritte. Dann begann sie zu singen:

Zwei Becher schenk ich dir heut ein,
Einen voll Liebe, einen voll Wein …

Sie betrachtete die hochgeborenen Zecher. Die Blicke des einen glitten bewundernd an ihr herab. Kein Zweifel, dies war Abdallah. Arib stutzte. Die dicht bewimperten Lider, der sinnliche Mund – wo hatte sie ihn nur schon einmal gesehen? Auch der andere war ein schöner junger Mann. Er war zarter als sein Bruder. Die hellen Kleider gewannen an ihm eine ätherische Eleganz. Seine geschminkten Augen glichen unverkennbar denen Zubaidas. Nur kurz hatte er aufgesehen, doch die Bewegung erinnerte Arib an einen Gecko. Seine Aufmerksamkeit galt den beiden kaum vierzehnjährigen Eunuchen an seiner Seite, einem weißen und einem schwarzen. Der Prinz griff nach dem Gürtel des einen und zog ihn zu sich auf den Sarir. Willig schmiegte sich der Junge an seinen Herrn und ließ sich von ihm Wein einflößen. Der andere sackte beseligt zu seinen Füßen zusammen.

Arib war noch nicht so benommen, dass sie nicht begriffen hätte: Muhammad interessierte sich nicht im Geringsten für sie. Mit wild klopfendem Herzen gab sie den Musikern ein Zeichen und hob erneut die Saffakatan. Sie tanzte näher heran, und gab ihrer Stimme einen kecken Klang:

Wem willst du den Vorzug geben,
Soll die Liebe dich erlaben?
Einer Sklavin, die mit Beben
Lust von deinen Lippen trinkt?
Oder aber einem Knaben,
Der unter den Achseln stinkt?

Der schwarze Eunuch zu Muhammads Füßen war offensichtlich eingeschlafen. Der weiße allerdings hatte sie umso besser gehört. »*Khalas!*«, rief er erzürnt. »Was für eine Dreistigkeit!«
Der Prinz blickte aus geschminkten Mandelaugen auf. In ihrem Kopf summte der Wein und betäubte sie. Arib wiegte sich in den Hüften, wie sie es oft bei Theodora gesehen hatte. Sie förderte eine Handvoll Silberdirhams aus ihrem Ärmel zutage. Klirrend fielen die Münzen zu Boden und sie fuhr fort:

Vor dem selbst die steifste Lanze
Schlaff wird, selbst wenn sie schon steht,
Der nichts weiß vom Liebestanze,
Dem es nur um Dirhams geht?

Der weiße Eunuch sprang grimmig auf. Er machte Anstalten, sich auf sie zu stürzen, übersah jedoch die Weinkanne. Polternd stieß er dagegen und schlug der Länge nach hin. Der Inhalt der Kanne verteilte sich über den Boden. Muhammad ibn ar-Raschid warf den edlen Kopf in den Nacken und lachte aus vollem Hals. »*Ahsanti, ya Jariya, wa-Hayati!*« Er prostete Arib zu und trank ein ganzes Ratl in einem Zuge. Offenbar gefiel ihm ihr Vortrag. Der Eunuch schien den Geschmack seines Herrn nicht zu teilen. »Schick die Metze wieder zurück!«, grölte er. Mit blutunterlaufenen Augen raffte er sich auf. Doch da war bereits ein Diener bei ihm, packte ihn unter den Achseln und zerrte ihn auf die Beine.
»Setz ihn an die Luft!«, befahl Muhammad lachend, »aber bring ihn wieder, wenn er nüchtern ist!« Er winkte Arib heran

und reichte ihr seinen goldenen Becher. Die Art, wie Abdallah sie dabei beobachtete, hätte sie sonst vor Scham vergehen lassen. Doch jetzt stachelte es sie an. Arib suchte auf dem Becher nach der Stelle, wo sich die Spur von Muhammads Lippen abzeichnete, und trank langsam bis zur Neige aus. Der Thronfolger bemerkte die Aufmerksamkeit seines Bruders mit sichtlichem Unwillen. Arib musterte die beiden Rivalen. Dann stellte sie den Becher klirrend auf den Boden. Auf einmal wusste sie, wie sie Zubaidas Sohn gewinnen konnte.

Sie ließ die Arme mit den Kastagnetten langsam am Körper nach oben gleiten und schlug einen herausfordernden Rhythmus. Wie aus Versehen hauchte sie einen Kuss in Abdallahs Richtung. Er richtete sich atemlos auf und liebkoste sie mit feurigen Blicken. Der Thronfolger schob den Kopf des schlafenden Eunuchen von seinem Schoß. Muhammad beobachtete seinen Bruder, dann sie. Verstohlen öffnete sie die Lippen und wandte sich wieder Abdallah zu.

Muhammad riss sich seine Bernsteinkette vom Hals. Mit einem Schritt war er bei ihr und legte sie ihr um. Ein starkes Moschusparfüm umwölkte ihn, er zog sie mit dem Schmuckstück zu sich heran. Sie spürte seine schwarz umschatteten Augen mit unverhohlener Lüsternheit über ihren Körper gleiten. Auf seinen Lippen glänzte der Wein und tropfte ihm aufs Kinn. Die Musiker hatten ihr Spiel unterbrochen. Der *Sahib al-Musika* nickte seinen Männern zu und verschwand.

Aribs Herz raste. Langsam, mit einem verstohlenen Seitenblick zu Abdallah sang sie:

Nimm die Zügel auf, Gebieter,
Willig werde ich den Reiter dulden ...

»*Wallahi, inti Azima!*« Ohne Vorwarnung warf Muhammad sie zu Boden und bedeckte sie mit wilden Küssen. Der Geruch von abgestandenem Alkohol und indischem Haschisch stieg ihr in die Nase, jenem Kraut, das die Lust aufpeitschte und alles außer der eigenen Sinnlichkeit vergessen ließ. Über sie hinweg warf er seinem Bruder einen triumphierenden Blick zu. Abdallah war bleich geworden. Abrupt erhob er sich und verließ den Iwan.

Muhammad lächelte Arib zu. Er hob sie auf, ließ seine Hände über sie gleiten und nahm sie in Besitz: die nach außen verlängerten Brauen, die geschminkten Winkel ihrer Augen, den dunkel umrandeten Mund. Seine Finger strichen über die Brüste unter dem glänzenden Stoff. Arib spürte nichts. Alles war seltsam unwirklich. Da berührten seine Lippen ihren Hals.

Keuchend warf Arib den Kopf zurück. Für einen Moment hatte sie die kalte Klinge des Afschin zu spüren geglaubt.

Der Thronfolger schien die Geste anders zu deuten. »Wie willst du mich verführen, *Ghoulamiya*«, flüsterte er, während er ihre Umrisse unter den engen Kleidern nachzeichnete: »Als Knabe oder als Mädchen?« Seine Lippen glitten an ihr herab. Mit einer Stimme, die ihr seltsam fremd war, erwiderte Arib: »Als beides, Herr. Damit Ihr doppelte Lust genießt, wo Ihr sonst nur einfache kennt.«

Muhammad barg sein Gesicht in ihrem Schoß, und unwillkürlich griff sie mit beiden Händen in sein Haar. »Ich bin dein Sklave«, stieß er hervor. »Sag mir, was du willst, du sollst es bekommen.«

Den Kopf des Afschin, dachte sie. Auch für diesen Augenblick würde Haidar ibn Kawus büßen. Ein plötzliches Gefühl von Macht betäubte den Ekel, der sie ergriffen hatte – vor sich selbst, vor diesem schönen jungen Mann.

Mit den Zähnen löste Muhammad ihr Hosenband. Auf einmal hielt er inne, um es genauer zu betrachten und las: »*Lockere das Hosenband/ lass die Hose abwärts gleiten./ Und dann grüß das Hinterteil:/ nur willkommen, kleiner Arsch!*«

Soumaya, dieses Biest! Für die Dauer eines Herzschlags war Arib wieder nüchtern. Muhammad jedoch schien der Spruch nicht übel zu gefallen. Er lachte leise. Plötzlich drängte er sie zur Wand. Sie keuchte erschrocken, stolperte über den schlafenden Eunuchen, ihre Wange berührte das Leinentuch, das dort aufgespannt war. Kaltes Wasser rann daran herab, floss ihr über Haar und Gesicht. Arib spürte, wie er hinter ihr seinen Gürtel löste. Dann fühlte sie sein Glied an ihrer nackten Hüfte.

»Mach mit mir, was du willst«, flüsterte er ihr ins Ohr. Erneut wallte Alkoholgeruch herüber und ließ sie würgen. »Du durchtriebenes kleines Luder!«

Seine Worte verschwammen in ihrem Kopf. Das Wasser rann über ihre halbnackten Körper. Muhammad umfasste ihre Brüste, die sich unter der durchnässten Qaba deutlich abzeichneten. Er glitt an ihr herab, dann spürte sie einen leichten Schmerz zwischen den Beinen. Arib schloss die Lider. Das Lächeln des Kalifen stand ihr so deutlich vor Augen, als stünde Harun ar-Raschid vor ihr. Der schwere Atem des Mannes hinter ihr beschleunigte sich. In rhythmischen Abständen stieß er ihren Körper gegen die feuchte Wand.

6 Erst spät in der Nacht kehrte Arib aus dem Prinzenpalast zurück, das noch feuchte Haar zerwühlt, die Hose ungeschickt hochgebunden. Trotz der späten Stunde führte ihr erster Weg sie ins Badehaus. Der Duft des Rosenwassers linderte die Übelkeit ein wenig. Dennoch verließ Arib das Hammam erst, als ihre Haut vom Waschen rot und wund war. Auf dem Bett in ihrem Zimmer lagen kostbare Kleider ausgebreitet: seidene Lendenschurze aus Nischapur, parfümierte durchsichtige Hemden, sogar ein Brokattuch, in das Goldmünzen gewickelt waren – Muhammad hatte nicht gezögert, die genossene Gunst umgehend zu bezahlen.

Arib blieb in der Tür stehen. Dann trat sie langsam ans Bett und schob alles zur Seite. Sie legte sich daneben und zog die Beine an den Körper. Zusammengekauert blieb sie liegen. Auf den Lippen schmeckte sie Salz.

Zubaida hielt ihr Versprechen: Noch vor Sonnenaufgang zog Arib in Ishaks Haus. Kaum hatte sie den Kalifenpalast und damit die allgegenwärtige Präsenz Harun ar-Raschids verlassen, atmete sie auf. Nahezu achtzig Zimmer standen hier für Singsklavinnen bereit. Von irgendwoher tönte ständig Musik. Mädchen sangen, wenn sie die lichtdurchfluteten Gänge entlang kamen. Vom Diwan auf dem Flachdach, unter einem gewaltigen Sonnensegel, überblickte man die Auen des Euphrat. Bei klarem Wetter waren sogar die Taurusberge in der Ferne zu erkennen, und mehr als einmal ertappte sich Arib dabei, dort hinaus zu sehen.

Ihr Tagesablauf war so streng geregelt wie nie zuvor in ihrem Leben, und er war ganz auf das ausgerichtet, was Ishak zufolge das Wichtigste war: Darauf, alle Sinne zu bezaubern. Was er den »Unterricht« nannte, hatte weit mehr mit einem alles umfassenden Liebesspiel zu tun:

An erster Stelle standen natürlich die Stunden im Gesang und auf der Laute. Von Ishak lernte Arib auch, dass jede Tonart einer Stimmung zugeordnet war – Liebe, Trauer, Freude und Lust. Eine Kayna konnte die Stimmung ihrer Zuhörer durch den richtigen Maqam beeinflussen.

»Das ist Zauberei!«, stieß Arib hervor, als der Rawi sie das erste Mal mit einem Lied zum Lachen brachte.

Ishak grinste und reichte ihr die Laute. »Ja, aber eine ganz besondere: die der Verführung. Versuch es!«

Eine ältere Kayna spielte mit ihr Schach und übte sie in geistreicher Konversation – die Männer liebten schlagfertige Frauen. Sie machte Arib auch mit der Poesie vertraut, damit sie später ihre Texte selbst schreiben konnte. Regelmäßig schickte man Arib in die Küche, denn eine Kayna musste ihre Liebhaber mit erlesenen Speisen verführen können. Das Reich von Ishaks indischem Koch erinnerte sie an ihre Kindheit – ein labyrinthisches Halbdunkel voll alchimistischer Gerüche. Und natürlich ließ man ihr viel Zeit, ihren Körper zu pflegen, ihn von den anderen Mädchen massieren zu lassen und mit verlockend duftenden Essenzen zu behandeln. Am wenigsten sagte ihr der Unterricht in Theologie und in der Scharia zu. Vermutlich lag es am Lehrer, einem griesgrämigen, frömmlerischen Kadi, dem deutlich anzusehen war, was er von den Singsklavinnen hielt.

Diese Regelmäßigkeit vermittelte Arib ein Gefühl von Geborgenheit. Sie war freier denn je: Niemand fragte, wenn sie ausging, niemand hielt sie an, auf ihre Ehre zu achten. Obwohl ihr klar war, warum, dachte sie irgendwann nicht mehr darüber nach. Wie damals in der endlosen Weite Khorasans ging sie Schritt für Schritt ihren neuen Weg – ohne zu wissen, wohin er sie führte und nur von einem Gedanken getragen: Der Afschin durfte nicht siegen.

Es war früh am Nachmittag. Arib saß auf dem Brunnenrand im Hof und quälte sich mit der Übung, die Ishak ihr aufgegeben hatte – einem hohen, langen Ton aus einem Lied des Hunain al-Hiri. Der Husten, den sie sich an der nassen Wand in Muhammads Palast zugezogen haben musste, störte sie noch immer. Doch der Rawi ließ keine Entschuldigung gelten.

Hinter ihrem Rücken schleppten Sklaven die Kupferkessel zur Küche. Ein betörender Duft nach Huhn und Rosenkonfitüre verriet, dass bereits die Öfen angeheizt wurden. Irgendwo spielte jemand immer denselben Maqam auf der Laute, und auf dem Marmorboden klickte ein Taktholz: Soumaya hockte im Schatten und schlug einen flinken Rhythmus. Sie hatte ihre Herrin gebeten, ebenfalls einige Zeit hier verbringen zu dürfen.

»Ich hasse diese Übung auch«, meinte sie und kam herüber. Für einen normalen Nachmittag im Harem hatte sie reichlich viel Schminke aufgetragen. Sie duftete wie ein ganzer Rosengarten, und immer wieder schielte sie zur gegenüberliegenden Pforte, wo der Männertrakt begann. »Du bist doch nicht böse wegen des Hosenbands?«

»Immerhin hat es seine Wirkung getan.« Arib verkniff sich die Bemerkung, dass sie Soumaya am liebsten damit erwürgt

197

hätte. »Lass uns nicht mehr darüber reden. – Was mache ich nur falsch?«

»Meistens liegt es am *Taqdir al-Anfas*, die Atemstütze ist fast immer schuld. Steh einmal auf!«, riet Soumaya. Arib rutschte vom Brunnenrand. »Du solltest dir einen Liebhaber nehmen«, schwatzte die Kayna, während sie an Aribs Bauch, Kreuz und Brust herumdrückte, um ihre Haltung zu korrigieren. Hingebungsvoll massierte sie ihr die Schultern. »Regelmäßiges Entspannen der Glieder ölt die Kehle, wenn du verstehst, was ich meine. Eine Kayna darf es nur nie zu ernst nehmen mit der Liebe. Sobald du einem Mann Macht über dich gibst, bist du verraten und verkauft – lass doch den Hintern locker!« Sie überlegte: »Was ist mit Abu Isa, dem Sohn Harun ar-Raschids? Du weißt schon, er kommt immer zum Musikunterricht. Hat er dir nicht letzte Woche den teuren Zuckerwein geschickt? Er wird sicher nie Kalif, aber er versteht sich auf die Liebe, du kannst viel von ihm lernen. Außerdem ist er hübsch und singt wie ein junger Gott. Du wirst noch oft genug mit fetten alten Männern schlafen müssen, die nach Schweiß und zuviel Parfüm … *Ya Salam*, was machst du denn? Aufrecht stehen, *Habibti!* So, nun versuch es!«

Arib sang die Übung noch einmal und spürte überrascht, wie leicht der Ton aus ihrer Kehle kam. »Was hat sich Ishak nur bei dieser Übung gedacht?«, seufzte sie.

»Wahrscheinlich liegt es daran, dass er selbst keine besondere Naturstimme besitzt«, meinte Soumaya. Sie lachte, und unter dem Puder blitzte eine Ahnung ihres hübschen Gesichts auf. »Er gibt sich erst zufrieden, wenn alles perfekt ist. Die Leute nennen ihn *al-Malsu'*, seiner halsbrecherisch hohen Einsätze wegen.«

»*Von der Tarantel gestochen?*« Arib musste ebenfalls lachen.

Soumayas Aufmerksamkeit richtete sich unversehens auf die Pforte am andern Ende. Ziryab, einer von Ishaks Schülern, kam über den spiegelglatten Marmorboden herüber. Heute trug er einen rot und weiß gestreiften Mantel über Qaba und

Hose, und an seinem Turban leuchtete etwas – er hatte sich tatsächlich eine gelbe Rose angesteckt!

»*Allahu rahim*, kocht ihr immer noch das gute alte Huhn mit Rosenkonfitüre?« Er rümpfte die edle Nase in seinem griechischen Profil. »Wie gewöhnlich! Ihr müsst einmal Veilchenparfüm an die Sauce geben, das ist« – er machte eine verzückte Geste – »eine Offenbarung!« Mit einem Seidentuch tupfte er sich das pinseldünne Bärtchen. »Habt ihr Ishak gesehen?«

Arib schüttelte den Kopf, während Soumaya ein verführerisches Lächeln auf ihr Gesicht zauberte und beiläufig den obersten Knopf ihrer *Jubba* öffnete.

Ziryab ließ das Tüchlein im Brokatärmel verschwinden und warf sein schulterlanges Haar kühn nach vorne. Heute hatte er eine blonde Strähne hineingefärbt, die farblich mit der Rose am Turban harmonierte. »Er hat Dienst heute, und Harun ar-Raschid hat längst seinen Dämmerschoppen am Fluss begonnen. Der Kalif leert einen Becher nach dem anderen, und sein Zorn wächst mit jedem Ratl. Er wird uns die Leibgarde ins Haus schicken, wenn Ishak nicht bald auftaucht!« Doch die Verzweiflung in seiner Stimme hielt sich hörbar in Grenzen. Sein Blick hing an Soumaya.

»Er ist bei seiner Geliebten«, hauchte diese mit belegter Stimme. »Bei der Wirtin Haschima an der Ecke zur Gewürzhändlergasse im Christenviertel. Ich habe ihn gesehen, als er gestern aufbrach.« Arib hustete.

»*Khodaye bozorg*, Schätzchen, willst du mich umbringen?« Ziryab wich zurück, als habe sie die Pest.

»Es muss ihn jemand holen«, sagte Arib unruhig. »Ishak hat jede Menge adlige Neider, die diese Gelegenheit nutzen würden. Wir können doch nicht zulassen, dass der Kalif ihn ins Gefängnis wirft!« Dann würde man sie zu Zubaida zurückschicken. Und nur Allah wusste, wen diese noch vom khorasanischen Laster zu kurieren gedachte.

Soumaya winkte ungeduldig ab. Arib bemerkte, wie sie Ziryab mit den Augen ein Zeichen machte. Und dieser schien ebenfalls kein Mann vieler Worte zu sein: Unverfroren legte er die Hände um Soumayas Hüften.

Arib zögerte. Der bloße Gedanke, Harun ar-Raschid wiederzusehen, ließ ihr kalten Schweiß ausbrechen. Soumaya und Ziryab schienen sie unversehens vergessen zu haben. Arib holte tief Atem: »Also gut. Ich gehe.«

Als sie auf der Straße stand, verklangen soeben die eintönigen Rufe der Muezzine zum Nachmittagsgebet. Lastesel trabten durch die schachbrettartig angelegten Gassen. Mit regengebleichtem Holz vergitterte Balkone spendeten Schatten, als Arib darunter hindurcheilte. Sie würde Ishak zum Gelage bringen und sofort wieder gehen, redete sie sich Mut zu. Der Kalif würde sie nicht einmal zu Gesicht bekommen. Trotzdem waren ihre Hände kalt. Hinter dem geschnitzten Tor einer Karawanserei drangen die schweren Düfte von Pfeffer und Zimt hervor. Arib verlangsamte unwillkürlich ihre Schritte, als sie hinter den Lehmziegelmauern das vertraute Brüllen der Kamele hörte. Ein Lastenträger kam ihr entgegen, den Rücken unter dem knarrenden Tragegestell gebeugt. Eine blonde Haarsträhne fiel über das Lederband auf seiner Stirn, das die Last hielt. Ihr kam der verrückte Gedanke, auf der Straße Wolfram zu begegnen. Doch nur einige Straßenjungen gafften sie mit offenen Mäulern an. Zornig zwang sie sich zur Vernunft und versuchte, sich zu orientieren.

Vor ihr lag die lehmfarbene Stadtmauer mit ihren Zinnen. Links befand sich ein Barbierladen mit blauer Tür, dahinter ragte ein baufälliges Minarett über den Häusern auf. Gegenüber duckte sich die heruntergekommene Taverne in den Straßenzug: Schleifspuren von Weinfässern verrieten, was hier ausgeschenkt wurde. Arib nahm all ihren Mut zusammen und trat ein.

Noch war der fensterlose *Hanut* fast leer. Von der feuchten Wand bröckelte Putz und süßlicher Haschischduft hing in der Luft. Eine wenig vertrauenerweckende Gestalt rief Arib etwas zu. Sie verstand den Dialekt nicht, aber wahrscheinlich war das auch besser so: Die beleibte Schankfrau schien den Burschen nämlich um so deutlicher verstanden zu haben. Mit der freien Hand verabreichte sie ihm eine beherzte Ohrfeige. Die Männer lachten, und einer zog sie auf seinen Schoß. Während Arib sich vorbeidrängte, kitzelte das Weib den Kerl und ließ sich seine rohen Zärtlichkeiten gefallen. Über ihren gewaltigen Busen hinweg starrte der Mann Arib aus tief liegenden Augen an. Anstelle der rechten Hand hatte er nur noch einen Stumpf – ein Dieb, den die Strafe des Muhtasib ereilt hatte, dachte Arib beunruhigt. Sie hielt sich nicht mit der Frage auf, was den Rawi des Kalifen hierher gelockt haben könnte, sondern beeilte sich, den Schankraum zu durchqueren. Dahinter befand sich ein winziger Innenhof. Von oben war das Lachen einer Frau zu hören, dann sang eine helle Männerstimme.

Arib stieg eine gemauerte, mit Wein bewachsene Treppe hinauf. Der Korridor im ersten Stock führte nur zu einer einzigen Tür. Sie klopfte, aber niemand reagierte. Entschlossen öffnete sie.

Alkoholdunst schlug ihr entgegen. Die Wirtin, eine dralle Frau um die Dreißig, lag kichernd auf drei oder vier aufeinander geschichteten Teppichen. Ihr hübsches Gesicht war gerötet, und unter dem weit über die Knie hochgeschobenen Rock waren ein Paar kräftige braune Beine zu erkennen. Ishak lag halb auf ihr und trällerte einen Gassenhauer. Mit den Zehen wippte sie im Rhythmus des Liedchens. Außer dem einfachen Bett, auf dem die beiden lagen, gab es nur eine Truhe und ein Kohlenbecken.

Arib verbiss sich das Lachen. Sie schloss die Tür hinter sich, dankbar, dass Ishak wenigstens seine rote Hose anbehalten hatte. Leise hustete sie. Mit einem überraschten Laut stieß die Wirtin seine Hand aus ihrer Bluse und zog den Rock über die Knie. Ishak wollte sich zu dem Eindringling umdrehen und warf dabei den Weinkrug neben dem Bett um. Der Inhalt verteilte sich auf den Fliesen. Verständnislos stierte er Arib an und kratzte sich am Kopf. Dann sah er an seinem spärlich behaarten Oberkörper herab, wo sich über dem Gürtel die ersten Speckfalten bildeten. Sein schwarzes Haar stand nach allen Seiten ab. »Ah! Der Kalif«, lallte er schließlich. »Wahrhaftig, den hatte ich ganz vergessen. Der hohe Herr wartet auf seinen Hofnarren!« Er machte eine Verbeugung und rülpste.

7

Wenig später schlug Arib den Weg zum Südtor ein, hinter dem sich die Auen des Euphrat ausbreiteten. Die Wirtin hatte ihr einen Izar geliehen, und dankbar zog sie den Umhang über Kopf und Gesicht. Darunter würde Harun sie nicht erkennen können. Schwer auf ihre Schulter gestützt torkelte Ishak neben ihr her, begleitet von einem Konzert johlender Straßenjungen. Die laute Gefolgschaft tanzte um sie herum und versuchte, ihre Aufmerksamkeit zu erregen. Erst als sie das Stadttor erreichten, stoben sie auseinander wie ein Schwarm Fliegen.

Der Wachposten schien den Rawi zu kennen. Gelassen lehnte er auf seiner Lanze, grinste über das sonnenverbrannte Gesicht und winkte sie durch, ohne nach dem Jawaz zu fragen. »Ishak al-Mausili«, lachte er. »Wieder einmal mit den Christenmädchen getrunken statt mit dem Beherrscher der Gläubigen! – Pass auf ihn auf, Mädchen, in dem Zustand geht er dir auf und davon!«

»Ein gutes Kind«, lallte Ishak und tippte dem Wachmann vertraulich auf den Kettenpanzer. »Eine kleine Nachtigall und ein gutes Mädchen.«

Arib betrachtete ihn besorgt von der Seite. Mit vereinten Kräften hatten die Wirtin und sie versucht, den Rawi wieder in einen ansehnlichen Zustand zu bringen. Gemeinsam hatten sie ihn gekämmt und ihm die rote *Qalansuwa* aus Filz auf den Kopf gesetzt. Wenigstens war Ishak in einigem Staat zu seiner Geliebten aufgebrochen. Mühsam hatte Arib seine vom Wein geschwollenen Füße in die roten Schuhe gesteckt und die gelben Bänder darum gewickelt. Haschima hatte ihm die rote Qaba angezogen, auf der Brust zugeknöpft und seine gelbe Schärpe darüber gewunden. Zuletzt hatte die Frau ihm einen zweifelhaften Trank eingeflößt. Angeblich war es ein alt erprobtes Mittel, um ihn auszunüchtern, doch die Wirkung ließ auf sich warten. Die ganze Zeit schon schmetterte der Hofmusiker lose Liedchen, und Arib hoffte nur, dass nicht gerade jetzt ein frommer Glaubensmann des Weges kam.

Der amüsierte Blick des Wachsoldaten folgte ihnen, als sie die Stadtmauern hinter sich ließen und den schmalen Pfad zu den Flussauen einschlugen. Der Weg führte zwischen erbärmlichen Bretterhütten hindurch. Kadaver, Kot und sonstiger Unrat lagen auf der Straße. Aufgespannte Netze und der Gestank nach faulendem Fisch verrieten die Zunft der Bewohner. Die Boote, die kopfüber auf Holzkeilen standen, waren mit schutzspendenden Augen bemalt, doch die Farbe blätterte bereits ab. Arib wollte eine Frau nach dem Weg fragen, aber diese bekreuzigte sich eilig und verschwand in einer Hütte.

»... *Und sterb' ich, Freunde, begrabt mich nicht/ gen Mekka zeigend mit dem Gesicht*«, trompetete Ishak unverdrossen. »*Begrabt mich, wie ich war im Leben:/ die Füße gen Mekka, den Kopf bei den Reben!*«

Arib packte ihn fester, und ein Rülpsen zwang ihn, wenigstens für den Moment zu verstummen. Suchend sah sie sich um. Sie hatten das Fischerdorf hinter sich gelassen. Breit und von flachen Inseln durchzogen wälzte sich der Euphrat nach Süden. Hin und wieder sah man noch zwischen den Weiden die lehmfarbenen Mauern von Rakka. Ansonsten säumten duftender Jasmin und Feigenbäume die Wege. An den flachen Ufern hatten sich lehmige Marschen abgelagert, auf denen lila und gelbe Wildblumen blühten. Von diesen Auen hatte die Stadt an der Furt ihren Namen erhalten – Ar-Rakka.

Arib hörte Musik. Sie wollte ihre Schritte beschleunigen, doch Ishak hing inzwischen über ihrer Schulter wie ein flügellahmer Papagei. Noch ehe sie die Ausflugsgesellschaft erreicht hatten, stürzte ihnen ein Eunuch entgegen. »*Mascha'allah*, da ist er ja endlich! Der Kalif tobt wie ein Verrückter.« Unter seiner schwarzen Haut war er sichtlich bleich. Ishak grinste beseligt, legte den Arm um Arib und ließ einen Wind fahren. Der Eunuch zuckte empfindlich zusammen. »Kann er in diesem Zustand singen?«

Arib hob hilflos die Brauen, doch Ishak richtete sich auf. Mit einer Hand schob er seine verrutschte Qalansuwa aus der Stirn und verkündete: »Ich bin stocknüchtern!«

Die Zechgesellschaft hatte sich am Wasser niedergelassen, wo eine angenehme Brise wehte. Eunuchen mit silbernen Weihrauchfässern verbreiteten betäubenden Duft. Weithin hörbar schallte Musik durch die Auen, und bisweilen stimmte der eine oder andere Gast schief mit ein. Das Lied schien dem Kalifen zu gefallen, denn seit sie sich der Gesellschaft näherten, wurde es nun schon zum vierten Mal gespielt. In eine Pause hinein klang der Ruf eines Pfaus.

Ängstlich hielt Arib nach Harun ar-Raschid Ausschau. Diener hatten einen u-förmigen Baldachin aus schimmerndem Stoff aufgebaut. Die Schmalseite war besonders prunkvoll ausgestattet, silbergeschmiedete Duftlaternen hingen herab. Dort stand der mit Gold und Perlmutt beschlagene Sarir des Kalifen. Arib begann zu zittern. Ihr Mund wurde trocken, sie konnte sich nicht von der Stelle rühren. Kalter Schweiß bedeckte ihre Haut. Harun ar-Raschid beachtete sie nicht. Er saß gebeugt, als habe er Schmerzen. Sein rot angelaufenes Gesicht verhieß nichts Gutes.

Ishak rülpste aus den tiefsten Eingeweiden heraus, und das Geräusch brachte Arib wieder zu sich. Sie machte Abdallah unter den Zechgenossen aus, er wirkte gelangweilt. In seinem Nachbarn erkannte sie errötend Muhammad ibn ar-Raschid. Soeben sank er rücklings in den Schoß einer Sklavin, und flugs sprang sein Diener herbei, um ihn wieder aufzurichten. Jugendliche Christenmönche, vermutlich aus dem nahen Kloster, liefen mit Weinkanne und Quirl umher, sehnsüchtig beäugt von so manchem Zecher. Nicht nur der Thronfolger frönte offenbar dem khorasanischen Laster.

Gegenüber der Gesellschaft hatten sich in einem Halbkreis am Ufer die Musiker aufgereiht: Arib sah Lauten und *Rabab*-Fideln, aus Rohr geschnittene *Nay*-Flöten und ein Tamburin. Ein Stuhl war leer. Ohne Zögern steuerte Ishak darauf zu, während Arib zurückblieb. Die Tänzerinnen bemerkten ihn und entfernten sich mit wehenden Schleiern. Die Musik verstummte. Mit einer Aufmerksamkeit erheischenden Geste drehte sich Ishak zu Harun ar-Raschid um und streckte die Hand aus. Seine schlanke Gestalt schwankte bedenklich, und seine Qalansuwa war schon wieder verrutscht. Ein Diener hastete herbei und legte ihm eine Laute in die Hand. Ishak wollte sich auf dem Stuhl niederlassen, verlor jedoch das Gleichgewicht. Er taumelte, setzte sich daneben – und schlug der Länge nach hin.

Die Zecher kommentierten den Sturz mit lautem Beifall. Harun ar-Raschids Gesicht war nicht anzusehen, was er vom Auftritt seines Hofmusikers hielt. Grunzend versuchte Ishak, sich aufzurappeln. Die Musik fiel eilends ein, was seinen Bemühungen einen unfreiwillig komischen Beiklang gab. Mit einer Handbewegung brachte der Kalif die Musikanten zum Schweigen. Selbst das Lachen der Zechgenossen verstummte.

»Ishak al-Mausili!«, bemerkte der Kalif in die Stille hinein. »Welche Ehre!«

Ein grobknochiger Mann um die dreißig trat zu Harun ar-Raschid und flüsterte ihm etwas zu. Harun lächelte tückisch.

»Wenn der Rawi sich zu vornehm ist, kann auch mein Bruder Ibrahim an seiner Statt singen.«

Arib erschrak. Nur mühsam kam Ishak wieder auf die Beine. Bedächtig ließ er sich auf dem Stuhl nieder und hob die Oud. Arib zuckte zusammen, als er dem Instrument einen grellen Missklang entlockte. Der vierschrötige Mann neben dem Kalifen lächelte triumphierend. Die Art, wie er dabei die Zähne entblößte, erinnerte Arib an die Drachen auf den chinesischen Seidenstoffen, die in Balkh gehandelt wurden. Verständnislos stierte Ishak auf die Saiten.

Der Kalif schleuderte seinen Kristallbecher zu Boden. Eine tiefe Furche bildete sich zwischen den schmalen Brauen. »Sing!«, befahl Harun ar-Raschid scharf. »Oder du kannst im Kerker über ein neues Lied nachdenken!«

Ishak grinste, doch er war blass geworden. »*Und sterb' ich, Freunde, begrabt mich nicht…*«

Sein Rivale griff hinter sich. Er hob seine eigene Laute und wollte selbst zu singen ansetzen. Arib rückte ihren Schleier zurecht, dann trat sie entschlossen in die Mitte des Kreises. Ishak unterbrach sich und stierte sie aus blutunterlaufenen Augen an. Ihr Mund wurde trocken. Schweiß brach ihr aus, und ihr Herz raste. Dennoch ging sie zu Ishak und nahm ihm die Laute aus der Hand.

Harun ar-Raschid blickte verblüfft zu ihr herüber. »Na, das ist doch etwas Besseres als der gute Ishak!«, rief einer seiner Gäste. »Los, Mädchen, den Schleier herunter!«

Arib klammerte sich so fest an den Hals der Laute, dass ihre Knöchel weiß hervortraten. Wärme überlief sie plötzlich, als ginge von dem hölzernen Leib eine geheimnisvolle Kraft aus. »Erlaubt, *Amir al-Mu'minin*, dass ich den Schleier nicht ablege«, erwiderte sie. »Denn heißt es nicht: *Die hübschen Mädchen hassen ihn, die Hässlichen aber lassen ihn?*«

Die Männer lachten. Harun ar-Raschid wechselte einen Blick mit seinen Söhnen. Während Muhammad grinsend nickte, blickte Abdallah forschend in ihre Richtung. Ibrahim legte die Laute nieder. »Vor einer Schülerin dieses Trunkenboldes habe ich keine Furcht«, spottete er. »Umso weniger, wenn sie nicht einmal ein hübsches Gesicht hat.« Der Kalif streckte die Hand aus, und eilig reichte ihm ein Mönch einen neuen Becher. Er nahm einen tiefen Schluck, ohne seine tückischen Augen von Arib zu nehmen. Mit der freien Hand winkte er ihr zu beginnen.

Langsam ließ sich Arib auf dem Stuhl nieder. Das Zelt schien auf eine beängstigende Größe angewachsen zu sein. Sie umklammerte das Plektron und versuchte sich an das zu erinnern, was Ishak ihr beigebracht hatte.

»Nun los, Mädchen, oder ist deine Stimme so hässlich wie deine Fratze?«, rief Ibrahim. Die anderen lachten.

Arib beugte sich über die Laute. Das Vorspiel perlte durch die klare Luft. Muhammad warf ihr eine Kusshand zu.

»Das ist das Lied einer Buhle des verstorbenen Kalifen«, bemerkte Ibrahim. »Jeder kennt es. Und damit willst du uns bezaubern?« Die anderen brachten ihn zischend zum Schweigen. Arib fühlte das goldbraune Holz unter ihren Händen. Dann sang sie die Worte, einfach und ungekünstelt wie es die alte arabische Tradition wollte:

Zephir, trage meinen Gruß
Dort zu dem Geliebten hin.
Bringe ihm auch meinen Kuss,
Sage, dass ich treu ihm bin.

Frag ihn, warum er so kalt
Dieses Feuer nicht mehr kennt,
Ob der Liebe Allgewalt
Nur in meinem Herzen brennt?

Scheinbar ganz der Musik hingegeben, doch ohne Ibrahim aus den Augen zu lassen, ließ sie das Plektron über die Saiten fliegen. Sicher bewältigte sie die schwierigen Übergänge. Er wollte gelangweilt zu applaudieren ansetzen, da begann Arib von vorne.

Und auf einmal genoss sie die Blicke, die auf ihr ruhten. Sie warf den Kopf in den Nacken und öffnete die Lippen wie zu einem Kuss. Mit einer blitzschnellen Modulation änderte sie die Lage und fiel in die leidenschaftliche *Bayati*-Tonart. Sie begann die einfache Melodie zu verzieren. Die klagende Sehnsucht der persischen Steppen lag in ihrer Stimme, als sie die vorgegebene Tonfolge verließ und improvisierte.

Der Nachhall des Liedes verklang im Wind. Langsam legte Arib die Laute nieder. Da bemerkte sie den Schleier, der neben ihr am Boden lag. Erschrocken sah sie auf – und blickte ins Gesicht Harun ar-Raschids.

»*Ahsanti!*«, rief plötzlich jemand. »*Ahsanti, wa-Hayati!*«

Ibrahim war von seinem Sitz aufgesprungen. Er stieß Harun ar-Raschid beiseite und stürzte die Stufen herab. »Bei Allah, was für eine Huriya!« Außer sich zerriss er sein kostbares, gestreiftes Obergewand und warf es achtlos zu Boden. Noch mehr Männer sprangen auf, brüllten durcheinander, lachten und weinten. Auch andere zerrissen nun ihre Gewänder, zerrten sich Hemden und Turbane vom Leib. Blumen und Kleider flogen in ihre Richtung. Abdallah betrachtete sie verzaubert, seine Augen verschlangen sie. Wildfremde Männer fielen vor ihr auf die Knie, küssten ihre Hände und brachen in Tränen aus. Die Zechgesellschaft hatte sich in einen tobenden Hexenkessel verwandelt. Ibrahim warf den mit einem Smaragd geschmückten Turban vor ihr zu Boden, und schütteres, verschwitztes Haar kam darunter zum Vorschein. »Möge ich in der Hölle schmoren! Ich habe das Lied ein Dutzend Mal gehört, doch niemals so! Was willst du für die Kayna, Ishak? Ich zahle dir jeden Preis!«

Aribs Verblüffung wich, in einer tiefen Verneigung sank sie zu Boden. Ein Lächeln stahl sich auf ihr Gesicht. Der Applaus wirbelte in ihrem Kopf und berauschte sie wie zu starker Wein.

»Mädchen, du hast meine Haut gerettet!« Ishak war neben sie getreten und schien auf einmal wieder nüchtern. »Meinen Glückwunsch: Du bist soeben zu teuer geworden, um dich zu misshandeln.«

Arib erschrak. Der Beifall verstummte und aller Augen richteten sich auf den Kalifen: Es oblag dem Herrscher, ein Urteil abzugeben. Harun ar-Raschid sah Arib einen Moment ins Gesicht. Ein grausamer Zug lag um seinen Mund, seine

Fingerknöchel traten weiß hervor. Endlich hob er langsam den Becher an die Lippen. Er trank ihn in einem Zug aus.

Die Zuhörer jubelten erneut und umringten sie. Der Kalif warf den Becher zu Boden und verschwand hinter den schimmernden Zeltbahnen.

»Wenn du bisher noch nicht wusstest, was Tarab bedeutet – das ist er«, flüsterte Ishak. Er nahm ihr die Laute aus der Hand. Erst jetzt bemerkte Arib, dass die Saiten tief in ihre Haut geschnitten hatten. »Deine Gabe gleicht aus, was dir an Fertigkeit noch fehlt. Du hast eine glanzvolle Zukunft vor dir, mein Kind – In dieser Stunde wurde die Sängerin Arib geboren!«

Das Hospital von Rafika war ein langgestrecktes Lehmziegelgebäude inmitten der Garnison. Die meisten Soldaten hier waren Perser, doch die Männer, die man heute in dem nüchternen Saal im Erdgeschoss aufgebahrt hatte, waren keine Untertanen des Kalifen. Gedämpft drangen Stimmen vom sonnendurchglühten Hof herein. Die Gestalt, die zwischen den schmucklosen Pfeilern auf ein Schwert gestützt stand, hatte etwas Verlorenes.

Ein letztes Mal sah Wolfram auf die Leiche seines Vaters herab. Im Leben war Lamprecht von Aue ein stattlicher Mann gewesen. Doch auch Wasser und duftende Essenzen konnten den Verfall des Leichnams nach der tagelangen Reise nicht aufhalten. Die Wundränder über den geborstenen Knochen begannen zu faulen, die Haut verfärbte sich fleckig. Aus dem zertrümmerten Schädel quoll eine wässrige Masse, Lippen und Teile des Barts waren von Aasfressern weggerissen. Eine bräunliche Flüssigkeit rann aus den Ohren, und Verwesungsgestank überdeckte selbst den starken Duft des Weihrauchs. Wolfram erinnerte sich, wie sein Vater ihm als Kind Ritter aus knorriger Eiche geschnitzt hatte. Schmerzhaft klar sah er ihn in seinem alten blauen Leinenhemd vor sich, das er zu Hause trug. Über die Arbeit gebeugt hatten das dunkelblonde Haar und der eindrucksvolle Bart Lamprechts Gesicht verborgen. Er hatte immer auf demselben Baumstumpf hinter dem Haupthaus gesessen, wo der Duft frischgeschlagenen Holzes vom Wald herüberwehte.

Wolfram schlug das Laken wieder über das entstellte Gesicht. Er sank neben der Bahre auf ein Knie und legte die Stirn an den Schwertgriff. Ob Lamprecht ihn verstanden hätte? So vieles war zwischen ihnen unausgesprochen geblieben.

Nach seiner schrecklichen Entdeckung war der junge Franke wie von Sinnen gewesen. Er hatte den Wegelagerern nachstellen wollen. Nur mit viel Mühe hatte Faik seinen Herrn davon überzeugen können, sich um sein eigenes Schicksal zu sorgen. Als Fremder und allein in diesem gewaltigen Land musste er den Schutz des Kalifen erbitten. Der Eunuch hatte ihn überredet, dem Afschin zu schreiben und die Leichen zur Garnison Rafika zu schaffen. Hier hatten sie den Soldaten schließlich angetroffen.

»Kommt nach draußen«, hörte Wolfram eine Stimme hinter sich. »Die Tiere sind da.« Die Hand Haidar ibn Kawus' berührte die Schulter des Jüngeren, und dieser war dankbar für die stumme Anteilnahme. Er warf einen letzten Blick auf die Bahre. Dann folgte er dem Afschin ins Freie.

Es war Haidar gewesen, der die Leichen ins Hospital hatte bringen lassen, um sie für ein würdiges Begräbnis vorzubereiten. Er hatte Faik in die Garnison geschickt, damit dieser eine Unterkunft besorgte. Und er hatte ihnen die Erlaubnis zum Betreten der Hauptstadt, den Jawaz, beschafft.

Schweigend ritten sie die wenigen Meilen ins benachbarte Rakka. Umgeben von seinen gewaltigen Mauern blieb Rafika wie eine Festung hinter ihnen zurück. Auf der breiten Verbindungsstraße zwischen den Zwillingsstädten drängten sich die Menschen wie Ameisen: Knaben mit ratternden Handkarren voll Pfirsichen, Reiter in blitzenden Schuppenpanzern zogen an ihnen vorbei. Vor den niedrigen Gebäuden längs der

Straße boten Händler Glas feil. Frauen und Kinder machten den Eseln widerstrebend Platz, und Kamele brüllten. Es stank nach Qualm und Tieren. Gewohnt an die Abgeschiedenheit einsamer Salhöfe hätte Wolfram die Zerstreuungen der Stadt unter anderen Umständen genossen. Jetzt aber zerrte der Lärm an seinen Nerven. Er wollte sich lieber nicht ausmalen, was Harun ar-Raschid zu einem abtrünnigen Gesandten sagen würde.

»Ich danke Euch«, brach er das Schweigen. »Ihr habt weit mehr für mich getan, als ich je erwartet hätte.«

Ein Junge, angelockt von seinem blonden Haar, rannte hinter ihnen her, und der Eseltreiber verjagte ihn mit einem Schimpfwort. Als Christ dürfe er bei Hof weder ein Pferd reiten, noch eine Waffe tragen, hatte man Wolfram höflich aber bestimmt erklärt. So hatte auch der Afschin einen Mietesel genommen, denn genau dorthin, an den Hof von Harun ar-Raschid wollte er seinen fränkischen Begleiter bringen.

»Ein Mann ohne Familie ist hierzulande so gut wie vogelfrei. Umso wichtiger ist es, einen Freund zu haben«, erwiderte der Soldat mit einem schmalen Lächeln. »Was habt Ihr nun vor?«

»Ich weiß es nicht. Ich habe meine Pflicht verletzt, und der Ordo meines Kaisers ist streng.«

Der Afschin trieb seinen Esel näher an Wolframs. »Geht nicht zu streng mit Euch ins Gericht, nur weil Ihr lebt, während die anderen tot sind.«

Die letzten Bauern bauten ihre Stände vom Sonntagsmarkt ab und hinterließen ausgebleichte Flecken im zerstampften Boden. Dahinter erhob sich die Befestigung von Rakka. Staub wehte von ihren Lehmmauern herab. Als die Gesandtschaft an jenem regnerischen Morgen in Aachen aufgebrochen war, hatte der junge Franke nicht erwartet, als Einziger das Ziel ihrer Reise zu erreichen.

»Gottes Wege sind unergründlich«, fuhr Haidar fort. »Euer Ungehorsam hat nicht nur Euch das Leben gerettet.« Wolfram blickte auf. »Ihr sagtet selbst, dass der Gesandte Isaak nicht unter den Toten war«, erklärte der Afschin. »Es gibt Neuigkeiten, mein Freund: Isaak wollte Euch von Eurem törichten Handeln abhalten und ritt Euch nach.«

»Isaak lebt?« Mit einem Ruck hielt Wolfram seinen Esel an. »Er entrann dem Tod, weil er mich suchte.« Auf einmal fühlte er sich etwas leichter.

Der von schmucklosen Mauern umrahmte Kalifenpalast lag im Osten Rakkas. Der Pförtner überprüfte ihren Jawaz und geleitete sie in einen reich ausgemalten Korridor, der um eine Ecke auf einen Hof führte. Abseits vom Straßenlärm begann Wolfram sich aufmerksamer umzusehen. Oft hatte er sich ausgemalt, wie die fränkischen Ritter in prachtvollem Zug den Palast des Kalifen betreten würden. Doch selbst die ausschweifendsten Beschreibungen Isaaks waren nichts gegen die Wirklichkeit. Der Garten Eden konnte nicht lieblicher sein.

Blumenbeete bildeten duftende Schriftzüge. Auf den leichten Säulen schienen die Wände förmlich zu schweben. In einem kreisrunden, marmorgefassten Teich war ein künstlicher Baum mit silbernen Ästen aufgestellt. Er trug Früchte aus edlen Steinen, silberne Vögel saßen in den bunten Zweigen, und im Wasser schwammen Fische wie aus purem Gold.

»Sie sind ein Geschenk des Kaisers von China«, erklärte der Afschin. »Wir nennen sie Goldfische, ihrer Farbe wegen.« Er wollte weitergehen, da bewegte ein leichter Windhauch die Blätter aus gehämmertem Gold. Überrascht blieb Wolfram stehen. Die Zweige raschelten, und die Vögel begannen zu pfeifen. Er sah sich um, doch niemand war zu sehen.

»Das ist Hexenwerk!«, stieß er hervor.

»Eine einfache Mechanik, weiter nichts.« Der Afschin zog ihn weiter. Ein nervöses Lächeln zuckte um seinen Mund. »Kein Wunder, dass man Euch hier Barbaren nennt.«

Er ließ Wolfram keine Zeit, das Wunderwerk zu bestaunen, sondern überquerte den Hof und betrat den Palast.

Ein ganz in schwarze Seide gekleideter Diener empfing sie.

Abfällig musterte er Wolframs blaues Wams und das Marderfell um dessen Schultern. Unwillkürlich tastete der junge Franke nach seinem Gürtel, an dem nur noch der Lederbeutel hing. Ohne sein Schwert fühlte er sich nackt.

Der Diener führte sie durch ein schier unendliches Labyrinth von Korridoren. Bereits nach kurzer Zeit hatte Wolfram jedes Gefühl für Raum und Zeit verloren. Hinter halboffenen Türen hörte man das Lachen von Mädchenstimmen. Jemand schloss die Pforten, sodass er gerade noch einen flüchtigen Blick ins Innere der Gemächer erhaschen konnte: Er glaubte, wehende Seidenschleier, Gold und Juwelen zu sehen. Angesichts der prachtvollen Wandmalereien musste er an die kahlen Gemäuer Aachens denken, wo es nach Rauch und Talg roch. Dort, wo keine aufgespannten Schweinsblasen Kälte und Licht aussperrten, pfiff der Wind ungehindert durch die Gänge. Wie oft hatte er wie ein nasser Hund Regen und Schnee aus seinem Mantel geschüttelt und sehnsüchtig nach den heißen Thermen geblickt! Die Kaiserpfalz musste Harun ar-Raschids Gesandten wie ein armseliger Bauernhof erschienen sein. Mit all ihren trutzigen Türmen hätte sie leicht mehrmals in diesem Palast Platz gefunden. Von außen hatte das Gebäude weit weniger imposant gewirkt.

Auf einmal schien es Wolfram, als hätten sie den einen oder anderen Korridor bereits durchquert. Aber dann waren Türen geschlossen, die vorher offen gestanden hatten, und er war sich nicht mehr sicher.

Der Afschin bemerkte sein Stutzen. Er verzog die schmalen Lippen unter dem Bart zu einem Lächeln. »Lasst Euch nicht allzu sehr beeindrucken«, sagte er. »Nicht immer sind die Dinge, wie sie scheinen.«

Sie betraten einen lichtdurchfluteten Gang, und er wies auf die Tür am andern Ende. »Ihr geht alleine hinein. Werft Euch vor dem Kalifen nieder und küsst seine Hand. Ihr sprecht ihn mit dem Titel *Amir al-Mu'minin – Beherrscher der Gläubigen –* an. Die Männer an seiner Seite sind seine Söhne, aber es kann sein, dass auch der Henker neben ihm steht – dann versucht am besten, nicht hinzusehen. Und wagt es auf keinen Fall, auf den Teppich zu treten, ehe man es Euch gestattet!«

Hatte Wolfram geglaubt, nun alle Wunder des Palastes gesehen zu haben, wurde er in der Königshalle eines Besseren belehrt: Alle Wände waren mit Mosaiken aus Edelsteinen besetzt. Mit einem bewundernden Ausruf trat er näher, um eines davon zu berühren. Er ließ die Hand darüber gleiten und fühlte Glas, das im spärlichen Licht wie Juwelen funkelte. Der Eunuch schüttelte den Kopf, als frage er sich, wie sein Herr einen solchen Wilden empfangen konnte. Er wies nach dem hinteren Teil des Raumes, wo ein kostbarer Seidenvorhang den Thron verhüllte. Darunter sah der Teppich mit Blumen- und Weinmotiven hervor, von dem der Afschin gesprochen hatte.

Wolfram wollte einen Schritt tun, doch überrascht blieb er stehen. Der Boden zwischen dem Eingang und dem Thron war mit Wasser bedeckt. Fragend blickte er sich um. Sollte er hindurch waten? Ein Lächeln des Dieners ermutigte ihn. Zögernd setzte der junge Franke den Lederstiefel in das Bassin – und hielt verblüfft inne. Der Boden bestand aus grünem Glas. Das hereinfallende Licht mit seinen tanzenden Reflexen bewirkte die Täuschung.

Ein Eunuch am andern Ende, der offenbar nur für das Herauf- und Herunterlassen des Vorhangs zuständig war, winkte ihm, auf den Teppich zu treten. Dann hob sich der Vorhang, und Wolfram stand dem sagenumwobenen Harun ar-Raschid gegenüber.

Das dunkle Gesicht war edel geschnitten. In der Jugend musste es voll und sinnlich gewesen sein. Doch die Jahre hatten es ausgezehrt und die scharfe Nase und die Wangenknochen hervortreten lassen. Wie der Afschin es angekündigt hatte, standen zwei junge Männer neben dem ebenhölzernen, mit Gold beschlagenen Thron – ein sehr schlanker dunkler, der in seiner Eleganz fast weiblich wirkte, und ein kräftigerer mit dichtbewimperten Augen und sinnlichen Lippen. Erleichtert bemerkte Wolfram, dass der Henker nicht anwesend war. Er fiel vor dem Herrscher nieder und küsste eine kalte, mit Ringen aus Gold und Onyx geschmückte Hand.

»Steht auf!«, befahl der Kalif auf Griechisch. Seine Stimme klang gepresst, und das Sitzen schien ihm schwerzufallen. »Ich rüste bereits Männer aus, die nach Aachen reisen sollen. Sie werden Kaiser Karl versichern, dass ich diese Tat nicht ungesühnt lassen werde. Gäste sollen in meinem Reich sicher reisen.« Sichtlich unter Schmerzen sog er den Atem durch die Zähne ein. Er gab dem Sklaven einen Wink und fuhr fort: »Und für Euch habe ich zum Wenigsten eine gute Nachricht.«

Der Eunuch verschwand durch eine Seitentür. Als er zurückkam, brachte er einen alten Mann mit – erschöpft und scheinbar um Jahre gealtert, doch unversehrt.

»Isaak!« Wolfram vergaß das Zeremoniell. Er umarmte den Freund, als könne er nicht glauben, dass dieser lebend vor ihm stand. Über die eingefallenen Wangen des alten Mannes liefen Tränen. »Dem Herrn sei Dank!«, flüsterte Wolfram erstickt.

»Isaak entging als Einziger außer Euch dem Morden. Er überbrachte mir die Grüße und das Begehr Eures Kaisers«, erläuterte Harun ar-Raschid, der das Wiedersehen stumm mitverfolgt hatte. »Sobald Euer Freund wieder vollends bei Kräften ist, kann er nach Aachen zurückkehren, und Ihr mit ihm. So weit meine Macht reicht, wird Euch meine eigene Leibgarde begleiten.« Er holte Atem, dann war der Krampf vorbei.

Der junge Franke wollte dem Kalifen danken, doch dieser unterbrach ihn mit einer Handbewegung. Mühsam erhob er sich. »Man hat mir berichtet, warum Ihr überlebt habt. Ich kann meine Gesandten und Isaak beim Kaiser für Euch sprechen lassen. Doch allein die Tatsache, dass Ihr noch lebt, wird er als Zeichen Eures Ungehorsams auffassen. Und wie ich höre, ist er nicht länger zur Vergebung bereit.«

Beschämt blickte Wolfram zu Boden.

»Könnt Ihr Euch vorstellen, auch einem anderen als Eurem Herrn die Treue zu schwören?«

Überrascht wechselte Wolfram einen Blick mit Isaak. Der alte Mann hatte diese Frage offenbar ebenso wenig erwartet.

Harun ar-Raschid bemerkte sein Zögern. »Auch hier gibt es Herausforderungen, die eines Ritters würdig sind. Hört mich an.« Er winkte Wolfram näherzutreten und ließ sich mit einem Stöhnen wieder auf dem Sarir nieder. Das spärliche Licht glänzte auf seiner feuchten Stirn. »Es ist meine heilige Pflicht, das Kalifat meiner Ahnen zu bewahren«, fuhr er angestrengt fort. »Aber die adelsstolzen arabischen Stämme wollen die Macht nicht teilen, die sie durch unsere Siege erworben haben. Sie fühlen sich meinen persischen Untertanen überlegen. Doch auch diese sind die Erben eines uralten Volkes. Weil sie sich dem fremden Joch nicht beugen wollen, erheben sie sich unter den Bannern falscher Propheten. Ihre fanatischen Krieger metzeln ganze Dörfer nieder und gefährden die Sicherheit des Handels, auf dem unser Reichtum beruht. Um sie zu züchtigen, brauche ich Männer, denen ich trauen kann – Männer, die nicht für die Interessen ihres Stammes kämpfen, oder die ihrer Familie.« Er krallte die beringte Hand um den Goldrahmen des Sitzes. »Sondern für mich.«

Wolfram verstand. Niemand konnte dem Kalifen treuer sein als ein Heimatloser, der ihm alles verdankte. Er hatte seinen Eid gebrochen, ob absichtlich oder nicht. Dieser Makel würde an ihm haften bleiben. Dennoch – konnte er den Bund mit seinem Lehnsherrn brechen? Für seine Familie war Wolfram so gut wie tot, aber hier war er ein Flüchtling ohne Rang und Namen.

Harun ar-Raschid lächelte verzerrt. »Viele Christen und Juden stehen in meinen Diensten. Wenn Ihr bereit seid, meine Gesetze zu achten, soll Euer Glaube kein Hindernis sein.«

Wolfram zögerte noch immer. Wieder sah er Isaak an, doch auch der Freund schien ratlos. »Eure Großmut beschämt mich«, sagte er endlich. »Aber solch eine Entscheidung bedarf der reiflichen Überlegung.«

Stöhnend sank der Kalif zurück in die seidenen Kissen. Dann hob er die Hand zum Zeichen, dass Wolfram entlassen war. »Ihr habt Zeit, bis Isaak nach Aachen aufbricht.«

Als Wolfram wieder in den Hof trat, schlug ihm unerträgliche Hitze entgegen. Der klare Verstand eines Freundes hätte notgetan, um die richtige Entscheidung zu treffen. Doch der Kalif hatte Isaak bei sich behalten. So machte sich Wolfram auf die Suche nach Haidar ibn Kawus und fand ihn im Schatten des Torbogens, in eine heftige Unterhaltung verwickelt.

»Der neunmal geschwänzte Teufel soll die Dirne holen!«, fluchte der Afschin auf Griechisch. »Willst du damit sagen, sie war dem Thronfolger zu Willen?«

»Sie ist über Nacht eine mächtige Frau geworden«, hörte Wolfram den anderen erwidern, ein hageres Bürschchen in der schwarzen Tracht der Palasteunuchen. »Auch ich hätte geschworen, sie würde nicht in dieser Schande weiterleben wollen. Doch offenbar hat sie den letzten Rest ihrer Ehre schon lange zuvor verloren, als sie sich in schlechter Gesellschaft herumtrieb. Und mit Zubaida als Gönnerin stehen ihr nun alle Türen offen.«

Das Gespräch ging Wolfram nichts an. Dennoch erregte der Zorn des Afschin seine Aufmerksamkeit. Es sah ihm nicht ähnlich, derart die Beherrschung zu verlieren. Haidar fuhr sich über den kurzen Bart. »Nach all den Jahren hatte ich gehofft, dieser Albtraum sei endlich vorbei!«, brachte er heiser hervor.

»Abu Isa, der junge Sohn des Kalifen, soll jetzt ihr Liebhaber sein. Hätte seine Mutter es ihm nicht schlichtweg abgeschlagen, hätte sich der Thronfolger ruiniert, um sie zu kaufen. Und auch Prinz Abdallah ist ganz verrückt nach ihr.« Der stark hervortretende Adamsapfel des Eunuchen tanzte aufgeregt, und er reckte den faltigen Hals wie ein Truthahn. »Warum, weiß niemand, schließlich gibt es schönere Sklavinnen. Irgendetwas treibt die jungen Männer bei Hof reihenweise in ihre Arme. Ihr seid kein Nadim, deshalb wart Ihr nicht dabei, als sie am Fluss auftrat. Selbst Ibrahim, der Bruder des Kalifen, war hingerissen, und dabei leidet er wahrhaft keinen Mangel an schönen Frauen. Schon jetzt ist sie in aller Munde, obwohl sie erst seit wenigen Wochen bei Ishak in die Lehre geht.«

»Sie hatte vorher schon Unterweisung«, entgegnete der Afschin rau. »Von einer Meisterin ihrer Kunst.«

»Sie kann Euch gefährlich werden«, warnte der Eunuch.

Haidar stieß einen erneuten Fluch aus. »Habe ich einen Fehler gemacht?«, fragte er. »Arib ist durchtriebener als ich dachte!«

»Arib?« Mit wenigen Schritten war Wolfram bei den beiden Männern.

Der Afschin fuhr herum. Einige Augenblicke lang sprach niemand ein Wort. »Ich vergaß«, sagte er endlich. »Das Mädchen, das Ihr suchtet, heißt genauso. Aber mit dieser Frau hat sie sicher nicht mehr als den Namen gemein.«

»Wie wollt Ihr das wissen?«, fragte Wolfram scharf. In den letzten Tagen hatte er alle Gedanken an Arib von sich geschoben, als wären sie Verrat an seinem Vater. Doch als er jetzt ihren Namen gehört hatte, hatte sein Herz einen Schlag ausgesetzt. Er packte Haidar am Aufschlag seiner Qaba. »Was verschweigt Ihr mir?«

»Nun gut.« Die hageren Züge verrieten nichts, doch der Afschin tupfte sich die Stirn mit einem Seidentuch. »Sie ist eine Kayna – eine Singsklavin. Ich bezweifle, dass Ihr wisst, was das bedeutet. ›Das Lied ist das Zaubermittel der Unzucht‹, sagt man bei uns. Die Lieder der Singsklavinnen handeln nur von Hurerei und dienen allein dazu, Männer zu verführen.« Seine Augen wanderten unruhig zum oberen Stock hinauf.

Wolfram spürte, wie die Kraft aus seinen Gliedern wich. »Weiter!«, forderte er tonlos.

»Mit einem Liebhaber allein geben sie sich gewöhnlich nicht zufrieden«, setzte der Afschin nach. »Von Arib heißt es, sie singe wie die Huri im Paradies, doch ihr Herz sei das einer Viper. Den Kalifen brachte sie während einer Audienz um den Verstand. Und wenig später legte sie es darauf an, dass sein eigener Thronfolger es vor aller Augen mit ihr trieb – der Mann, den ihr vorhin so artig gegrüßt habt.«

Wolframs Arme sanken herab. Er versuchte sich an die beiden jungen Männer beim Kalifen zu erinnern und ihm wurde heiß.

Haidar hatte sich wieder in der Gewalt. »Wenn die Frau, die Ihr liebt, sich so verhielte, was würdet Ihr tun?«

»Schweigt!«, fuhr Wolfram auf. Nie hatte er sich so unbeschwert gefühlt wie in den Tagen mit Arib. Er sah sie vor sich, wie sie mühelos durch die unnahbare Maske in seine Seele vorgedrungen war. »Ich würde sie töten!«, stieß er hervor.

»Ja, das sagen alle Männer«, bemerkte Haidar. Es klang bitter, als wisse er nur zu gut, wovon er sprach. »Aber dann ist ihnen eine lebende Hure im Bett doch lieber.«

In hilfloser Wut schlug Wolfram mit der Faust gegen die Marmorwand.

»Ihr solltet Eure Augen sehen!«, sagte der Afschin spöttisch. »Man könnte beinahe glauben, Ihr meintet es ernst.«

Unvermittelt packte Wolfram ihn, schleuderte ihn gegen die Wand und hob die Rechte. Haidar sah ihn wortlos an. Wolframs Arm begann zu zittern, und er ließ ihn los. Mühsam um seine Fassung ringend fuhr er sich über das erhitzte Gesicht. Was geschah mit ihm?

»Versteht Ihr nun, warum mir Euer Mädchen nicht in den Sinn kam?«, fragte der Afschin. Mit einem erstickten Laut schüttelte Wolfram den Kopf. Für Arib hatte er seine Zukunft aufs Spiel gesetzt und alles verloren. Sie konnte ihn nicht verraten haben.

Haidar seufzte. »Seht es ein, junger Freund, Euer Mädchen ist tot. Es sei denn ...«

»Was?« Wolfram fuhr herum. Einen Herzschlag lang hoffte er, Haidar würde es nicht aussprechen. Doch erbarmungslos vollendete der Afschin: »... sie wäre die Buhle des Thronfolgers.«

219

9

»*Ya inti Mabruka!*« Ishaks klangvolle Stimme war bereits von der gegenüberliegenden Seite des Hofes zu hören. Der Rawi überquerte die von der Sonne aufgeheizten Marmorfliesen und trat in den kühleren Iwan. Arib glättete rasch ihre Kleider. Der gutaussehende junge Mann, der seinen Kopf in ihrem Schoß vergraben hatte, erhob sich, sichtlich unwillig über die Störung. Sie hatte Soumayas Rat befolgt. Wenn sie ihr Ziel erreichen wollte, brauchte sie einflussreiche Liebhaber.

Mit seiner sehnigen Lautenspielerhand winkte Ishak, und ein schwarzer Eunuch brachte ihm Wein. Widerwillig überließ ihm Abu Isa seinen Platz an Aribs Seite.

»Dein Auftritt vor zwei Wochen am Fluss war ein Triumph! Ich hätte ihn nicht besser planen können.« Der Hofmusiker drückte ihre Hand so fest, als wollte er sie zerquetschen. »Du bist in aller Munde. Zubaida ist völlig aus dem Häuschen, denn Muhammad hat offenbar eine seiner Ehefrauen geschwängert. Ein ganzes Regiment von Sklavinnen hat sie in Männerkleider gesteckt und nennt es das Regiment der *Ghoulamiyat*! Der halbe Harem ist auf Schmalkost gesetzt, denn seit Neuestem bevorzugen die Männer schlanke Sklavinnen.«

Abu Isa fuhr herum, und das Bärtchen, das er nach Ziryabs Vorbild trug, verzog sich nach unten. Arib legte ihm die Hand auf den Arm und war überrascht, wie schnell er sich besänftigen ließ. Solange sie eine ehrbare Jungfrau gewesen war, hatte sie nicht annähernd so viel Einfluss gehabt.

»Mädchen, ich mache dich zu meiner Kronprinzessin! Wenn Zubaida dich verkaufen will, kann sie jeden Preis verlangen. Du hättest hören sollen, wie die Männer von deinem kleinen Schönheitsfehler schwärmen«, trompetete der Rawi unbekümmert. Er wies mit dem Becher auf ihre etwas zu eng stehenden Augen. »Es heißt, dein Blick gehe einem durch Mark und Bein!«

Es war eine Gnade Allahs, dachte Arib, dass sie im Hause des einzigen Mannes in Rakka lebte, der nicht an ihrem Körper interessiert war.

Im Hof klirrte etwas, und ein Schrei ertönte. Alle drei blickten hinaus. Einer der jungen Eunuchen hatte sein Tablett fallen gelassen. Kichererbsenmus und Auberginenpüree klebten auf den Marmorfliesen, und ein mit einer Farce gefüllter Fisch glotzte zu ihnen herauf. Der Junge blickte sich schuldbewusst um und räumte dann hastig alles zusammen.

»Da wir vom Verkaufen sprechen, wo steckt eigentlich Soumaya?«, fragte Ishak und sah sich um. »Es gibt auch einen hochrangigen Mann, der sich für sie interessiert.«

Arib zog ein unschuldiges Gesicht. Vorhin hatte sie die Freundin kichernd mit Ziryab in Richtung ihres Zimmers verschwinden sehen. Die beiden hatten es sichtlich eilig gehabt. Sie zuckte die Achseln, doch der Hofmusiker ließ sich nichts vormachen. »Es wäre verwegen anzunehmen, dass eine von euch die andere verraten würde«, sagte er nachsichtig. »Verschwiegenheit gehört aber eigentlich nicht zu den Tugenden einer Kayna.«

»Ich weiß: vormittags eine unterhaltsame Gelehrte, nachmittags eine Sirene, und des Nachts eine Hure«, zählte Arib schnippisch auf, was man sie gelehrt hatte. Sie reckte sich, sodass die durchsichtige *Ghilala*, die ihr Abu Isa verehrt hatte, unter ihrer Jacke hervorlugte. »In welcher dieser Tugenden wollt Ihr mich prüfen, Meister?«

Abu Isa lief rot an, und Ishak lachte schallend. »Deine Zunge ist scharf geworden, in der kurzen Zeit, seit du hier bist.« Er nahm ihre beiden Hände. »Aber es ist gut möglich, dass du schon bald in all diesen Tugenden glänzen kannst. Seit sich herumgesprochen hat, wie du den Prinzen Muhammad für die Frauen entflammt hast, stecken sämtliche reichen Damen ihre Sklavinnen in Männerkleider. Entweder die halbe Bagdader Jugend frönt neuerdings dem khorasanischen Laster, oder du hast mit deiner ausgekochten List eine neue Mode heraufbeschworen.«

Das leichtfertige Lächeln verschwand aus Aribs Gesicht. Wieder musste sie an Wolfram denken.

»Wie dem auch sei«, riss Ishak sie aus ihren Gedanken: »Wir sollten deine Stimme üben, denn wir haben erreicht, was wir wollten: Prinz Abdallah bittet dich, zu ihm zu kommen.«

»Das kannst du nicht tun!«, mischte sich Abu Isa ein. Beschwörend fasste er Aribs Hände und sah sie aus blassgrünen Fischaugen an. »So undankbar kannst du nicht sein!«

Sie würde die Männer nie verstehen, dachte Arib. Für seine Geschenke konnte er kaum Dank erwarten, schließlich hatte er genug dafür bekommen.

Auch Ishak maß ihn mit einem spöttischen Blick. »Mit Eurer Erlaubnis, mein Prinz: Wenn Euer Bruder ruft, ist eine Kayna bereit, so sie nicht völlig den Verstand verloren hat. Mit der Gesangskunst allein kommt man nicht weit.«

Abu Isa hielt seinem Blick stand, und die beiden Männer starrten sich über Aribs Kopf hinweg an wie zwei kampfbereite Widder. Dann stieß der Jüngere einen zornigen Laut aus und hastete mit kantigen Bewegungen die Treppe zum Hof hinab. Arib sah ihn im Schatten der gegenüberliegenden Arkaden verschwinden.

»Der Ärmste ist dir verfallen«, lächelte Ishak und kreuzte ein wenig affektiert die Beine. »Nun, die Liebe einer Kayna muss man sich leisten können. Muhammad war eine Pflichtübung, und was du Abu Isa gewährst, ist deine Sache. Doch Abdallah ist der begabteste Sohn Harun ar-Raschids. Was immer der Kalif beschlossen haben mag, früher oder später wird er auf dem Thron sitzen. Wenn du klug bist, kannst du die Geliebte des mächtigsten Mannes der Welt werden.«

Arib stand auf und ging zur Brüstung. Stickige Luft schlug ihr aus dem Hof entgegen. »Ich will nur singen«, erwiderte sie.

»Aber vor allem willst du den Kopf eines Mannes, nicht wahr? Hör zu!« Ishak kam ihr nach. »In Khorasan gärt der Aufruhr. Harun ar-Raschid wird Rakka verlassen. Trotz seiner schlechten Gesundheit will er selbst nach dem Rechten sehen, und Abdallah soll ihn begleiten. Wenn du das Herz des Prinzen gewinnen willst, musst du handeln. Mach dich unvergesslich!« Er griff in seinen golddurchwirkten Ärmel. »Das soll ich dir geben.«

Arib starrte überrascht auf die kostbare Kette aus Bergkristallen, die in ein Brokattuch gewickelt war. Langsam nahm sie den gelb gefärbten, sorgfältig versiegelten Brief, der dabei lag. Er war mit einem Seidenband umwickelt und die Zeilen mit duftendem Moschus geschrieben.

Meine teure Arib,

solange die Taube im Lotosbaume gurrt und der Vollmond den nächtlichen Wanderer an deine Schönheit gemahnt, kann ich nicht aufhören, deiner zu gedenken. Jede Stunde, seit du meinen Augen entschwunden bist, ist Folter für mich. Dein Blick drang mir wie ein Schwert ins Herz, und deine süße Stimme hat mich um den Verstand gebracht. Ich flehe dich an um die Gnade, dich noch einmal zu sehen, ehe ich abreisen muss! Wenn du es willst, folge der Einladung, die dir Ishak überbringen wird und erlöse den, der dich anbetet, von seiner Qual.

Abdallah ibn ar-Raschid.

Achtlos ließ Arib den Brief und die Kette fallen. »Aber ich liebe Wolfram von Aue!«, flüsterte sie.

»Was soll das heißen?«, fragte Ishak scharf. »Davon hast du nie etwas gesagt. Wolfram von Aue! Das ist ein fränkischer Name!«

Arib brach in Tränen aus. »Er wird mich verachten für das, was ich getan habe«, schluchzte sie. »Ich habe versucht, ihn zu vergessen, aber ich kann nicht!«

»Willst du damit sagen, dass dieser Mann zur Gesandtschaft Kaiser Karls gehörte?«, fragte Ishak heiser. Die Augen unter seinen buschigen Brauen blickten besorgt.

Arib bejahte, und ihre Tränen versiegten. »Hast du von den Franken gehört?«, fragte sie hoffnungsvoll. Einmal hatte sie Reiter auf der Straße gehört. Sie war hinausgelaufen, nur um dann enttäuscht ins Haus zurückzukehren.

Ishak sah ihr ernst ins Gesicht. »Es tut mir leid, dir das sagen zu müssen, Arib. Aber die Gesandtschaft wurde im Taurus von Wegelagerern überfallen. Die Nachricht kam vor wenigen Tagen, als der einzige Überlebende hier eintraf.«

Arib wollte etwas erwidern, doch sie brachte keinen Ton hervor.

»Es ist kein junger Ritter, sondern ein alter Mann, ein Jude namens Isaak, der dem Morden entrann. Die übrigen Franken fielen den Gesetzlosen zum Opfer«, beantwortete Ishak ihre unausgesprochene Frage. »Bis zum letzten Mann.«

Der Marmorboden unter ihr begann zu schwanken. Wortlos starrte sie den Rawi an. Dann drehte sie sich um und rannte über den Hof davon.

10 Eine Stunde später in ihrem Zimmer ließ Arib kraftlos die Feder sinken. Sie sah Wolfram vor sich, als hätte er soeben erst den Raum verlassen, sein spöttisches Lächeln und wie es plötzlich verschwand. Mit einem erstickten Laut schob sie das Papier von ihren Knien.

»Stehst du es durch?« Ishak, der die ganze Zeit in der geschnitzten Tür gewartet hatte, trat hinter sie. Aribs in Rot gehaltenes Zimmer war nicht groß. Doch heute schienen die mit Teppichen behangenen Wände sie regelrecht zu erdrücken. Auf ihrem Sarir sitzend hatte sie geschrieben, was der Rawi ihr diktiert hatte.

»Was habe ich jetzt noch zu verlieren?«, fragte Arib tonlos.

Ishak kniete neben ihr nieder und legte den Arm um sie. »Ich verstehe, was dich bewegt. Aber eine Kayna darf sich niemals von ihren Gefühlen leiten lassen. Handelst du jetzt nicht, wird Abdallah nach Khorasan ziehen und dich vergessen. Du singst wie eine Huriya, aber ohne einen mächtigen Liebhaber wirst du dich bei Hof nicht behaupten können. Und…« – er unterbrach sich – »…das täte mir leid.«

Trotz ihrer Trauer sah Arib überrascht auf.

»Zum Teufel, ja«, gestand Ishak unwillig. Er tupfte ihr mit einem Seidentuch die Tränen ab und wies auf den Brief. »Lies vor!«

Arib gehorchte:

Euer Brief, Abdallah ibn ar-Raschid, hat meine Sinne in Aufruhr versetzt. Tag und Nacht liegt er an meinem Herzen. Nie hätte ich zu hoffen gewagt, Eure Aufmerksamkeit zu erregen. Und doch – wäre Euer Bote nicht gekommen, hätte die Trauer mich verzehrt. Denn seit ich Euch sah, flieht mich der Schlaf, und ich weine vor Sehnsucht nach Eurer Nähe. Könntet Ihr meinen Kummer sehen! Ich werde die Stunden zählen, bis ich Euch wiedersehe und meine Seele Trost findet! Nehmt diesen »Liebesbiss« als Vorgeschmack auf die Küsse, die ich ersehne.

Eure ehrfürchtige Sklavin Arib

Ihre Stimme brach ab.

»Sehr gut. So, nun versiegelst du ihn. Nimm mein Siegel und als Band diese Lautensaite.« Er reichte ihr die Saite und eine Honigdattel, den ›Liebesbiss‹.

Arib biss von der Dattel ab und gab sie Ishak mit dem fertigen Brief. Der Rawi reichte beides dem Sklaven weiter, der vor der Tür gewartet hatte.

»Du bist stark, Arib!«, beschwor er sie. Er strich ihr das wirre Haar aus dem Gesicht. »Nun zieh dich an und schmink dich. Und lächle! Zeig mir, dass du weißt, was du deiner Gabe schuldest!« Er hielt ihr den Metallspiegel vor und musterte sie mit streng gerunzelten Brauen. Arib begann ihr Gesicht zu pudern.

»Hör mir zu, Arib: Wenn du im Palast bist, halte Abdallah hin! Du bist diejenige, die bestimmt, was geschieht und wann. Nutze die Gelegenheit und sing vor ihm! Wenn er sich auch in

Khorasan noch an dich erinnern soll, musst du nicht nur seinen Körper, sondern auch seine Seele verführen. Du weißt noch, was ich dir von ihm erzählt habe?«

Unter dem schwarzen Haar hob sich ihr Gesicht seltsam bleich ab. Doch die Maske aus Bleiweiß und Lippenrot verbarg ihre Gefühle. Wenn Wolfram tot war, gab es nur noch eines auf der Welt, das ihr etwas bedeutete: Die Chroniken würden von der Sängerin Arib erzählen wie von einem Mann. Und wenn es soweit war, würde sie endlich Rache nehmen. Entschlossen sah Arib vom Spiegel auf. »Er ist unterm Sternbild der Waage geboren. Die erste und dritte Saite der Oud sprechen ihn an: Tapferkeit und Ausgleich.«

»Ich bin stolz auf dich.« Ishak winkte dem Sklaven und legte ihr eine Laute aus kostbarem Weihrauchwacholder in den Schoß. Das Instrument war mit den teuren chinesischen Saiten bespannt und das Plektron aufwendig lackiert. Überrascht ließ Arib den Spiegel sinken.

»Sie ist das Werk eines berühmten Lautenmachers. Man erzählt sich, er habe an den Pforten des Paradieses gelauscht und die Klänge in seine Instrumente gegossen. Ich schenke sie dir«, sagte der Rawi. »Eine gute Laute verwächst mit ihrem Besitzer. Wenn er stirbt, springen auch ihre Saiten.« Er stand auf und legte ihr die Hand auf die Schulter. »Spiele sie gut, Arib!«

Abdallah ibn ar-Raschid empfing sie nach dem Abendgebet in einem festlich geschmückten Iwan seines Palastes. Ein Eunuch führte Arib durch den erleuchteten Garten herein. Beeindruckt sah sie an den mit Brokatbändern und Blüten geschmückten Bäumen hinauf. Der Saal öffnete sich zum Garten hin. Ambrafackeln erleuchteten ihn sanft und verbreiteten ihren schweren Duft. Von irgendwoher war Musik zu hören. Am Treppenabsatz erwartete sie eine hell gekleidete Gestalt – Abdallah.

Er kam ihr entgegen, nahm ihr die Laute aus der Hand und zog sie an sich. Arib erwiderte den Kuss des Prinzen, doch als er sie zum Sarir drängen wollte, löste sie sich geschickt aus sei-

nen Armen und hauchte: »Ich habe schrecklichen Hunger.«
Dass sie ihn auch durch ihre Kochkunst verführen sollte, war
mit Abstand das Beste an diesem Abend. Abdallah ibn ar-Raschid sollte sich noch lange an die Kayna Arib erinnern.

Wider Erwarten ließ der Prinz sich hinhalten. Höflich
bat er sie durch eine Seitenpforte in einen angrenzenden Hof.
Seine Sklaven hatten die Kochkessel bereits aufgestellt, durch
den gewundenen Gang drang der Qualm nicht in den Garten. Mehrere Frauen saßen um dicke Holzbretter am Boden
und füllten leere Fischhäute mit einer Paste. Eine zerstampfte
mit dem Mörser die Zutaten. Mit einem bewundernden Ausruf
blieb Arib stehen.

»Es sind Walnüsse und das Fleisch der Fische«, sagte Abdallah. »Frag mich nicht, welche Gewürze sie hineinmischen.
Ishak rühmte deine Kochkünste. Ich habe mir Mühe gegeben,
deinen erlesenen Geschmack zufriedenzustellen.«

Er folgte ihr in den Hof. Arib warf einen Blick in die gewaltigen Kupferkessel. Eine junge Frau schüttete zerlassenen Fettschwanz über ein Stück Fleisch, und die Gerüche von Lamm,
Thymian und kochendem Honig stiegen auf. Einen Augenblick
gab sich Arib der Illusion hin, den Abend mit einem Freund zu
verbringen, wie es ihr Vater oft getan hatte. Sie begutachtete
ein Hühnerfrikassee, das in einer würzigen Marinade kochte.
Rosenduft stieg ihr in die Nase, und ein Hauch Koriander
mischte sich darunter.

»Darf ich?« – Abdallah nickte, und sie probierte die Sauce.
Er reichte ihr einen Becher Wein und machte eine ausladende
Geste über Fleisch, in Sirup getauchtes Mandelgebäck und
eine winzige Marzipanfestung. »Aber nun bin ich neugierig
auf deine Kunst. Sag meinen Sklaven, was du brauchst, und bis
zum letzten Kessel steht dir alles zur Verfügung!«

Arib erwiderte sein Lächeln. Ihr war alles andere als zum
Lachen zumute, doch seine freundliche Art gab ihr Sicherheit.

Sie gab dem Sklaven ihre Befehle, und Fleisch mit Safran

227

und Pistazien wurden herbeigeschafft. Arib verlangte außerdem Mandeln, Rosenwasser und einige Medinadatteln.

»Wir können Persisch sprechen, wenn dir das lieber ist«, sagte Abdallah. »Es ist ja auch meine Muttersprache. Wir, die wir keine Araber sind, sollten doch ein wenig zusammenhalten.« Er nahm eine Dattel von einem der Bleche und steckte sie ihr in den Mund. »Ich hatte kaum zu hoffen gewagt, dass du kommen würdest.«

Sie schloss die Lippen um die fleischige blaue Frucht und ließ sich auf einer Matte nieder. Er versuchte nicht, sie festzuhalten. Arib begann das Fleisch kleinzuhacken und zu Datteln zu formen. In jede füllte sie eine geschälte Mandel. Der Prinz beobachtete sie lässig an die Wand gelehnt.

»Mein Vater liebte dieses Rezept«, sagte sie, um das Schweigen zu brechen. »Er konnte Stunden mit seinen Freunden in der Küche verbringen.« Sie besprengte das Fleisch mit Rosenwasser und etwas Kampfer und stellte es wieder aufs Feuer.

»Stammst du wirklich von den Barmakiden ab, wie man sich erzählt?«, fragte Abdallah, während er an seinem Wein nippte. Sie sah auf, und er ergänzte: »Jafar der Barmakide war mein Erzieher. Ich schätzte ihn sehr, deshalb frage ich.«

»Er war das Oberhaupt unserer Sippe, ein entfernter Verwandter«, erwiderte Arib. Sie zwang sich, ihn erneut anzulächeln, doch unter ihrer Maske war alles kalt und starr. Langsam hob sie das eine Bein, sodass ihre Hose über den Unterschenkel hinaufrutschte. »Meine Mutter sagte, ich hätte seine Beine.«

Abdallah verschlug es den Atem. Aus dem Augenwinkel bemerkte Arib, wie die Diener schockiert zu ihnen herüberstarrten. Noch vor Kurzem hätte sie sich dafür zu Tode geschämt, aber jetzt war es ihr gleichgültig.

»Ich glaube, wir haben uns früher schon einmal gesehen«, sagte sie, während Abdallah um seine Fassung kämpfte. Seine Hand glitt über die teure Kanbaya-Sandale ihren Schenkel hinauf, und noch immer lächelnd zog sie ihr Bein zurück.

Dann begann sie die frischen Datteln mit einer Nadel zu entkernen, als sei nichts gewesen. Ihr war eingefallen, woher sie ihn kannte, und sie sah eine Möglichkeit, das Gespräch auf den Afschin zu lenken. »Vor Jahren in Rey, in einem Han. Wir bewunderten eine Kayna aus Bagdad. Ihr werdet Euch nicht an mich erinnern, ich trug Jungenkleider und war schmutzig von der Reise. Nicht gerade sehr verführerisch. Damals war ich auf der Flucht.« Sie wischte sich die Finger ab und entledigte sich wie beiläufig ihrer Qaba. Darunter trug sie kein Hemd, sondern nur das knappe Oberteil einer Singsklavin. »Vor dem Afschin.«

Seine Blicke glitten über ihren fast nackten Oberkörper, und die beringten Finger schlossen sich fester um den Becher. Arib fiel auf, dass er schmale, schöne Hände hatte. Endlich sagte er: »Wenn ich in dieser Sache etwas für dich tun soll, lass es mich wissen. Mein Vater hält große Stücke auf mich.«

Arib hielt in ihrer Arbeit inne. Sie hatte nicht erwartet, dass er ihr jeden Wunsch derart von den Augen ablesen würde. Abdallah kniete plötzlich vor ihr nieder, nahm ihren Fuß und küsste ihn.

Verblüfft starrte Arib ihn an. Er bemerkte die klebrige Spur von Dattelfleisch, die seine Lippen hinterlassen hatten und lachte: »Du verstehst es, einem Mann den Kopf zu verdrehen, Arib! Nun sieh dir das an!«

Er zog sie zu dem Wasserbecken an der Wand, streifte ihr die Sandalen ab und wusch ihre Füße. Wie zufällig glitten seine Finger dabei über ihre Fesseln. Arib machte sich sanft, aber bestimmt los und ging zurück zum Feuer. »Es ist fast fertig«, sagte sie. Sie hielt eine Mandel in die Höhe. »Nur noch das hier.«

Wenn Ishak die Wahrheit gesagt hatte, hatte die Mandel eine besondere Bedeutung. Abdallah schien diese wohlbekannt, denn er kam um das Feuer herum und umarmte sie von hinten. Arib schloss die Augen. Der Gedanke an Wolfram schmerzte unerträglich, und hastig griff sie nach ihrem Becher und stürzte den Wein hinunter.

Abdallahs Lippen berührten ihre Schläfen. »Lass uns später essen«, flüsterte er. Er presste sich an sie, und sie spürte seine Erregung. Arib kämpfte mit den Tränen. Da berührten seine Lippen ihren Hals. Sie zuckte zusammen. Klirrend schlug ihr Becher auf den Fliesen auf. Ihre Hand fuhr zur Kehle, an die Stelle, wo der Dolch des Afschin gelegen hatte. »Nicht den Hals!«, stieß sie hervor.

Erschrocken ließ Abdallah sie los. »Verzeih mir, ich wollte nicht…«

»Es ist schon gut.« Arib hatte sich wieder in der Gewalt. Lächelnd steckte sie ihm die Mandel in den Mund und ließ dabei die Finger etwas länger als nötig zwischen seinen Lippen. »Nun wartet doch«, flüsterte sie. »Wir wollen das Essen nicht kalt werden lassen.«

Sie füllte die entkernten Datteln mit je einer Mandel und garnierte das Fleisch damit. Dann trug sie alles hinüber in den Iwan. Mittlerweile war es fast völlig dunkel geworden, nur die Ambrafackeln erhellten die Nacht. Am Boden war das Tischtuch bereits ausgebreitet. Arib legte je eine Portion auf ein Fladenbrot und reichte ihm seines. Sie konzentrierte sich nun ganz auf ihre Aufgabe.

»Schmeckt es nicht?«, fragte sie, als er das Gericht kaum anrührte. Sie hauchte einen Kuss zu ihm hinüber. »Safran soll die Körpersäfte in Wallung bringen.« Langsam fuhr sie sich mit der Zunge über die Finger, ehe sie sie in die Wasserschale tauchte.

Abdallahs dunkle Augen verschlangen sie. Er wollte aufstehen, doch Arib wehrte ab.

»Nein«, sagte sie scherzhaft. »Kein Koch lässt es auf sich sitzen, wenn seine Speisen verschmäht werden.« Einen Moment fürchtete sie, er würde sie einfach zu Boden werfen und sich nehmen, was er wollte. Doch er bezwang den Impuls.

Überrascht beobachtete sie, wie er sich seinem Fleisch widmete, als sei nichts geschehen. Ishak hatte recht gehabt: Sie bestimmte, was und wann es geschah.

»Meine Köche werden dich hassen, Arib. Wenn all deine Speisen so sind, werde ich nur noch essen, was du gekocht hast.«

Arib sah nach ihrer Laute und überlegte, ob sie noch eines der Lieder spielen sollte, die Ishak ausgewählt hatte.

»Du isst ja gar nichts mehr«, bemerkte Abdallah scherzhaft. »Du hast doch nichts hineingetan?«

Sie leerte ihren Becher in einem Zug. Besser, sie brachte es gleich hinter sich. Arib stellte ein Tablett mit Granatäpfeln zur Seite und kam so dicht heran, dass sie ihn streifte. Spielerisch strich sie über eine aufgeplatzte Schale, aus der weißes Fruchtfleisch hervorquoll. Dann führte sie die Hand mit dem klebrigsüßen Saft an seine Lippen. »Und wenn doch?«

Sein Atem beschleunigte sich.

»Fühlt Ihr, wie es zu wirken beginnt?« Sie ließ ihre Hand nach unten gleiten. Plötzlich stieß er das Tischtuch mit dem Fuß beiseite. Sein Pokal fiel um und der Wein ergoss sich über den Boden. Gierig küsste er sie, dann warf er sie auf den Sarir und löste seinen Gürtel.

Als Abdallah später neben ihr schlief, musterte Arib sein Profil im Halbdunkel. Er war schön und mächtig und besaß alles, was sich eine Frau von einem Mann wünschen konnte. Doch ihr bedeutete es nichts.

Arib warf sich auf den seidenen Kissen herum. Was hatte sie nur getan? An dem Tag, da sie von Wolframs Tod erfuhr, gab sie sich einem anderen hin. Einem Mann, der es nicht verdient hatte, dass sie ihm Leidenschaft vorspielte und ihn in Wirklichkeit nur benutzen wollte. Auf einmal hasste sie sich selbst.

Der Geruch von Alkohol hing noch in der Luft, und das Laken war fleckig. Arib wurde übel. Sie raffte ihre Qaba auf, warf sie über und lief ins Haus. Hilflos sah sie sich um. Abdallah hatte ihr gesagt, wo das Hammam war: am anderen Ende des Flügels im Erdgeschoss. Die Fackeln an den Wänden flackerten auf, als sie den Korridor entlangrannte.

Im fahlen Licht unter der Kuppel des Badehauses kam sie sich unendlich verloren vor. Blindlings stürzte sie durch die labyrinthischen Gänge in den Waschraum. Längst war die Luft erkaltet, kein Dampf hing mehr in dem hohen Ziegelgewölbe. Der Boden war trocken, und die Dunkelheit schien hier noch undurchdringlicher. Nur durch ein einzelnes Oberlicht fiel ein grauer Strahl herein. Im nächtlichen Hammam, erzählte man sich, trieben sich Geister und Dämonen herum. Arib hatte das Gefühl, sie alle säßen ihr im Nacken. *Falsche Hure!*, schrien sie, *Betrügerin!*

Sie warf die Qaba zu Boden und griff nach der silbernen Schöpfkelle. Wieder und wieder goss sie das kalte Wasser über sich aus. Sie rieb und scheuerte, als könnte sie so auch den Ekel vor sich selbst abwaschen. Triefend hing ihr das Haar über Brust und Schultern. Sie rieb Abdallahs glühende Küsse von ihren Lippen, die Finger, mit denen sie über seine Beschneidungsnarbe gefahren war, jeden Zoll Haut, den er berührt hatte. Plötzlich liefen wieder Tränen über ihr Gesicht, und sie sank auf den Rand des Beckens.

Ein Geräusch ließ sie aufschrecken. Aus dem Halbdunkel schälte sich eine Gestalt. »Es ist kalt«, sagte Abdallah. Er trug nur seine weiße Leinenhose. Barfuß kam er näher und trat in den hellgrauen Lichtstrahl. »Du musst ja frieren.«

Er reichte ihr ein Tuch. Seine dunklen Augen verrieten nichts, er stand nur mit ausgestreckter Hand da und wartete. Arib sah an sich herab. Aus ihrem Haar tropfte das Wasser, und ihre Brustwarzen traten vor Kälte hervor. Rasch griff sie nach dem Tuch und hüllte sich darin ein. Ihre Lippen zitterten. »Danke«, murmelte sie. Unter seinem Blick zog sie das Handtuch fester um den Körper.

Das gewaltige Gewölbe ließ die beiden einsamen Gestalten im Dunkel näher zusammenrücken. Abdallah machte eine Bewegung, wie um ihr Haar zu berühren, und unwillkürlich wich sie ihm aus. Er zog seine Hand zurück. »Verabscheust du mich so sehr?«

Ohne ihn anzusehen, schüttelte Arib den Kopf. »Ich verabscheue mich selbst!«, brachte sie schließlich hervor. »Ich bin nur gekommen, weil du meine Wünsche erfüllen solltest. Ich habe dich belogen, Abdallah...« Sie unterbrach sich und schluchzte auf. »Ich bin eine Betrügerin! Bitte, lass mich gehen!«

Er zog sie in seine Arme. Seine Haut war warm, und ein Hauch seines Parfüms lag noch darauf. Arib zuckte zusammen, doch er hielt sie fest. »Ich weiß«, flüsterte er beruhigend. »Ich werde deinen Hals nicht berühren. Vielleicht liebe ich dich, weil du unberechenbar bist, so anders als die Frauen, die ich besitze. Wenn ich bei ihnen bin, weiß ich, dass sie mir nur zu Willen sind, weil sie einen Sohn zu empfangen hoffen. Aber du hast mich angesehen, wie es keine von ihnen je getan hat. Und deshalb glaube ich nicht, dass du mich belogen hast.«

Arib schmiegte sich nicht an ihn, aber sie wehrte sich auch nicht.

»Wenn du mich nicht hasst«, bat er, »dann bleib!«

Zweifelnd sah sie ihn an. Das spärliche Licht meißelte seine hohen Wangenknochen heraus und ließ seinen Blick weicher erscheinen.

Abdallah begann sie zu küssen. Sanft streichelte er ihren Rücken und löste das Handtuch. Als der Stoff an ihr herabglitt, spürte Arib ihre Verzweiflung dumpfer und schwächer werden. Sie ließ sich zu Boden sinken, bis ihr Haar die Marmorfliesen berührte. Auf einmal spürte sie seinen Kopf zwischen ihren Beinen. Sie keuchte überrascht, doch sie bat ihn nicht aufzuhören. Er hob ihre Beine auf seine Schultern, und die Erinnerung wich einer jäh aufwallenden Lust.

Abdallah riss sie zu sich empor. Er trug sie zur Wand, dann drang er mit wilder Leidenschaft in sie ein. Seine Arme hielten sie fest an die Lenden gepresst. Arib atmete schwerer, doch sie wagte nicht, sich hinzugeben. *Habt ihr sie stöhnen gehört?*, höhnte der Afschin in ihrem Kopf. Sie schlang die Beine fester um Abdallah, und die Stimme verstummte. Heiß fühlte sie die rhythmischen Atemstöße auf ihrer Brust. Es betäubte den Schmerz und die Trauer. Ein Schauer zorniger, lautloser Lust jagte durch ihren Körper. Dann sank ihr Kopf zurück.

11 Fast zwei Jahre waren über den stürmischen Himmel von Rakka hinweggezogen. Längst hatte Harun ar-Raschid mit seinem Gefolge die Hauptstadt verlassen und war nach Osten in die kalten Salzwüsten von Khorasan gezogen.

Als Wolfram aus der Schreibstube im Torhaus von Rafika kam, war es früher Abend. Man schrieb bereits den Herbst des Jahres 808 nach christlicher Zeitrechnung, doch er zählte die Jahre kaum noch nach dem fränkischen Kalender. Fröstelnd blickte er zum Himmel und zog den gefütterten Kaftan vor der Brust zusammen. Dunkle Wolken fegten über die Zwillingsstädte Rakka und Rafika hinweg. Regenwasser aus dem Taurusgebirge hatte den Euphrat anschwellen lassen und machte die Überfahrt mit dem Floß zu einem gewagten Unternehmen. Die braunen, von Schaumbläschen gekrönten Schlammfluten strömten nach Süden und überschwemmten den Hafen.

Wolfram erreichte sein Quartier, eines der teuren Miethäuser aus Lehmziegeln, in denen viele Schreiber wohnten. Er hätte sich den Truppen des Kalifen angeschlossen, doch als Christ durfte er keine Waffen tragen. Da er jedoch schnell Arabisch gelernt hatte, hatte man ihm den Rang eines *Katib* gegeben. Der Posten des Schreibers war sehr angesehen, wenn auch nicht besonders abwechslungsreich. Für eine Weile genügte es, doch Wolfram gedachte nicht, sein Leben in den Schreibstuben zu beenden.

Er durchquerte den Hof, ohne sich um die spielenden Kinder zu kümmern. Ihre Mütter, die hier Neuigkeiten austauschten, musterten ihn verstohlen unter schwarzen Schleiern.

Wolfram stieg die offene Treppe zu dem Korridor im ersten Stock hinauf, über den er zu seiner Wohnung gelangte. Die meisten Bewohner hier waren Schreiber, viele von ihnen Perser, Fremde wie er. Als Franke hatte er keinen Anspruch auf eine besondere Behandlung, doch da er in seiner Heimat von Adel gewesen war, hatte man ihm eine der reicher ausgestatteten Zimmerfluchten überlassen.

Als er die Tür aufschloss, stürzte ihm ein völlig aufgelöster Faik entgegen. Sein Ikonengesicht war zornrot, und der Bauch unter der Schärpe bebte. »Seht Euch das an, Herr!«, rief er empört. »Ein Mann von der Barid setzte sie trotz meiner Widerrede hier ab. Was erlaubt man sich?«

Wolfram trat in den langgezogenen Raum. Langsam gewöhnten sich seine Augen an das Dämmerlicht. Das stürmische Wetter ließ es nicht mehr zu, auf den Dächern zu nächtigen, und Faik hatte seinen Sarir offenbar am Mittag zurück ins Trockene gestellt. Darauf saß nun jemand. Schulterlange Locken fielen unter dem Turban hervor, doch die Qaba umspielte weibliche Formen. Für einen Augenblick sah Wolfram ein anderes Mädchen in Männerkleidern vor sich.

»Niemand hat um eine Sklavin ersucht«, quiekte Faik und baute sich mit anklagender Miene neben dem Mädchen auf. Er maß sie mit einem verächtlichen Blick. »Wenn mein Herr etwas braucht, bin ich zur Stelle!«

Wolfram bemerkte den jungen Mann, der im Hintergrund gewartet hatte, erst als er nähertrat. Seine Gestalt schälte sich förmlich aus den Schatten der hinteren Mauer.

»Was soll das?«, fragte der Franke mit einer Kopfbewegung nach der Sklavin.

»Sie ist ein Geschenk von meinem Herrn Masrur, dem obersten Gebieter des Kurierdienstes.«

Überrascht schloss Wolfram die Tür. »Der *Sahib al-Barid* macht mir Geschenke?« Misstrauisch lehnte er sich dagegen und verschränkte die Arme. »Warum?« Er betrachtete den Fremden genauer – ein unauffälliger Bursche in dunklen, bescheidenen Gewändern. Der tief sitzende Turban und der Vollbart ließen sein Gesicht fast völlig im Schatten verschwinden.

»Das wird mein Herr Euch selbst sagen, wenn es an der Zeit ist«, entgegnete der Besucher. »Gefällt sie Euch?«

Abrupt öffnete Wolfram die Tür wieder. »Wenn Euer Herr mich zu sprechen wünscht, soll er es mich wissen lassen. Ich nehme keine Geschenke an, ohne zu wissen, was ich dafür tun soll.« Die Barid hatte nicht den besten Ruf. Sie beförderte nicht nur die Post des Kalifen und reicher Bürger, hieß es, sondern vor allem auch geheime Nachrichten.

»Seit fast zwei Jahren habt Ihr keine Frau angesehen«, meinte der junge Mann. Seine Stimme war ruhig und seltsam klanglos. Er lächelte verbindlich. »Eure ganze Leidenschaft galt in dieser Zeit Eurer Pflicht. Vielleicht meint mein Herr, dass es an der Zeit ist, das zu ändern?«

Überrascht starrte Wolfram ihn an. Jeder unverheiratete Mann, der es sich leisten konnte, besaß eine Sklavin. Er selbst nicht – vielleicht hatte ihm diese Vorstellung nach der Zeit mit Arib einfach noch nicht behagt. »Hat Harun ar-Raschid nicht genug Feinde, dass Euer Herr im Schlafzimmer eines Katib schnüffeln muss?«, spottete er. Er ging an dem ungebetenen Besucher, der ihm höflich Platz machte, vorbei in den Raum. Ohne das Mädchen zu beachten, warf er seinen Turban auf den Sarir. »Was will Masrur von mir?«, fragte Wolfram scharf. »Und warum lässt man mich beobachten?«

Er erhielt keine Antwort. Forsch drehte er sich nach dem Fremden um. Doch der seltsame Gast war verschwunden.

»Du hast es gehört!«, rief Faik der Sklavin zu und wies ins Freie. Sein Speckgürtel bebte vor Zorn und das Gesicht unter dem weißen Käppchen rötete sich noch mehr. »Verschwinde!«

Das Mädchen näherte sich Wolfram. »Lass das, du kannst gehen!«, winkte er unwillig ab.

Faik stemmte die Ellbogen in die Hüften. »Hast du nicht gehört?«

»Das hat Masrur mir verboten«, lächelte die Sklavin. Ein

stark aufgetragenes Parfüm stieg Wolfram in die Nase. Ungerührt begann sie an seinem Kaftan zu nesteln.

Faik setzte ein grimmiges Gesicht auf. Er machte Anstalten, sie gewaltsam hinauszuschleifen, doch Wolfram zögerte. Die Sklavin war ein Geschenk Masrurs. Sie zu ihm zurückzuschicken, wäre eine grobe Unhöflichkeit. Er befreite sich sanft, aber nachdrücklich.

»Lass gut sein!« Eine Dirne und ein eifersüchtiger Eunuch, das war wirklich das Letzte, was er brauchen konnte! Besser er trennte die beiden, ehe es zu Mord und Totschlag kam. »Geh zum Kopisten in der Bagdadstraße, Faik, und hol mir die Pergamente, die ich bestellt hatte!«

Der Eunuch bedachte das Mädchen mit einem vernichtenden Blick, was ihm ein Lächeln von ihr einbrachte. Dann schlug er die Tür hinter sich zu.

»Du kannst heute in Faiks Bett schlafen. Morgen werde ich dich verkaufen«, wandte sich Wolfram kühl an die Sklavin. Er wies auf den Durchgang zum hinteren Raum, wo einige aufeinander geschichtete Teppiche Faiks Lager bildeten. »Ich bedarf deiner Dienste nicht.« Er ging an ihr vorbei zu einem Hocker bei der Tür, um eine Schreibarbeit von gestern fortzuführen. Dort fiel das Licht von draußen noch am stärksten ein. Dennoch griff er nach der Wandfackel und entzündete sie, ehe er sich über das Papier beugte. Anfangs war ihm das ungewohnte Material fremd gewesen – im Frankenreich kannte man es nicht. Doch mit den Jahren hatte Wolfram es schätzen gelernt. Papier war nicht so haltbar wie Pergament, aber viel leichter zu handhaben.

Die Sklavin ließ ihr Jäckchen zu Boden gleiten und kam näher. Unter dem durchsichtigen Stoff ihres Hemdes schimmerte ein vollkommener Körper. Die schwarzen Locken fielen ihr auf die Schultern wie damals Arib. Im Halbdunkel konnte er sich fast einreden, sie sei es. Mit einem abfälligen Laut ließ sich Wolfram auf dem Kursi nieder. Er schenkte sich aus der kupfernen Schnabelkanne kaltes Wasser ein und leerte den Becher in einem Zug. Das Mädchen schlang von hinten die Arme um ihn, doch er schob sie verächtlich beiseite. Ein Holzscheit verstand sich besser darauf, Leidenschaft zu heucheln, als eine bezahlte Buhle. Er hob die Feder und widmete sich seiner Schreibarbeit.

Schmollend setzte sie sich aufs Bett. »Ihr seid doch nicht von der khorasanischen Art?« Sie ließ sich rücklings auf die Ellbogen sinken. Unter der durchsichtigen Ghilala zeichneten sich ihre Brustwarzen deutlich ab. Wie versehentlich raffte sie ihre Hose über den nackten Knöchel.

Wolfram fuhr in seiner Arbeit fort, ohne noch einmal aufzublicken. »Der Grund geht dich nichts an, aber ich will deine Dienste nicht. Versuche besser nicht, mich zu bekehren!«

»Bekehren vom khorasanischen Laster!« Das Mädchen wollte ihn offenbar missverstehen. »Ich bin doch keine Arib!«

Das Papier rutschte zu Boden und die Feder mit ihm. Tinte spritzte auf das kostbare Material. Wolfram erhob sich langsam. »Keine …?«

»Die Kayna, die in Männerkleidern auftritt«, antwortete sie. Sie richtete sich auf und zog die Beine unter den Körper. »Habt Ihr mich hier behalten, um Hofklatsch zu hören? Sie ist noch keine sechzehn, aber läufig wie eine Hündin.«

Wolfram war sich nicht sicher, ob er wirklich mehr über die Kayna Arib erfahren wollte. In den vergangenen Jahren hatte er bisweilen mit dem Gedanken gespielt, doch immer wieder war er davor zurückgeschreckt. »Wer ist ihr Herr?«, fragte er zögernd.

»Prinz Abdallah, wisst Ihr das nicht?«, antwortete die Sklavin. Gelangweilt begann sie auf ihren hennagefärbten Fingernägeln herumzukauen. »Aber auch seinem Bruder Abu Isa hat sie das Fell schon über die Ohren gezogen. Er soll sich schier ruiniert haben für teure Kleider, Zuckerwein und Kaskari-Hühner. Abdallah soll ihr derart verfallen sein, dass er seinen Harem völlig vernachlässigt. Seine Frauen hetzen ihm den Kadi auf den Hals, weil er seinen ehelichen Pflichten nicht mehr nachkommt. Als sie noch Zubaida gehörte, bat er sie in sein

Haus. Am nächsten Morgen soll man beide in seinem Hammam gefunden haben. Nackt, und völlig erschöpft von...«

»Halt den Mund!« Wolfram fuhr so heftig herum, dass er dabei den gemusterten Kelim von der Lehmwand riss. Wütend schleuderte er ihn zu Boden. Es musste eine andere Frau sein, beschwor er sich, eine, die mit dem Mädchen, das er nicht vergessen konnte, nicht mehr als den Namen gemein hatte.

»Weiter!«, befahl er.

»Sie hungert nach Macht«, fuhr die Sklavin unsicher fort. »Die ganze Stadt tuschelt hinter vorgehaltener Hand über die hunderttausend Dirham, die ihr Herr angeblich für sie bezahlt hat. Selbst eine gut ausgebildete Kayna kostet höchstens ein Zehntel davon. Seine Ratgeber haben ihn für verrückt erklärt, doch er meinte, man könnte ja schon für ein seidenes Turbantuch Zehntausend ausgeben. Seine Ratgeber sollen darauf gesagt haben, ein Turbantuch sei immerhin auch für das edelste Körperteil eines Mannes bestimmt, während eine Sklavin... Ihr wisst ja.«

Wolfram starrte die Wand an.

»Am meisten hat sich der Schreiber des Prinzen beklagt«, fuhr das Mädchen schnell fort, ehe er wieder wütend werden konnte. »Er wusste gar nicht, wie er diese ungeheure Summe verbuchen sollte. Schließlich soll er in seine Bücher geschrieben haben: Hunderttausend für ein Juwel. Und man sagt, sie maße sich sogar edle Abkunft an. Keine Sängerin hat das bisher gewagt.«

Wolfram atmete auf. Edle Abkunft hatte die Arib, die er kannte, sich niemals angemaßt. Er bückte sich nach seiner Feder und spottete: »Und welche adlige Familie soll eine solche Hure hervorgebracht haben?«

Das Mädchen schien seine Erleichterung zu spüren. Sie verfiel in einen leichten Plauderton. »Ein Geschlecht von Wesiren. Aber mit einem solchen Weib hat es sicher nichts zu schaffen gehabt. Man sagt, Harun ar-Raschid habe Jafar al-Barmaki geliebt wie einen Bruder.«

Wolfram fühlte das Blut aus seinem Gesicht weichen. »Al-Barmaki?«, flüsterte er. Er sah das Mädchen von damals vor sich. *Ich heiße Arib. Arib al-Barm...* Nein, dachte er. Unmöglich! Kraftlos ließ er sich auf den Kursi sinken. »Du lügst!«, sagte er scharf.

»Herr, ich sage nur...«

»Schweig!«, schrie er sie an. Er sprang auf, krachend fiel der Hocker auf den Steinboden.

Wolfram starrte auf die grob verputzte Wand, wo der Fackelschein jede Unebenheit aus dem Schatten hob. Da war etwas in Aribs Stimme, das ihn vom ersten Augenblick an berührt hatte. Sie hatte etwas erweckt, das tief verborgen in ihm gewartet hatte. Für sie hatte er alles aufgegeben, was sein Leben ausgemacht hatte.

Die Sklavin hob ihre Jacke auf. »Da Ihr meiner Dienste nicht bedürft, werde ich gehen«, sagte sie. Es wirkte, als sei sie auf einmal froh darüber.

Mit wenigen Schritten stand er zwischen ihr und dem Ausgang. Sie hob die geschminkten Lider, dann lächelte sie. Wolfram schob langsam den Riegel vor. Doch er sah ihr dabei nicht in die Augen.

12 Als er am anderen Morgen erwachte, fühlte sich Wolfram wie zerschlagen. Seufzend wollte er die Augen wieder schließen, doch eine Bewegung neben ihm ließ ihn hochfahren.

Die Sklavin drehte sich im Schlaf um, ihr schwarzes Haar lag auf den Kissen. Es war kein Albtraum gewesen, der gestrige Abend war Wirklichkeit. Mühsam atmend fuhr er sich mit beiden Händen über Stirn und Wangen.

Wolfram schlug das Laken zurück und erhob sich, ohne die Sklavin eines Blickes zu würdigen. Im Badezimmer schloss er die Tür und lehnte sich dagegen. Langsam ging er zum

Waschtisch. Wieder und wieder schöpfte er sich kaltes Wasser ins Gesicht, doch es erfrischte ihn nicht. Schon die letzten Monate hatte er es geahnt. Vielleicht hatte er deshalb so bereitwillig geglaubt, dass Arib tot oder für immer verschwunden war. Doch nun konnte er die Augen nicht länger vor der Wahrheit verschließen. Sie hatte ihn verraten.

Fahrig schlang er ein Handtuch um die Hüften und begann sich zu rasieren. Er vermied den Blick in den Spiegel, als fürchte er das, was er darin sehen würde. Seine Hand krampfte sich um das Messer. Die Klinge war nahe am Griff stumpf, dennoch schnitt sie tief in seine Finger. Er führte den Stahl zornig, als stünde sie leibhaftig vor ihm – die Buhle des Prinzen Abdallah.

Wolframs Hand zitterte. Blut lief über sein Kinn, tropfte auf die Keramikfliesen und spritzte auf den Waschtisch. Langsam hob er den Metallspiegel und blickte in das Gesicht, das allmählich darin erschien. Ein neuer, harter Zug lag um seinen Mund. Die Wangen schienen eingefallen, die Knochen traten hervor. Blut klebte auf seiner bleichen Haut, die Lippen waren farblos und schmal. Das graue Morgenlicht verlieh seinen Augen einen kalten Glanz.

Es klopfte an der Tür, und Wolfram legte das Messer nieder. Ohne nach dem Sarir zu sehen, ging er zur Tür und öffnete.

Der Afschin starrte auf Wolframs blutige Hand und wurde blass. »Was ist geschehen?«, fragte er erschrocken. »*Khodaye bozorg*, habt Ihr jemanden umgebracht?«

Wolfram antwortete nicht. Die sonderbare Kälte in ihm lähmte jedes Gefühl.

Haidar ibn Kawus gewann seine Fassung zurück. »Zieht Euch an und kommt mit!«, sagte er mit einem besorgten Blick ins Innere der Wohnung. »Ich soll Euch jemandem vorstellen. Und beeilt Euch – diesen Mann lässt man nicht warten.«

Die Wolken waren weitergezogen, doch es war noch immer windig. Scharf wie mit einem Messer gezogen verlief die

Grenze zwischen Licht und Schatten. Auf dem Weg zur Festung bemerkte Wolfram, wie der Afschin ihn immer wieder beunruhigt von der Seite ansah. Sie überquerten einen Platz, wo ein Trupp Soldaten mit Kurzschwertern übte. Ein schwarzer Aufseher, im Schuppenpanzer gewappnet wie in einer Drachenhaut, gab ihnen Befehle. Andere saßen im Schatten, tranken und lachten. Auf ihren halbnackten Körpern glänzte der Schweiß.

»Kriegseunuchen«, erklärte Haidar, wie um das Schweigen zu brechen. »Wegen der Aufstände zieht der Kalif immer mehr Truppen in Khorasan zusammen. Die Steuern, die fremden arabischen Machthaber – das treibt die Menschen den Aufständischen in die Arme. Es ist eine neue Sitte, die Entmannten auch für Kriegsdienste auszubilden, aber sie verspricht Erfolg. Diese Soldaten sind treuer als andere – und außerdem können sie länger reiten.« Das Lächeln, mit dem er die letzten Worte begleitete, wirkte gezwungen.

Jenseits des Platzes ragten hohe Mauern auf. »Seit die Barmakiden vernichtet sind, traut der Kalif nur noch seinen Eunuchen«, fuhr der Afschin fort. »Sie verwalten die Güter der Gestürzten und haben den Platz des Wesirsgeschlechts eingenommen.«

Eine Bö fegte Wolfram Staub ins Gesicht. Am Straßenrand zog ein Weib mit gichtigen Fingern den Schleier höher, als hätte er sie erschreckt.

»Der Eunuch, dem ich Euch vorstellen soll, ist einer der wichtigsten Männer des Reiches«, sagte der Afschin, als sie den hohen Torgang der Festung durchquerten. Er reichte dem Wachposten seinen Jawaz und trat zur Seite, um einem entgegenkommenden Reitertrupp Platz zu machen.

»Einer der wichtigsten Männer des Reiches ein Eunuch?«, fragte der Franke laut, denn zwischen den meterdicken Mauern hallte der Hufschlag der Pferde wider. Offenbar konnte auch ein Fremder hierzulande Einfluss gewinnen.

»Ein Sklave des Kalifen hat auf diesen Rang weit mehr

Aussichten als ein Sohn«, erwiderte der Afschin trocken. »Herrschte ich selbst, würde ich es nicht anders halten. Die Söhne eines Mannes wollen ihre Hände auf sein Erbe legen – seine Eunuchen aber seinen Ruhm vermehren. Wenn es darum geht, Geheimbotschaften zu übermitteln oder gar Insignien des höchsten Amts aus der Hand zu geben, vertraut Harun ar-Raschid diese allemal lieber seinen *Khadam al-Khawass* an als einem seiner Söhne.« Erneut verdunkelte sich der Himmel. Rauch wehte zu ihnen herüber, und aus der nahen Waffenschmiede drang das Klirren von Schwertern.

»Seinen ausgesuchten Eunuchen?«, wiederholte Wolfram.

»Sicher habt Ihr davon gehört, dass Harun ar-Raschid früher in Verkleidung durch die Stadt zu reiten pflegte«, erklärte Haidar knapp. »Zwei Männer waren bei diesen nächtlichen Ritten an seiner Seite. Einer von ihnen ist der Eunuch Masrur, den Ihr gleich kennenlernen werdet: sein Schwertträger, der Henker des Reichs. Zugleich ist er der oberste Mann der Barid.«

»Und der andere?«

Der Afschin erhielt seinen Passierschein zurück und ließ ihn wieder in seinem Kaftan verschwinden.

»Wer war der zweite Mann?«, wiederholte Wolfram.

Haidar blieb im Schatten des Torganges stehen. »Er ist tot«, erwiderte er kurz. Er wies nach links auf eine schmale Treppe. Während sie die gemauerten Stufen hinaufstiegen, blickte Wolfram ihn abwartend von der Seite an. Der Afschin bemerkte es und fuhr widerwillig fort: »Sein Name war Jafar ibn Yahya – Jafar der Barmakide. Es war Masrur, der ihm mit eigener Hand den Kopf abschlug und die Teile seines Leichnams an den Brücken von Bagdad zur Schau stellte.«

Dieser Masrur schien ein bemerkenswerter Mann zu sein, dachte Wolfram sarkastisch. »Und warum?«, fragte er laut.

»Da werdet Ihr tausend und mehr Gründe hören. Angeblich wegen einer Liebschaft Jafars mit einer Schwester des Kalifen.« Haidar winkte ab. »Törichte Mären, mit denen Geschichtenerzähler ihre Zuhörer unterhalten. Das Volk versucht sich zu erklären, warum die mächtigen Wesire starben. – Keine Verletzung wiegt so schwer wie die, welche ein Freund einem anderen zufügt«, sagte er bitter. »Merkt Euch also, man spricht hier nicht von den Barmakiden. Harun ar-Raschid liebte Jafar wie seinen eigenen Bruder. Doch seit dessen Tod kam ihm dieser Name nicht mehr über die Lippen.«

Wolfram hob ironisch die Brauen. »Das wird mir weit weniger schwerfallen, als Ihr glaubt!«

Sie hatten den Treppenabsatz erreicht und standen in einem schmucklosen Vorraum. Ein Sklave öffnete die Zedernholztür, und sie betraten einen rechteckigen Saal. Bewaffnete Eunuchen bewachten die Eingänge. Der schwarz und weiß gefliese Marmorboden war mit Teppichen ausgelegt, dennoch bot der Raum einen soldatisch kargen Anblick. Abgesehen von den geschnitzten Fensterrahmen und dem schwarzseidenen Baldachin an der gegenüberliegenden Seite war er ohne jede Zierde. Selbst die Stuckornamente an den Pfeilern waren von strenger Einfachheit. In eisernen Halterungen brannten Fackeln.

Unter dem Baldachin stand ein schlanker älterer Mann in der schwarzen Durra'a. Er winkte einem Sklaven und befahl in gedämpftem Ton: »Schickt das mit der Brieftaube noch heute nach Tus!« Dann wandte er sich seinen Besuchern zu. »Ich habe von Euch gehört, Wolfram von Aue.« Seine Zähne blitzten weiß auf, als er den fremdländischen Namen ohne zu stocken aussprach. Wie der Raum bot auch er eine Erscheinung nüchterner Eleganz: Außer der Agraffe am Turban und einem schweren goldenen Ring trug er keinen Schmuck. Das bärtige Gesicht war schmal, und auf Stirn und Wangen waren bläuliche Muster in die schwarze Haut tätowiert. Einen brutalen Schlächter hatte sich Wolfram anders vorgestellt.

Einladend wies Masrur auf den Wollteppich. Wolfram und der Afschin traten näher. »Hat Euch mein Geschenk gefallen?« Ein Diener schenkte Tee ein. Er stellte das gravierte Silbertablett auf den Teppich und zog sich zurück. In den Gläsern schwammen kleine Rosenblüten.

»Es wäre nicht nötig gewesen«, erwiderte Wolfram kühl. Er nahm keine Notiz von dem Getränk, schon der Geruch widerte ihn an. »Ich gehöre nicht zu den Männern, die ihren Willen von einer Sklavin lenken lassen. Hätte ich Eurem Ruf nicht folgen wollen, hätte sie auch nichts daran geändert.«

»Ihr sprecht Arabisch und Persisch längst wie Eure eigene Sprache«, meinte Masrur, ohne darauf einzugehen. Er schob Wolfram ein Glas hinüber. »Und Ihr geltet als klug und verschwiegen. Der Kalif hat nicht viele Männer wie Euch.«

»Ich danke Euch für dieses Vertrauen«, erwiderte der Franke zurückhaltend.

Masrur lächelte unbewegt. »Vertrauen ist nicht meine Aufgabe, Wolfram von Aue.« Er zog einen Zettel aus seinem Ärmel. Wolframs Blick blieb an seinen gepflegten Händen hängen, die das Papier sorgfältig entfalteten. Damit hatte er den Mann erschlagen, den er Nacht für Nacht begleitet hatte – nachdem der Barmakide ihn und seinen Herrn verraten hatte.

»Ich habe Nachricht aus Tus«, sagte Masrur und strich den Zettel glatt. »Harun ar-Raschid ist in Khorasan angekommen, doch seine Gesundheit erregt die Sorge der Ärzte. Ein altes Magenleiden hat sich durch die Mühsal der Reise verschlimmert und wird ihn über kurz oder lang ins Grab bringen. Seither hat der lautlose Kampf um seine Nachfolge begonnen. Abdallah, der älteste Sohn des Kalifen, ist mit seinem Vater gezogen. Sein Bruder Muhammad aber, der in Rakka blieb, ist Haruns rechtmäßiger Thronfolger. Mit den richtigen Ratgebern kann auch er ein guter Herrscher werden. Meine Aufgabe ist es, den Willen des Kalifen zu erfüllen.« Er nippte an seinem Tee und sah den Afschin an.

»Abdallahs Mutter war nur eine persische Sklavin«, erklärte Haidar. »Muhammad hingegen ist Zubaidas Sohn und hat die Unterstützung der Familie des Kalifen. Wenn Abdallah herrschen will, kann er seinen Anspruch kaum anders als über seine Frömmigkeit rechtfertigen. In Bagdad ist er ein Fremder, das Volk kennt ihn nicht. Darum wird er sich der Hilfe der Perser und Schiiten versichern, die ihn lieben. Doch unter diesen wimmelt es von Fanatikern. Es würde Aufstände geben. Im schlimmsten Fall könnten sich diese dunklen Mächte das Reich unterwerfen.«

»Womit wir bei Euch wären.« Masrur warf dem Franken einen durchdringenden Blick zu. »Abdallah ist in Tus. Es wäre ihm ein Leichtes, den Tod seines Vaters so lange geheimzuhalten, bis er selbst auf dem Thron sitzt. Das muss ich verhindern. Muhammad muss das Siegel des Kalifen erhalten, ehe sich sein Bruder der Herrschaft bemächtigen kann. Und dazu brauche ich einen Mann, den Abdallah nicht kennt.«

»Ich verstehe.« Die Kühle des Raums und seines Gegenübers übertrug sich zusehends auf Wolfram. »Wäre ich Muhammad, würde ich Abdallah im Kerker verschwinden lassen, noch ehe der Kalif den letzten Atemzug tut.«

Er bemerkte die Überraschung des Afschin, und seine Lippen verzogen sich. Haidar würde nicht der letzte sein, der sich noch über Wolfram von Aue wundern würde.

Masrur lachte leise. »Mir scheint, Haidar, Ihr habt mir den rechten Mann für diese Aufgabe empfohlen. Ihr sagtet, er sei klug, aber nicht, dass er gerissen ist wie ein Schakal!« Er steckte das Papier wieder ein und erhob sich.

»Unterschätzt diese Aufgabe nicht. Abdallah ist ein pflichtbeflissener junger Mann, der sich nicht leicht ablenken lässt. Aber wenn Ihr Erfolg habt, wird Euch der Weg nach oben offenstehen.« Er lächelte schmal. »Das ist es doch, was Ihr wollt, nicht wahr? Es hat durchaus seine Vorteile, ein Fremder zu sein, ohne eine Familie, die nur ihre eigenen Interessen verfolgt. Als Christ könnt Ihr kein rechtmäßiger Krieger sein – wohl aber für die Barid arbeiten.«

Er gab einen Befehl, und ein Diener brachte einen schwarzweiß gestreiften Umhang und sein zweischneidiges, gekrümmtes Schwert. Masrur warf den Mantel über und wandte sich noch einmal an Wolfram: »Ich will, dass Ihr Euch unauffällig gebt«, sagte er und wies auf dessen unberührtes Glas. »Tut, was alle Männer tun: trinkt Tee, auch wenn er Euch nicht schmeckt, schafft Euch vier oder fünf Sklavinnen an, spielt Polo und geht ins Hammam, kurz, befolgt die Gesetze der besseren Gesellschaft. Ihr dürft niemandem trauen außer mir und dem Afschin«, schärfte er ihm ein. »Auch deshalb habe ich Euch gewählt: Man sagt, Ihr seid den Frauen gegenüber unbestechlich. Jede Treue, die nicht Eurer Aufgabe gilt, gefährdet uns und Euch.«

»Seid versichert, dass ich nicht in Gefahr bin«, erwiderte Wolfram kalt. Ohne eine Miene zu verziehen, griff er nach dem Glas und leerte es in einem Zug. »Nennt mir den Auftrag!«

Masrur bedachte die Geste mit einem neuen Aufblitzen seiner gepflegten Zähne. »Macht Euch mit dem Geheimnis der Brieftauben vertraut und nehmt Kontakt zu unserem Mann in Tus auf. Sucht nach einer Schwäche bei Abdallah, nach einer Möglichkeit, ihn vom Sterbelager seines Vaters fernzuhalten. Ich brauche nur eines, um Muhammads Anspruch durchzusetzen: Zeit!« Er nickte den beiden Männern zu und griff nach dem Schwert. »Und noch etwas, Wolfram«, setzte er nach, ehe er die Tür erreichte, »legt Euch einen anderen Namen zu! Ich will nicht, dass jedermann sofort weiß, wer und woher Ihr seid.«

Dieser Teil der Abmachung gefiel Wolfram. Nichts würde mehr an den jungen Ritter erinnern, der seine Ehre für eine Dirne aufgegeben hatte. Es war ihm völlig gleichgültig, welcher Sohn Harun ar-Raschids den Thron des Kalifen bestieg. Er hatte nur noch ein Ziel, und die Barid war der Weg, es zu erreichen: Wenn Arib hoffte, als Abdallahs Hure den neuen Kalifen zu beglücken, hatte sie sich verrechnet. Sie würde an Abdallahs Seite sein – wenn er das Schicksal der Barmakiden teilte.

13 »Sie kommen! Arib, wo zum *Schaitan* treibt Ihr Euch wieder herum?« Der Eunuch Jauhar drängte sich durch eine Gruppe von Lastenträgern, um den Karawanenrastplatz zu überblicken. Die Händler hatten ihr Lager etwas abseits des Tals von Tus aufgeschlagen – nur wenige Hundert Schritte von einem der Landgüter Abdallah ibn ar-Raschids entfernt. Außer Atem blieb Jauhar stehen. Er war den ganzen Weg vom Gut her gerannt. In der tiefstehenden Sonne sah er sich blinzelnd um.

Wo die dichten Tamarisken am Flussufer zurückwichen, herrschte reger Betrieb. Diener befreiten die brüllenden Kamele von ihren Lasten und trieben sie zur Tränke. Andere schleppten frisch gefüllte Schläuche aus Ziegenbälgen von dort weg, ehe die Tiere den Boden zerstampften und das Wasser trübten. Maskentänzer packten ihre Kostüme aus. Teppiche wurden aufeinandergestapelt, Packen mit Jade, Tee und Gewürzen sorgfältig abgeladen. Ein mürrisches Kamel schnappte nach Jauhar. Der Eunuch brachte sich in Sicherheit, und sein Blick fiel auf die Seidenhändler in der Mitte des Lagers. Er grinste über das ganze schwarze Gesicht.

Die Männer hatten ihre kostbare Fracht bereits abgeladen. Opiumkauend hockten sie beim Dugh. Die bräunliche Flüssigkeit rann zwischen den Lippen in den wettergegerbten Gesichtern hervor. Der eine oder andere lehnte sich mit glasigen Augen zurück und fand Vergessen von den Strapazen der Reise. Einer hatte die Lederhaut seiner Ballen aufgeschnürt. Stoffe mit Blumenornamenten lagen auf einem Teppich ausgebreitet: scharlachrot, smaragdgrün, goldglänzend und blau wie Lapislazuli. Eine Frau in Schamla und Kopftuch stand darüber gebeugt. Allah hatte Erbarmen mit ihm, dachte der Eunuch – dieses Mal hatte Arib keinen neuen Liebhaber.

»Schickt zehn Ellen davon aufs Gut!«, wies die Kayna den Händler an und legte einen grünschimmernden Stoff zurück. Sie bemerkte Jauhar, winkte und kam ihm entgegen. »Der Brokat aus Balkh ist einfach der beste«, begrüßte sie ihn. »Ich werde eine Qaba daraus nähen lassen, passende Schuhe und einen Beutel.«

»Ihr werdet nie von der Straße loskommen! Wie seht Ihr nur aus?«, tadelte der Eunuch, als sie flussaufwärts zum Landgut zurückliefen. Der ausgetretene Pfad führte zwischen wilden Tamarisken hindurch, die ihre hellen Blüten über sie neigten. Das Kopftuch auf Aribs Haar war ausgewaschen, die Schamla grau und unscheinbar.

Die Kayna des Prinzen lachte, und ihre dunklen Augen funkelten. Im Gehen nahm sie beides ab: Darunter waren die schwarzen Locken mit einem juwelenbesetzten Stirnband geschmückt, und sie trug ihre kostbaren Kleider. »Sei nicht so streng«, lächelte sie. Sie reichte ihm ein Päckchen. »Hier, für dich: Rhabarberwurzeln aus China, gegen deine Verstopfung!«

Seit Abdallah sie vor fast zwei Jahren auf die Domäne Firdaus gebracht hatte, hatte sich Arib keinen Augenblick nach Rakka zurückgesehnt. Abseits des Palastes von Tus fühlte sie sich sicher – umso mehr, seit sich Harun ar-Raschids Krankheit verschlimmert hatte. Das Gut lag am Fuß der hohen Bergkette, die das Tal von der staubigen Hochebene Nischapurs trennte. An die kahlen Geröllhänge schmiegten sich die Steinhütten der Bauern. All das war Arib von Kindheit an vertraut, sodass sie sich wie zu Hause fühlte.

Sie erreichten den Rosengarten. Das Tischtuch mit den grünen Isfahan-Ornamenten war bereits ausgebreitet, der Baldachin zum Schutz vor der Sonne aufgestellt. Geschäftig liefen Diener hin und her. Die Köche warteten auf das Fleisch, das Abdallah und seine Zechgenossen von der Jagd mitbringen würden.

Arib warf Kopftuch und Schamla achtlos beiseite und flocht eine weiße Rose in ihr Haar. Jauhar lachte: »Ihr habt schnell gelernt, wie man sich Männer zu Sklaven macht. Die Marktvögte von Rey bis Tus machen Euch teure Geschenke, während der Kalif auf seine Steuern warten muss. Und im Herzen des Prinzen seid Ihr ohnehin die Königin.«

»Das schon, aber Königinnen haben meist einen Hofstaat von zahlreichen Damen«, erwiderte Arib spitz. »Ist es wahr, dass Abdallah seine erste Gemahlin aus Bagdad hierher befohlen hat?«

Jauhars weiße Zähne blitzten. »Die Eifersucht der Weiber kann einem Mann das Leben wahrlich zur Hölle machen.«

»Wer in der Hölle schmort, hat vorher auch Sünden auf sich geladen«, erwiderte Arib ungerührt.

Die Reiter galoppierten in den Rosengarten, und Staub wirbelte auf. An der kurzen Leine liefen ägyptische Geparden, und auf der ledergeschützten Faust des Falkners saß das vermummte Tier. Vogelbälge hingen an den Sätteln.

Arib lief Abdallahs Pferd entgegen. Der kurze Vollbart, den er seit einiger Zeit trug, war staubig, genau wie seine grünen Kleider. Hier im Osten zog er die Farbe des Propheten der schwarzen Hoftracht vor. Sie fand, dass es ihm nicht stand. Doch er musste sich fromm geben, wenn er seinem Vater auf den Thron folgen wollte. Nun sprang er aus dem Sattel und fiel ihr zu Füßen.

Scherzhaft stieß sie ihn zurück. »Habt Ihr etwas erlegt oder muss ich heute Abend hungern?«, rief sie laut in die Runde. Die Männer lachten.

»Ich muss gestehen, dass ich nichts erlegt habe«, erwiderte er und küsste ihre Hand. »Und schuld daran sind deine schönen Augen, Geliebte. Ich hatte eine Gazelle vor mir, ein wunderbares Tier. Der Gepard hatte sie schon zu Boden geworfen, und ich wollte sie töten. Doch da blickte sie mich an, und ich schwöre es, ihre Augen glichen deinen.«

»Von Liebesschwüren werde ich nicht satt«, neckte Arib. »Glaubt Ihr, ich lasse Euch so leicht davonkommen?«

»Nein«, erwiderte Abdallah trocken. »Denn du hast mich nicht vollenden lassen. Ich wollte das Tier schonen, ich schwöre es! Aber dann dachte ich an dein hinreißendes Gazellenfleisch in Aspik, und…« Er winkte einem Diener, der Arib mit einer Verneigung die tote Gazelle präsentierte.

»Um Himmels willen, schaff das weg!«, rief Arib und brachte die Männer erneut zum Lachen.

Abdallah wies auf den Kahn, der auf dem Kanal schaukelte. »Nun komm, lass heute die Eunuchen kochen. Wir machen eine Bootsfahrt!«

Auf dem Wasser, im Schatten der Palmen, waren sie vor Blicken geschützt. Arib saß im hinteren Teil des Boots und ließ eine Hand ins Wasser hängen. Sie hatte Jubba und Hemd vom Saum bis knapp unterhalb der Brust aufgeknöpft, so dass man ihren nackten Bauch und die hautengen, gemusterten Seidenhosen sehen konnte. Neben ihr stand die Laute. Während sie ein neues Lied im passenden Maqam vor sich hin summte, beobachtete sie ihren Herrn abwartend unter halbgeschlossenen Lidern.

Sie spürte eine Bewegung, und das Boot schwankte. Abdallah kam herüber und legte ihr die Hand auf den Mund. »Lass das«, flüsterte er. »Sonst weiß ich nicht mehr, was ich tue!«

Arib sang weiter und verlieh ihrer Stimme einen tiefen, gleitenden Klang.

Sein Atem ging schwerer. Er spielte mit den Locken, die unter ihrem Stirnband herabfielen, und begann sie zu küssen. Sanft presste er das Knie zwischen ihre Beine und wollte sich über sie beugen. Arib hielt ihn zurück. »Wirst du mir den Kopf des Afschin geben, wenn du Kalif bist?«

Er keuchte leise. »Arib, lass uns später …«

Sie hielt ihn weiter von sich fern.

»Ich würde alles tun, um dich wieder in meinen Armen zu halten«, stieß er hervor.

Arib lächelte. Sie wollte ihre Hand abwärts gleiten lassen, doch er hielt sie auf seiner Brust fest. »Warum traust du mir nicht?«

Arib wich seinem Blick aus und verfolgte die tanzenden Lichtflecken auf der spiegelnden Wasseroberfläche.

»Ich werde dir die Welt zu Füßen legen«, hörte sie seine beschwörende Stimme. Sein Mund glitt über ihr Gesicht und ihr Haar. »Es sollte der beste Mann herrschen, nicht der, dem die Dynastie den Vorzug gibt. Aber eines Tages werde ich in Bagdad einziehen – als Kalif. Eine Stadt von unvergleichlicher Pracht, Arib! Und sie wird dich vergöttern.«

Das vertraute Schweigen zwischen ihr und Wolfram hatte ihr mehr bedeutet als tausend Städte, die sie vergötterten. Etwas engte Aribs Kehle ein und durchlief ihren Körper wie ein Stich. Es gab nur einen Weg, zu betäuben. Sie schloss die Augen und gab sich Abdallahs Liebkosungen hin. Lautlos fiel die Rose aus ihrem Haar, und die Blütenblätter verteilten sich auf dem Boden.

Als sie später zum Landgut zurückkehrten, Arib mit der Laute über der Schulter, strich der Wind durch ihr feuchtes Haar. Schon von Weitem hörten sie Ishaks Gesang. Das am Boden ausgebreitete Tischtuch war üppig gedeckt: Gazellenfleisch, in Honig eingelegte Hühnerflügel, Essiggemüse und alle Sorten Nüsse und Naschwerk. Eunuchen eilten von Einem zum Anderen, um eisgekühltes Rosenwasser nachzuschenken. Nun, da der Gastgeber und seine Kayna unter den Baldachin traten, holten sie auch die schweren Weinkannen. Ohne auf die zeremonielle Einladung zu warten, ließ sich Arib neben Abdallah auf dem Teppich nieder. Belustigt nahm sie zur Kenntnis, wie einige seiner Zechgenossen entsetzte Blicke wechselten.

»Versüße uns den Abend, Arib!«, rief Ahmad, einer von ihnen. Er lag im Schoß einer blonden Sklavin, die ihm die Schultern massierte. »Wenn du uns schon nicht alle so beglücken kannst wie den Prinzen!«

Wenn er sie damit zum Erröten bringen wollte, hatte er sich verrechnet. »Das könnte ich schon«, erwiderte Arib, »aber Ihr könnt es Euch nicht leisten. Begnügt Euch mit meiner Musik, das ist mehr als Ihr verdient!«

Die Männer lachten. Nur Aribs zweiter Liebhaber Abu Isa fand die Bemerkung offenbar weniger amüsant. Eigentlich brauchte sie ihn nicht mehr. Doch er war zärtlich, und eine Kayna, die sich auf einen Mann alleine verließ, verstand ihr Handwerk nicht.

»Frauen taugen weder zum einen noch zum anderen«, trompetete jemand. Abu Nuwas – wer sonst, dachte Arib. Früher hatte er mit Versen über Wein und Sinneslust die Gemüter erhitzt. Jetzt, da er auf die Sechzig zuging, hatte sein Temperament nachgelassen, und seine Lockenpracht war sichtlich nachgefärbt. Ein bildschöner Knabe mit geschminkten Augen und schwarzen Locken schenkte ihm Wein ein. Arib bemerkte, wie der Alte den Schankjungen verstohlen betastete. Offenbar stimmte es, was man sich hinter vorgehaltener Hand über ihn erzählte.

»Wenn man Knaben den Vorzug gibt, taugt einem wahrhaft die schönste Frau nichts«, neckte sie ihn. »Wie das persische Sprichwort sagt: Ein Esel, der nie Gerste geschmeckt hat, wird immer trockenes Stroh bevorzugen.«

Neues Gelächter belohnte sie. Abu Nuwas reckte den mageren Hals, und seine scharfe Nase hob sich wie ein Geierschnabel. »Ich kenne ein Dutzend Lieder, warum diese Liebe der zu den Frauen vorzuziehen ist.«

Arib legte ihren angebissenen Hühnerflügel ab und tauchte die Hände in die Fingerschale. Während eine Sklavin ihr die Finger trocknete, sagte sie herausfordernd: »Lasst hören!«

Die Mädchen kicherten, und die Männer stießen sich an. »Was für ein Abend, Abdallah ibn ar-Raschid!«, rief der beleibte Imam, der fröhlich einen Becher nach dem anderen leerte. »Ihr versteht es, Eure Gäste zu unterhalten! Die beiden berühmtesten Sänger von Tus streiten über die Liebe!«

Abdallah erhob sich. »Ich denke, Arib wird siegen.«

Ishak folgte seinem Beispiel und ließ sich zu seinen Füßen nieder. Alle Augen folgten der wie immer phantasievoll gekleideten Gestalt. Heute trug er zur grünen Qaba eine gelbe Schärpe und passende Schuhe.

»Ich setze auf Abu Nuwas!«, widersprach Ahmad. In kürzester Zeit hatten sich die Zecher auf zwei Seiten verteilt: Links für Arib, rechts für Abu Nuwas. Scherzende und herausfordernde Worte flogen hin und her: »Sie zieht ihn aus bis auf die Knochen, wie alle Sängerinnen!« – »Er wird ihr zeigen, wie man Verse macht! Noch keine Frau hat es gewagt, gegen einen Rawi anzutreten.« – »Sie ist bei Allah hübscher anzusehen, Freunde, da wollt ihr doch nicht den alten Mann bejubeln?« Dazwischen mischte sich der Schrei eines Pfaus, als wollte das Tier ebenfalls seinen Favoriten kundtun.

Abu Isa goss einen Becher Wein nach dem anderen hinter sein Poetenbärtchen. Offenbar hatte er noch Einiges vor, denn Abdallah trank weitaus bedachtsamer, und ein solches Gelage endete erst, wenn der Gastgeber betrunken war. Abu Nuwas hatte bereits auf einer Steinbank Platz genommen, wo man ihn gut sehen konnte. Von der Seite neigten sich anmutige Rosenzweige über ihn. Die Gäste gruppierten sich im Halbkreis davor, und Arib setzte sich neben den Alten. Affektiert schlug dieser ein Bein über das andere, hob die Laute und setzte mit einem seiner älteren Lieder ein:

Stets hab ich mich den Lüsten hingegeben
Und dem Verbotnen galt mein ganzes Streben.

Diejenigen, die seine Partei ergriffen hatten, lachten. »*Ahsanta!*«, applaudierten sie.

Mit triumphierender Miene reichte er Arib die Laute. Sie nahm das Instrument und erwiderte auf dieselbe Melodie:

Doch um in Eurer Knaben Arm zu sinken,
Müsst Ihr zuerst Euch fürchterlich betrinken!

Ihre Anhänger lachten. »*Ya Azima!*«, applaudierte Jauhar. Zornig fuhr Abu Isa ihn an. Der junge Mann hatte schon mindestens sieben oder acht Ratl getrunken. Es musste etwas wenig Schmeichelhaftes gewesen sein, was er dem Eunuchen an den Kopf geworfen hatte, denn Jauhar gab eine heftige Erwiderung. Auf einmal warf Abu Isa seinen Becher weg und brüllte: »Davon verstehst du nichts, Eunuch!«

Empört über die Störung ließ der alte Barde die Laute sinken. Mit schwankenden Schritten kam Abu Isa auf Arib zu. Er roch nach Alkohol und feuchte Flecken auf seiner Brust verrieten, dass die Hand den Weg zum Mund nicht mehr sicher fand. Arib rutschte auf ihrer Bank hin und her. Das fehlte gerade noch, dass ihr ein eifersüchtiger Liebhaber eine Szene machte.

»Du hast meine Sinne berauscht in der Nacht der Vereinigung!«, verkündete Abu Isa theatralisch und lallte weiter: »Nichts hat mich je mit größerer Befriedigung…«

»Halt den Mund!«, zischte Arib. Der Klatsch bei Hof würde morgen die Details ihrer Liebesspiele zerpflücken.

»Zwei Göttern kann der Mensch nicht dienen!«, deklamierte er ungerührt. »Zwei Schwerter gehen nicht in eine Scheide! Wie kannst du dir zwei Liebhaber halten?«

»Du hältst dir vier Gemahlinnen«, erwiderte Arib trocken. »Und für meine Untreue kann ich nichts, ich bin eine Kayna.«

Der Imam lachte schallend und prostete ihr zu. Abu Isa schien weniger belustigt. Er funkelte sie aus blutunterlaufenen Augen an und griff an den Gürtel. Da jedoch keine Waffe darin steckte, bekam er nur das locker geknotete Ende seiner Schärpe zu fassen. Unversehens machte er Anstalten, auf sie loszugehen.

Abdallah gab einen raschen Befehl. Zwei kräftige schwarze Sklaven griffen den Randalierenden unter den Armen und schleiften ihn zum Kanal hinab. »Falsche Schlange!«, grölte Abu Isa, während er sich im festen Griff der Eunuchen wand. Die Sklaven tauchten ihn ins Wasser. Sein Schreien verstummte, prustend rang er nach Luft.

Abu Nuwas hob von Neuem die Laute, und seine schlaffe Gesichtshaut rötete sich. Offenbar war er sich des Sieges sicher:

Wer sagt, er liebt weibliche Leiber,
Den hat nur kein Jüngling begehrt.

Arib übernahm das Instrument und entgegnete:

Und doch hab zur Liebe der Weiber
Ich selbst schon Prinzen bekehrt!

»Muhammad ibn ar-Raschid! Sie spricht die Wahrheit!« Die Männer waren nicht mehr zu halten, klatschten und johlten. Die Mädchen stießen trillernde Schreie aus, und der dicke Imam rief Segenswünsche. Auch diejenigen auf der Seite Abu Nuwas' spendeten Beifall, selbst der Pfau stimmte ein. Abdallah sprang von seinem erhöhten Sitz auf und lief herunter zur Steinbank. Lachend küsste er Aribs Hand und rief nach seinem Verwalter. »Lass ihr tausend Dirham auszahlen!«

Arib verneigte sich und warf den Männern Kusshände zu. Strahlend übernahm sie Abdallahs Becher. Als sie den Wein an die Lippen hob, bemerkte sie einen Reiter, der in einiger Entfernung aus dem Sattel sprang. Er trug die schwarze Hoftracht. Jauhar kam mit dem Ankömmling herüber, und Abdallahs Ausdruck wurde ernst. »Ist es soweit?«, fragte er leise. »Hat die Seele meines Vaters diese Welt verlassen?«

Der Bote ließ den Blick über die feiernde Gesellschaft schweifen. Doch er versagte sich eine Bemerkung und verneinte. »Der Kalif bittet Euch, Eure Kayna zu ihm zu schicken. Er sagt, Ihr hättet ihm von dem Mädchen erzählt. Vielleicht vermag sie seine Schmerzen zu lindern.«

Schlagartig verschwand das Lächeln von Aribs Gesicht. Sie stellte den Becher ab und kam herüber. Schutzsuchend umklammerte sie Abdallahs Arm.

»Ich werde mitkommen«, sagte er. Sie schenkte ihm einen dankbaren Blick.

»Euer Vater wünscht nur, dem Mädchen zu lauschen«, erwiderte der Bote. »Wollt Ihr ihm diese Gefälligkeit verweigern?«

Arib bemerkte, wie ihr Herr zögerte, und erschrak. Er schien nachzudenken, dann zog er sie beiseite. »Du hast von

ihm nichts mehr zu befürchten, Liebste«, versicherte er und küsste sie auf die Wange. »Er ist bettlägrig und sehr schwach.«
Zweifelnd sah Arib ihn an.
»Du weißt, dass ich alles für dich tue«, sagte Abdallah. »Willst du dieses eine Mal etwas für mich tun?«

14

Die ersten Vorboten eines kalten Sandsturms fegten über die Lehmkuppeln von Tus. Die Residenz des Kalifen schien von einer Staubglocke erdrückt zu werden. Langsam, aber unerbittlich näherte sich die alles verschlingende Wand. Wie ein Leichentuch legte sich feiner Sand über die Häuser.

Arib kam hinter einem Eunuchen durch den Korridor auf der Zitadelle. Immer wieder sah sie hinunter auf die atemlos daliegende Stadt, deren Mauern sich kaum aus dem gelblichen Himmel schälten. Der Diener öffnete eine geschnitzte Tür am Ende des Ganges und ließ ihr den Vortritt.

Sie stand in einem verdunkelten Gemach. Stoffbahnen sperrten Sand und Tageslicht aus. Schattenhaft kamen Sklaven in roten Kaftanen heran, die bei dem Kranken gewacht hatten. Die Brokatbordüren auf ihrer Brust glänzten, als sie ins Licht traten. Parfümierte Silberampeln brannten, doch auch sie konnten den Geruch nach Krankheit und Tod nicht überdecken.

Obwohl man Arib vor dem Gestank gewarnt hatte, den das zerstörerische Geschwür im Magen des Kalifen verbreitete, drückte sie beklommen ein Tuch vor die Nase. Für einen Augenblick spürte sie wieder diesen fauligen Hauch auf ihrem Gesicht und sah das verzerrte Lächeln über sich.

Im hinteren Teil des Gemachs machte sie die Laken einer prunkvollen Bettstatt aus. Daneben glühte ein Kohlenbecken, und auf einem Tischchen stand eine Schüssel mit Rosenwasser. Ein seidenes Moskitonetz versperrte den Blick auf das Lager.

Der Eunuch hob es ein Stück und beugte sich zu dem Kranken. »Die Sängerin ist da, *Amir al-Mu'minin*.«

Er winkte Arib näherzutreten und zog sich lautlos zurück. Auch die Sklaven verließen das Zimmer. Mit einem leisen Klicken schloss sich die Tür. Dann war sie allein mit dem Kalifen. Wie damals.

Die Laute fest an sich gepresst, trat sie näher. Die Stoffbahnen waren einen Spaltbreit geöffnet, und sie sah auf das Bett. Der Kranke hatte mit dem mächtigen Harun ar-Raschid nicht mehr viel gemein. Ein krankhaft angeschwollener Leib zeichnete sich unter dem Laken ab. Weiße Bartstoppeln bedeckten das Kinn, den faltigen Hals und die eingefallenen Wangen. Die Locken waren ergraut und die Höhlen der tiefliegenden Augen von dunklen Schatten umgeben. Kein Kuhl färbte mehr die flatternden Lider. Dennoch war Arib dankbar, dass er sie geschlossen hielt. Immer wieder rang er stockend nach Atem. Innerhalb von zwei Jahren war aus dem Kalifen ein alter Mann geworden.

»Es heißt, du könntest Schmerz und Angst vertreiben«, sagte er mühsam, ohne die Augen zu öffnen. Offenbar hatte Abdallah ihren Namen nicht genannt, dachte Arib dankbar.

»Ihr seid im Zeichen des Wassermanns geboren«, flüsterte sie. »Die rechte Tonart wäre also eine, die mit Saturn harmoniert. Und mit der dritten Lautensaite, welche die Körpersäfte in Ausgleich bringt, könnte ich Euch Besserung verschaffen.« Sie stellte das Instrument auf den Boden, und die Saiten erklangen leise. »Wenn ich wollte.«

Er bewegte den Kopf. »Sing«, stöhnte er, »und lindere meine Schmerzen.«

Arib ließ das Tuch vom Gesicht sinken. »Schmerzen«, sagte sie tonlos. »Das kenne ich. Ich hatte auch Schmerzen. Es nimmt einem den Atem.« Sie wartete, bis die Stille unerträglich wurde, dann setzte sie nach: »Ich habe keine heilenden Klänge mehr. Ihr habt sie zertrümmert, in jener Nacht, als Ihr mir die Ehre genommen habt – und meine Träume.«

Harun hob die Lider, und seine Augen weiteten sich. Schweißperlen traten auf seine durchscheinende Haut. Er hatte sie erkannt.

»Abdallah scheint große Stücke auf mich zu halten«, sagte Arib. Trotz des Gestanks atmete sie jetzt freier. »Aber Ihr wisst ja, wie es mit den Singsklavinnen ist.« Sie zwang sich zu einem Lächeln. »Ihre Liebe hat immer einen Preis.«

Harun ar-Raschid öffnete den Mund, doch er brachte nur ein neues Stöhnen hervor.

Arib trat noch näher. Wieder spürte sie den scharfen Schmerz in ihrem Leib. Mit jedem Atemzug durchlief er sie, und sie konnte sich nur mühsam zwingen, nicht einfach zu fliehen. Doch sie musste endlich eine Antwort haben. Arib beugte sich über den Kalifen. »Warum musste meine Familie sterben? Warum habt Ihr das Geschlecht der Barmakiden vernichtet?«

Über die bleichen Lippen lief Speichel.

»Warum?«, schrie sie. Wieder sah sie den gleichgültigen Blick vor sich, mit dem er den Afschin angewiesen hatte, sie Zubaida zu schenken. Als sie gekrümmt vor Schmerzen auf dem Bett gelegen hatte, nachdem er sie genommen hatte wie ein Stück Vieh.

Er röchelte etwas, und sie brachte ihr Ohr näher an seinen Mund. »Jafar ... er wusste ... was er wollte.«

Von dem Gestank wurde ihr übel. Arib richtete sich auf. »Das mag sein«, wiederholte sie bitter. »Nun, die Kayna Arib hat erreicht, wovon die Barmakidin nicht einmal träumen konnte.« Sie strich sich aufreizend über den Körper. »Warum sollte man noch viel auf Keuschheit geben, wenn man sie erst einmal verloren hat? Selbst wenn es durch rohe Gewalt war, sie ist einfach nicht wiederzubringen. Deine Söhne Muhammad und Abdallah sind ein wenig sanftere Liebhaber, als du es warst. Und sie wollen jeden meiner Wünsche erfüllen.«

In seinen Augen wurde das Weiße sichtbar. Seine ausgemergelte Linke tastete nach dem Rand des Lagers. Er wollte rufen, doch er brachte den Namen seines Sohnes kaum hervor: »Abdallah ...«

Arib sah auf den angeschwollenen Leib herab. Sie fragte sich, warum sie keinen Triumph empfand. So lange hatte sie diesen Augenblick herbeigesehnt. »Warum?«, fragte sie noch einmal, dieses Mal leise.

Harun wandte wortlos das Gesicht ab. Plötzlich wurde sein Körper von wilden Krämpfen geschüttelt. Arib wich zurück, doch sie rief keine Hilfe. Reglos wartete sie in einigem Abstand. Harun ar-Raschid erbrach sich würgend. Schwarzes Blut rann aus seinem Mund und seiner Nase. Mit einem erstickten Gurgeln rang er nach Atem. Zwei Eunuchen stürzten herein. Einer richtete den Kranken auf, der andere lief den Arzt holen. »Wasser!«, rief der erste ihm nach. »Und Tücher, schnell! Er wird ersticken, wenn wir den Auswurf nicht abfließen lassen.«

Langsam zog sich Arib zur Tür zurück. Der Arzt kam, und gemeinsam mühten sich die Männer über dem gepeinigten Körper ab. Der Kalif stieß furchtbare Laute aus. Das wirre graue Haar war verklebt von Blut und Erbrochenem. Unaufhaltsam rann der grausige Strom über die bleichen Lippen auf die eingefallene Brust und den geschwollenen Leib. Sein Gesicht hatte sich dunkel verfärbt, auf Stirn und Wangen wurden die Adern wie dicke Seile sichtbar. »Das Geschwür drückt auf sein Herz!«, rief der Arzt. »Heb ihn hoch!«

Die Augen des Sterbenden traten hervor. Harun ar-Raschid stieß einen entsetzlichen Schrei aus. Krampfartig bäumte er sich auf und stöhnte gurgelnd. Ein Schwall schwarzes Blut schoss aus seinem Mund und besudelte die blütenweißen Laken. Erschrocken wichen die Männer vom Bett zurück. Ein Übelkeit erregender Gestank breitete sich aus. Dann sank der leblose Körper in die Kissen.

Arib floh hinaus auf den Gang, an die frische Luft. Sie hielt die Hand auf den Leib, weit unten, wo sie eine glühende Nadel zu stechen schien. Ein Luftzug voll Sand strich über ihr Gesicht, und dankbar holte sie Atem. Ihre Haut war schweißbedeckt. Doch es war vorbei.

15

Die Kayna achtete nicht auf den älteren Eunuchen, der nach ihr das Sterbezimmer des Kalifen verließ. Noch nie hatte der Khadim die Sängerin aus der Nähe gesehen, und so musterte er sie kurz. Ihr schmales Gesicht war unter der Schminke bleich, die dunklen Augen weit geöffnet. Mit einem Hauch von Mitgefühl bemerkte er, wie jung das Mädchen war.

Er schloss die Hand um den runden Gegenstand, den er in seinem Gewand versteckt hielt. Wachsam sah er sich um, doch außer ihnen war niemand hier. Er hastete die schmale Treppe hinab. Der Korridor führte direkt in den belebten Eingangshof. Sein Blick streifte Rüstungen und schwarzgekleidete Diener. Aus der nahen Küche drang Rauch und mischte sich mit dem strengen Pferdegeruch. Er wandte sich zum überdachten *Dihliz*, um durch den breiten Gang den Palast zu verlassen. Wenn er sich beeilte, würde er den verabredeten Treffpunkt erreichen, ehe jemand sein Fehlen bemerkte.

»Ihr habt etwas für mich?« Unbemerkt war der junge Mann von hinten an ihn herangetreten. Sein bartloses Gesicht war von einer fremdartigen Schönheit. Er trug einfache dunkle Kleider, auf denen sich weißer Sand abgelagert hatte – weder Rüstung noch die schwarze Hoftracht des Kalifen. Blondes schulterlanges Haar, die kraftvolle Gestalt eines Kriegers: die Beschreibung stimmte.

»Wie seid Ihr hereingekommen? Wenn man Euch erkennt ...« Der Eunuch unterbrach sich, als sein Gegenüber die Lider hob. Unwillkürlich schreckte er vor den hellen Augen zurück wie vor dem Bösen Blick. Dieser schöne junge Mann hatte etwas Bedrohliches.

Zögernd holte er den unscheinbaren Gegenstand aus seinem Gewand. »Ich übergebe Euch den kostbarsten Besitz des Reiches«, beschwor er den Fremden. »Wer ihn trägt, hält die Macht des Kalifen in seinen Händen. Hütet ihn wie Euer eigenes Leben!« Rasch zog er seine Hand zurück, als fürchte er die Berührung der kühlen Haut des Fremden.

»Besser als ein Vater die Jungfräulichkeit seiner Tochter hütet«, erwiderte dieser ironisch und schloss die Finger um die Scheibe. »Weiß Abdallah bereits, was geschehen ist?«

»Seine Kayna Arib war hier, als es geschah. Doch sie wird Zeit brauchen, ehe sie ihren Herrn benachrichtigen kann.«

»Sie ist hier?« Die dunkle Stimme des jungen Mannes verlor etwas von ihrer Überlegenheit. Er sah zum ersten Stock hinauf. »Der Anblick des Todes verletzt wohl ihr unschuldiges Gemüt«, spottete er dann. »Sie sollte sich besser daran gewöhnen.« Er ließ das Siegel in seinem Kaftan verschwinden. »Nun, das verschafft mir einen Vorsprung. Haltet sie im Palast, solange Ihr könnt!«

»Bringt das Siegel der Herrschaft sicher zu seinem rechtmäßigen Träger«, flüsterte der Eunuch. »Möge Allah mit Euch sein.«

Der Fremde lächelte kalt. »Solange mich mein Verstand nicht im Stich lässt, kann Gott nicht viel falsch machen.« Doch seine Augen lächelten nicht. Er schwang sich auf das wartende Pferd. Mit einer geübten Handbewegung bändigte er den Hengst und prüfte noch einmal, ob die goldene Scheibe an ihrem Platz auf seiner Brust war. Dann trottete das Tier zum Ausgang, und ohne Verdacht zu schöpfen, ließ der Pförtner ihn passieren. Der Eunuch blickte ihm nach, bis der herabwehende Staub ihn verschluckte.

Drei Monate später trieb ein Reiter sein verschwitztes Pferd in den *Khuld*-Palast von Bagdad. Das Geräusch der Hufe hallte im überdachten Korridor und der Staub der Straße folgte ihm in den marmorgepflasterten Hof. Geschmeidig sprang er aus dem Sattel und warf die Zügel einem Stallknecht zu. Die Sommerhitze über dem Tigris hatte ihm Schweiß auf die Stirn getrieben.

»Zu Prinz Muhammad!«, rief Wolfram. Er war ebenso außer Atem wie sein Pferd, dessen Flanken sich heftig hoben und senkten. Ungeduldig reichte er dem herbeieilenden Eunuchen seinen Jawaz. Der Mann erschrak und führte ihn ohne Zeremoniell hinein. Wolfram folgte ihm, als sei der Teufel hinter ihm her.

Der Palast der ewigen Seligkeit lag unweit des Tigris auf der großen Abbasideninsel. Die wenigen Winde, die um diese Jahreszeit wehten, fingen sich in seinen Mauern. Dankbar spürte Wolfram den kühlen Hauch auf seiner Stirn.

Der Eunuch brachte ihn in den Garten. Weit unten waren, von zartem Dunst umwebt, drei Arkaden am Tigris zu sehen. Dazwischen erstreckte sich der Garten mit persischen Rosen und Palmen. Lärm und Staub der Stadt schienen unendlich weit weg.

Muhammad ibn ar-Raschid lag auf seinem Sarir im Schatten eines Baldachins und ließ sich die Augen schminken. Mehrere *Ritliyat* verrieten, dass er trotz der Hitze dem Wein zusprach. Als er den Besucher bemerkte, schob er seinen Eunuchen beiseite und richtete sich auf.

»Dhib ar-Rakki«, begrüßte er Wolfram huldvoll. Der Franke war der Empfehlung Masrurs nachgekommen und hatte einen arabischen Namen angenommen. Der Thronfolger musterte die staubbedeckten Kleider und den Vollbart des Besuchers, den dieser sich gegen seine sonstige Gewohnheit hatte stehen lassen. Mit der beringten Hand schnippte Muhammad ein unsichtbares Sandkorn von seiner Qaba. »Was berichtet Ihr mir aus Tus?« Er machte keine Anstalten, die Eunuchen auf seinem Sarir wegzuschicken. Der Jüngling, der soeben Kuhl und Schminkpinsel abstellte, war blond, der andere musste aus Afrika stammen. Beide waren kaum sechzehn Jahre alt, äußerst gut gebaut und trugen die schwarze Durra'a, die nur den vertrauenswürdigsten Paladinen des Kalifen zustand. »Ich habe keine Geheimnisse vor meinen Freunden«, sagte Muhammad, der Wolframs Blick gefolgt war. Er tätschelte die Schulter des Schwarzen, und lächelnd hob der Junge den Fächer, um seinem Herrn Luft zuzuwedeln.

»Ihr wisst bereits durch die Brieftaube vom Tod Eures Vaters?«

Der Thronfolger lehnte sich affektiert zurück in den Schatten und tupfte sich die Stirn mit einem seidenen Tuch. Dass sein Besucher in der prallen Sonne stand, schien ihn nicht zu stören. »Ich danke Euch für die Nachricht. Abdallah ist ohne das Siegel machtlos, und so ist schon alles vorbereitet für die Feierlichkeiten, wenn ich zum Kalifen erhoben werde. Vermutlich ist es längst unterwegs nach Bagdad.«

»Hier ist es.« Wolfram griff in seinen Kaftan und förderte die schwere goldene Scheibe zutage.

Muhammad sprang auf. Durch die hastige Bewegung büßte er einen Augenblick lang etwas von seiner gewohnten Eleganz ein. »Ich hatte mit einem Eunuchen gerechnet. Man hat Euch das Kostbarste anvertraut, was unser Reich besitzt?«

Wolfram lächelte unbewegt. »Niemand ist dem Kalifen so ergeben wie ein Heimatloser. Abgesehen von gewissen körperlichen Merkmalen unterscheide ich mich nicht so sehr von den Eunuchen.«

Muhammad lachte laut. Seine Augen glitten wohlwollend über Wolframs muskulöse Gestalt. »Ich werde Euch die Privilegien eines Nadim verleihen, Dhib ar-Rakki«, versprach er leutselig. »Unterhaltsame Zechgenossen wie Ihr tun diesem Hof not. Aber auch was Euren Rang bei der Barid betrifft, werde ich Euch zu belohnen wissen.« Er winkte ihm näherzutreten. »Habt Ihr mir noch mehr zu sagen?«

Dankbar trat Wolfram in den Schatten. Er warf einen Blick auf die beiden Knaben. »Dies ist nur für Eure Ohren bestimmt.«

Muhammad verzog den schön geschnittenen Mund zu einem Ausdruck tiefer Langeweile. Mit einer nachlässigen Bewegung warf er sich zurück auf den Sarir. »Nun gut, bringen wir es hinter uns. Ich fürchte, es geht um meinen Bruder.« Statt die beiden Jünglinge wegzuschicken, befahl er ihnen zu bleiben. An ihn geschmiegt ließen sie sich nieder.

»Euer Bruder wird Euch auch weiterhin den Thron streitig machen«, erwiderte Wolfram. »Er wird es zu nutzen wissen, dass Harun ar-Raschid ihn zu Eurem Thronfolger ernannt hat. Schon ist er der Herr der östlichen Provinzen, doch er wird sich damit nicht bescheiden. Wenn er Kalif wäre, würden Aufstände das Reich erschüttern. Darum solltet Ihr Abdallah entmachten. Jüngst wurde Euch ein Sohn geboren, sagt man. Bestimmt ihn zu Eurem Nachfolger! Der Zeitpunkt ist günstig, denn Euer Bruder hat nur Augen für seine … Favoritin.« Das letzte Wort spie er aus wie ein Insekt.

Muhammad stieß einen Eunuchen sanft von seinem Schoß. Der Junge stand auf und griff nach der schweren *Ritliya*, um den Becher seines Herrn wieder zu füllen. »Der strenge Abdallah«, amüsierte sich Muhammad. »Dieses Muster an Tugend und Fleiß! Und nun verschläft er in den Armen einer Kayna, wie ich das Reich gewinne! Seinen Frauen wird das ganz und gar nicht gefallen, vor allem nicht Umm Isa: Während sie sich hier langweilt, erlebt er wilde Liebesabenteuer in Tus.« Er lachte schallend: »Mit eben dem Mädchen, das es auch mir schmackhaft machte, einen Sohn zu zeugen. Das ist herrlich!«

»Das ist ein weiterer Grund, weshalb ich Euch sprechen wollte.« Es gelang Wolfram nur mühsam, seine gleichgültige Miene beizubehalten. »Abdallahs erste Gemahlin ist noch immer hier in Bagdad. Bisher ist es uns gelungen, ihre Reise nach Tus zu verhindern. Und es wäre sinnvoll, wenn sie auch weiterhin bliebe – als Faustpfand gegen ihren Gatten.«

Muhammad schien nachzudenken. »Das ist klug. Er schert sich zwar nicht im Geringsten um sie. Doch die Schande, sie im Stich zu lassen, kann er ihr nicht antun.« Er streckte den Arm nach dem frischen Becher aus.

»Da ist noch etwas«, sagte Wolfram leiser und trat dicht an den Sarir heran. »Ihr solltet auch Abdallah nach Bagdad zurückbefehlen. Er allein hat die Macht, Eure Herrschaft anzufechten. Werft ihn in das sicherste Verlies, das Euch zu Gebote steht!«

Muhammad starrte ihn aus seinen mädchenhaften Mandelaugen an. »Ihr seid wahrhaft ein Teufel, Dhib ar-Rakki!

Masrur hat nicht übertrieben, als er mir Eure Fähigkeiten pries.« Er stürzte den Wein in einem Zug hinunter.

Wolfram beugte sich über ihn, und ein Lichtstrahl fiel in seine bedrohlichen Augen. Der Prinz wich zurück, als er vollendete: »Die Barid steht auf Eurer Seite. Jedes Schreiben von oder an Euren Bruder geht durch unsere Hände. Er kann nichts ohne unser Wissen tun. Solange die Postverbindung nach Tus besteht, habt Ihr Abdallah in der Hand. Ihn und seine Favoritin.«

Zweiter Teil

Doch Abdallah durchkreuzte diese Pläne und unterbrach die Postverbindung nach Tus. Ein erbitterter Bürgerkrieg begann zwischen den Anhängern der beiden Kalifensöhne. Während sich Muhammad al-Amin die Zeit in den duftenden Gärten seines Palastes vertrieb, zogen die Generäle seines Bruders nach Westen. Nach einer blutigen Belagerung fiel Bagdad, und Muhammad, der Erbe Harun ar-Raschids, verlor sein Leben durch das Schwert des Henkers.

Abdallah machte das Versprechen wahr, das er Arib gegeben hatte: Mit ihr an seiner Seite zog er nach Bagdad. Der Afschin jedoch entging ihrer Rache. Zu wichtig war der verdiente Soldat dem neuen Herrscher, denn an allen Grenzen des Reichs brachen blutige Aufstände los, wie es Masrur vorhergesagt hatte. Abdallah hatte seine Gegner zwar zum Schweigen gebracht, aber nicht ausgelöscht:

Anno domini 817, während der Kalif im fernen Khorasan weilte, rotteten sich seine Feinde erneut zusammen. Die Partei Muhammads hatte ihm seinen Staatsstreich nie verziehen. In seiner Abwesenheit plante sie seinen Untergang. Auch Wolfram, der seinen Gönner verloren hatte, schloss sich Abdallahs Gegnern an. Der Mann, auf dem nun alle Hoffnungen ruhten, war Abdallahs Onkel Ibrahim. Er sollte, so wollten es die Gegner des Kalifen, der neue Herr in Bagdad werden.

Arib war inzwischen vierundzwanzig Jahre alt und auf dem Höhepunkt ihres Ruhms. Vom fernen Khorasan war ihr Ruf bis zum Maghreb gedrungen. Nur einer war ihr nicht verfallen: Wolfram von Aue, genannt Dhib ar-Rakki.

Merv, Provinz Khorasan – Sitz des Kalifen Abdallah al-Ma'mun – im Jahre des Herrn 817.

1 »Ein Almosen!«, flehte die verkrüppelte Alte am Straßenrand. Wie immer saß sie an der breiten Balkher Straße, die zur Festung führte. Hier kamen reiche Händler vorbei, aber auch die Sklavinnen aus dem Palast, wenn sie in der Stadt ihre Einkäufe machten. Die schwarzhaarige junge Frau in der weit ausgeschnittenen

Jubba, die sich gerade näherte, hatte ein locker sitzendes Säckel. Auch heute war sie in Begleitung ihres hünenhaften Eunuchen. Die Bettlerin klapperte mit den Krücken. »Ihr seid jung und schön, *Jariya*! Habt Mitleid – und bedenkt, dass Glück und Ruhm vergehen können, wenn es Gott gefällt!«

Arib warf der schwarz verschleierten Gestalt etwas zu, und die gichtige Hand fing die Gabe geschickt auf. »Allah segne Euch!«, rief das Weib und küsste die Münze. »Möge er Euch vor Unglück bewahren und Euch die Gunst Eures Geliebten erhalten!«

Leise vor sich hin trällernd ging Arib weiter zum Palast. Jauhar trug ihr das Päckchen, das sie vorhin vom Schneider geholt hatten: das freizügige Oberteil einer Kayna aus schwarzer Seide, mit goldenen Blumen verziert, und einen passenden, durchsichtigen Rock. Sie malte sich Abdallahs Bewunderung aus, wenn er sie darin sehen würde. Ein Trupp Soldaten ritt an ihr vorbei zur Stadt hinab, und die runden Helme mit dem langen Nackenschutz aus Metallgeflecht blitzten in der Sonne. Schreiend und winkend liefen Straßenjungen den Männern nach. Arib betrat die Holzbrücke über den Wassergraben. Ein Windstoß fegte durch ihr offenes Haar, rötete ihre Wangen und ließ sie die gefütterte Jubba raffen. Dennoch liebte sie diese kalten, klaren Herbsttage auf den windigen Hochebenen und in den Wüsten Khorasans – wenn sich die fernen Berge mit Schnee überzogen und die winterliche Kühle in die Täler vorzudringen begann. Musik klang ihr aus dem Palast entgegen, und sie summte die Melodie mit. Sie durchquerte den überdachten Korridor des strengen Lehmgebäudes und blieb überrascht stehen.

In den wenigen Stunden, die sie unterwegs gewesen war, musste ein Heer von Dienern den Hof in einen Festsaal verwandelt haben: Glänzend rote, mit Tiermotiven verzierte Seidenstoffe hingen an den Mauern. Duftfackeln brannten, und die Bäume waren mit Blüten geschmückt. In dem ummauerten Bassin schwammen Schiffchen mit bunten Lampen, kostbar gekleidete Menschen drängten sich. Musiker saßen im Schatten unter den Palmen, und ein schneller Rhythmus schallte durch das Geviert.

Im ersten Stock öffnete sich ein Fenster im Holzgitter und zwei Eunuchen erschienen. Mit Jubel und Klatschen wurden sie von den unten Stehenden begrüßt. Sie beugten sich über die Brüstung und warfen aus beiden Händen vergoldete Kugeln, Geschenkmünzen und duftende Rosenblätter herab. Klirrend zersprangen die Kugeln auf dem Marmor, Moschusduft stieg auf. Die Gäste stießen sich gegenseitig beiseite, um alles aufzuraffen. Beseligt taumelte der dicke Imam in den Schatten, das Hemd besudelt vom Moschusparfüm, in den Händen einen Weinbecher.

Verwundert beobachtete Arib das Treiben. Jauhar zuckte die Achseln und verschwand mit dem Päckchen im Harem. Außer Atem wollte eine von Abdallahs Sklavinnen mit einer Handvoll Geschenkmünzen an ihnen vorbei. Arib hielt sie auf. »Was ist denn geschehen?« Sie wies auf die ausgelassene Gesellschaft, die sich lachend um die Geschenke stritt. »Haben unsere Truppen endlich den Aufstand Babaks niedergeschlagen?«

Maryam schüttelte den Kopf und deutete zu der Pforte, die zum Haremstrakt führte: »Der Kalif hat eine neue Ehefrau genommen.«

Arib verschlug es die Sprache. Davon hatte sie nichts gewusst.

»Du hättest mehr Sorgfalt darauf verwenden sollen, ihm einen Sohn zu gebären, dann könntest du heute vielleicht deine eigene Hochzeit feiern«, meinte die Ältere. Noch immer war sie schön, doch ihr Gesicht verlor bereits die Weichheit der Jugend. Ihr deutlich hörbarer Triumph erinnerte Arib daran, dass auch Maryam einst eine Favoritin des jungen Kalifen gewesen war. Sie selbst hatte sich die Frage nie gestellt, was aus ihr würde, wenn sie Abdallahs Gunst je verlieren sollte.

»Nun, alle Männer heiraten«, erwiderte Arib mit gespielter Gleichgültigkeit: »Um ein Bündnis zu besiegeln oder um einen Feind zu versöhnen. Nur sonderbar, dass er sie nie erwähnt hat«, sagte sie nachdenklicher.

Maryam lachte: »Das hätte ich auch nicht an seiner Stelle. Und dir gegenüber, meine Liebe, zuallerletzt.«

»Möge der Beherrscher der Gläubigen einen Sohn zeugen!«, rief ein Mann, der einige Münzen zusammengerafft hatte. »Und möge die Braut unberührt sein! Da sie nicht wusste, ob sie Sklavin ist oder nicht, kann sie vielleicht auch nicht sagen, ob sie noch Jungfrau ist oder nicht!« Gelächter belohnte ihn.

»Ihr Name ist Sukkar«, fuhr Maryam boshaft fort. »Sie ist eine Kayna, eine politische Heirat würde ich es also nicht gerade nennen. Wärest du etwas früher gekommen, hättest du sie noch gesehen. In ihren roten Schleiern, mit Schmuck behängt und geschminkt wie eine indische Tempeltänzerin sah sie hinreißend aus.«

Eine Gruppe von jungen Männern kam an ihnen vorbei, und einer warf Arib eine schlüpfrige Bemerkung zu. Sie kümmerte sich nicht darum, auch nicht um den Fluch, den er ihr daraufhin nachrief.

Ungefragt versorgte Maryam sie weiter mit dem Hofklatsch: »Der Kalif wollte Sukkar schon länger kaufen. Doch das Mädchen wusste nicht, ob sie frei oder Sklavin war. Deshalb schickte er eine Brieftaube nach Bagdad zu ihrer Herrin. Einer Sklavin hätte er beiwohnen können, auch ohne sie zu heiraten. Doch die Taube brachte die Nachricht, Sukkar sei frei, und so schickte er sofort nach dem Kadi. Er konnte es kaum erwarten, die Formalitäten hinter sich zu bringen.« Sie wies auf eine Gruppe Sklavinnen, die tuschelnd beieinander standen. Eine zeigte nach dem Harem. Die anderen lachten, sodass die Puderschicht in ihren Gesichtern feine Risse bekam. Offenbar tauschte man sich lebhaft über das aus, was dort gerade geschah.

Arib musste sich eingestehen, dass Abdallahs Besuche bei ihr in letzter Zeit seltener geworden waren. Sie hatte neue Lieder für ihn geschrieben und ihre Liebeskünste vervollkommnet, um seine Wünsche noch besser zu erfüllen. Aber immer öfter schickten ihm seine siegreichen Generäle mit der Beute auch die jungfräulichen Töchter geschlagener Rebellen. Fast jeden Monat zog eine junge Kurdin, Türkin oder Tscherkessin in den Schlafsaal der einfachen Sklavinnen. Bisweilen befahl der Kalif auch die eine oder andere zu sich. Einmal war Arib abends zu seinem Gemach gekommen. Sie hatte bereits eintreten wollen, da hörte sie von innen die unmissverständlichen Laute einer leidenschaftlichen Vereinigung.

»Zehntausend Dirham gab er dem Mädchen als Brautgabe!«, tuschelte Maryam unbarmherzig. »Sie ist höchstens siebzehn und schön wie der Vollmond: schwarzes Haar und dunkle Augen. Ihre Brüste sind wie Granatäpfel, ihr Bauch schimmert, und ihre Scham ...«

»Schon gut!«, winkte Arib ab. Das Lachen und die Gespräche ebbten plötzlich ab, und sie sah zur Galerie hinauf. Ein schwarzer Eunuch war dort erschienen: Khanath, der Aufseher über den Harem. Die Menge verstummte erwartungsvoll. Khanaths grobes Gesicht verzog sich zu einem breiten Grinsen. Er entfaltete das Laken, das er in den Händen trug. Deutlich war der Blutfleck darauf zu erkennen.

Arib wandte beklommen den Blick ab.

»Er hat sie entjungfert! *Allahu akbar!* Der Kalif hat ihr Siegel erbrochen!«, riefen die Menschen durcheinander. Diener breiteten das Tischtuch auf dem Boden aus. Männer begannen zu tanzen. Eine Gruppe junger Leute umgab Arib, einer legte ihr spielerisch den Arm um die Hüften. Sie warf Maryam einen herausfordernden Blick zu. Dann schlang sie die Arme um den Hals des Jünglings und ließ sich lachend mitreißen.

In einer Mauernische lehnend, halb von den duftenden Bäumen verborgen, ließ sie sich von dem gutaussehenden jungen Mann Wein einflößen. Sie genoss es, wie er ihr Haar streichelte, denn auf einmal fühlte sie sich inmitten des Trubels verlassen. Er wurde mutiger und steckte ihr eine Mandel in den Mund. Arib schloss die Lippen um seine Finger. Sie wünschte, er würde sie nur in die Arme nehmen und festhalten. Stattdessen begann er an ihren Lippen zu saugen. Sie ließ einige Küsse zu, aber es gelang ihr nicht zu vergessen, was sie beunruhigte. Arib wollte sich befreien, da griff er nach ihrem Arm und zwang sie in die Nische zurück. Sie stieß einen überraschten Laut aus. »Nun zier dich nicht so!«, flüsterte er. Sie wollte ihn von sich stoßen, aber er umfasste ihre Handgelenke und hielt sie neben ihren Kopf an die Wand gedrückt. »Willst du meine Ehre verletzen?«

»Lass mich los!«, befahl sie. Ihre Handgelenke schmerzten, der goldene Armreif schnitt in ihre Haut, doch er grinste nur. Ruckartig zog sie das Knie hoch.

Der Jüngling stieß einen erstickten Laut aus. Sofort lockerte sich sein Griff, und er taumelte zurück.

Arib brachte ihre Kleider in Ordnung und rieb sich die schmerzenden Handgelenke. »Es wäre ein Jammer, wenn ich deine Männlichkeit noch stärker verletzt hätte als deine Ehre«, bemerkte sie spöttisch, während sich der junge Mann krümmte. Verächtlich fügte sie hinzu: »Lass die Finger von einer Arib, solange du nicht Kalif bist!«

Ein Eunuch hielt unter den Gästen Ausschau und kam auf sie zu. »Das ist eine Fügung, Euch habe ich gesucht!« Er wies auf den Empfangsraum an der Schmalseite des Hofes. »Der Kalif bittet Euch, zu ihm zu kommen.«

Während sie sich hinter dem Eunuchen durch die Menschen drängte, spürte Arib, wie sich ihre Wut zusehends auf Abdallah richtete. Ihr Zorn steigerte sich, als sie den Thronsaal betrat. Es würde den Kalifen einiges kosten, sie wieder zu versöhnen!

Der Vorhang war nicht heruntergelassen und gab den Blick auf den erhöhten, mit glänzenden Steinen besetzten Thronsitz frei. Abdallah stand daneben unter dem grünseidenen Baldachin. Vermutlich war er über die kleine Treppe hereingekommen, die direkt vom Harem hierher führte.

Sichtlich erleichtert kam er ihr entgegen. »Ich danke dir, dass du gekommen bist.«

Arib hatte bereits die bissige Erwiderung auf den Lippen, dass er sich offensichtlich mit seiner neuen Gemahlin schon langweile. Doch als sie in seine dunklen Augen sah, unterließ sie es.

Abdallah entließ den Eunuchen. Arib bemerkte den frischen Duft nach Rosenwasser, der in seinem noch feuchten Haar hing. Neuerdings nahm er es genau mit der religiösen Vorschrift, sich zu waschen, wenn er einer Frau beigewohnt hatte. Abwartend blieb sie stehen. Ihr Zorn hatte sich nicht gelegt, doch etwas an ihm verwirrte sie. Er wirkte, als würde er angestrengt über seinen nächsten Zug in einem Schachspiel nachdenken.

»Du bist die klügste Frau, der ich je begegnet bin«, begann er endlich.

»Wenn ein Mann die Klugheit einer Frau betont, will er sie entweder benutzen oder loswerden«, erwiderte Arib zurückhaltend.

»Arib, ich brauche deine Hilfe.« Der Vollbart verdeckte seine Lippen, doch sein Unbehagen war offensichtlich. Abdallah lief auf und ab, und seine Finger strichen nervös über das Seidenrevers seines grünen Kaftan. Was immer er von ihr wollte, es bereitete ihm unübersehbar Kopfzerbrechen. Er reichte ihr einen Brief. »Das kam heute von meinem Spion aus Bagdad.« Auffordernd nickte er ihr zu. Arib entfaltete die Nachricht und las:

Ich grüße meinen Herrn, den rechtmäßigen Kalifen, den Amir al-Mu'minin, *Abdallah al-Ma'mun.*

Möge Allah Eurer Herrschaft Erfolg bescheren! Doch das Glück gleicht einer wankelmütigen Geliebten: Mal folgt es einem Mann, mal lässt es ihn unverdientermaßen im Stich. Ich darf Euch nicht verschweigen, dass in Bagdad der Aufruhr gärt.

Fürwahr, edel ist Euer Beschluss, dem ewigen Zwist zwischen den verfeindeten Konfessionen der Sunniten und Schiiten ein Ende zu machen. Edel ist es auch, all Eure Untertanen gleich zu behandeln, statt die Araber den Persern vorzuziehen. Dies sind wahr-

haft Beschlüsse, aus denen Weisheit spricht wie einst aus denen Salomons. Doch darf ich nicht verhehlen, dass es auch Unbelehrbare gibt, welche sich nicht überzeugen lassen.

Ihr habt einen gewissen Ali ar-Rida zum Thronfolger ausersehen. Die Schiiten sind darob hochzufrieden, verehren sie ihn doch als ihren Imam und geistlichen Führer – einen Mann, in dem das Charisma der heiligsten Abstammung ruht. Doch unter den Sunniten, besonders in der Familie Eures Vaters, regt sich darob Unmut. Man munkelt, Ihr wolltet die Dynastie entmachten, um Eure eigene unrechtmäßige Herrschaft zu sichern – verzeiht das Wort, doch dies war der Ausdruck, den man in Bagdad verwendete. Deshalb hat man offen Eurem Oheim Ibrahim den Treueeid geschworen. Man huldigt ihm fortan als Kalifen von Bagdad. Ihr müsst einen Weg finden, Ibrahim zu entmachten, sonst ist Euer Thron dahin!

In Demut und Ehrfurcht, Euer Diener Tarek.

Arib sah auf. »Das bedeutet Rebellion – von deiner eigenen Familie! Du musst sofort nach Bagdad zurückkehren«, drängte sie. »Und du musst dort bleiben. Wer weiß, wie viele Kalifen deine liebe Sippe sonst noch aus dem Ärmel zaubert!«

»Ich hätte Ali nie als Thronfolger einsetzen dürfen«, antwortete Abdallah zerknirscht. »Es war ein Fehler, und ich muss sehen, wie ich ihn wieder loswerde. Aber deshalb habe ich dich nicht hergebeten.« Er zögerte, als wage er kaum, die Frage zu stellen: »Kennst du Ibrahim, den Gegenkalifen?«

Arib gab ihm den Brief zurück. Als er danach griff, achtete er darauf, sie nicht zu berühren. »Nicht besonders gut«, erwiderte sie befremdet. »Hin und wieder sah ich ihn bei einem Gelage. Er ist ein jüngerer Bruder deines Vaters.« Noch immer brachte sie Haruns Namen nicht über die Lippen. »Ishak behauptet, dass er nur Musik macht, um an Sängerinnen heranzukommen, die sich sonst nie für ihn interessieren würden. Aber in Wirklichkeit geht es darum, wer von den beiden der bessere Musiker ist. Ishak gibt der klassischen arabischen Tradition den Vorzug, Ibrahim der neuen persischen: mit viel

Gefühl, aber ohne eine besondere Übung der Stimme. Er ist nicht gerade eine Schönheit, deshalb nennt man ihn den *Drachen*. Warum fragst du?«

Abdallah antwortete nicht sofort. »Wenn Ibrahim Kalif bleibt, wird es wieder Bürgerkrieg geben. Für die Araber bin ich ein Fremder. Sie fragen nicht danach, ob der beste Mann herrscht, sondern allein nach seiner Abstammung. Offenbar gibt es selbst innerhalb der Barid Männer, die lieber ihn als mich auf dem Thron sähen.« Er zögerte. »Ich habe niemanden, dem ich so vertraue wie dir. Nur du kannst diesen Auftrag erfüllen – einen Auftrag, mit dem ich den Krieg gegen Ibrahim noch verhindern kann.«

Er nahm ihre Hände, und wider Willen genoss Arib die Berührung. »Was soll ich tun?«, fragte sie.

Abdallah sah zur Seite. Endlich sagte er: »Reise nach Bagdad und tritt vor Ibrahim auf. Verführe ihn mit deiner Kunst und deiner Schönheit und spiele ihn meinen Männern in die Hände. Im Schlafgemach einer Sängerin wird er keinen Argwohn hegen.«

Arib starrte ihn wortlos an. Für einen Moment wurde alles in ihr taub – wie eine Wunde, die so tief ist, dass sie nicht sofort schmerzt. Das Schweigen wurde unerträglich.

»Verzeih mir«, sagte er leise.

»*Verzeih mir!*«, schrie sie ihn an. »Ist das alles? Hast du mich in den Osten geholt, um mich an den nächstbesten Wollüstling auszuleihen? War es das, was du mir versprochen hast?«

Abdallah berührte ihre Schulter, doch sie schüttelte seine Hand ab. »Du hattest niemals vor, dein Versprechen zu halten, nicht wahr?«, fragte sie, und ihre Stimme zitterte vor Verachtung. »Du wirst den Afschin nie für das bestrafen, was er mir angetan hat! Und ich habe dir vertraut!«, schrie sie in hilflosem Zorn. »Ich habe gewartet, zuerst wegen des Krieges gegen deinen Bruder und dann gegen diesen verdammten Babak. Aber du hast mir nur Versprechungen gemacht, damit ich dir zu Willen bin!« Sie hatte das Gefühl, von einer unsichtbaren

Hand gewürgt zu werden. Ja, sie hatte Macht besessen. Aber diese Macht dauerte nur so lange wie der Zauber der ersten Verliebtheit. Das hatte Ishak ihr verschwiegen. Arib wurde klar, dass Abdallah in ihr immer nur die käufliche Sklavin gesehen hatte, niemals die Sängerin und erst recht nicht die Frau. »Ich hätte dir nicht trauen dürfen!«, sagte sie bitter. »Dir nicht, und niemand sonst auf der Welt!«

»Arib, ich bitte dich!«, flehte er. »Keiner anderen könnte ich diesen Auftrag geben. Ich weiß, dass du Ibrahims Herz entflammen wirst.«

Arib holte aus und schlug ihn ins Gesicht.

Abdallah blieb reglos stehen. Seine Haut lief dunkelrot an, und die Sehnen an seinem Hals spannten sich. Er konnte sie dafür hinrichten lassen, doch das war ihr gleichgültig. »Ich verstehe deine Gefühle«, sagte er tonlos, »doch meine Herrschaft steht auf dem Spiel. Handle ich nicht, werde ich den Rest meines Lebens im Kerker verbringen. Und du mit mir.«

Von seinem Rosenwasser wurde Arib übel. »Oh nein, ich nicht, mein Gebieter«, entgegnete sie. »Ich würde das tun, was eine Hure tut, um sich dem neuen Herrscher zu empfehlen. Und wie du schon sagst: Darin bin ich geschickt.« Sie hatte eine Erwiderung erwartet, doch er schwieg. Arib spuckte aus. Endlich fügte sie hinzu: »Selbst wenn ich nach Bagdad reisen würde – was macht dich so sicher, dass ich dort deinen Auftrag erfüllen würde?«

2 Unaufhaltsam war das Jahr fortgeschritten. Die unerträgliche Sommerhitze über Bagdad ließ kaum merklich nach, und der Muezzin der nahen Moschee rief die Gläubigen zum Abendgebet. In rascher Folge mischten sich von den Minaretten der Stadt weitere klagende Stimmen hinein. Bald war das Kriegerviertel Harbiya erfüllt von den eintönigen Rufen.

Es sah Wolfram nicht ähnlich, ihn zu dieser Stunde in eine Spelunke zu bestellen, dachte der Afschin beunruhigt – schon gar nicht mitten im zweifelhaften Schiitenviertel Karkh. Mit raschen Schritten steuerte er auf den Hafen zu.

Seit Monaten schon schwelte der Kampf zwischen Abdallah und Ibrahim. Doch solange die Geschäfte liefen, schien es in Bagdad niemanden zu kümmern, wem die Herrschaft gebührte: dem, welcher der Beste zu sein behauptete, oder dem, dessen Abstammung reiner war. Unbekümmert vom Streit der Mächtigen gingen die Menschen ihrer Arbeit nach.

In einiger Entfernung überragte die Obere Brücke das lehmfarbene Gewirr der Gassen. Haidar erreichte den Tigris und stieg die Stufen am ersten Pfeiler hinab, um nach einer Barke Ausschau zu halten. Doch wo sonst unter dem gewaltigen Brückenbogen Kähne und runde Schilfboote auf Kunden warteten und die Schiffer sich gegenseitig niederbrüllten, drängten sich heute die Menschen. Der schlammige Boden war von Hunderten von Füßen zerstampft.

»Was hat das zu bedeuten?«, sprach der Afschin einen jungen Mann an, der den Hals nach dem Fluss verdrehte. Unzählige Boote trieben auf dem Wasser. Wer noch einen Kahn ergattert hatte, war offenbar hinausgerudert, um noch besser zu sehen.

»Das wisst Ihr nicht?« Der Bursche starrte Haidar ungläubig an. »Arib kehrt heute nach Bagdad zurück. Beim heiligen Engel Jibril, jeder Mann zwischen dem Maghreb und Khorasan würde seinen eigenen Vater verraten für sie!«

Der Afschin warf einen überraschten Blick flussaufwärts.

»Versündige dich nicht, Sohn!«, knurrte der weißbärtige Alte neben ihm mürrisch. »Hör auf, an dieses lüsterne Weib zu denken und danke Allah, dass dein Vater dir eine anständige Frau zugeführt hat! Man kann eine Kayna leichter zu Willen haben, aber wahre Erfüllung findet man nur in einer keuschen Gemahlin.« Er wandte sich an den Afschin: »Nicht wahr?«

279

Äußerlich hätte man die beiden kaum für Vater und Sohn gehalten. Während der Vater die alte arabische Stammestracht mit dem ziselierten Silberdolch am Gürtel trug, bevorzugte der Sohn Hosen und die persische Qaba.

»Ich bin ganz Eurer Meinung«, stimmte Haidar zu. Doch er fühlte sich unbehaglich. Hatte Wolfram ihn deshalb gerufen? Die Worte des jungen Mannes bewiesen unmissverständlich: Arib war mächtiger denn je.

Der Bursche überging die Worte seines Vaters und reckte den Hals. Flussaufwärts war eine mit Gold beschlagene Barke zu erkennen, die sich langsam näherte. Die rhythmischen Lieder der Ruderer schallten über den Strom, und das Segel hob sich hell vom dunklen Wasser ab.

»Arib!«, brüllten die Männer. »Es lebe die verführerischste Kayna des Ostens!« Vom Straßenjungen bis zum Bürger, vom jungen Mann bis zum schwarz verschleierten Weiblein schrie und winkte die Menge in heller Aufregung. Jeder versuchte, einen Blick auf die gefeierte Sängerin zu erhaschen. Der Esel eines Lastenträgers wurde von der allgemeinen Unruhe erfasst und stieß röhrende Laute aus. Sein Herr wollte ihn festhalten, doch das Tier machte einen Satz ins Uferschilf und bespritzte ihn von oben bis unten mit Schlamm.

Der Afschin stieß einige Gaffer beiseite und drängte sich näher ans Ufer. Gegenüber glänzten Paläste in weißem, vom Abendlicht golden überhauchtem Marmor. Barken und Flechtboote trieben im Halbdunkel übers Wasser, mal beleuchtet von der tiefstehenden Sonne, dann wieder im Schatten versinkend. Die letzten Strahlen umgaben die Frauengestalt auf der Barke mit einem feurigen Kranz. Sie war ganz in rote Seide gekleidet, und schwarze Locken fielen ihr über Brust und Schultern. Die helle Haut bildete einen reizvollen Kontrast zu den dunklen Augen. Es waren diese Augen, die ihr Gesicht zu etwas Besonderem machten.

»Und ich musste meine missmutige Base heiraten!«, seufzte jemand. Als sei sie von dem Empfang überwältigt, schlug Arib die Hände vor den Mund. Doch unter den in falscher Bescheidenheit gesenkten Lidern blitzten ihre Augen. Sie hob die Arme und winkte, nicht ohne dabei wie zufällig ihren schlanken Leib den Blicken darzubieten.

Aufgeregt tuschelten die Männer durcheinander: »Sie lässt nur edelste Stoffe aus Balkh an ihre Haut. Bis heute weiß man nicht genau, wie sie hergestellt werden. Ist Arib nicht ebenso rätselhaft wie die Seide, die sie trägt?« – »Und ebenso teuer! Man sagt, sie ziehe ihre Liebhaber aus bis aufs letzte Hemd.« – »Was gäbe ich darum, wenn sie das mit mir täte!« – »Es heißt, sie sei klug. Angeblich spricht sie fließend Griechisch und kann sich mit den Gelehrten unterhalten. Ihr Herr soll sie zur Zechgenossin gemacht haben, als wäre sie ein Mann.« – »Als Kind soll sie mit Seidenhändlern auf den alten Karawanenwegen gereist sein, nur in Begleitung einer griechischen Kayna. Ich sage Euch, eine Frau mit einer so abenteuerlichen Vergangenheit ist die Verkörperung der Leidenschaft!«

Der Afschin sah sich unbehaglich um, als suche er einen Fluchtweg. Die Barke glitt an ihm vorbei, und Aribs dunkle Augen wanderten lächelnd über die Schaulustigen. Sie genoss ihren Auftritt sichtlich. Rasch verschwand Haidar im Schutz der Menge.

Kein Zweifel, Wolfram musste ihn ihretwegen gerufen haben. Es blieb die Frage, was sie hier in Bagdad suchte – oder wen. Die Abendsonne hatte ihm den Schweiß aus den Poren getrieben, und er fuhr sich mit dem Ärmel über die Stirn. Dann ging er zurück zur Straße und machte sich auf den Weg nach Karkh.

Der geübte Blick des Afschin erkannte die Schenke schon von außen an den üblichen Schleifspuren der Weinfässer. Haidar durchmaß die düstere Trinkstube, wo einige zwielichtige Gestalten herumlümmelten, und betrat den Garten. Die Spelunken von Karkh waren in der Tat ein Treffpunkt für Spione, die nicht erkannt werden wollten. Immerhin floss unten der belebte Sarat-Kanal, und auch die Luft war hier draußen etwas besser. Gewöhnlich kamen Boote ans Ufer und fliegende Händler boten Süßigkeiten feil. Doch jetzt war der Garten verlassen, nur aus der Trinkstube drang Grölen und Rülpsen. Haidars Schritte verlangsamten sich, als er den hochgewachsenen Mann am Ufer erkannte.

Wolfram von Aue ließ den zerlumpten Burschen los, den er zu sich emporgezerrt hatte. Schlaff sank dieser in sich zusammen.

»Warum ruft Ihr mich her? Ich kann es mir nicht leisten, mit der Barid gesehen zu werden.« Der Afschin musterte den dumpf vor sich hin stierenden Jüngling im Gras. Er roch nach Fusel, und sein braunes Hemd war auf der Brust eingerissen. Wolfram hob unsanft den Kopf des Burschen, sodass Haidar dessen Gesicht sehen konnte. Die asiatischen Züge und der dünne Bart verrieten, dass er aus dem Osten kam.

»Kennt Ihr ihn?«

Der Afschin verneinte.

»Meine Männer fingen ihn ab«, erklärte Wolfram. Seine undurchsichtigen Augen verrieten nichts. »Er war unterwegs zu Babak.«

»Zu dem kurdischen Rebellenführer?«, fuhr der Afschin auf. »Ihr hättet mich früher rufen müssen. Das ist Sache der Generäle, nicht der Barid.«

»Wohl kaum«, widersprach Wolfram. »Babak und seine Kurden erheben sich im Namen der *Schuubiya*: Sie wollen das arabische Joch abschütteln. Solange Abdallahs eigene Familie seine Herrschaft anficht, ist der Kalif schwach. Die Kurden sind nur eines von vielen Völkern, die diese Gelegenheit nutzen. Und es ist die Aufgabe der Barid zu verhindern, dass das Reich der Abbasidenherrscher zerfällt.«

Der Afschin wollte sich zu dem Gefangenen beugen.

»Lasst ihn!« Die Dämmerung war rasch herabgesunken, und nur das Licht einer Laterne meißelte Wolframs unbewegte Züge heraus. Von ferne hörte man die letzten Händler auf dem Kanal, sonst war es still. »Er hat alles gesagt, was wir wissen müssen. Ich hätte Masrur sofort benachrichtigen sollen, doch ich hielt es für besser, zuerst Euch Bericht zu erstatten. Ich habe geschworen, Euch zu beschützen.« Er ließ den Gefangenen los, und lallend sank dieser wieder in sich zusammen. Ein Nachtfalter schwirrte um die Laterne, das flackernde Licht ließ ihn größer erscheinen, wie den schattenhaften Boten einer Gefahr.

»Was habt Ihr mit ihm gemacht?«, fragte der Afschin unwillig und wies mit dem Kinn auf den Betrunkenen. »Seid Ihr sicher, dass er in seinem Zustand die Wahrheit spricht?«

Der Franke lächelte unbewegt. »*In vino veritas*, sagt man dort, wo ich herkomme: Im Wein liegt Wahrheit. Auch die Barid scheint diese Redensart zu kennen.«

»Was hat das mit mir zu tun?«

»Mehr als Euch bewusst ist«, entgegnete Wolfram. »Nachdem Prinz Muhammad seinem glücklicheren Bruder unterlag, habt Ihr alles unternommen, um für Abdallah unverzichtbar zu werden. Mit Erfolg: Ihr seid sein bester General im Westen. Nicht einmal für eine Nacht mit seiner Favoritin würde er Euch aufgeben.« Ein harter Zug legte sich um seinen Mund.

»Ich glaubte, Ihr hättet Arib endlich vergessen«, erwiderte der Afschin. »Jedenfalls habt Ihr es in den letzten Jahren in reichlich vielen Armen versucht.« Er zog ein Taschentuch und tupfte sich die Stirn.

»Sie versteht es durchaus, sich in Erinnerung zu rufen.« Der Franke zog einen Packen Papier aus seinem dunklen Kaftan. »Lest!«, forderte er Haidar auf. Er deutete auf den zusammengesunkenen Mann: »Das war in der Kuriertasche, die er bei sich trug.«

Der Afschin trat an die Laterne, um die Briefe zu überfliegen. Er las mit stumm bewegten Lippen. Dann sah er abrupt auf. »Woher hatte er das?« Nur mühsam gelang es ihm, die Fassung zu bewahren. »Das sind meine Pläne für den Kriegszug gegen Babak im Herbst! Außer mir wusste nur der Kalif davon!«

»In der Tat.« Wolfram verschränkte die Arme.

Mit zitternden Händen schlug der Afschin auf das Papier. »Wer schickt so etwas an Babak? Das hätte meinen Feldzug scheitern lassen! Diese Niederlage hätte mich den Kopf kosten können!«

»Und nun fragt Ihr Euch, wer an Eurem Kopf Interesse haben könnte.«

Haidar antwortete nicht. Doch eine Ahnung ließ ihm das Blut in den Adern gefrieren.

Wolfram beugte sich zu dem Kurier hinab. »Wiederhole, was du mir gesagt hast!« Er riss ihn zu sich herauf und schlug ihn brutal ins Gesicht. »Los, rede!« Überrascht von dieser grundlosen Härte starrte der Afschin ihn an.

»Arib«, lallte der Kurier. »Sie gab mir die Briefe, damit ich sie Babak bringe. Weiß der Teufel, wie sie daran kam.« Sein Kopf fiel nach vorne, und Speichel lief über seine aufgeplatzten Lippen.

»Das kann ich Euch sagen.« Wolfram ließ den Mann los, und mit einem Seufzen kippte dieser vornüber ins Gras. »Vermutlich hat sie die Papiere aus dem Schlafgemach Abdallahs entwendet.«

Der Afschin schloss die Finger so fest um den Gürtel, dass die Knöchel weiß hervortraten. Er war daran gewöhnt, Feinde zu haben, doch diese Heimtücke hatte keiner von ihnen bisher bewiesen. »Arib?«

»Singsklavinnen lieben einen Mann für einen Lendenschurz oder ein Paar neue Schuhe«, bemerkte Wolfram lauernd. »Doch ich höre zum ersten Mal, dass sie ebenso leicht hassen.«

Der Afschin antwortete nicht. Damals, als er sie Harun ar-Raschid ausgeliefert hatte, hatte er gehofft, der Albtraum würde ein Ende haben. Doch nun streckten die Geister der Vergangenheit wieder ihre Finger nach ihm aus.

»Warum?«, fragte Wolfram kalt.

Haidar zögerte noch immer. »Weiber!«, winkte er endlich ab. »Sie wollen die ersten im Herzen ihrer Buhlen sein und sehen es nie gerne, wenn ein verdienter General mehr Achtung erfährt.«

Wolfram kam dicht zu ihm heran, und das unheimliche Feuer blitzte erneut in seinen Augen auf. »Wir sind nicht hier, um über die Haremsintrige einer belanglosen Kalifenkebse zu plaudern! Abdallahs Favoritin will Euch vernichten, und sie geht dabei äußerst geschickt vor. Das wisst Ihr genauso gut wie ich!« Haidar wischte sich fahrig über die Stirn, und Wolfram setzte nach: »Sie hat zu viel gewagt, um in Zukunft von Euch abzulassen. Meine Aufgabe ist es, Euch zu beschützen. Also: Warum?«

»Woher soll ich das wissen? Vermutlich will sie einen ihrer Liebhaber an meiner Statt sehen. Dieses Weib giert nach Macht, das solltet Ihr mittlerweile verstanden haben! – Schickt an Abdallah, was Ihr von dem Kurier erfahren habt!«, riet Haidar ruhiger. »Dann werden wir ja sehen, was Arib noch vermag. Mit durchschnittener Kehle auf dem Grund des Tigris wird es ihr sehr viel schwerer fallen zu intrigieren!«

Wolfram zuckte unmerklich zusammen, bevor er erwiderte: »Das wäre zu früh. Sie ist in Bagdad.«

»Ich weiß.« Unruhig, als wären ihm ihre Schergen bereits auf den Fersen, blickte der Afschin sich um. Doch nur der Betrunkene drehte sich grunzend auf die andere Seite.

»Es wäre unklug, voreilig zu handeln. Falls sie auf Abdallahs Befehl hier ist – wer sagt uns, dass sie nicht auch diese Briefe mit seinem Wissen abgeschickt hat? Nein, Haidar, das ist mir zu gewagt. Lasst mich herausfinden, was sie hier will.« Wolfram sah zum Kanal hinab. Lautlos glitten Boote übers Wasser, nur die vorbeihuschenden Lichter verrieten ihren Weg. Es war, als hinge ein Lied in der Luft, gesungen von einer tiefen Frauenstimme. Er presste die Finger gegen die Nasenwurzel, wie um eine Erinnerung gewaltsam von sich zu schieben.

»Ihr schont sie, weil Ihr sie noch liebt!«, warf ihm der Afschin zornig vor. »Die Hure des Kalifen!«

»Nein!« Wolfram wandte sich zu ihm um. Scharfe Falten gruben sich in sein Gesicht, seine Hand klammerte sich um den Dolch. Die Klinge blitzte im Laternenschein, und er warf die Waffe zu Boden. »Nicht, weil ich sie noch liebe!«, stieß er verächtlich hervor.

Eine Bewegung ließ beide Männer herumfahren. Der Betrunkene hatte sich aufgerichtet und den Dolch aufgerafft. Der Afschin wollte ihm die Waffe entwinden, doch Wolfram war schneller. Er musste ein zweites Stilett im Ärmel getragen haben, in seiner Hand funkelte Eisen. Bis ans Heft stieß er es dem Gefangenen in die Brust.

Ein Schwall Blut trat auf die Lippen des Mannes, als der Franke die Klinge mit einer geübten Drehung zurückzog. Das braune Hemd färbte sich dunkel. Mit einem erstickten Röcheln taumelte der Kurier, und sein Leib neigte sich über die niedrige Ufermauer. Dann stürzte sein lebloser Körper in den Kanal.

Keuchend stand Wolfram am Ufer und sah hinab. Blut floss über seine Hand, und auf dem schwarzen Wasser tanzte das Licht. Der Afschin starrte ihn an. Niemand sprach ein Wort.

Endlich sagte Wolfram: »Ihr könnt versichert sein, dass ich keinen Augenblick zögern würde, stünde ich je vor der Wahl zwischen ihrem Leben und Eurem.« Doch sein Blick schweifte hinaus in die Nacht, und seine blutüberströmte Hand zitterte.

3

»Die Geliebte des Kalifen, meinen Respekt, Schätzchen!«, schwatzte Soumaya. Sie bemühte sich sichtlich, beim Gehen ihr umfangreiches Hinterteil ins rechte Licht zu rücken. Ihr Gesicht war aufgequollen, und sie roch nach Wein, doch das blonde Haar war wie immer sorgfältig frisiert. Offensichtlich genoss sie die Blicke der Männer, selbst die des höchstens zwölfjährigen Bengels, der mit offenem Mund den Hals nach ihr verdrehte. Sie stieß

Arib an. »Du hast mir noch nicht gesagt, ob du auf Abdallahs Befehl gekommen oder ob du ihm durchgebrannt bist.«

Arib verzog keine Miene. »Über diese Frage grübelt er wahrscheinlich auch gerade nach.«

Monate waren vergangen, seit sie verzweifelt und zornig aus Merv abgereist war. Mit Wärme dachte sie an den Empfang bei Ishak zurück. Arib war sich vorgekommen wie eine Tochter, die in ihr Elternhaus zurückkehrt. In Bagdad hatte sich nichts verändert: Wie eh und je zogen kleine Jungen ratternde Handkarren hinter sich her, die sie um ein Vielfaches überragten. Fliegen umschwirrten gehäutete Ziegenköpfe, ausdruckslose Augen über lippenlosen Zähnen starrten den Vorbeigehenden nach. Der Duft von frischem Fettgebäck mischte sich unter den Geruch nach rohem Fleisch, Schuhputzer und Astrologen boten ihre Dienste an. Geistesgegenwärtig wich Arib dem Schwall aus, der aus den Messingbehältern eines Wasserträgers schwappte. Wenn Bagdad mit seiner Million Bewohner ein Schmelztiegel der Sprachen, Farben und Religionen auf dem Karawanenweg war, so verdichtete sich all das im Schiitenviertel Karkh noch um ein Vielfaches. Von überallher strömten die Menschen in den Stadtteil, um einzukaufen. Sie nahmen es nicht allzu genau mit dem Zwist ihrer Religionsgelehrten, umso weniger, wenn sich der schiitische Handwerker auf seine Arbeit besser verstand als der sunnitische.

Auch der Lautenmacher, den Soumaya als den besten der Stadt empfahl, hatte hier seinen Laden: ein eingeschossiges Häuschen aus Lehmziegeln, hinter dessen blau bemalter Tür die beiden Frauen in gedämpftes Licht traten. Schon von der Straße her hatten sie seine Gesellen hämmern und klopfen gehört, und bisweilen war der tiefe Klang einer frisch aufgespannten Saite zu vernehmen, die noch gestimmt wurde.

Meister Isa begrüßte sie persönlich. Beim Lächeln verzog sich das große Muttermal auf seiner Wange und die schwarzen Haare, die daraus wuchsen, bogen sich. »Eure Laute ist fertig. Wollt Ihr sie ausprobieren?«

Arib nahm ihr Instrument aus den schwieligen, leimverklebten Händen entgegen. Es hatte eine gründliche Pflege nötig gehabt. Die monatelange Reise durch Wüsten, Gebirge und hinab in die feuchte Tigrisebene hatte die Darmsaiten fasrig werden lassen, bis sie sich förmlich aufgelöst hatten.

»Sagt man nicht, wenn eine Saite während des Vortrags springt, stirbt etwas?«, fragte Arib nachdenklich.

»Ich verwende nur allerbeste chinesische Saiten«, versicherte der Lautenmacher. »Sie springen nicht. Überzeugt Euch!«

Arib ließ sich auf einem hölzernen Dreifuß nieder. Zärtlich strich sie über den bauchigen Leib. Es war sonderbar gewesen, auf dem alten Weg von Khorasan nach Westen zu reisen, wie vor langer Zeit mit Theodora. Am Ende hatte damals Wolfram gewartet. Unwillkürlich schlug das Plektron die alte Melodie – das erste Lied, das sie geschrieben hatte, für ihn.

»Ich bin zufrieden.« Rasch reichte Arib dem Handwerker das Instrument. Sie durfte sich nicht in der Vergangenheit verlieren, dachte sie blinzelnd. Im einzigen Sonnenstrahl, der hereinfiel, tanzte Staub und Sägemehl.

Der Lautenmacher suchte eine passende Tasche und reichte ihr noch ein aufwendig lackiertes Plektron. »Mein kleines Geschenk an eine große Sängerin«, bemerkte er ehrerbietig.

Arib schenkte ihm ein Lächeln, dann zahlte sie und zog den Schleier wieder über den Kopf.

Soumaya lachte: »Was ist das denn für eine Grille, Liebes, seit wann trägst du einen Schleier? Pflegtest du nicht zu sagen: Erzieht die Männer anständig, dann müsst ihr die Frauen nicht verhüllen?«

Arib zog den Stoff vors Gesicht. »Seit wir hier sind, habe ich ständig das Gefühl, jemand folge uns.«

»Ein Verehrer?«, lächelte Soumaya, als sie den Laden verließen. Draußen hing der Himmel noch immer wie eine staubige Glocke über der Stadt. Die beiden Frauen drängten sich durch den Verkehr zum Kanal, um eine Barke zu mieten. Während Soumaya sich an einem Stand einen honigtriefenden Kuchen kaufte, hielt Arib ihr Instrument an sich gedrückt, damit es nicht durch einen Stoß beschädigt wurde. Mit der Linken winkte sie einen Schiffer heran. Das Boot ächzte beängstigend, und die schmierige Pfütze am Kiel schwappte wahrscheinlich seit der Zeit Harun ar-Raschids um die Füße der Passagiere. Angeekelt hob Arib ihre teuren roten Seidenpantoffeln.

Wieder glaubte sie, beobachtet zu werden und blickte sich um. Doch niemand war zu sehen. Über dem Wasser waren von einem Haus zum anderen Wäscheleinen gespannt, Weiber riefen sich von Fenster zu Fenster Neuigkeiten zu. Eine kippte den Inhalt ihres Nachttopfs in den Kanal, und ein paar Schritte abwärts füllte ein Wasserverkäufer seine Kupferkessel. Arib bemerkte den Mann nicht, der hinter ihnen an den Kai trat.

Sie verhüllt sich sicher nicht aus Keuschheit, dachte Wolfram sarkastisch. Stunden hatte er vor Ishaks Tür auf sie gewartet. Doch selbst wenn Arib den Schleier beim Verlassen des Hauses geschickter übergeworfen hätte, hätte er sie wiedererkannt. Es hatte ihm einen Stich versetzt, dass ihr das Kleidungsstück noch immer nicht vertrauter war als damals in den Bergen.

Er sah dem Bootsführer nach, der seinen Kahn mit akrobatischem Geschick durch das Gedränge auf dem Wasser schlängelte: vorbei an mit Obst beladenen Schilfbooten und überdachten Barken, die alle auf dem Weg zum Hafen an der Mündung des Isa-Kanals waren. Wolfram folgte der rot gekleideten Gestalt mit den Augen. Nur mühsam hatte er der Versuchung widerstanden, sie auf der Straße zu stellen. Doch nur ein Narr ohne jeden Stolz hätte einer Hure wegen einer vergangenen Liebschaft Vorhaltungen gemacht. Er musste geduldig sein. Eines Tages würde er Arib gegenübertreten, dachte Wolfram hasserfüllt – aber erst in dem Augenblick, in dem er sie vernichten würde.

Der rote Schleier verschwand unter einer Brücke. Ob sie nun bei ihrem Herrn in Ungnade gefallen war, oder ob sie das

Instrument des Kalifen war, er würde sie im Auge behalten. Sobald er Klarheit hatte, würde er entscheiden müssen, was zu tun war.

Die Sonne sank, als der Schiffer dem Tigris zu stakte. Die Hitze forderte ihren Tribut, die Kanäle stanken. Zur Linken erhoben sich die gewaltigen Mauern der Runden Stadt, wo der Gegenkalif Ibrahim residierte: *Madinat as-Salam*, die Stadt des Friedens.

»Takrub schien mir ein wenig molliger als zuletzt«, bemerkte Arib, während der Schatten einer Brücke über sie hinwegzog. Der Schiffer holte das Ruder ein und ließ das Boot treiben, bis sie die andere Seite erreichten.

Soumaya leckte sich den Honig von den Fingern. Der Kuchen war in beeindruckender Geschwindigkeit verschwunden. »Was Wunder, Schätzchen, sie ist schließlich schwanger!«

»Wie bitte? Ich entsinne mich, dass gerade Zubaida recht sorgsam darüber wacht, von wem ihre Sklavinnen schwanger werden.«

Soumaya kreischte vor Lachen so heftig, dass das Boot ins Wanken kam. Wasser spritzte, und ein mit Obst beladener Kahn prallte knirschend gegen sie. Das Kielwasser schwappte hoch, und rasch zog Arib die Beine an und hob die Laute auf den Schoß. Der fremde Bootsführer rief ihnen einen unflätigen Satz nach.

»Iblis, der Satan, findet seine Wege überallhin«, erklärte Soumaya, als sie sich wieder beruhigt hatte. »In Zubaidas Haus gab es einen Eunuchen, dem unsere gute Takrub verfiel. Er war als Kriegseunuch ausgebildet worden, mehr muss ich dir nicht sagen: Offenbar war er ausgesprochen kraftvoll. *Wie ein triumphierender Hahn*, so lauteten ihre Worte!« Sie beugte sich herüber und tuschelte: »Du weißt ja, dass auch Eunuchen zur Liebe fähig sind, wenn man sie nur spät genug beschneidet. Man munkelt, sie seien darin sogar noch ausdauernder als gewöhnliche Männer. Nur zeugen können sie nicht mehr. Verführerisch, nicht wahr?«

Nun musste auch Arib lachen. »Ich verstehe: Sie fühlte sich sicher. Aber wie ist es dann passiert?«

»Das fragte Takrub sich auch, als sie sich unversehens Mutter werden fühlte. Sie ließ einen erfahrenen Sklavenhändler kommen und stellte ihm dieselbe Frage.« Soumaya machte eine effektvolle Pause.

»Es ist unglaublich, welche Wunder diese Gauner vollbringen, wenn es darum geht, ihre Kunden zu betrügen«, rief Arib belustigt. »Zu Ishak kam einmal ein Mädchen in die Lehre, das sich bei näherem Hinsehen als Junge entpuppte!«

Soumaya kicherte, und ihr gerötetes Gesicht färbte sich noch dunkler. »Da habt ihr wohl im Frauentrakt Feste gefeiert, was? – Aber bei diesem Eunuchen war es offenbar keine Absicht: Bisweilen soll es nämlich bei der Kastration vorkommen, dass sich die Hoden des Knaben tief in den Körper zurückziehen. Niemand weiß, warum, vielleicht aus Furcht. Dann entfernt der Arzt nur eines der guten Stücke, glaubt aber, er hätte zwei beseitigt. Zu gegebener Zeit jedoch begibt sich der versteckte Hoden heimtückisch wieder an seinen Platz. Und was dann geschieht, muss ich dir nicht erklären.« Soumaya kreischte vor Vergnügen.

»Da wir von der Liebe sprechen«, bemerkte Arib beiläufig: »Ob du mich einigen einflussreichen Männern vorstellen könntest?«

»Das hört sich an, als hättest du Ärger mit Abdallah gehabt.« Soumaya tätschelte ihr die Hand und sah sie mitleidig an. »Eine Kayna sollte sich nie wirklich verlieben«, riet sie. »Das macht sie nur verletzlich. Ich weiß, wovon ich spreche: Ziryab, dieser Hurensohn, hat mir den Laufpass gegeben. Das Beste, was du tun kannst, ist, es ihm mit gleicher Münze heimzuzahlen.«

Arib blickte zum rechten Ufer, wo braune und rote Fetzen im Wind flatterten und Kinder sich lachend jagten. Soumaya hatte recht. Mit den Jahren hatte sie Abdallah vielleicht nicht lieben gelernt, aber doch begonnen ihm zu vertrauen. Das war ein Fehler gewesen. Wenn er sie nun wie eine Hure behandelte, sollte er eine Hure bekommen. Und auch was ihre Rache betraf, würde sie sich nicht mehr auf ihn verlassen. Abdallah würde sie bis zum Jüngsten Gericht warten lassen, und soviel Zeit hatte sie nicht.

»Hast du etwas über den Afschin herausgefunden?«, fragte sie. »Ich hatte dich darum gebeten.«

»Er ist hier.« Soumaya blickte gelangweilt zum Kai, wo ihnen ein zerlumpter junger Mann sehnsüchtig nachsah. »Ich weiß zwar nicht, warum du dich so für ihn interessierst – er hat nicht viel für Musik übrig, sagt man. Aber ich habe erfahren, dass er in Bagdad weilt, solange das Wetter in Kurdistan den Krieg erschwert. Er wohnt im Viertel Harbiya, wie die meisten Soldaten. Ein Schreiber der Barid weicht nie von seiner Seite, ein gewisser Dhib ar-Rakki – übrigens ein sehr gutaussehender Mann.«

»Ar-Rakki«, wiederholte Arib. Diesem Namen zufolge musste er aus Rakka stammen. Noch immer fühlte sie sich unwohl, wenn von der Barid die Rede war. Dhib ar-Rakki konnte ein harmloser Katib sein, der nichts weiter tat, als Briefe zu schreiben – ebenso aber auch einer ihrer gefürchteten Spione.

»Es dürfte doch nicht schwer sein, diesen Mann zu verführen«, überlegte Arib. »So könnte ich an den Afschin herankommen.«

Soumaya sandte dem Burschen am Ufer einen letzten Blick hinterher und schüttelte den Kopf. »Wenn er für die Barid arbeitet, weiß er, dass du Abdallahs Favoritin bist. Er würde misstrauisch werden.«

Im niedrigen Uferwasser flatterte ein Reiher auf, als sie vorbeitrieben. Arib starrte nachdenklich in die Ferne.

»Und wenn du ihn mir überlässt?« Soumaya rückte näher. »Ich habe es noch nie …«

»… mit einem Mann von der Barid getrieben?« Arib musste erneut lachen. »Glaubst du denn, du könntest in Erfahrung bringen, was ich wissen will?«

Soumaya machte eine empörte Geste. »Seit sich die freien Frauen verschleiern, sind Männer leichte Beute«, verkündete sie großspurig. »Schon beim Anblick einer glatten Wange werden sie wie die Kamelhengste.«

Eine Trinkerin und eine Frau, die einen Eunuchen nicht von einem Mann unterscheiden kann, dachte Arib. Fürwahr, eine beachtliche Streitmacht, die ich gegen den bedeutendsten General des Kalifen aufzubieten habe! »Nun gut«, gab sie nach. »Du nimmst dich dieses Dhib ar-Rakki an, und ich werde mich unter Abdallahs Brüdern nach einem neuen Beschützer umsehen. Besser nach mehr als einem!«

4

Soumaya hielt Wort: Wie einen Feldzug plante sie ihre Jagd auf den geheimnisvollen Mann von der Barid. Takrub kam, von Neugierde getrieben, zu Ishaks Haus im Viertel Rusafa. Gemeinsam schminkten sie Soumaya im Iwan und brannten ihr Locken in das blonde Haar. Um die Augen trugen sie verführerischen Kuhl auf, und schließlich wählten sie zusammen die kostbaren Brokatkleider aus.

»Ist es wahr, dass der junge al-Kindi bei dir war?«, fragte Takrub neugierig. Während sie Soumayas Lippen bemalte, musterte sie abschätzend Aribs dunkelblaue Jubba. Vermutlich überschlug sie in Gedanken, was der Stoff gekostet und welcher Schneider ihn genäht hatte. »Er soll dich nach deinen Liedern gefragt haben. Angeblich schreibt er ein Buch über berühmte Sänger.«

Es war nicht gerade Takrubs Stärke, sich für eine andere Kayna zu freuen, also zog Arib es vor zu schweigen. Sie hob ein goldfarbenes Oberteil hoch und hielt es Soumaya an. Dann fädelte sie einen Seidenfaden ein, um eine lose Perle festzunähen.

»Du solltest dir lieber einen reichen Gönner suchen«, meinte Takrub, als sie keine Antwort erhielt. Mit herabgezogenen

Mundwinkeln setzte sie missgünstig hinzu: »Musik wird nun einmal von Männern gemacht und von Frauen auswendig gelernt.«

»Auswendiglernen kann jeder Papagei«, erwiderte Arib kurz. »Wer sagt, dass die Chroniken nicht auch von einer Frau erzählen können?«

Die beiden Sklavinnen brachen in Gelächter aus. »Wenn es das ist, was du willst«, rief Soumaya, »dann solltest du besser hinter al-Kindi her sein als hinter diesem Afschin!«

Das anschließende Warten wurde Arib lang. Wie ein gefangener Tiger lief sie im sonnendurchfluteten Hof auf und ab, eilte hinauf in ihr Zimmer und dann wieder hinunter zur Tür. Takrub schlug schließlich vor, sie zum Palast ihres neuen Herrn mitzunehmen. Zubaida hatte sie an einen von Abdallahs Brüdern verkauft, und nun fühlte sie sich schon fast als seine Gemahlin. Noch ahnte der Prinz allerdings nicht, dass er mit der schönen Sängerin auch den ungeborenen Bastard eines Eunuchen erstanden hatte.

Takrubs Herr war Anfang Dreißig, ein dunkler Mann, dem man seine Vorliebe für gutes und reichliches Essen bereits ansah. Diese Vorliebe schlug sich gewöhnlich auch in einem übelriechenden Hauch aus seinem Mund nieder. Glaubte man Takrub, hatte er sich sogar einmal auf ihren nackten Leib erbrochen, nachdem er die richtige Reihenfolge zwischen Völlerei und Lust durcheinandergebracht hatte. Er hieß Muhammad, wie sein unglücklicher Bruder, der den Truppen Abdallahs zum Opfer gefallen war. Harun ar-Raschid war offenbar nicht allzu einfallsreich bei der Namensgebung seiner Söhne gewesen.

Als der Prinz hörte, welcher berühmte Gast in seinem Haus war, kam er uneingeladen herüber in den Harem. Er zeigte sich huldvoll und begierig, sich von Arib im Lautenspiel unterweisen zu lassen. Noch interessierter zeigte er sich allerdings an ihren sonstigen Künsten, von denen natürlich auch er längst gehört hatte. Immerhin war er schon darüber informiert, dass man nur in deren Genuss kam, wenn man ein gutes Mundwasser benutzte. Dass Takrub zornig den Raum verließ, bemerkte er nicht einmal mehr. Keuchend ging er in Aribs Armen sämtliche Rhythmen durch: vom langsamen, schweren *Masmudi* bis hin zum rasenden Taumel des *Sharki*.

Zwei Sklaven, die draußen den Korridor entlangkamen, blieben stehen und sahen sich an. »Der *Imam* der Großen Moschee hat letzthin gegen die Singsklavinnen gepredigt«, flüsterte der Ältere. Er wies auf die verschlossene Tür. »Ganz besonders gegen *sie*! Sie würde noch einen Heiligen zur Sünde verleiten. Man sollte sie ertränken!« Der andere blickte zu der Tür, hinter der die Geräusche der Lust sich zu einem immer schnelleren Rhythmus steigerten. »Was gäbe ich darum, an der Stelle des Herrn zu sein!«, stieß er hervor.

»Nun komm!« Der Ältere legte ihm mitleidig den Arm um die Schulter. »Um eine wie sie genießen zu können, muss man Kalif sein oder der Bruder eines Kalifen. Aber Schönheit nutzt sich ab, wenn sie nicht mit Moral einhergeht.«

Arib ließ Muhammad kaum die Zeit, sich mit einem großzügigen Geschenk für ihre Gunst zu bedanken. Überstürzt kehrte sie in Ishaks Haus zurück, wo Soumaya bereits im Hof wartete. Ihrem Zustand nach zu urteilen, leerte sie nicht den ersten Becher. Das Lippenrot klebte auf dem Glas, aus dem knappen Oberteil quollen ihre üppigen Formen, und ihre Schminke begann zu bröckeln. Strähnig fiel das kunstvoll frisierte Haar herab, wie die ungekämmte nasse Wolle, welche die Färber am Fluss aushängten.

»Und?«, fragte Arib.

»Was für ein Mann!«, schwärmte Soumaya und stürzte den Wein herunter. »Ein Körper wie der sagenhafte Held Rustam, doch gerissen wie der Weise Lukman.« Sie stierte vor sich hin und schien zusehends in Selbstmitleid zu versinken. »Zuerst will Ziryab nichts mehr von mir wissen, und nun bringe ich es nicht einmal mehr fertig, Dhib ar-Rakki zu verführen. Ich bin alt und hässlich geworden, meine Zeit ist vorbei. Ziryab sagt, meine Oberschenkel sähen aus als trüge ich Kettenhosen.«

295

Arib nahm ihr beherzt den Becher aus der Hand. »Ob Dhib ar-Rakki sich verführen lässt, ist doch gleichgültig, aber hat er dir gesagt, was ich wissen will?«

Soumaya sah sie geschlagen aus verschmierten Augen an.

»*Wa-sch-Schaitan ar-Rajim!*«, fluchte Arib und schleuderte den Becher zu Boden. Sie kämpfte um ihre Fassung. »Was ist genau geschehen?«, fragte sie dann.

»Zuerst dachte ich, wenige Augenblicke, und in meinen Armen vergisst er selbst seinen eigenen Namen. Er hat etwas aufregend Barbarisches.« Lebhaft wischte sich Soumaya über die schwarze Schmutzspur unter den geschwollenen Lidern, die einmal ihre Wimpernfarbe gewesen war.

»Aber dann durchschaute er den Plan?«

»Er lachte«, erwiderte Soumaya anklagend. »Er hatte keinen Augenblick die Gewalt über sich verloren. Noch nie hat es ein Mann gewagt, so mit mir umzuspringen!«

Arib biss die Zähne zusammen. »Und du?«

»Ich sagte, dass du üble Dinge über ihn erzählst. Dass du glaubst, er verfolge dich, um dich in einem unbeobachteten Moment im Sarat-Kanal zu ertränken. Ich nehme an, sie kennt gute Gründe dafür, entgegnete er! Und das schräg einfallende Sonnenlicht verlieh seinen Augen einen so eisigen Farbton, dass ich dachte, der Leibhaftige steht mir gegenüber.«

Arib ließ sich mit einem neuen unterdrückten Fluch neben sie auf den Diwan fallen. Einige Zeit starrten beide schweigend vor sich hin. Dann sah Arib sich um. »Wo ist Takrub? Wollte sie nicht hören, wie es ausgegangen ist?«

Soumaya pfiff durch die Zähne. »Sie war ziemlich wütend auf dich. Stimmt es, dass du ihr den Herrn ausgespannt hast?«

Arib winkte ab. »Er war hingerissen, weil ich die Sklavin eines anderen bin. Du kennst doch die Männer.«

Soumaya schwieg vielsagend und schälte sich ächzend aus dem Oberteil. Der Stoff hinterließ breite rote Druckstellen auf ihrer weißen Haut.

»Ich brauchte jemanden, der mich beim Gegenkalifen Ibrahim einführt«, erklärte Arib widerwillig. »Es gibt genug einflussreiche Liebhaber für uns alle.«

Die Freundin warf das nach Parfüm und Schweiß duftende Kleidungsstück zu Boden und schlüpfte in ein bequemes Hemd. »Das verzeiht Takrub dir im Leben nicht«, meinte sie. »Nicht einmal ich würde das, *Habibti*, nicht einmal für eine Nacht mit dir. Sie würde dafür sorgen, dass du niemals vor Ibrahim auftreten wirst, krakeelte sie, der Teufel solle dich holen, und das war noch das Freundlichste.«

Arib erhob sich.

»Ach, und was deinen Afschin angeht«, sagte Soumaya und warf die Haare über den Kragen. »Dhib ar-Rakki höhnte, du würdest dich gedulden müssen, was immer du mit ihm vorhast. Er ist gestern nach Kurdistan abgereist.«

5 Monat um Monat zog sich der Krieg in Kurdistan hin. Ende des christlichen Jahres 818 war der Afschin noch immer nicht nach Bagdad zurückgekehrt.

Arib beherrschte das Tagesgespräch. In den Harems klatschten die Frauen halb neidisch, halb schockiert über ihre Liebesaffären. Bei ihren Gelagen träumten die jungen Männer von ihrer Gunst und diejenigen prahlten, die sie genossen hatten. Ihre abgelegten Liebhaber verfassten melancholische Verse. Nur Prinz Muhammad hatte das Versprechen, Arib seinem Oheim Ibrahim vorzustellen, nicht gehalten.

Das *Sadak*-Fest zur Wintersonnwende näherte sich. Trotz der eisigen Kälte, die seit einigen Tagen herrschte, versammelte sich die ganze Stadt auf den Uferwiesen, um die feierliche Prozession auf dem Tigris mitzuverfolgen. In den erleuchteten Straßen und auf den Brücken trafen sich Arme und Reiche, Christen und Juden, Muslime und Anhänger des alten Feuerglaubens, dem das Fest ursprünglich entstammte. Auch Arib legte eine festliche rote Jubba an, die ihr ein Liebhaber hatte schicken lassen, warf einen gefütterten Mantel aus feiner Nischapur-Wolle über und mischte sich unter das Volk. Sie brauchte dringend Zerstreuung.

Hier auf der Ostbank überblickte man den Fluss von der Hauptbrücke bis hinab zur Unteren Brücke. An diesem Ufer wohnten die Reichen, und so sah man viele einflussreiche Beamte mit ihren Sklavinnen. Am Wasser hatten sich Männer mit Tamburinen und Flöten zusammengefunden. Andere hatten einen Kreis um sie gebildet, klatschten im Rhythmus und tanzten. Auf fast allen Dächern hatte man Feuer entzündet, die ganz Bagdad in ein flackerndes Licht tauchten, schön und bedrohlich zugleich. Vogelschwärme wurden durch die Lohe getrieben, und die schwarzen Leiber glitten lautlos über sie hinweg. Arib kannte den uralten Brauch seit ihrer Kindheit. Sie ertappte sich bei der Hoffnung, er werde auch ihr im neuen Jahr Glück und Segen bringen.

»Hier steckt Ihr!« Eine schwankende Handlaterne tauchte auf und beleuchtete die hünenhaften Umrisse des Eunuchen Jauhar. Meistens begleitete er sie auf ihren nächtlichen Streifzügen, doch heute hatte Arib ihn wieder einmal vergessen. »Was macht Ihr Euch davon, meine Liebe? Ich habe eine Mitteilung für Euch, warum sonst sollte ich Euch durch dieses Sodom und Gomorrha nachlaufen?« In einiger Entfernung warf ihr ein jüngerer Vetter Abdallahs glühende Blicke zu. Den ganzen Abend ging das nun schon so, er verfolgte sie regelrecht. Jauhar wies auf ihn und grinste. »Die jungen Männer erliegen reihenweise Eurer Stimme. Ist es wahr, dass sie Zauberkräfte besitzt?«

Arib lachte so laut auf, dass sie sich beinahe verschluckte. »Tarab – der Rausch der Musik! Das ist etwas für bleichsüchtige Jünglinge und Liebeskranke, *Habibi*. Was gibt es denn?«

Der Eunuch reichte ihr einen kleinen Zettel. »Das hat ein Bote vorhin gebracht.« Im Schein der Laterne hoben sich seine Zähne weiß aus der Dunkelheit. »Von Eurem Herrn.«

Arib griff nach dem Brief und trat ins Licht. Abdallah zeigte sich erzürnt. Sie vergnüge sich mit seinen Brüdern, doch nicht mit dem, um dessenthalben sie nach Bagdad gereist sei. Arib möge endlich vor Ibrahim singen. Abdallah sei in Bedrängnis: Sein Thronfolger, Ali ar-Rida, sei eines rätselhaften Todes gestorben. Seither verkündeten die Schiiten lauthals, er selbst habe ihren heiligen Imam vergiften lassen.

Arib blickte auf. Das war durchaus möglich, dachte sie, doch wenn das Gerücht stimmte und Abdallah ein Giftmörder war, würde er es natürlich nie gestehen.

»*Gelingt es mir nicht, den Thron zurückzuerobern*«, schrieb ihr Herr weiter, »*bin ich verloren. Ich habe mein Schicksal in deine Hände gelegt. Wenn du mich nicht rettest, welcher Ausweg bleibt mir dann noch? Vergiss deinen Groll, meine Schönste, ich flehe dich an! Du kannst deinen Sklaven vom Tode erretten. Ich schwöre, dir die Freiheit zu schenken und dich zu heiraten …*« Es folgten noch einige Schmeicheleien.

Arib ließ den Brief sinken. Abdallah schien das Wasser wirklich bis zum Hals zu stehen. Aber eine Heirat – das hättest du wohl gerne, dachte sie ironisch. Als seine rechtmäßige Ehefrau wäre sie ihm Treue und Gehorsam schuldig, und er verdiente weder das eine noch das andere. Männer sprachen wie die Poeten, wenn es darum ging, von einer Frau etwas zu bekommen. Doch wenn sie sie für eine andere fallen ließen, wurde ihr Ton schnell prosaisch. Sie gab Jauhar das Schreiben zurück.

»Was habt Ihr vor?«, fragte Jauhar. »Ihr seid doch gekommen, um Abdallahs Auftrag auszuführen.«

»Das könnte ihm so passen«, erwiderte Arib trocken. »Ich bin gekommen, um aus Abdallahs Auftrag meinen eigenen Vorteil zu ziehen.« Sie sah hinab zum Fluss, der sich, von tausend Kähnen und Flechtbooten erleuchtet, wie eine feurige Schlange durch die Stadt wälzte. Nur über den Kalifen konnte sie an den Afschin herankommen, ob er nun Ibrahim hieß oder Abdallah. Ging der Plan ihres Herrn auf, war er ihr etwas schuldig. Und wenn nicht, würde es ein Leichtes sein, einem unerfahrenen Herrscher wie Ibrahim Haidars Kopf abzuschmeicheln. Glaubte man den Gerüchten, besaß er ohnehin nicht mehr Verstand als das, was bei jeder Gelegenheit zwischen seinen Beinen anschwoll.

»Es wird ein Leichtes sein, Ibrahim zu gewinnen«, fuhr Jauhar hartnäckig fort. »Es heißt, Ihr hättet Harun ar-Raschid mit Eurem Lautenspiel bezaubert, sodass er Euch an den Hof holte. Und Muhammad al-Amin soll Euch gekauft haben, nachdem Ihr in Männerkleidern vor ihm getanzt habt. Beide sollen Euch zärtlich geliebt haben bis an ihr Ende, ist das wahr?«

»Beinahe«, erwiderte Arib sarkastisch. Auf einmal drang die Kälte durch ihren Wollmantel. Jauhar war dabei, ihr die Laune zu verderben. »Harun ar-Raschid nahm mich gegen meinen Willen, mit einem Dolch an meiner Kehle. Und Muhammad al-Amin war ich im Auftrag seiner Mutter Zubaida zu Willen, um ihn vom khorasanischen Laster zu kurieren. Zum Lohn ließ sie meine Stimme ausbilden. In der Tat, Zärtlichkeit ist genau das Wort, das mir dazu eingefallen wäre!«

Jauhar starrte sie an, sichtlich entsetzt über diese Offenheit. »Bei den Geschichtenerzählern hörte sich das anders an«, brachte er hervor.

»Das kann ich mir denken.« Arib sah über die Schulter, und tatsächlich: Der Jüngling von vorhin folgte ihr noch immer. Mit einem vielsagenden Blick ihrer geschminkten Augen gab sie dem jungen Mann zu verstehen, dass er sich Hoffnungen machen durfte. Jauhar rief ihr etwas nach, doch schon hatte sich Arib durch die lachenden Menschen gedrängt und war im Dunkel verschwunden. Resigniert folgte ihr der Eunuch.

Alles wartete auf die Prozession, und so lagen die Büsche am Ufer schwarz und verschwiegen in der Dunkelheit. Arib verschwand den schmalen Pfad hinab, der am Pfeiler der Unteren Brücke zum Wasser führte. Sie musste nicht lange warten.

Der junge Mann machte nicht viele Worte. Leidenschaftlich glitten seine Hände über ihren Körper, und sofort wurde ihr wärmer.

Die Prunkschiffe trieben heran. Arib schob den jungen Mann ein Stück von sich weg, um besser sehen zu können. Die

Barken waren mehrere Hundert Schritt lang und mit Gold beschlagen. Der Bug der ersten war geformt wie der Kopf eines Adlers. Dahinter erschien eine zweite. Hier war der vordere Teil den Umrissen eines springenden Pferdes nachempfunden. Arib erkannte die ganz in Schwarz gekleidete Gestalt darauf: Ibrahim ibn al-Mahdi, der Mann, den Abdallahs Familie an seiner Statt zum Kalifen gewählt hatte. Durch den leichten Wind verzerrt klang Musik herüber. Jetzt konnte sie auch das Orchester mit Flöten, Zimbeln und Trommeln auf dem Prunkschiff ausmachen. Auf einmal stutzte sie. Neben dem Kalifen stand eine Frau – Takrub. Sie spielte mit dem schütteren Haar, das unter seinem Turban hervorfiel, und reichte ihm ihren Becher. Dann verschwand sie in der kleinen Kabine. Ibrahim folgte ihr.

Überrascht starrte Arib hinüber. Davon hatte sie nichts gewusst. Offenbar machte Takrub ernst mit ihrer Drohung, den Auftritt der Rivalin im Palast zu verhindern. Wenn ihr Plan nicht scheitern sollte, musste sie etwas unternehmen. Unwillig hielt Arib den jungen Mann auf Abstand. Er wollte erneut in ihr Haar greifen, doch sie stieß ihn zurück.

»Wie könnt Ihr es wagen!«, fuhr sie ihn an. Der Junge war so überrascht, dass er nicht einmal zornig wurde. Arib ließ ihm auch keine Zeit dazu. Ehe er sich's versah, war sie den schmalen Pfad hinauf verschwunden, und die Zweige schlugen hinter ihr zusammen. Als er ihr folgen wollte, fand er den Weg durch die ehrfurchtgebietende Gestalt Jauhars versperrt.

6

Die Monate vergingen, und wieder kam der Sommer. Wochenlang wehte vom nahen Tigris kein Windhauch herüber nach Harbiya. Die meiste Zeit lag der Turnierplatz im Osten des Soldatenviertels verlassen da.

Auch heute hatten sich nur wenige Zuschauer auf den unbequemen Bänken der Tribüne niedergelassen. Trotz der frühen

Stunde war es unter den Leinensegeln brütend heiß. Salim, ein Zechgenosse des Kalifen, steckte sich noch etwas Haschisch zwischen die Zähne und seufzte, als er die entspannende Wirkung spürte.

»Habt Ihr seine Augen gesehen?«, flüsterte der langhaarige Junge, der sein Geliebter war. Mit dem Becher wies er hinab in das langgestreckte Oval. »Er hat den Bösen Blick, ich sage es Euch!«

Längst hatten die Reiter unten ihre erschöpften Tiere an den Rand der Arena getrieben. Einer wechselte seine durchgeschwitzte *Sudra* gegen eine neue Tunika. Nur der Afschin und der dunkelblonde Mann auf dem Platz schienen noch frisch zu sein.

»Nun zeigt, was Ihr könnt, Wolfram von Aue!«, rief Haidar in der Arena. Er brachte sein Pferd zum Stehen. »Oder habt Ihr das Reiten verlernt in den Jahren, in denen Ihr stur wie ein Stier auf Eurem alten Glauben beharrtet?« Unter seinem zwiebelförmigen Helm machte er eine Kopfbewegung, die das Kettengeflecht des Nackenschutzes zum Klirren brachte. Längs zog sich eine mit schwarzgrünen Bändern geschmückte Bretterwand durch die Arena. Auf halbem Weg war die Zielscheibe aufgestellt, und hinter dem bemalten Holzschild stand ein Waffenknecht, der die Ergebnisse aufzeichnete.

Wolfram griff in die Zügel seines tänzelnden Rappen. »Wenn ich nicht ins Schwarze treffe, schenke ich Euch mein Pferd!« Er gab dem Tier die Sporen und genoss die Kraft des plötzlichen Starts, die ihn in den Sattel drückte. Als der Rappe sicher auf der Mitte der Bahn galoppierte, ließ er die Zügel sinken. Er hob Pfeil und Bogen, und sein Körper nahm den Rhythmus der Galoppsprünge auf. Seine Hand schloss sich um das glatte Holz. Die Umgebung verschwamm vor seinen Augen, die sich allein auf das Ziel richteten: den buntbemalten *Birjas*. Pfeifend ließ er den Pfeil von der Sehne. Das Geschoss durchschnitt die Luft und bohrte sich in die Scheibe.

»*Wallahi!*«, hörte er den Waffenknecht rufen, während er

die Zügel wieder aufnahm. »Mitten ins Schwarze!« Beifällige Rufe erklangen von den Tribünen. Wolfram wendete das Pferd und ließ es zum Anfangspunkt zurücktraben. Die Tunika klebte an seinem Körper.

Der Afschin reichte ihm die Hand. »Ich hätte es mir denken können, dass Ihr kein Pferd leichtfertig aufs Spiel setzen würdet. Nun kommt, ich brauche dringend ein Bad.«

Das Hippodrom besaß ein eigenes Badehaus in seinen steinernen Eingeweiden. Hier unten war es angenehm kühl, und erleichtert warfen die Männer Lederwams und Kleider ab. Während Sklaven Wasser über ihre verschwitzten Körper gossen, bemerkte Wolfram: »Ich war überrascht, als ich Eure Nachricht erhielt. So früh hatte ich Euch nicht erwartet. Letztes Jahr weiltet Ihr bis weit in den Sommer hinein in Kurdistan.«

Der Afschin gab den Sklaven ein Zeichen, und diese zogen sich zurück. »Ich hörte, Ihr hattet eine Auseinandersetzung mit Arib«, sagte er. Er nahm die schwere Kupferkelle und goss sie über seinem schwarzen Haar aus.

Wolfram rieb sich mit dem Handschuh aus Ziegenhaar über Arme und Schultern. Stumm spülte er seinen Körper ab und ließ das Wasser über die Haut rinnen. »So kann man es kaum nennen«, erwiderte er endlich. Es gelang ihm nicht, seinen hasserfüllten Ton zu unterdrücken. »Sie muss herausgefunden haben, dass ich sie beobachten lasse, denn sie schickte mir eine Sklavin. Vermutlich sollte ich in deren Armen verraten, was ich von ihr will. Es gibt genügend Toren, die im Schoss einer Frau ihren Verstand verlieren.« Forschend fügte er hinzu: »Sie fragte nach Euch.«

Der Afschin schäumte seine dunkel behaarte Brust ein. Die Lippen unter seinem Bart verrieten nichts.

»Es geht Arib nicht um Macht, wie Ihr mich glauben machen wolltet«, sagte Wolfram scharf. Er streifte das Wasser ab und warf das nasse Haar zurück. »Das ist weit mehr als Machthunger. Es ist Hass! Und Ihr wisst, warum!«

Der Afschin wollte ihm die Schöpfkelle reichen, doch Wolfram schlug sie ihm aus der Hand. Klirrend prallte das schwere Kupfer auf die Marmorfliesen.

»Ich habe gehört, wie Ihr bei Harun ar-Raschid von ihr spracht«, bemerkte der Franke mit einem schneidenden Unterton. »Damals war ich zu überrascht, um zu reagieren, doch Ihr sagtet etwas von einem Albtraum. Was verschweigt Ihr mir?«

Haidar starrte auf die Kelle, die noch einige Male hin- und herschaukelte, ehe sie liegen blieb. »Nichts«, entgegnete er schließlich.

Was immer es war, er war anscheinend nicht willens, es freiwillig zu offenbaren. Doch Wolfram hatte bisher noch jeden zum Reden gebracht, selbst wenn es ein Freund war. Er brauchte nur Geduld. Und das richtige Druckmittel. »Nun, Arib ist klug, das macht sie gefährlich«, meinte er. »Ich kann dafür sorgen, dass sie von Eurer Rückkehr erfährt. Ich kenne sie«, bemerkte er mit einem schmerzhaften Lächeln. »Was immer sie plant, sie müsste dann handeln.«

Der Afschin hob die Achseln. »Tut, was Ihr für richtig haltet.« Doch seine Augen bewegten sich unruhig, und die Muskeln seiner drahtigen Schultern zuckten.

Wolfram schlang das Handtuch wieder um die Lenden. »Das werde ich, Haidar«, sagte er mit Nachdruck. »Das werde ich.« Er wandte sich zum Gehen.

Der Afschin rief ihn nicht zurück. Erst als Wolfram beinahe den Ausgang zum Ruheraum erreicht hatte, fragte er plötzlich: »Was sie wohl gerade tut?«

Wolfram blieb stehen. Etwas in Haidars Stimme wirkte nachdenklich, in einer Weise, die schwer zu deuten war. »Ich lasse sie beobachten, das sagte ich doch. Sie ging nach Madinat as-Salam«, erwiderte er bitter. »Sie ist eine Hure, was wird sie dort schon tun?«

Zwischen dem Gassengewirr von Harbiya und der Palaststadt Madinat as-Salam floss ein breiter Kanal, der Euphrat und Tigris verband. Obwohl die Hitze die Pegel bereits sinken ließ, schossen leichte *Harakat* übers Wasser: die gefürchteten Schnellboote des Heeres. Selbst in seichten Sumpf- und Marschgewässern konnten sie noch manövrieren, pfeilschnell und beinahe lautlos. Südlich davon erhoben sich die kreisrunden Mauern der Palaststadt wie eine sandfarbene Barriere inmitten Bagdads. Krieger in dunklen Waffenröcken bewachten die Tore jenseits des Wassergrabens. Über den Zinnen wehten die schwarzen Banner der Abbasiden.

Zur selben Zeit, wie sich Wolfram und der Afschin im Hammam des Turnierplatzes aufhielten, betrat eine verschleierte Frau die Palaststadt von Nordosten her. Auf ein Lächeln hin öffneten ihr die Wachen die schweren Eisenflügel des Khorasan-Tors. Verstohlen warf ihr einer einen Kuss hinterher.

Es war leichter als erwartet, auch ohne Jawaz eingelassen zu werden, dachte Arib, als sie auf der anderen Seite des Tors aus dem Schatten trat. Das würde sich als nützlich erweisen, wenn sie Abdallahs Männern Einlass verschaffte. Während sie die schnurgerade gepflasterte Straße entlangging, betrachtete sie unauffällig die Örtlichkeit. Nur wenige Fenster durchbrachen die festungsartigen Mauern rechts und links, Gitter verwehrten jeden Blick ins Innere. Rampen für Reiter führten zu den Wällen hinauf, wo zwischen den Zinnen immer wieder die Soldaten der Türkengarde zu sehen waren. Stallungen und fensterlose Vorrats- und Waffenkammern duckten sich unterhalb davon in die Zwischenräume. Arib durchquerte diesen Ring von Soldatenunterkünften und Verwaltungsbauten auf der breiten Khorasanstraße. Sie erreichte die dahinterliegenden Häuser der Prinzen. Hier kannte sie sich aus, auch Muhammad lebte in einem davon. Heute jedoch schenkte sie dem Gebäude mit dem reich verzierten Tor keine Aufmerksamkeit, sondern ging weiter zum Kalifenpalast. Im Schatten der gewaltigen grünen Kuppel, unter einem Wandfries mit Koransprüchen, blieb sie kurz stehen. Noch lag der Vorplatz ruhig in der Sonne, nur einige Sklavinnen tauschten Neuigkeiten aus. Schwarzgekleidete Wachsoldaten unterhielten sich halblaut. Einige Schritte zur Linken befand sich die Goldene Pforte – der Eingang des Herrscherpalastes. Hier schlug das Herz einer Macht, die von Afrika bis ins ferne Indien reichte. Doch Arib schenkte dem goldbeschlagenen Eisentor keinen Blick, sondern betrat die Große Moschee.

Die Gläubigen begannen sich bereits zu zerstreuen. Einige Schreiber hockten in Strümpfen auf den Teppichen und tauschten Neuigkeiten aus. Unterhalb der aus Ebenholz geschnitzten Kanzel nahm der Gegenkalif noch Bittgesuche entgegen. Die massige Gestalt des Drachen war schon von Weitem auszumachen. Nach dem gestrigen Gelage hatte Ibrahim sichtlich unausgeschlafen das Frühgebet geleitet. Die Moschee war fast leer, als er mit seiner Leibgarde endlich dem Ausgang zustrebte. Durch die Holzgitter an den Toren fiel ihm das helle Morgenlicht in die Augen. So konnte er die schlanke Gestalt nur in Umrissen erkennen, die sich ihm in den Weg stellte.

»Wenn du ein Bittgesuch hast, komm morgen wieder, Weib!«, sagte der Kalif ungeduldig. Er gähnte verstohlen hinter der beringten Hand. Dann warf er die Burda, den Mantel seiner Herrschaft, über die Schulter und wollte an ihr vorbei zum Ausgang.

Arib schlug den dunklen Izar von Haar und Gesicht zurück. Unwillkürlich rückten die Soldaten der Leibgarde zusammen, einer stieß einen leisen Ruf der Bewunderung aus. Ein Rubindiadem funkelte in ihrem Haar. Die tropfenförmigen Steine bedeckten ihre Stirn bis fast zu den geschwungenen Brauen. Ihre Lider waren mit Kuhl bis weit über die Augenwinkel hinaus verlängert und die Lippen tiefrot geschminkt.

»In diesem Aufzug in der Moschee!« Der Imam von Rusafa, der sich sonst nicht im Gefolge des Kalifen blicken ließ, war herangekommen. Er wollte die Moscheediener rufen, um die junge Frau hinauszuwerfen, doch Ibrahim hielt ihn mit einer

Handbewegung zurück. »Wie kommst du hier herein?«, fragte er überrascht. »Ich hatte Befehl gegeben …«

Arib trat näher. Der Duft teurer Schiraz-Rosen umgab sie. »Ich gebe nicht viel auf Befehle, wenn ich etwas will«, sagte sie mit tiefer, voller Stimme.

»Ich habe dich vor Jahren schon einmal gehört. Seit damals bist du berühmter geworden als jede andere Kayna.« Der Ton des Kalifen war nun weniger abweisend. Er musterte sie aus tief liegenden Augen. Mit der breiten Nase in dem grobknochigen Gesicht sah er weniger aus wie ein Drache als wie ein Kamel. »Jedermann spricht über deine Lieder, es sollen weit über hundert sein.«

»Und ich will, dass man nicht nur darüber spricht, sondern auch darüber schreibt«, erwiderte Arib. »Vor dem Urteil meines Meisters Ishak al-Mausili habe ich längst bestanden, vor Eurem noch nicht, Herr. Ich habe drei Kalifen in den Schlaf gesungen – *Hanashi*, nach Art der Schlange, *Bakari*, nach der des Stiers, in allen Tonarten des Begehrens. Sollte das, was sie in mein Bett gelockt hat, ausgerechnet Euch nicht interessieren?«

Ibrahim lachte anerkennend. »Deine Schönheit ist ebenso berühmt wie deine gewandte Zunge. Nicht umsonst sagt man, die Sängerinnen seien das Banner Satans. Man erzählt sich, du hättest selbst Abu Nuwas im Wettstreit der Sänger überwunden.«

Aribs Lippen zuckten. »Das war ein Kinderspiel. Der *Maqam Rast*, die Tonart der Männlichkeit, ist dem *Bayati*, der Weiblichkeit, unterlegen – auf dem Schlachtfeld der Tonarten wie auf dem der Liebe.«

Er lachte erneut, doch es klang jetzt nervös. Seine Augen huschten über sie wie zwei Wiesel. »Auf beide sollst du dich verstehen.«

»Musik oder Liebe – ich verstehe mein Instrument und das eines Mannes zu spielen«, erwiderte sie zweideutig. Sie trat ein wenig näher, sodass der hereinfallende Lichtstrahl ihre Schläfenzöpfe glänzen ließ. »Die Grundmelodie ist immer einfach. Die Kunst besteht darin, sie möglichst einfallsreich zu verzieren. Denn ganz gleich ob nach klassisch arabischer Art oder nach gefühlvoll persischer: am Ende steht immer Tarab – der Rausch.«

Einem der Männer entfuhr ein Fluch. Ibrahim stierte sie an wie ein Geschöpf der zauberkundigen Engel Harut und Marut – ausgestattet mit allen Verlockungen zum Verderben der Männer. Sein Adamsapfel an der behaarten Kehle tanzte, als er fragte: »Und diese Verzierungen beherrschst du?«

Arib lächelte. Wortlos ließ sie den Izar zu Boden gleiten. Darunter trug sie die Kleider einer Singsklavin: ein schwarzgoldenes Oberteil, das unter den bloßen Brüsten geschnürt war und den Bauch freiließ. Eine Kette aus Jade lag um ihren Hals. Um die Hüften war ein Gürtel aus Bagdader Brokat geschlungen, und darunter trug sie einen schwarzseidenen Rock, durch den ihre Beine und die goldenen Fußreife schimmerten. Den Männern verschlug es die Sprache. Selbst der Imam starrte auf die im spärlichen Licht schimmernde Haut.

»Du wirst bekommen, was du willst«, stieß Ibrahim hervor. »Komm in meinen Palast und zeig deine Kunst!« Er leckte sich die fleischigen Lippen unter dem Vollbart. Was immer man sonst über den Drachen sagte, schwer von Begriff war er nicht.

7

Als Arib die Palaststadt verließ, atmete sie auf. Das stechende Ghaliya-Parfüm, das Ibrahim benutzte, hatte die ganze Moschee erfüllt. Wieder fühlte sie sich beobachtet. Deshalb wählte sie den Umweg durch die Märkte von Karkh, um sich unbeobachtet im Gewirr der Kanäle eine Barke zu nehmen. Der überdachte Gewürzmarkt war dunkel und wirkte noch enger durch die Säcke mit Nelken, Zimt und leuchtendem Safran vor den Läden. Arib tauchte die Hand in einen Korb Rosinen und sah sich um.

Fast nur Frauen bevölkerten die Gasse, die meisten schleppten Kinder auf dem Arm. Ein Scharlatan warb mit langgezogenen Rufen um Kundschaft. Auf seinem aufklappbaren Holzstand hatte er Phiolen in allen Größen aufgestellt, Vogelkrallen und Alraun für Amulette. An der Ecke bot ein ausgemergelter Alter Opium feil – allerdings bewiesen die glasigen Augen, dass ein nicht geringer Teil der Ware zwischen seinen eigenen Stummelzähnen verschwand. Wie immer konnte Arib keinen Verfolger ausmachen, nur die üblichen Türkensöldner standen fast an jeder Straßenecke. In der unübersichtlichen Menge fühlte sie sich sicherer. Verlockende Gerüche aus den Garküchen erinnerten sie daran, dass sie seit Stunden nichts gegessen hatte. Kurzentschlossen betrat sie eine davon.

Der betäubende Geruch von Fleisch, Gewürzen und dem Qualm riesiger Herdfeuer schlug ihr entgegen. Nach Minze duftender *Tabuleh*-Salat, würzige *Kebab* und frischer Fisch aus dem Tigris warteten auf ihre Käufer. Im Hintergrund drehten sich Spieße, irdene Töpfe wurden in Gruben über der Glut warmgehalten, bis ihre Besitzer sie abholten. Sklaven riefen die fertigen Gerichte aus. Arib bestellte eine Portion *Hamida*-Hühnchen und sog den säuerlichen Duft von Sumachsaft und Granatapfel ein. Sie hatte sich diesen kleinen Genuss verdient.

Während sie aß, bemerkte sie einen hageren Mann, der ständig zu ihr herübersah. Etwas an ihm erregte ihre Aufmerksamkeit. Umständlich versuchte sie, hinter dem Izar zu essen, doch da sie nicht daran gewöhnt war, war das alles andere als einfach. Für jeden Bissen musste sie den Stoff heben und beschmutzte ihn dabei mit den fettigen Fingern. Entschlossen nahm sie ihr Essen und ging zu dem Mann hinüber. »Warum spionierst du mir nach?«, fragte sie scharf.

Erwartungsgemäß setzte der Bursche eine unschuldige Miene auf. Er hob sein Glas *Fukka*, und der Duft von Moschus und Rosenwasser stieg auf. Arib wollte den Schleier wieder in ihrem Oberteil feststecken, doch etwas musste sich verhakt haben. Wieder einmal verfluchte sie die Tatsache, dass sie an dieses Kleidungsstück nicht gewöhnt war. In dem Augenblick, als sie glaubte, den gesuchten Träger zu ertasten, ließ der Fremde plötzlich den Becher fallen.

Arib sprang zurück. Das kalte, klebrigsüße Getränk lief über die Brokatpantoffeln, die ihr Muhammad erst gestern verehrt hatte, auf den gestampften Lehmboden. »Du Tölpel, sieh dich doch vor!«

Die Besucher der Garküche pfiffen durch die Zähne und scharten sich um sie. Der Mann musterte aufmerksam ihr unbedecktes Gesicht. Er machte keine Anstalten, seinen Becher aufzuheben. Arib begriff plötzlich, dass er ihn allein aus diesem Grund hatte fallen lassen.

Auf einmal fühlte sie sich in die Enge getrieben wie vor Jahren in den kurdischen Bergen. Mit zitternden Händen raffte sie den Schleier und hielt ihn mit den Zähnen vor dem Gesicht. Als sie wieder aufblickte, war der Mann verschwunden.

In Ishaks Haus vertauschte Arib ihre Kleider mit einem einfachen Leinenhemd. Sie begutachtete die ruinierten Schuhe und übergab sie der Wäscherin. Vielleicht waren sie noch zu retten, ansonsten sollte das Mädchen sie behalten. Mit etwas Glück konnte sie die Pantoffeln an einen ehemaligen Liebhaber ihrer Herrin verkaufen, der gutes Geld dafür bezahlen würde.

Zornig und beunruhigt, auf eine so einfache List hereingefallen zu sein, verschwand Arib im Garten, wo sich die Latrine befand. Hier war sie ungestört. Sie stützte sich auf den Balken und trommelte einen schnellen Rhythmus darauf, während sie sich erleichterte. Unwillkürlich ging sie in das Liedchen über, das sie gestern geschrieben hatte. Sie begann zu summen und bemerkte, dass der Rhythmus nicht einwandfrei war. Stirnrunzelnd grübelte sie, änderte den Text in Gedanken und trommelte erneut. Wieder falsch. Arib schlug wütend mit der Faust auf den Balken. Heute hatte sie wirklich jeder gute Engel verlassen!

»Arib?«, fragte jemand draußen. Sie fuhr erschrocken zusammen, dann seufzte sie. Die Spione der Barid mochten ihr auf der Straße folgen, doch dass sie den Weg zur Latrine in Ishaks Haus fanden, war eher unwahrscheinlich. Sie schöpfte mit der linken Hand Wasser, um sich zu reinigen, und ließ das *Qamis* wieder über die Knie fallen. »Ich komme.«

Es dämmerte bereits, und schattenhaft bewegten sich die Palmwipfel über ihr. Jauhar wartete draußen und reichte ihr einen Brief. »Ein Junge brachte ihn. Er ist von einem Dhib ar-Rakki.«

Hastig griff Arib nach dem Billett und las:

An die löbliche Arib, die unter den Dirnen ist, wie die Sonne unter den Sternen.

Wenn Euch die Reinheit Eurer Ehre nur halb so viel bedeuten würde wie die Eures Schuhwerks, könntet Ihr eine bemerkenswerte Frau sein. Mein Spion sagt, Ihr hättet vor Ibrahim gestanden in den Gewändern einer Hure und mit der Haltung einer Königin. Doch ich schreibe nicht, um Euch zu schmeicheln, sondern um Euch etwas mitzuteilen:

Mein Freund und Gastgeber, der Afschin, ist unversehrt aus Kurdistan zurückgekehrt. Da Ihr an seinem Schicksal so regen Anteil zu nehmen scheint, könnt Ihr mir also getrost wieder Sklavinnen schicken – es sei denn, Ihr brächtet den Mut auf, selbst zu kommen. Ihr wisst ja, wo ich anzutreffen bin.

Ich liege Euch zu Füßen, zumindest dann, wenn mich der Wein niedergestreckt hat.

Dhib ar-Rakki

Wütend zerriss Arib den Brief, warf die Fetzen zu Boden und trampelte darauf herum. Dann legte sie nachdenklich den Kopf in den Nacken. Der Mann in der Garküche war also sein Spitzel gewesen. Warum sonst hätte Dhib ar-Rakki über ihr Schuhwerk spotten sollen? Aber wie hatte er ahnen können, dass ihr der Schleier nicht vertraut war und man sie so beim Essen überrumpeln konnte? Es wurde ihr unheimlich, wie dieser Mann sie durchschaute. Da er von der Rückkehr des Afschin schrieb, schien er auch um ihren Hass zu wissen. Er musste sich sehr sicher fühlen, so offen wie er schrieb. Sie wandte sich an Jauhar.

»Schick Dhib ar-Rakki diese Antwort: Wenn er es wagt, soll er kommen, wenn ich vor dem Kalifen auftrete. – Nein, warte! Ruf meine Waffensklaven. Sie sollen ihm diese Antwort überbringen. Gemeinsam mit einer Tracht Prügel!«

Aribs Zorn hatte sich noch nicht gelegt, als sie zu Ishak in den Iwan kam und sich auf den Diwan warf. In irdenen Töpfen verbreitete blühender Jasmin seinen betörenden Duft. Die drückende Schwüle, für die Bagdad im Sommer so gefürchtet war, breitete sich aus. Arib war froh um die Kühlung, die der sternförmige Marmorbrunnen spendete.

Ishak begrüßte sie mit einem Lächeln und schenkte ihr Wein ein. An den kurzgeschnittenen Vollbart, den er sich neuerdings stehen ließ, ließ er nur den besten Barbier der Stadt. Sein Haar war längst nachgefärbt, doch er trug es noch immer nach der neuesten Mode. Heute war er in eine rote Qaba und weite, bis zum Knie hochgebundene Sarmatenhosen gekleidet. Aribs Wut legte sich. Schmunzelnd bemerkte sie, dass seine Vorliebe für grelle Farben auch im Alter nicht nachließ.

»Du hast dein Geschick wieder einmal gewendet«, sagte der Rawi anerkennend. »Deinem Ruhm schadet es nicht, dass du Abdallahs Gunst verloren hast. Im Gegenteil: In der ganzen Stadt spricht man von dir – was du trägst, wo du auftrittst, und wen du danach in dein Bett lässt. Zu Dutzenden bringt man mir die jungen Mädchen, damit ich eine zweite Arib aus ihnen mache.«

Die bleierne Luft verhieß ein nahendes Unwetter. Heimlich griff Arib nach Theodoras altem Glasamulett, das um ihren Hals hing. Wann immer sich ein Gewitter ankündigte, fühlte sie sich unwohl und blieb am liebsten im schützenden Haus.

»Ich musste an meine Kindheit denken«, wich sie aus, als Ishak ihr den Becher reichte. »Unsere Köchin Parvane sagte immer, wenn ich singe, würde mich der Blitz treffen. Ich hatte es fast vergessen, doch bei diesem Wetter fällt es mir wieder ein.« Ishak fragte nicht. Dennoch gestand sie widerwillig: »Abdallah hat mich nach Bagdad geschickt. Ich soll einen Auftrag für ihn ausführen.«

»Was für einen Auftrag?«

Arib zögerte. Mit niemandem außer Jauhar hatte sie darüber gesprochen, zu demütigend war der Befehl ihres Herrn. »Er will seinen Thron zurück«, erklärte sie schließlich. »Ich soll Ibrahim verführen. Wenn ich mich mit ihm zurückziehe, soll ich Abdallahs Häschern die Tore der Palaststadt öffnen und ihn so in ihre Hände spielen.« Sie verstummte, als würde die bleierne Luft sie ersticken.

»Er will einen neuen Bürgerkrieg verhindern.« Der Rawi ließ sich neben ihr nieder. »Ich verstehe.«

»Nein, du verstehst nicht!«, entfuhr es Arib. Sie stand auf und trat an die Stufen, die zum Hof hinabführten. »Ich hatte gehofft, ich könnte ihn lieben.«

»Wenn du es gehofft hast, hast du es nicht getan«, bemerkte Ishak nüchtern.

»Er behandelt mich wie eine Hure!«, erwiderte sie heftig. »All die Jahre hatte ich fast vergessen, was ich bin. Aber jetzt…« Einige Mädchen, die im Schatten auf einer Schilfmatte Laute spielten, sahen zu der gefeierten Sängerin herüber.

Arib drehte sich zu Ishak um und lehnte sich rücklings an das Geländer. »Ich werde diesen Auftrag ausführen«, sagte sie hart.

Sie wollte fortfahren, doch Ishak erhob sich auf einmal und schob sie zur Seite. Das Lautenspiel war verstummt, die Mädchen im Hof tuschelten aufgeregt. Aribs Waffensklaven, die sie zu Dhib ar-Rakki geschickt hatte, waren hereingekommen.

Sie boten einen erbärmlichen Anblick. Der Äthiopier hatte eine klaffende Wunde quer über die Wange davongetragen und hielt ein verschmiertes Tuch darauf. Die gefütterten Lederpanzer der Tscherkessen hingen in Fetzen, und einer der beiden humpelte.

»*Mal'un!*«, fluchte Arib. Sie schleuderte den Becher zu Boden, und der Wein ergoss sich goldgelb über die Fliesen. Erschrocken blickten die Sklavinnen zu ihrem Vorbild auf.

»Lasst Euch vom Arzt ansehen«, wies Ishak die Männer resigniert an. »Ihr könnt das Hammam benutzen.«

Die Eunuchen verschwanden auf der anderen Seite des Hofes, wo die Schatten allmählich länger wurden. »Mein Auftrag lautet, Ibrahim zu verführen«, stieß Arib hervor. »Aber ich werde die Gelegenheit nutzen, auch diesen Fremden zu bezaubern, sobald ich mit dem Kalifen fertig bin. Und danach wird mir Dhib ar-Rakki nie wieder in die Quere kommen!«

»Du bist verärgert, weil er der einzige Mann in ganz Bagdad ist, der dich nicht bewundert, nicht wahr?« Ishaks breiter Mund verzog sich zu einem Grinsen. Arib wollte zu einer zornigen Erwiderung ansetzen, doch er meinte ernst: »Du hast dich verändert.« Er brachte sie dazu, sich zu setzen und ließ sich neben ihr nieder. »Was ist mit dir?«, fragte er. »Seit du wieder in Bagdad bist, stürzt du dich in Feste und Affären, wie um dich zu betäuben. Angeblich hast du deinen Herrn mit fast jedem edlen Khorasanier hier in der Stadt betrogen. Abdallahs Bruder ist dir völlig hörig. Seine Söhne sind dir verfallen, und man munkelt, du hättest sie in die Geheimnisse der Liebe eingeweiht.«

»Sie sind verzogene Jünglinge, aber zum Zeitvertreib genügt es«, erwiderte Arib abfällig. »Wer weiß, vielleicht wird ja einer von ihnen noch einmal Kalif.«

»Nur wer keinen Verstand hat, wird seinen Ruhm allein auf die Leidenschaft der Männer bauen«, sagte Ishak erbarmungslos. »Du hast Abdallahs Gunst bereits an eine Jüngere verloren. Wie lange, glaubst du, kannst du so weitermachen? Noch fünf Jahre? Noch sieben?«

Arib schwieg hartnäckig, doch sie umklammerte den Becher mit beiden Händen. So hatte er noch nie mit ihr gesprochen.

»Und wie lange kannst du es noch ertragen?«, fuhr er fort. »Ein Augenblick des Rausches, und danach bist du einsamer als vorher. Macht dich das glücklich?«

Arib trank hastig. »Das Einzige, was das Leben erträglich macht, ist der parfümierte Atem eines Mannes und seine steife Rute!«

Ishak räusperte sich. »Du singst, um die Männer zu verführen, aber früher hast du sie verführt, um singen zu dürfen. Deine Stimme hatte einen Zauber, weil du dich nicht verstellt hast. Du verstandest dich auf die Kunst, die Seelen zu bewegen.«

Arib lachte bitter auf. »Es gibt nur eines, was Männer bewegt sehen wollen, nämlich ihre Lenden!« Trotzig warf sie den Kopf in den Nacken. »Du solltest dich an das erinnern, was du mich gelehrt hast: Eine Kayna ist die vollkommene Verführung. Sie betört alle Sinne, nicht nur das Ohr.« Sie unterbrach sich und sagte leiser: »Die Verführung hat keine Seele.«

»Und wenn doch?«, fragte Ishak unerbittlich. »Du machst dir Feinde, Arib. Seit Ibrahim dich eingeladen hat, spricht Takrub kein Wort mehr mit ihm – nicht einmal mit mir. Vor meiner Tür rotten sich die Jünglinge zusammen, denen du deine Gunst geschenkt hast. Und sie machen keinen sehr friedlichen Eindruck, meine Liebe.«

Er wollte den Arm um sie legen, doch Arib streifte ihn unwillig ab. »Ich kann dir so viele Eunuchen in Waffen kaufen, wie du willst. Muhammad entlohnt mich für jede Nacht großzügig.«

»Du bist sehr verletzt, nicht wahr?«

Sie wollte den Rest Wein hinunterstürzen, aber Ishak nahm ihr den Becher aus der Hand. »Du machst dir Feinde«, warnte er. »Ich weiß nicht, wie du diese jungen Männer abspeist, aber mit deiner Zunge kannst du so gewalttätig sein wie ein Krieger mit seinem Dolch. Du willst Rache für etwas, aber eine Rache um jeden Preis wird sich gegen dich selbst richten.«

Arib erwiderte nichts, doch ihre Lippen zitterten. »Erinnere dich an das Mädchen, das damals zu Zubaida kam«, sagte sie endlich fast flüsternd. »Das Mädchen, das vor jeder Berührung zurückschreckte. Das starr vor Furcht wurde, wenn der Blick eines Mannes auf sie fiel. Ich hätte mich töten sollen, doch etwas hielt mich am Leben.« Ihre Stimme versagte. »Es war der Gedanke an Rache – Rache an dem Mann, der mir das angetan hat. Selbst, wenn ich mich dafür zerstören müsste!«

Die Dunkelheit war hereingebrochen, und nur das Murmeln des Brunnens störte die Stille.

»Wir können uns unser Schicksal nicht aussuchen«, sagte Ishak nach einer Weile. Er war klug genug, sie nicht zu berühren. »Aber wir können bestimmen, wie wir damit leben. Was du bist, hat niemand aus dir gemacht als du selbst.«

Arib versuchte, die Tränen zurückzuhalten, doch es gelang ihr nicht. Ishak zog sie an sich, und sie weinte an seiner Schulter. »Ich vernichte meine Seele«, flüsterte sie erstickt. »Ich weiß es, aber ich kann nicht anders.« Sie klammerte sich an ihn wie ein verlorenes Kind. Er sagte nichts, hielt sie einfach nur fest, bis ihre Tränen versiegten.

»Vielleicht gibt es auch nichts mehr zu vernichten«, sagte Arib irgendwann tonlos. Sie befreite sich und trat unter der kalten Hängelaterne hinaus ins Dunkel. »In der Nacht, als Harun ar-Raschid mich entehrte, ist meine Seele gestorben.«

8 Man schrieb Ende Juli 819 nach christlicher Zeitrechnung, doch für Wolfram hatte diese kaum noch Bedeutung. Seit Wochen wich die brütende Hitze nicht aus Bagdad. Die nahen Tigrissümpfe sogen sie auf wie ein Schwamm, aber das ersehnte Gewitter ließ auf sich warten.

Er steuerte auf das Harbiya-Hammam zu, das direkt hinter der gleichnamigen Moschee im Soldatenviertel lag. Wenn das schlichte Lehmgebäude für Frauen geöffnet war, sammelten sich auf seinem Dach die jungen Rekruten, um durch die

Lichtschächte einen Blick ins Innere zu erhaschen. Doch jetzt war das Dach wie leer gefegt – es war die Stunde der Männer.

Gefolgt von Faik trat Wolfram hinein und warf dem Diener am Eingang sein Schwert zu. Seinem Leibesumfang zum Trotz fing der Mann die Waffe geschickt auf und stellte sie zu den anderen, die neben seinem Sarir auf ihre Träger warteten. Gegen ein *Bakschisch* wusste der Besucher seine Habseligkeiten in sicheren Händen.

Wolfram sah sich im Ruheraum unter der Kuppel um. Auf den erhöhten Podesten saßen die Kunden und tranken Tee. Der Afschin war nirgends zu sehen. Entweder war er noch nicht da, oder er befand sich bereits im Schwitzraum.

Wolfram und Faik erklommen die Stufen auf der linken Seite und legten ihre Kleider auf der teppichgepolsterten *Suffa* ab. Der Franke spürte die Blicke eines altgedienten Soldaten auf sich. Neben den anderen Veteranen an der Wand aufgereiht beobachtete das knochige Männchen das Kommen und Gehen.

Wolfram grinste – das khorasanische Laster nahm in den letzten Jahren ein wenig überhand. Kein Wunder, neuerdings bekam ein Mann ja kaum noch Frauen zu sehen. Oder lag es daran, dass heute niemand mehr aus Furcht vor Strafe eine solche Leidenschaft verleugnen musste? Er griff nach seinem Tuch und wand es um die Lenden.

»Tee, *Sayyidi*?«, fragte der Diener, der mit der frischen Schnabelkanne die Runde machte. Wolfram wollte sich gerade setzen, als drei junge Männer auf dem gegenüberliegenden Podest seine Aufmerksamkeit auf sich zogen. Einer war schwarz, die beiden anderen ihrem hellen Haar nach zu urteilen vermutlich Griechen oder Tscherkessen. Aufgrund ihrer Herkunft mussten sie Sklaven sein – ungewöhnlich genug, dass solche in ein öffentliches Hammam gingen. Sie kamen die Stufen herab und steuerten auf das Schwitzbad zu. Wachsam trat Wolfram an die wackelige Brüstung und musterte sie genauer.

Die muskelbepackten Oberkörper verrieten die Kriegseunuchen. Auf einmal erinnerte er sich: Sie gehörten Arib. Erst vor

Kurzem hatte sie diese Männer zu ihm geschickt. Damals war es bereits ziemlich dunkel gewesen, doch nun erkannte er sie wieder.

»Tee?«, wiederholte der Diener.

Wolfram winkte ab. Mit einer Geste bedeutete er Faik zu warten. Dann folgte er den Eunuchen in einigem Abstand.

Er lief den gewundenen Gang entlang, der zum Schwitzbad führte, blieb in der letzten Biegung stehen und lauschte. Etwas klirrte – Eisen.

Mit einem Satz war er im zentralen Raum. Er zerrte den Vorhang zu den Waschräumen links beiseite, doch außer zwei halbnackten Alten, die ihn verheißungsvoll aus zahnlosen Mündern angrinsten, war niemand zu sehen. Ein gedämpfter Schrei erklang hinter ihm. Mit wenigen Schritten war Wolfram zurück und riss die Tür rechts zum Schwitzbad auf.

Dampf quoll ihm entgegen und schlug sich glühend auf seiner nackten Haut nieder. Das Licht aus den Deckenluken durchbrach den weißen Dunst kaum. Er machte verschwommene Umrisse aus: Die Eunuchen, schoss es ihm durch den Kopf, und auf der Sitzbank ein Vierter. Etwas blitzte auf. Seine Ahnung hatte ihn nicht getäuscht – Aribs Männer trugen Dolche.

Wolfram sprang auf den Erstbesten zu, legte ihm den angewinkelten Unterarm um die Kehle und spannte die Muskeln. Die schwarze Haut unter seinen Händen war heiß und feucht. Krampfhaft versuchte der Eunuch, den Griff zu lösen, doch obwohl er größer war als Wolfram, ließ dieser ihm keine Gelegenheit. Es dauerte nur wenige Herzschläge, bis der Körper in seinen Armen erschlaffte. Klirrend fiel ein Dolch auf den feuchten Marmorboden.

Wolfram ließ den Bewusstlosen zu Boden sinken und nahm die Waffe auf. Erst jetzt hatten die beiden anderen Männer die Gefahr bemerkt. Einer drehte sich zu ihm um, während der andere weiter auf den Mann im Dunst eindrang. Der blonde Eunuch führte einen Stoß gegen Wolframs Hals. Mit einer eleganten Drehung wich dieser aus. Dünne Blutspuren zogen sich über die schwarzen und weißen Fliesen, und Wolfram drohte, darin auszurutschen. Er fand das Gleichgewicht wieder und schlug seinem Gegner die Faust ins Gesicht. Doch entweder verfügte der Eunuch über eine beneidenswerte Widerstandskraft, oder Wolfram hatte nicht richtig getroffen: Der Tscherkesse wankte nicht. Stattdessen stieß er erneut zu. Wolfram spürte die Klinge quer über die Brust in seine Haut schneiden.

Sein Puls jagte, um ein Haar hätte der Dolch seine Kehle durchtrennt. Der andere setzte zu einem neuen Stich an. Wolfram tauchte darunter hinweg, umklammerte den feuchten Leib und stieß ihm die eigene Waffe in die Leber. Er spürte einen Schwall warmes Blut auf seiner Hand. Der Eunuch röchelte, und Wolfram zerrte seinen Kopf ruckartig zur Seite. Knackend brach das Genick, und er ließ seinen Gegner los.

Der Mann, auf den es die Kriegseunuchen abgesehen hatten, hielt den letzten Angreifer mit einem Fußtritt auf Abstand. Wolfram versetzte dem Sklaven einen Tritt in beide Kniekehlen. Doch der hünenhafte Tscherkesse schien Sehnen aus Stahl zu besitzen. Er wandte sich um, als spüre er keinen Schmerz. Auch in seiner Hand funkelte eine Klinge. Blitzschnell sprang Wolfram den Riesen an. Er umklammerte seine Waffenhand mit der blutüberströmten Rechten. Mit aller Kraft trat er ihn zwischen die Beine.

Der Tscherkesse grinste. Er befreite sich mit einer kraftvollen Drehung, als sei nichts geschehen. Fluchend erinnerte sich Wolfram, warum man heutzutage auf kastrierte Krieger setzte. Der Hüne kam mit erhobenem Dolch auf ihn zu. Langsam wich Wolfram zurück. Seine Brust hob und senkte sich wild, und er hatte das Gefühl, keine Luft zu bekommen. Ihm schwindelte.

In diesem Augenblick war der Mann heran, dem der Angriff gegolten hatte. Er nahm den Eunuchen von hinten in einen gezielten Würgegriff, und endlich verlor dieser das Bewusstsein.

Schwer atmend stand Wolfram dem Afschin gegenüber.

Mit letzter Kraft taumelten die beiden Männer aus der mörderischen Hitze des Dampfbades in den Vorraum hinaus. Wolfram sog die kühlere Luft gierig ein. Kalter Schweiß lag auf seiner Haut, und er musste sich an der Wand abstützen. Nur allmählich kühlte sein überhitzter Körper ab. Auch der Afschin war leichenblass, die Lippen unter dem feuchten Bart blau. Keuchend sah Wolfram an sich herab. Auf Brust und Armen klebte gerinnendes Blut. »Das waren Aribs Männer!«, brachte er hervor. Er wies zum Schwitzbad, wo der Leib des bewusstlosen Hünen halb in der Tür lag. Dampf quoll heraus. Von den Kampfgeräuschen angelockt, hielten die beiden Alten aus dem Waschraum Maulaffen feil. Faik kam aus dem Ruheraum herbeigerannt. Der Ohnmächtige lag in der Blutlache seines Kameraden, die sich allmählich auf dem schwarzweißen Boden ausbreitete. Wolfram wusste, dass sie die Eunuchen ins Kühle bringen mussten, wenn sie wieder aufwachen sollten, doch noch immer ging sein Atem nur stoßweise. Faik verschwand im Gang, und der Franke hörte ihn draußen laut um Hilfe rufen.

Der Afschin hielt die Hand auf den Leib, Blut floss zwischen seinen Fingern hervor. Während Badesklaven die Bewusstlosen in den kühleren Raum zerrten, keuchte er: »Ich dachte mir schon, dass es ein Liebesgruß von ihr sei.«

»Arib! Immer wieder Arib!«, stieß Wolfram hervor. »Redet endlich, Haidar! Was will sie von Euch?«

Haidar antwortete nicht, sondern wartete, bis sein Atem langsamer ging. Er sah zum Ausgang, wo sich die Schaulustigen sammelten, um einen Blick auf den Toten zu erhaschen. Faik und den Dienern gelang es kaum, sie zurückzuhalten. »Ich weiß es nicht.«

Die Gaffer wichen zur Seite, als Diener die Leiche hinaustrugen und die Bewusstlosen auf dem Boden ablegten. Einer der beiden machte einen leblosen Eindruck, während der andere sich zu erholen schien.

»Was soll das heißen?«, fragte Wolfram. »Sie trachtet Euch nach dem Leben. Und Ihr behauptet, den Grund nicht zu kennen?« Er wies auf die Verletzung des Afschin, die noch immer blutete. »Das glaube ich Euch nicht!«

Haidar zögerte. »Nun gut. Es mag sein, dass ich den Grund kenne«, gab er schließlich zu. »Wenn sie keine Hochstaplerin ist, entstammt sie der Sippe der Barmakiden. Ich bin ein Soldat des Kalifen. Es war meine Pflicht, gegen ihre Familie zu kämpfen.«

Wolfram erinnerte sich wieder – sie war auf der Flucht gewesen. Allzu deutlich sah er die Verzweiflung in ihren dunklen Augen vor sich. Bei Gott, was war damals vorgefallen? Plötzlich schwindelte ihm wieder, und er stützte sich an der Wand ab.

»Hört endlich auf, Eure Geliebte in ihr zu sehen!«, hörte er die beschwörende Stimme des Afschin. »Seht Euch an, was sie heute ist: verdorbener als jede Hure und grausamer als jeder Krieger.« Er wies auf die beiden Eunuchen. Während sich der Tscherkesse stöhnend bewegte, lag der Schwarze weiter leblos am Boden. »Ich verstehe Eure Gefühle«, sagte der Afschin ruhiger. »Es gab eine Zeit, in der ich nicht anders empfunden hätte. Doch Arib ist nicht mehr, wer sie war. Ihr könnt sie nicht länger schonen.«

Langsam ließ Wolfram die Hand an der Wand hinabgleiten, als sei er noch unschlüssig. »Ihr habt recht«, erwiderte er dann. Entschlossen blickte er auf. »Man hat mich zum Gelage des Kalifen geladen, obwohl ich kein Zechgenosse bin. Ich werde sie dort erwarten.« Dies würde also der Augenblick sein, in dem er ihr wieder gegenüberstehen würde. Obwohl er all die Jahre darauf hingearbeitet hatte, beschleunigte sich Wolframs Puls.

Der Afschin ließ einige Atemzüge verstreichen. »Das solltet Ihr nicht tun«, meinte er.

Wolframs Augen folgten Faik und dem Diener, die den Tscherkessen vorsichtig in den Ruheraum trugen. Der andere Eunuch wurde beiseite geschleift, und die Blutlache, in der er gelegen hatte, verschmierte zu einer breiten Spur. Er wies darauf und spuckte aus. »Was soll noch geschehen? Ihr habt recht: Ich darf mich nicht länger zum Narren halten lassen. Arib ist das Eigentum Abdallah al-Ma'muns, und sie war bei Ibrahim. Was liegt näher, als dass sie im Auftrag ihres Herrn hier ist? Der Plan ist so einfach, dass ich mich frage, warum ich nicht längst darauf gekommen bin. Er ist weit billiger als ein Krieg, und jedermann weiß, dass Frauen und Musik Ibrahims große Schwäche sind.«

Der Afschin schüttelte den Kopf. »Arib ist schon beinahe ein Jahr hier. Sie hätte doch früher versucht, sich ihm zu nähern. Ich dachte, es war die Idee von Prinz Muhammad, sie dort auftreten zu lassen.«

»Der Vorschlag eines ihrer Bettgenossen«, warf Wolfram verächtlich ein. Doch seine Finger verkrampften sich, als er an die Berichte seines Spitzels von ihren Besuchen bei ihm dachte. Ihre Stimme klang schmerzhaft deutlich in seinem Kopf nach. Vergeblich kämpfte er gegen das Bild des singenden Mädchens im Gras an. Damals hätte er sein Leben gewagt, um ihre Stimme noch einmal zu hören. Die Verletzung auf seiner Brust brannte, und Haidars unschlüssiger Gesichtsausdruck steigerte seinen Zorn noch. »Ihr fürchtet doch nicht, ich könnte ihr wieder verfallen?«

Der Afschin hob die Augenbrauen. Beide Männer schwiegen.

Bagdad, im Juli Anno Domini 819.

9 Eine neue schwüle Sommernacht senkte sich über den Kalifenpalast. Wie ein Haufen törichter Klosterschüler fieberte Ibrahims Zechgesellschaft der berühmtesten Metze der Stadt entgegen. Noch waren hinter der Sitara nur die wirbelnden Rhythmen des Orchesters zu hören. Ein gebratener Pfau schlug sein lebloses Rad in einem Bett von Schiraz-Rosen, doch die Diener hatten bereits begonnen die Reste des Mahls abzuräumen. Wenn sie ihre Silberplatten unter den tief hängenden Ampeln vorbeischleppten, blitzten die Wandmosaiken wie Juwelen auf. Das betäubende Aroma von Ambra und Orangenblütenwasser hing in der Luft, kein kühler Hauch wehte aus dem bepflanzten Hof herein. Den Blicken nach zu urteilen, die Ibrahim immer wieder nach dem Vorhang warf, war Abkühlung allerdings auch nicht gerade das, was er sich von dieser Nacht erhoffte.

Erhitzt von Wein und Musik skandierte eine Gruppe junger Männer Aribs Namen. »Komm heraus – zieh dich aus!«, grölte einer, und die anderen lachten. Gereizt warf Wolfram den Kopf in den Nacken. Seine gebräunten Hände gruben sich in die Ärmelfalten der Jubba.

Auf einmal veränderte sich der Rhythmus der Trommeln. Durch die offenen Bögen zogen sich die Tänzerinnen in den Hof zurück. Ein betrunkener Alter am Boden stierte ihnen mit blöden Augen und geifernden Lippen nach. Ibrahim auf seinem erhöhten Platz in der Mitte des Diwans schob eine Sklavin von seinem Schoß. Auch Wolfram, der am Durchgang zum Hof saß, beugte sich ein wenig vor. Auf diesen Moment hatte er genauso gewartet, wie er ihn gefürchtet hatte: Dies würde Aribs letzter großer Auftritt hinter dem Vorhang sein. Und er würde Aufsehen erregen, dachte er ironisch – wenn auch nicht in dem Sinne, wie sie es vielleicht erhoffte.

Die sinnlichen Töne einer Laute erklangen. Wider Willen schloss Wolfram die Augen, als sich das Summen einer tiefen Frauenstimme hineinmischte. Es kostete ihn Mühe, seine unbewegte Maske aufrechtzuerhalten. Aribs Stimme war voller als damals, und die ungestillte Sehnsucht lag noch immer darin – dieselbe kaum gebändigte Leidenschaft, die dem Zuhörer alle Farben dunkler und alle Düfte schwerer scheinen ließ. Dies war der Klang der Verführung. Sie hatte nichts von ihrer Magie verloren.

»*Ahsanti, ya Jamila!*« Der Kalif hatte seinen Becher erhoben.

323

Schweißflecken auf seiner seidenen Durra'a und unter der knochigen Nase verrieten seine Erregung. »Ich trinke auf die verführerischste Frau des Ostens!«

Wolfram stürzte seinen Wein hinunter und sah durch den erleuchteten Hof zum Ausgang. Dort standen die Soldaten des Afschin bereit und warteten auf sein Zeichen. Binnen einer Stunde würde das Trugbild zerplatzen, das Arib diesen Toren vorgaukelte. Dann würde der Vorhang fallen, und sie würde nur noch die schmutzige Sklavin sein, die sie in Wirklichkeit war.

Die rosafarbene Sitara ihm gegenüber bewegte sich leicht. Überrascht ließ Ibrahim den Becher sinken. Seine fleischige Unterlippe zuckte nervös, und er stierte hinüber wie ein Lastkamel nach der Tränke. Da schlug die Frau auf der anderen Seite den Stoff zurück.

Wolfram stockte der Atem. Er hatte Arib zuletzt in Männerkleidern gesehen, mit kurzem Haar, abgemagert und ungeschminkt. Wie damals verliehen die eng stehenden Augen ihrem Blick etwas Eindringliches. Doch lange schwarze Zöpfe fielen jetzt über das rote Oberteil, das ihre Brüste freiließ. Ein goldbestickter Brokatgürtel und eine passende Hose betonten ihren Körper. Einst hatte er diesen Leib unter einem groben Leinengewand dicht an seinem gespürt. Für einen Moment fühlte er wieder ihren wilden Herzschlag.

Die Zechgenossen applaudierten. Einer rief ihr etwas zu, was die anderen zu lautem Gelächter reizte. Arib begann wieder zu singen. Mit aller Gewalt kämpfte Wolfram gegen den Zauber der Stimme an, der sich in sein Herz zu brennen drohte. Die Kayna warf einem Sklaven ihre Laute zu und näherte sich dem Kalifen.

Wolfram wollte sich abwenden, doch er konnte die Augen nicht von ihr lassen. Sie war es – und sie war es nicht. Unter Bleiweiß, Wangenrot und schwarzem Kuhl war das Gesicht zu einer Larve erstarrt. Ihre schwarz umrandeten Augen wirkten leer, und um die geschminkten Lippen lag ein harter Zug.

Selbst ihre verführerischen Gesten erschienen ihm zornig. Die Toren auf dem Diwan schienen nichts von alldem zu bemerken. Ibrahim verschlang sie mit Blicken.

»Es heißt, der Teufel gebe ihr die Lieder ein«, flüsterte jemand, und der Mann neben Wolfram stieß hervor: »Einmal diese Frau in meinem Bett, und ich würde selbst den Teufel anbeten!«

Arib stellte den Fuß in den Schoß des Kalifen und nahm ihm den Becher aus der Hand. Ibrahims fette Finger glitten über ihre Fesseln. Auf seinen Lippen glänzten Speichel und Wein, und seine Augen folgten dem Pokal, der zwischen ihren Brüsten nach oben zum Mund glitt. Wolfram stieß einen verächtlichen Laut aus. Er bemerkte eine Bewegung und sah kurz über die Schulter. Der Eunuch, der die Kayna bediente, hatte neben ihm Aufstellung genommen. Wachsam legte er die Hand auf den kleinen Dolch, der in seinem Ärmel verborgen war.

Arib hob plötzlich die dunkel geschminkten Lider über dem Kristallrand. Ihre Blicke trafen sich.

Schlagartig wich die Farbe aus ihrem Gesicht. Wein spritzte auf ihre Kleider, und der Leichtsinn fiel von ihr ab wie ein schlecht sitzender Schleier. Ihre Lippen öffneten sich ungläubig, krampfhaft umklammerten ihre Finger das Glas. Es brach, doch sie schien nicht zu spüren, wie Blut und Wein zwischen ihren Fingern hervorquollen. Die Scherben des Bechers fielen ihr aus der Hand, und sie griff nach dem unscheinbaren Glasamulett um ihren Hals. Eingerahmt von onyxschwarzem Haar wirkte ihr Gesicht mit einem Mal kindlich und verwundbar – und unendlich vertraut.

Wolfram richtete sich auf, seine Hand sank kraftlos herab. Nie war Arib schöner gewesen als in diesem Augenblick.

Jemand warf klirrend ein Glas zu Boden. Ibrahim ibn al-Mahdi hatte nach einem neuen Becher gegriffen und ihn hastig geleert. Der Wein tropfte aus seinem schwarz gefärbten Bart. Sein feistes Gesicht war gerötet, und er starrte Arib mit unverhohlener Begierde an. Dann stand er auf und gab ihr ein Zeichen.

Sie verfolgte, wie die grobschlächtige Gestalt durch den Garten in Richtung Harem verschwand. Die Musiker legten ihre Instrumente ab. Sie wussten, dass sie erst wieder spielen mussten, wenn der Kalif zurückkehrte. Prinz Muhammad starrte seinem Oheim düster nach, während die Zechgenossen sich gegenseitig anstießen und grinsten. Alle Augen richteten sich nun auf die Kayna. Doch Arib machte keine Anstalten, dem Befehl des Kalifen zu gehorchen.

Die ersten Männer begannen zu raunen. Quer durch den Iwan hastete der schwarze Eunuch zu ihr hinüber. Er flüsterte etwas in ihr Ohr. Sie wich zurück, und ihr Blick suchte erneut Wolfram. Dann schüttelte sie langsam den Kopf.

Der Eunuch redete weiter auf sie ein. Aribs Brust hob und senkte sich hastig. Sie legte die hennagefärbten Finger auf die Lippen. Das Weiße blitzte in den Augen des Dieners auf, er zischte ihr etwas zu. Auf einmal warf sie die Schläfenzöpfe zurück, und ihr geschminkter Mund wurde hart. Abrupt verließ sie den Iwan und folgte dem Kalifen, ohne sich noch einmal umzusehen.

Wolfram starrte ihr nach. Es war unmöglich. Unmöglich konnte sie Ibrahim zu Willen sein. Nicht jetzt – nicht, nachdem sie ihn so angesehen hatte. Sie hatte ihn einmal verraten. Doch damals hatte sie ihm dabei nicht in die Augen gesehen. Er folgte ihr mit einem ungläubigen Blick, doch sie drehte sich nicht um. Ihre roten Gewänder blitzten zwischen den blühenden Sträuchern auf. Ohne zu zögern, betrat sie den Gang am anderen Ende des Hofes. Dann schloss sich die Tür zum Harem hinter ihr.

Eine unerträgliche Leere breitete sich in Wolfram aus. Er umklammerte den Dolch und bemerkte nicht einmal, wie die Klinge in seine Haut schnitt. Blut färbte seinen Ärmel, er schloss die Finger noch fester darum. Dann gab es nur noch ein Gefühl – Hass.

Ohne ein Wort stürzte er die Stufen hinab zum Ausgang. Im Torgang, wo der Afschin ihn erwartete, lehnte sich Wolfram erhitzt an die Mauer. Stumm nickte er.

Haidars schmale Lippen umspielte ein Lächeln. Dann gab er seinen Männern einen Wink und betrat den Palast.

Bis zur Pforte des Harems hatte Arib sich gezwungen, nicht zurückzusehen. Doch als sie hinter Jauhar die Treppe zu Ibrahims Gemach hinaufstieg, blickte sie atemlos über die Schulter. *Dhib ar-Rakki – Wolf von der Aue!*

Wie hatte sie so blind sein können! All die Jahre war er ihr nahe gewesen. Er musste die ganze Zeit gewusst haben, wer sie war, musste gehört haben, wie die Straßenjungen Zoten über die Hure Arib rissen, wie die Männer bei Hof über ihre Liebeskünste klatschten. Und er musste beobachtet haben, mit welchen Gesten sie Ibrahim ... Ein siedendheißer Schauer überlief Arib, und sie blieb stehen. »Ich kann nicht!«, flüsterte sie.

Jauhar hielt am Treppenabsatz inne. »Seid Ihr von Sinnen?«, entgegnete er bestürzt. »Ihr seid nicht aus einer Laune heraus hier, sondern um einen Krieg zu verhindern!«

Arib schüttelte zitternd den Kopf.

»Zum Teufel, Arib, Ihr seid doch sonst nicht eben für Eure Keuschheit bekannt! Ich weiß, dass es schönere Männer gibt als Ibrahim, aber Ihr habt es doch gleich hinter Euch! Wenn Ihr den Weg nicht freimacht, werden unsere Männer sterben!« Er packte sie am Handgelenk und zog sie die letzten Stufen zu sich empor. »Ihr geht jetzt dort hinein und tut, was wir geplant haben! Habt Ihr es vergessen?«, beschwor er sie. »Eine Kayna ist die vollkommene Verführung. Also macht Euch zurecht und bereitet ihm die Nacht seines Lebens!« Er richtete ihr mit den Fingern das Haar und überprüfte den Sitz ihres knappen Oberteils. Dann schob er sie in das erste Seitengemach im Korridor. »Tut Eure Pflicht!«, flüsterte er.

Die Tür fiel hinter ihr ins Schloss. Arib lehnte ihren erhitzten Körper an das Holz. Hilfesuchend sah sie sich um, als könnten sich Abdallahs Soldaten aus der Wand lösen und Ibrahim verhaften, ehe er ihr nahe kam. An den Wänden brannten Ambrafackeln, und der starke Duft nahm ihr den Atem. Auf dem Bett unter dem golddurchwirkten Seidenbaldachin war ein kostbarer *Raschid*-Mantel ausgebreitet. Vermutlich erwartete er sie als Lohn. Dahinter zog sich ein Stuckfries mit Fruchtmotiven über die Wand. Die üppigen Traubendolden erinnerten an weibliche Formen, und schaudernd legte Arib beide Arme vor die Brust. Sie dachte an die Sklavinnen, die sie Ibrahim noch am Mittag in sein Hammam geschickt hatte – mit dem Auftrag, ihn zu baden, ihn zu massieren und mit Wein und Krebsfleisch auf das einzustimmen, was ihn erwartete. Jetzt wurde ihr übel beim bloßen Gedanken, sich ihm hinzugeben: dem Mann, den man wegen seiner Ungeschlachtheit den Drachen nannte.

Die Tür zum Badezimmer öffnete sich. Ibrahim ibn al-Mahdi trug nur ein langes, vorne geknöpftes Seidenhemd. Langsam schloss er die Pforte hinter sich. Arib wollte zurückweichen, doch die Tür hinter ihr ließ ihr keinen Platz. Er schien es als Koketterie zu deuten, denn seine Lippen verzogen sich zu einem wollüstigen Grinsen. Eine Mischung aus Alkohol und zu stark aufgetragenem *Ghaliya*-Parfüm stieg ihr in die Nase. Arib war wie gelähmt vor Abscheu. Dennoch ließ sie sich zum Bett drängen. Es war, als hätte sie jeden eigenen Willen draußen im Iwan gelassen.

Der schwere Körper fiel neben ihr auf die Knie. Schwer atmend begann Ibrahim, den Wein von ihrem Bauch zu lecken. Er nahm ihre Hände und führte sie in sein schütteres Haar. Arib sah verzweifelt zur Tür, da richtete der Kalif sich auf. Mit einem einzigen Handgriff öffnete er sein Gewand und stand nackt vor ihr.

Ein starker Geruch von Moschusöl stieg auf. Unter den Fleischmassen seines Rumpfs wirkten die dünnen Beine grotesk. Begierig reckte sich ihr die Schlange seiner Lust entgegen.

Samen quoll heraus, die Beschneidungsnarbe trat tiefrot hervor, er konnte seine Lüsternheit kaum zügeln. Ibrahim begaffte sein Glied und warf Arib einen Bewunderung heischenden Blick zu. Er griff nach ihrer Hand und zwang ihre hennabemalten Fingerspitzen langsam abwärts. Als sie ihn berührte, stöhnte er wie ein brünstiges Kamel. Ohne Vorwarnung riss er ihr die Kleider auf. Mit rücksichtsloser Gier zerrte er sie zu sich empor und warf sie gegen einen Pfosten des Baldachins.

Es war einer der schlimmsten Alpträume, die Arib je durchlebt hatte. Sie hielt den Pfosten umklammert und versuchte, soviel Haut wie möglich mit ihren Kleiderfetzen zu bedecken. Theodoras Amulett brannte auf ihrer Brust, und das Lächeln Harun ar-Raschids stand ihr quälend deutlich vor Augen. Sie hörte Ibrahim in ihrem Rücken keuchen. Er umfasste ihre Brüste und stierte über ihre Schulter auf das Traubenfries. Sein stoßweise gehender Atem steigerte sich zu einem hellen Stöhnen. Sie fühlte, wie ihm der Schweiß ausbrach und wie der heiße Hauch sich feucht auf ihrem Hals und ihren Schultern niederschlug. Es dauerte eine Ewigkeit, bis er sich endlich mit einem zufriedenen Grunzen zurückzog.

Ohne ein Wort warf er sein Hemd über. Er trat zu dem Goldtischchen neben dem Bett und schenkte sich Wein ein. Arib wischte sich übers Gesicht. Sie spürte Wolframs Blick so brennend auf sich, als stünde er im Raum. Überstürzt wollte sie ins Badezimmer.

Da ertönten draußen Schritte, dann das Klirren eines Schwertes. Abdallahs Männer!, dachte Arib. Es wurde laut geklopft. Fragend sah sie Ibrahim an. Sein offenes Gewand gab den Blick auf den fetten nackten Leib frei. Er raffte es vor der Blöße und nickte ihr zu. Arib griff nach dem Mantel auf dem Bett und legte ihn um. Dann öffnete sie.

»*Selam*, meine Liebe. Jedes Mal, wenn wir uns begegnen bist du wieder schöner.« Der Afschin ließ seine Augen an ihr herabgleiten. »Doch ich nehme an, heute ist es das letzte Mal.«

329

Langsam trat Arib zurück.

Ibrahim kam an die Tür. »Was soll das, Haidar ibn Kawus?«, fragte er mit volltönender Stimme. Gegen die drahtige Gestalt des Afschin nahm er sich plump und grobschlächtig aus, doch Arib erschien er wie eine schützende Mauer, die sie von ihrem Todfeind trennte.

Haidars Lächeln ließ ihr das Blut in den Adern gefrieren. Es war dasselbe Lächeln wie damals – kurz, bevor er ihrem Vater das Schwert ins Herz gestoßen hatte. »Euer Rivale Abdallah al-Ma'mun hat seine Spione hierher gesandt«, wandte er sich mit einem höflichen Neigen des Kopfes an den Kalifen. »Doch seid unbesorgt. Meine Männer stellen sich ihnen entgegen. Dieses Weib sollte Euch den Häschern ihres Herrn ausliefern.«

Der Drache fuhr zu Arib herum. Eine steile Falte grub sich in seine Stirn. »Du verfluchte Dirne!« Mit der ganzen Kraft seiner ungeschlachten Gestalt zerrte er sie zu sich heran und schleuderte sie aufs Bett. Der Mantel öffnete sich, und ihre Haut war schutzlos den Blicken der Männer preisgegeben. Arib hielt den Stoff über der Brust zusammen und wich auf den Kissen zurück. Ibrahim näherte sich ihr. Seine fleischigen Lippen wurden schmal, und er hob den Arm, um sie zu schlagen. Mehr denn je ähnelten seine Züge denen seines Bruders Harun ar-Raschid.

»Ihr seid verhaftet, Ibrahim ibn al-Mahdi!«, ertönte plötzlich ein scharfer Befehl von der Tür. »Im Namen des wahren Kalifen: Abdallah al-Ma'mun!«

Erleichtert warf Arib die Zöpfe zurück und richtete sich auf. Ibrahim war vor Schreck wie erstarrt. Mit hassverzerrtem Gesicht starrte der Afschin zur Tür, dann wieder auf sie. Er stieß einen Fluch aus und griff an seinen Gürtel.

Arib rollte zur Seite und ließ sich zu Boden fallen. Der Dolch flog über sie hinweg, bohrte sich in das bröckelnde Stuckfries und fiel zu Boden. Gleichzeitig klickte neben dem Bett ein Türschloss. Ibrahim hatte eine in der Wand versteckte

Pforte geöffnet und verschwand darin. Der Afschin folgte ihm, dann hörte man das Geräusch eines Riegels.

Der türkische Kommandant gab seinen Männern einen Befehl, und mehrere von ihnen warfen sich gegen die Wandtür. Das Holz knirschte und begann zu bersten. Während die Männer mit ihren Schwertern einen Durchgang frei schlugen, trat der Türke zu Arib. »Seid Ihr unverletzt?«, fragte er.

Den Mantel eng um den Körper geschlungen, nickte sie stumm.

»Meine Männer haben Madinat as-Salam und den Palast erobert. Man wollte uns aufhalten, doch nun ist der Sitz des Herrschers wieder in der Hand des wahren Kalifen. Ibrahim wird nicht weit kommen.« Der Söldner reichte Arib den Arm und half ihr auf. Man konnte nur ahnen, was er angesichts der halbnackten Kurtisane dachte, die für seinesgleichen viel zu teuer war.

Der Weg zurück nach Rusafa schien eine Unendlichkeit zu dauern. Als sich das Tor zu Ishaks Palast hinter ihr geschlossen hatte und sie im Hammam allein war, wusch sich Arib wie eine Besessene. Der Geruch des Rosenwassers, der ihr sonst Erleichterung verschaffte, stieg ihr beißend in die Nase. Ibrahims aufdringliches Ghaliya-Parfüm schien für immer an ihr haften bleiben zu wollen. Wie von Sinnen goss sie die Kelle wieder und wieder über sich aus. Das Rosenwasser mischte sich mit ihren Tränen. Sie fror, ihre wundgescheuerte Haut brannte, doch verzweifelt rieb sie weiter mit dem rauen Fellhandschuh. Längst quoll Blut darunter hervor, aber sie konnte Wolframs Blick nicht aus ihrem Gedächtnis waschen. Die Schöpfkelle fiel klirrend aus ihren Händen. Langsam sank Arib auf den Marmorboden.

»Was habe ich getan?«, flüsterte sie. »Was habe ich nur getan?«

10 Seit jenem Auftritt konnte Arib niemandem ins Gesicht sehen, nicht einmal Ishak. Sie zog sich in den Harem des Kalifenpalastes zurück, wo Ibrahims Frauen ängstlich auf die Ankunft ihres neuen Herrn warteten.

Man schrieb den 16. August Anno 819 nach fränkischer Zeit. Der Himmel hatte sich verdüstert. Wolken brauten sich zusammen und schon fielen die ersten Tropfen. Am Horizont kündigte Donnergrollen das lang erwartete Gewitter an. Wie immer, wenn ein Unwetter drohte, hatte sie sich ins schützende Haus zurückgezogen. Ein Windhauch ließ die Flammen der Öllampen aufrauchen. Arib musste an die Sagen ihrer Heimat denken: Im Rauch lauerten die Kreaturen des teuflischen Gottes Ahriman. Doch alle Dämonen der Hölle konnten sie nicht schlimmer peinigen als die Gedanken an Wolfram.

Sie griff in ihren Ärmel und las noch einmal den Brief, den sie vor Stunden erhalten hatte.

Meine geliebte Arib,

für alle Zeiten werde ich dir zu Füßen liegen. Ich weiß, welche Überwindung mein Auftrag dich gekostet hat. Glaub mir, Geliebte, auch ich bin fast verzweifelt beim Gedanken, dich in den Armen meines Oheims zu wissen. Doch nun ist es vorbei. Du hast den Krieg verhindert, und dir verdanke ich meinen Thron.

Ibrahim ibn al-Mahdi ist geflohen und hat sich dem gerechten Urteil entzogen. Ich werde meinen Bruder Muhammad zum Thronfolger berufen und so meine Familie versöhnen. Doch mein erster Weg wird mich zu dir führen: Noch heute Nacht werde ich in Bagdad eintreffen und dich endlich wieder in die Arme schließen können. Erwarte mich!

Auf ewig dein Sklave,
Abdallah al-Ma'mun

Achtlos ließ Arib den Brief fallen. Auf Abdallahs Versprechen gab sie nichts mehr. Der Afschin hatte sich vorsichtshalber für den Tag seiner Ankunft auf ein Landgut zurückgezogen, doch sie zweifelte nicht daran, dass er begnadigt würde. Der Kalif besaß nicht viele fähige Generäle. Wolfram war noch in Bagdad, hieß es, und wohnte im Haus des Afschin. Niemand außer ihr konnte wissen, welche Rolle er im Kampf um den Thron gespielt hatte.

Der Sturm peitschte den Regen wie eine graue Wand vor sich her. Auf dem spiegelglatten Marmorboden im Hof stand das Wasser. In immer kürzeren Abständen erhellten Blitze das Dunkel. In wenigen Stunden würde der Kalif hier sein.

Arib umfasste Theodoras Glasamulett und ging zu ihrer Truhe. Ganz unten, vergraben unter teuren Brokatstoffen, fand sie einen einfachen Izar, den man auch über Kopf und Gesicht ziehen konnte. Ein Blitz tauchte den Hof in gleißendes Licht. Direkt darauf folgte ein so heftiger Donnerschlag, dass die Lampen aufflackerten. Arib fuhr zurück wie vor den Pauken des Jüngsten Gerichts. Dann aber warf sie den Mantel über und zwängte sich durch den Türspalt. Am Ende des verlassenen Korridors eilte sie die Treppe hinab und über den Hof. Der wachhabende Eunuch musste sie für eine Dienerin halten, die widerwillig noch eine Besorgung machte.

Regen peitschte ihr ins Gesicht. Ein neuer Blitz erhellte die Nacht, und grollend fing sich Donner zwischen den steinernen Palästen. Arib bemühte sich, ihren pfeifenden Atem zu beruhigen. Sie schlug die Richtung nach Harbiya ein. Schwarze Wolken jagten über sie hinweg. Längst war ihr der durchnässte Mantel vom Haar gerutscht und die aufwendig gedrehten Locken hingen ihr triefend auf Brust und Schultern. Ihre Brokatpantoffeln traten achtlos in den aufspritzenden Schlamm. Wie vor langer Zeit in den Taurusbergen schlug ihr das Herz bis zum Hals. Sie würde alles vernichten: ihren Ruhm, die trügerische Gewalt über ihr Leben. Doch sie konnte nicht im Harem auf Abdallah warten.

Außer Atem erreichte sie das Haus des Afschin im Osten Harbiyas und drückte sich an die Zedernholztür. Abweisend ragten die Mauern über ihr auf. Sie fröstelte. Abdallah würde außer sich vor Zorn sein, wenn sie ihn bei seiner Rückkehr nicht erwartete. Und was, wenn der Afschin schon zurück war? Aribs klamme Finger schlossen sich um den regenschweren Mantel. Dann klopfte sie an.

Als der Riegel zurückgeschoben wurde, wurde ihr heiß, obwohl sie bis auf die Haut nass war. Die Locken klebten an ihren Wangen.

Wolfram blieb reglos stehen. Sein Haar war wie damals unbedeckt, doch jetzt fielen ihr die scharfen Falten um seine Nase auf, die frische Narbe auf seinem Kinn. Er trug nur eine auf der Brust offene Jubba und eine Hose. Mit dem Arm, den er in den Türrahmen gestützt hatte, versperrte er ihr den Eingang, seine Linke schloss sich um den Gürtel. Die blauen Augen wirkten seltsam dunkel. Ein harter Zug legte sich um seinen Mund, und die Muskeln seiner nackten Unterarme spannten sich an.

Arib hatte einen Diener erwartet, nicht ihn selbst. Sie hatte sich einen Satz zurechtgelegt. Doch als sie ihn so unvermutet dicht vor sich sah, brachte sie keinen Laut über die Lippen. Ein Blitz zerriss den Himmel und tauchte seine Gestalt in gleißendes Licht. Sie zuckte zusammen.

Wolfram machte keine Anstalten, sie einzulassen. »Welche Ehre!«, sagte er endlich. Seine Stimme hatte sich nicht verändert: derselbe leidenschaftliche Klang unter der beherrschten Oberfläche. Aber der Sarkasmus darin war nicht zu überhören. »Arib kommt selbst, um ihre Künste an mir zu erproben. Besitzt du keine Sklavinnen mehr, die dir die Mühe abnehmen könnten?«

Arib ertrug seinen Blick nicht, sie senkte die Lider. »Ich muss mit dir sprechen.«

Er beugte sich ein Stück vor, ohne den Arm von der Wand zu nehmen. Seine Augen leuchteten gläsern im Fackelschein, und der Regen klatschte auf sein Haar. Er trug es noch immer schulterlang. »Worüber?«, fragte er kalt. »Über die Menschen, die du bereits auf dem Gewissen hast? Oder über die Männer, mit denen du geschlafen hast, um dieses Ziel zu erreichen?«

Auch aus Aribs Haar rann das Wasser. Unwillkürlich blickte sie hinter sich die dunkle Gasse entlang, doch diese lag verlassen im strömenden Regen. Sie waren allein. »Ich glaubte dich tot!«, flüsterte sie.

Irgendwo schlug ein Fensterladen krachend zu. Wolframs Hand krampfte sich um den Dolch in seinem Gürtel. In dieser unmittelbaren Nähe strahlte sein Körper eine verhaltene, bedrohliche Kraft aus. »Hast du deshalb deinen Machthunger im Bett von vier Kalifen gestillt?«

»Und wenn es so wäre?«, erwiderte Arib heftig. Sie zitterte vor Kälte, aber auch unter seinem Ton. Zugleich machte seine hochfahrende Haltung sie zornig. »Ich weiß nicht, was du bei deinen Sklavinnen gesucht hast. Aber für mich waren diese Männer die einzige Möglichkeit, das zu tun, was mich am Leben hält. Und bevor du fragst«, setzte sie herausfordernd nach, »ja, manchmal habe ich es genossen!«

Wolfram packte ihren Arm und schleuderte sie brutal gegen den Türrahmen, sodass ihr die Luft wegblieb. Mit einer einzigen Bewegung hatte er den Dolch gezogen und hielt ihn ihr auf die Brust. Seine Finger schlossen sich so fest um den Griff, dass die Knöchel weiß hervortraten, doch Arib bemerkte, dass er einen Punkt hinter ihr fixierte.

»Tu es doch!«, schrie sie und warf das nasse Haar zurück. »Tu es! Aber sieh mich dabei an!«

Wolfram blickte ihr in die Augen. Mit der Linken hielt er sie unerbittlich am Türrahmen fest. Die Fackel warf unstete Schatten auf sein Gesicht. Er hob die Waffe, seine Hand zitterte von der Anspannung.

»Und du?«, fragte sie hart. Sie machte keinen Versuch, zu fliehen. »Was hast du für das getan, was dich am Leben hält?«

Er rührte sich nicht.

»Du hast recht«, sagte Arib. »Es gab eine Zeit, in der ich

fast vergessen hatte, wer ich einmal war. Doch als ich Ibrahim folgte, war es der schlimmste Moment meines Lebens.«

Wolframs Griff um den Dolch lockerte sich. Er warf die Waffe mit einem zornigen Laut zu Boden. Klirrend schlug das Eisen auf den Marmor. Arib atmete auf.

Mit einem leisen Klicken fiel die Tür hinter ihnen ins Schloss. Sie standen in einem zugigen, nur von einer Fackel erleuchteten Korridor, der sich im Dunkel verlor. Die kahlen Wände glänzten. Arib streifte fröstelnd das Wasser von ihrem Mantel.

Wolfram schien die Kälte nicht zu spüren. »Und Haidar?«, fragte er schneidend. »Du hast ihm nach dem Leben getrachtet!«

»Was weißt du denn?«, fuhr sie ihn an. »Als wir uns zuletzt sahen, war ich auf der Flucht, erinnerst du dich? Du verurteilst mich, ohne zu wissen, was er mir angetan hat!«

Er kam auf sie zu und stieß sie rücklings gegen die Wand. »Dann sag es mir!«, schrie er.

Arib taumelte. Auf einmal hatte sie Angst. Sie presste sich an den kalten Stein, spürte die nassen Kleider auf ihrem Rücken. Die Vorstellung, Wolfram davon zu erzählen, war fast noch schlimmer als das Geschehene selbst. Es war, als gewähre sie ihm Eintritt zu dem Zimmer, in dem man sie vergewaltigt und gedemütigt hatte. Niemand hatte ihr damals geglaubt, dass es gegen ihren Willen geschehen war. Warum sollte er es tun?

Wolframs helle Augen fingen das spärliche Licht ein. »Nun?«, fragte er.

Arib starrte ihn wortlos an.

Voller Verachtung wandte er sich ab.

»Du hast meinen Vater und Theodora nicht gekannt.« Stockend rangen sich die Worte über ihre Lippen. »Haidar hat sie getötet, mit einem Lächeln. Und ich …« Ihre Stimme brach ab. Sie konnte das Unaussprechliche nicht sagen. Nicht ihm.

»Was hätte er tun sollen?«, erwiderte Wolfram abfällig. Doch er ging hastig auf und ab, als hätte ihn plötzlich Unruhe ergriffen. »Dein Vater war ein Abtrünniger. Haidars Pflicht und seine Ehre geboten ihm, ...«

»Niemand hat nach meiner Ehre gefragt, als er mich Harun ar-Raschid auslieferte, damit der Kalif mich mit Gewalt nimmt!«, stieß Arib hervor.

Wolfram blieb stehen. Langsam wandte er sich zu ihr um.

Das Blut schoss Arib ins Gesicht. Sie schlang die Arme um den Leib. Als sie fortfuhr, war es kaum mehr als ein Flüstern. »In all den Jahren hat mich nur der Gedanke am Leben gehalten, dass diese Verbrechen nicht ungesühnt bleiben dürfen. Haidar schonte meine Jungfräulichkeit, weil ihm klar war, was Harun tun würde. Ich war ein halbes Kind!«, schrie sie. »Weißt du, wie das ist? Du willst dich wehren, aber du willst auch leben. Obwohl du dich den Rest deines Lebens dafür hassen wirst.« Ihre Lippen zitterten so stark, dass sie sich unterbrechen musste. Erstickt fuhr sie fort: »Der Schmerz nimmt dir die Luft zum Schreien. Weißt du, was das Schlimmste war? Dieses Lächeln. Weil es mir zeigte, dass er es genoss!«

Wolfram sah sie unverwandt an. Wieder leuchtete draußen ein Blitz auf und tauchte den Korridor in ein fahles Licht.

»Der Afschin hielt mir die Waffe an die Kehle. Seine Hand wurde nicht einmal warm dabei.« Arib konnte ihm nicht ins Gesicht blicken. Sie kämpfte mit den Tränen, dennoch erleichterte es sie, endlich darüber zu sprechen. »Jeden Tag seit damals, wenn ich bei einem Mann lag, habe ich dieses Lächeln gesehen.«

Die Augenblicke dehnten sich ins Unendliche. »Harun ar-Raschid?«, hörte sie endlich Wolframs raue Stimme. Dann fragte er hart: »Wer sagt mir, dass du nicht lügst und ihn in Wahrheit verführt hast?«

Ruckartig hob Arib den Kopf. Dann wollte sie an ihm vorbei zum Ausgang.

Er hielt sie mit dem ausgestreckten Arm zurück. »Sag mir ein Wort, warum ich dir glauben kann!« Die sonst so beherrschte Stimme hatte jede Festigkeit verloren.

»Ich hätte dich verführen können, in den Taurusbergen«, erwiderte sie. »Damals, als du mich küssen wolltest.«

»Hör auf!« Seine Augen glitten über sie, verächtlich und zugleich glühende Liebkosungen, die ihre Haut verbrannten. »Ich verstehe deinen Hass«, sagte er endlich. »Aber ich verdanke Haidar alles. Er stand mir zur Seite, als mein Vater und die ganze Gesandtschaft einem Anschlag zum Opfer fielen. Er setzte sich für mich ein, als ich nicht ins Frankenreich zurückkehren konnte. In meinem Land wurde ich zum Ritter erzogen, und ein Ritter würde eher sterben, als undankbar zu sein.« Sein Blick wurde gnadenlos. »Du wirst mich nicht benutzen wie die anderen!«

»Ich will dich nicht benutzen!«, stieß Arib verzweifelt hervor. »Wir dienen verschiedenen Herren, ich weiß, was das bedeutet. Aber damals habe ich begriffen, dass ein ungenutzter Augenblick vielleicht nie wieder kommt. Ich bin gekommen, um dir zu sagen, was ich dir seit zwölf Jahren sagen will: Dass ich dich liebe.«

Wolfram erstarrte. Einen langen Augenblick sprach niemand ein Wort.

»Ich könnte mir eher verbieten zu atmen, als dich zu lieben«, sagte Arib. Die lange unterdrückte Leidenschaft ließ ihre Stimme zittern. »Und immer wieder habe ich mich gefragt, ob alles anders gekommen wäre, wenn ich mutiger gewesen wäre. Wenn ich mit dir geflohen wäre, statt vor dir.«

Im Dunkel hörte sie nicht einmal seinen Atem. Arib wandte sich zum Ausgang und wollte den schweren Riegel heben, um die Tür zu öffnen.

Mit wenigen Schritten war Wolfram bei ihr. Zögernd legte er seine Hand auf ihre.

Ein Schauer fast vergessener Vertrautheit überlief sie, als er sie berührte. Er löste ihre Finger, die den Riegel umschlossen. Sanft ließ er seine Hände über ihre Fingerspitzen und ihre Arme nach oben gleiten. Er zeichnete ihre Brauen nach, ihre Wangen, ihre Lippen. Arib sah ihn unverwandt an, als fürchte sie, sein Bild könnte sich jederzeit auflösen.

Mit beiden Händen strich er ihr das nasse Haar aus dem Gesicht und näherte sich ihr. Sie schloss die Augen. Es dauerte eine Unendlichkeit.

»Du zitterst ja.« Wolfram schob ihr den Mantel von den Schultern, und der durchnässte Stoff glitt an ihr herab. Arib fühlte seine Lippen auf ihren Augen, ihren Wangen, bis sie ihren Mund fanden. Sie erwiderte die unzähligen zärtlichen Küsse, mit denen er ihr Gesicht bedeckte. Ihre Hände bebten, als sie sein Haar berührte, das sich von der Feuchtigkeit kräuselte. Sie spürte die Wärme seines Körpers und legte die Arme fester um ihn. Er war wirklich.

Auf einmal zog Wolfram sie an sich. Er küsste sie wild und fordernd, wie sie niemand je zuvor geküsst hatte. Die Unbedingtheit dieser Leidenschaft verschlug Arib den Atem. Es war, als hätte er all die Jahre auf diesen Augenblick hingelebt.

»Du sagtest damals, ich solle dich nie wieder berühren«, flüsterte er.

»Nie wieder!«, stieß Arib hervor. Sie schmiegte sich an ihn und suchte seine Lippen. »Lass mich nicht los!«

Wolfram drängte sie durch den Korridor ins Innere des Hauses. Im Dunkeln strauchelte sie, und er fing sie auf. Arib wollte sprechen, doch er legte ihr den Finger auf den Mund. Sanft hob er sie hoch und trug sie eine schmale Treppe empor.

In dem Gemach im oberen Stockwerk brannte kein Licht. Arib fühlte eine Wand in ihrem Rücken. Ein neuer Blitz erhellte die Nacht, und Wolframs Gesicht tauchte vor ihr aus dem Dunkel.

Ihre Finger vergruben sich in seinem Haar. Seine Berührung verwandelte ihren Körper in eine einzige Quelle schmerzhafter Sehnsucht. Unter seinen Küssen wurden ihre Brustwarzen hart und richteten sich auf. Er liebkoste ihre Schultern und erreichte die verbotene Stelle an ihrem Hals, die kein Mann berührt hatte, seit der Dolch des Afschin dort gelegen hatte. Arib schloss einfach nur die Augen.

Langsam streifte sie ihm die Jubba von den Schultern. Als

sie die warme Haut darunter berührte, fühlte sie das Zucken seiner Muskeln. Wolfram ließ sich zurücksinken in die Kissen unter ihm. Ihr Mund glitt über seinen vom Regen feuchten Leib. Sie fühlte seinen schweren Atem, ertastete seinen Körper mit Händen und Lippen, um jeden Zoll daran für die Ewigkeit in ihrem Gedächtnis zu verankern. Quer über seine Brust zog sich eine frisch vernarbte Wunde. Er strich ihr das lange Haar aus dem Gesicht, und ihre Blicke trafen sich in der Dunkelheit.

Mit einer leidenschaftlichen Bewegung war er über ihr und drückte ihre Handgelenke auf das Bett. Ein neuer Blitz erhellte sein Gesicht. Dann glitten Wolframs Finger über ihre Handflächen, bis sich ihre Hände ineinander verschränkten. Ein Zittern überlief Arib, doch er ließ den letzten Augenblick sich bis ins Unerträgliche ausdehnen.

Endlich presste er sich in ihren Schoß, so langsam, dass das Verlangen in ihrem ganzen Körper schmerzte. Arib zog ihn an sich, als hätte sie nie zuvor die Umarmung eines Mannes erfahren. Ihre erstickte Seele verschaffte sich Luft, sie stöhnte auf. Seine Küsse nahmen ihr die Laute von den Lippen.

Die Zeit verlor jede Bedeutung, die Grenze zwischen ihren schweißfeuchten Leibern verschwamm. Ein Gefühl durchlief Arib, von dem sie nicht gewusst hatte, dass es in ihr war. Ungestüm setzte sie sich auf. Wolfram schien ihre Bewegung erahnt zu haben. Er zog sie fester an sich, und sie spürte seinen Atem stoßweise auf ihrem Hals. Arib schlang Arme und Beine um ihn. Ganz hingegeben an den wilden Rhythmus eroberte sie sich ihren Körper zurück. Schneller und schneller riss er sie mit sich fort, löste sich auf in einen strahlenden, reinen Klang.

Eine plötzliche Hitze jagte durch ihren Leib. Arib schrie ungehemmt auf. Ihr ganzer Körper wurde von Wellen der Lust durchströmt, sie drohte darin zu ertrinken. Ihre Finger krallten sich in seinen Rücken. Sie fühlte, wie Wolfram sich in ihren Armen aufbäumte. Während sie keuchend nach Atem rang, presste er seine Lippen auf ihre, als wollte er nicht zulassen, dass sie sich je wieder trennten.

Mit der Nacht wich auch das Gewitter. In zartem Hellgrau brach der Morgen über Bagdad an. Der Regen war schwächer geworden, die spiegelnden Pfützen wurden von der Morgensonne aufgesogen. Der Tigris färbte sich von seinem schlammigen Grau tiefblau.

Auf dem linken Ufer lag die Stadt noch in morgendlichem Frieden. Der erste Gebetsruf verklang über dem Viertel Harbiya. Auf das Gewirr der lehmfarbenen Straßen fielen Sonnenstrahlen und erreichten die schmale Gasse im Osten. Ein silbriger Schimmer erhellte das Gemach im oberen Stockwerk. Truhen schälten sich an den Wänden aus dem Halbdunkel, die Umrisse eines Buchständers und schließlich die zerwühlten Laken auf dem Bett.

Arib schlug die Augen auf und lächelte. Sie schmiegte sich in die Arme, die sie hielten, und fühlte Wolframs ruhig atmende Brust.

Langsam richtete sie sich auf. Das Laken, das ihre eng umschlungenen Körper bedeckte, rutschte von ihren Schultern und glitt lautlos, wie eine Liebkosung, auf ihre Hüften. Sie nahm Wolframs Bild noch einmal in sich auf: der rötliche Schimmer auf seinem Haar, das ihm wirr ins Gesicht fiel, die geschlossenen Lider unter den ausdrucksstarken Brauen, der fein geschnittene Mund. Sanft zeichnete sie die Umrisse nach, ohne ihn zu berühren. Das Glücksgefühl, das sie dabei empfand, war ihr so vertraut, als sei sie ihr halbes Leben lang jeden Morgen so neben ihm aufgewacht.

Leise, um ihn nicht zu wecken, erhob sie sich und sog den warmen Luftzug ein, der durch die Fenstergitter hereinwehte. Unter ihren nackten Füßen spürte sie den kühlen Marmorboden. Nichts regte sich, während sie sich anzog.

Arib trat noch einmal ans Bett. Sie musste gegen das Verlangen ankämpfen, Wolfram mit einem Kuss zu wecken und zu tun, was sie die ganze Nacht hindurch getan hatten. Lächelnd

341

sog sie den Duft ein, der noch in ihrem Haar hing. Zum ersten Mal hatte sie sich nach einer Liebesnacht nicht wie besessen gereinigt.

Arib sah an sich herab. Die anderen Männer fielen ihr ein – ihre Körper, ihre Gerüche, ihre Begierde, sie auf dem Liebeslager zu unterwerfen. Ihre eigene Verachtung für diesen beschmutzten Leib und ihr Kampf, niemals die Gewalt über ihre Gefühle zu verlieren.

Wolfram bewegte sich im Schlaf und streifte das Laken ab. Das weiche Licht umschmeichelte seinen Oberkörper, und Aribs Blick blieb daran hängen. Gestern war alles so einfach gewesen. Aber sie gehörte Abdallah, und Wolfram war der Verbündete ihres Todfeindes. Wenn er sich zwischen einer Frau wie ihr und seinem Freund entscheiden musste … Er würde bereuen, was er letzte Nacht getan hatte. Arib schloss die Augen. Sie wusste, das würde sie nicht ertragen.

Lautlos wich sie zurück, hastete hinaus in den Korridor und die Treppe hinab. Tränen liefen ihr übers Gesicht, als sie ihren feuchten Mantel vom Boden aufraffte und auf die Straße hinausstürzte. Das Morgenlicht warf ihren einsamen Schatten auf die Gasse, und sie rannte, als müsste sie ihm entkommen. Keuchend erreichte sie den Fluss. Unter ihren Füßen gurgelte der Schlamm. Das Schilf schnitt in ihre Arme, doch sie spürte es nicht.

In einiger Entfernung hörte sie die ersten Karren über die Brücken rattern. Die Spur eines auffliegenden Wasservogels durchbrach die glitzernde Oberfläche des Flusses, in der sich Brücken und Paläste spiegelten. Arib kniete nieder. Ungläubig berührte sie mit der Hand ihre Wange.

Es waren ihre Züge, die sie aus dem klaren Wasser anblickten. Und doch schien alles daran kaum sichtbar weicher. Dies war nicht mehr die Frau, die in der Gewitternacht zum Haus des Afschin gelaufen war. Wohin ihr Weg sie auch führte – sie würde nie wieder diese Frau sein.

Buch 3 *Die Nacht der Rache*

»Wollte eine Kayna den Pfad der Tugend verfolgen, so würde sie ihn nicht finden. Wollte sie sittsam sein, so brächte sie es nicht fertig. Je nachdem, welche Kräfte auf sie wirken, ist das Unglück des Mannes beschaffen, der sich mit ihr einlässt, aber auch ihr eigenes.«

Al-Jahiz

Bagdad, drei Wochen später.

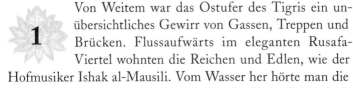

1 Von Weitem war das Ostufer des Tigris ein unübersichtliches Gewirr von Gassen, Treppen und Brücken. Flussaufwärts im eleganten Rusafa-Viertel wohnten die Reichen und Edlen, wie der Hofmusiker Ishak al-Mausili. Vom Wasser her hörte man die rhythmischen Gesänge der Fischer. Das friedliche Bild jedoch trog: Kaum jemand wagte sich jetzt, nach Einbruch der Dämmerung, noch auf die Straße.

Ging man von Rusafa aus flussabwärts, zogen auf dem andern Ufer die ausgedehnten Gärten des Khuldpalastes vorbei. Je weiter man nach Süden kam, desto mehr änderte sich das Bild am andern Ufer. Das Schiitenviertel Karkh löste die Paläste ab, ein verwinkeltes Gegenbild zur strengen Geometrie der Palaststadt. Aus der Ferne boten die verfallenen, mit wilden Pflanzen überrankten Balkons und unzähligen Brücken ein zauberhaftes Bild. Doch wer das Viertel kannte, wusste, dass die spärlich beleuchteten Schenken wenig einladend waren.

Auch hier am Ostufer wandelte sich das Bild. Die teils überdachten Gassen wurden enger. Vergitterte Balkone hingen wie Bienenwaben über der Straße. Überall zweigten Seitengassen ab, um irgendwo vor einer fensterlosen Mauer oder am schlammigen Ufer zu enden. Manche führten über scheinbar endlose Treppchen abwärts oder verloren sich unter düsteren Torbögen. Während man hie und da ein Liebespaar hörte, bewies frisches Blut auf dem Lehmboden, dass Straßenräuber und andere dunkle Gestalten ihr Unwesen trieben. Das Gewirr der Gassen war an diesem Abend umso undurchdringlicher, da noch die Girlanden vom Ramadan zwischen den Mauern hingen. Wer seinen Weg nicht kannte, konnte sich allzu leicht in diesem Labyrinth verlieren.

Der milchweiße Vollmond wurde von einer vorbeiziehenden Wolke in zwei Hälften geteilt. Hätte ein Mann des Glaubens zum Himmel gesehen, hätte er die alte Legende erzählt, nach welcher der Prophet Muhammad einst den Mond gespalten hatte. Doch die Männer in ihren langen Hemden waren längst zum Abendtrunk in ihren Häusern verschwunden. Nur noch ein Hauch des Teegeruchs hing in der Luft und erinnerte an die dampfenden Schnabelkannen und die beschlagenen Gläser mit der zuckersüßen Flüssigkeit. Auch das Hämmern des alten Mahmud in der Kupferschmiede am Ende der übermauerten Straße war verstummt.

Die gewundene Mansur-Gasse endete auf einem winzigen Platz, auf den eine zweite Gasse im spitzen Winkel stieß. An der Ecke gab es einen Gewürzladen, von dem der süßliche Duft kleiner, ledriger Trockenzitronen herüberwehte. Jetzt war er geschlossen. Nur zwei junge Männer streunten noch vor einer abweisenden Fassade herum.

»Nun lass doch, sie kommt nicht mehr«, meinte der eine. Nichts regte sich hinter den geschlossenen Fensterläden. Das wurmstichige Zedernholztor war verriegelt, die rautenförmigen Schmuckelemente teilweise herausgebrochen. Alles wirkte verlassen. »Arib wird im Harem sein, wo sie hingehört. Das Haus gehört einem Eunuchen aus dem Palast, nicht ihr. Vermutlich war es Zufall, dass du sie hier gesehen hast. Es ist die Zeit des Gebets.«

»Sie sagte, ich solle wiederkommen, wenn mir Hoden gewachsen sind!«, grollte der andere. »Was für eine Schmach!« Er trat gegen die Hauswand, doch abgesehen von etwas herabbröckelndem Putz tat sich nichts. Der Ruf des Muezzin erklang von dem runden Lehmminarett, das die Häuser in einiger Entfernung überragte. Doch der junge Mann machte keine Anstalten, sich zum Nachtgebet nach Hause zu begeben. Grimmig zog er seinen Dolch und machte sich daran, die Worte *Arib – Königin der Dirnen* in die Mauer zu ritzen.

Schritte hallten in der übermauerten Seitengasse, und beide sahen auf. Ein schwarzer Sklave kam mit einer Fackel den Weg entlang. Sein Herr, der auf dem Esel folgte, hatte den dunklen Izar tief über den Kopf gezogen. Die weite Hose und die Sandalen konnten die Tracht eines reichen Kaufmanns sein. Trotzdem zog der Jüngling seinen Begleiter rasch um die nächste Ecke. Arib hatte mächtige Freunde.

Einer ihrer Eunuchen hatte das niedrige Lehmziegelhaus in Aribs Auftrag gekauft. Hier fühlte sie sich sicher vor den Spionen ihres Herrn, die sie seit drei Wochen suchten. Zu abgelegen schmiegte es sich in die Flussauen, außerdem war es zu klein für die rauschenden Gelage einer Kayna: Zwar reichte der Garten bis zum Fluss, aber ansonsten bestand es nur aus zwei Flügeln, die sich schützend um einen ummauerten Hof schlossen. Die persischen Rosen darin hätten dringend geschnitten werden müssen, ihre Blütenblätter wurden vom Wind über den Boden getrieben. Das vergitterte Obergeschoss schimmerte wie Alabaster durch die Zweige. Am Eingang zur Küche stand der schwere Mörser, in dem ihre Zofe vorhin Mandeln für *Lauzinaj* zermahlen hatte, und es roch nach heißem Honig.

Arib saß summend im Iwan unter einer Laterne. Wieder einmal zog sie eine neue Darmsaite auf ihre Laute, das schwüle Sommerwetter ließ die Saiten ständig fasrig werden. Es war ein alter Aberglaube, dass etwas starb, wenn eine Saite beim Vortrag sprang. Aber sie wollte das Schicksal nicht herausfordern. Arib musste sich eingestehen, dass es verrückt war, so unbekümmert zu sein. Mit jeder Stunde zog sich das Netz dichter um sie zusammen. Sie war aus dem Harem des Kalifen geflohen. Die Ehre eines Mannes war durch weit weniger zu verletzen, und das war noch längst nicht alles.

Ungeduldig stellte Arib die Oud ab. Das Silbertablett mit frischen Datteln und Feigen neben ihr war unberührt. Die blaue Haut der Früchte war aufgeplatzt, das überreife, süße Fruchtfleisch quoll heraus, doch sie hatte nur Augen für den Brief, der daneben lag. Ein einziges Wort stand darauf: »Heute«.

Wolfram hatte keine Stunde gebraucht, sie zu finden. Die wenigen Wochen seitdem waren ihr erschienen wie ein ganzes Leben. Sie hatte den einen oder anderen der Männer früher begehrt, wenn er schön war und wusste, wie er ihre Lust erregen konnte. Aber es war nicht annähernd mit der alles beherrschenden Leidenschaft vergleichbar, die Wolfram in ihr weckte. Wenn er sie nur ansah, überlief sie ein Prickeln. In seiner Nähe fühlte Arib sich glücklich, ganz gleich, ob sie beim Kochen stundenlang redeten und sich aufzogen, oder ob sie sang, bis er ihr mit einem Kuss den Mund verschloss. Wenn sie sich liebten hatte sie das Gefühl, als sei es das erste und das letzte Mal. Wenn er nicht da war, fühlte sie seine Lippen auf ihrer Haut, seinen Körper in ihren Armen.

Jemand klopfte an die schwere Zederntür. Das dumpfe Geräusch war durch das ganze Haus zu hören. Arib sprang auf. Der Hof drehte sich vor ihren Augen, und haltsuchend tastete sie nach dem Sitz.

»Öffnet nicht!«, rief ihre Zofe, ein zartgliedriges, blondes Mädchen namens Rabab. Sie stellte den Korb mit duftender Minze ab, den sie gerade aus der Küche geholt hatte, und kam heran. »Der Herr hat doch den Schlüssel. Wer weiß, wer das sein mag, um diese Stunde. Und wir sind ganz allein.«

Dankbar griff Arib nach ihrem stützenden Arm. Rabab hatte recht. Herrenlose junge Männer machten des Nachts in Bagdad die Straßen unsicher, forderten Prügeleien heraus und taten Frauen Gewalt an, nur weil sie gerade nichts Besseres zu tun wussten.

»Ich sehe selbst nach«, sagte Arib, und um Wolframs Widerwillen gegen das chinesische Getränk wissend fügte sie augenzwinkernd hinzu: »Und mach Tee!« Atemlos strich sie ihre zartrosa Jubba glatt. Sie richtete ihr offenes Haar und die beiden Zöpfe an den Schläfen. Dann nahm sie eine Fackel aus der eisernen Halterung und durchquerte den Korridor. Vorsichtig öffnete sie die Tür einen Spaltbreit.

Der Luftzug ließ die Fackel aufflackern. Die beiden Männer draußen wahrten höflich Abstand. Mit einer Verneigung trat der schwarze Sklave, der geklopft hatte, beiseite. Sein Herr hatte den geflickten Izar tief ins Gesicht gezogen. Nur der dichte schwarze Vollbart war darunter zu erkennen. Er schlug den Stoff zurück und trat langsam ins Licht, das durch die Tür auf die Straße fiel. Sein Bart bedeckte sinnliche Lippen. Dichtbewimperte dunkle Augen ruhten auf Arib. »Du bist schöner denn je«, sagte Abdallah al-Ma'mun.

Es gelang Arib nur mühsam, ihr Erschrecken zu verbergen. Hastig warf sie einen Blick über den Platz, doch von Wolfram war noch nichts zu sehen.

Ohne auf eine Einladung zu warten, trat der Kalif herein. Beunruhigt musterte sie ihren Herrn. Er war stämmiger geworden und trug das Haar jetzt kurz und mit Fransen in die Stirn, wie es neuerdings Mode war. Es betonte seine schmalen Brauen und den dunklen Teint und ließ sein aristokratisches Profil strenger wirken. Sie gab der Zofe ein Zeichen, und Rabab zog sich mit einem neugierigen Blick nach dem Besucher zurück. Sein Diener blieb im Iwan stehen, Arib sah sein langes Hemd in der Dunkelheit schimmern. Sie ließ sich auf dem jasminumrankten Brunnenrand nieder und suchte im Gesicht des Kalifen den jungen Mann von einst. Nach all den gemeinsamen Jahren war er ihr fremder denn je.

»Was siehst du mich so an?«, fragte Abdallah unwillig. »Suchst du nach grauen Haaren?«

Arib wollte erwidern, dass er seinen Barbier aufhängen sollte, wenn dieser nicht fähig wäre, die ersten grauen Haare zu überdecken. Doch sein Tonfall ließ es ihr geraten scheinen, lieber zu schweigen.

»Du fragst nicht, wie ich dich gefunden habe?« Ungeduldig gab er seinem Diener ein Zeichen, und dieser zog sich zurück. Abdallah begann im mondübergossenen Hof auf- und abzugehen. Er bemerkte die Pforte zum Garten auf der linken Seite, öffnete sie und warf einen Blick hinaus.

»Nie zuvor hat es eine Sklavin gewagt, aus meinem Harem zu fliehen!« Er schloss die Tür und lehnte sich dagegen. Offensichtlich beherrschte er seinen Zorn nur mühsam. »Einer meiner Zechgenossen hat dich vom Fluss aus singen gehört und mich benachrichtigt. Du hast mich zum Gespött meiner Untertanen gemacht, und jetzt lässt du mich hierher kommen wie einen Bittsteller!«

Der Widerschein der Laternen tanzte auf dem Wasser. Arib vermied es, ihr Spiegelbild im Brunnen anzusehen, als könnte auch Abdallah die Veränderung an ihr bemerken. Obwohl sie jahrelang das Bett geteilt hatten, ertrug sie seine Nähe kaum. »Ich hatte meine unreinen Tage«, log sie. »Und ich fühlte mich nicht gut.«

»Für deine unreinen Tage kaufst du ein Haus, von dem nicht einmal ich etwas erfahre?« Er kam heran und packte ihre Arme. Sie versuchte, sich zu befreien, doch er hielt sie unerbittlich fest. »Du bist zu weit gegangen«, stieß er hervor. »Während meiner Abwesenheit habe ich deine Launen geduldet, doch jetzt werde ich keine Nebenbuhler mehr zulassen. Halte dich nicht für unantastbar, nur weil jeder Mann dich bewundert!«, drohte Abdallah. Ein sonderbarer Unterton lag in seiner Stimme. »Du magst vier Kalifen zu deinen Liebhabern zählen, aber Kalif bist du deshalb noch lange nicht!«

Arib war lange genug eine Kayna gewesen, um zu wissen, was sie zu tun hatte. Mit dem lange geübten Lächeln legte sie einen Arm um seinen Nacken. Sie ließ die Fingerspitzen der anderen Hand über seine Jubba nach unten gleiten. Er wollte sie wegschieben, doch dann ließ er sie gewähren. Ihre geöffneten Lippen streiften seinen Hals. Ein flaues Gefühl überkam sie dabei, doch um Wolfram zu schützen hätte sie selbst Ibrahim noch einmal verführt.

Abdallahs Muskeln spannten sich unter ihren tastenden Fingern an. Er schien mit sich zu kämpfen. Auf einmal griff er nach ihren Handgelenken und zwang sie auf den Brunnenrand. Arib fühlte den harten Marmor in ihrem Rücken, ihr Haar fiel seitlich ins Becken. Abdallah beugte sich über sie. »Ich sollte dich ertränken lassen!«, stieß er hervor. Gewaltsam hielt er ihre Schultern auf dem steinernen Rand fest. Dann presste er hungrig seinen Mund auf ihre Lippen. Vergeblich kämpfte Arib gegen ihren Widerwillen an. Sie drehte den Kopf zur Seite und schob ihren Herrn sanft von sich weg. »Wegen drei oder vier Liebhabern?«, erwiderte sie scherzhaft. »Dann müsstest du deine Sängerinnen schneller ertränken, als Ishak neue ausbilden kann.«

Abdallah blieb über sie gebeugt mit einem Knie auf dem Brunnenrand stehen. Überrascht musterte er sie. Arib wollte seinem Blick ausweichen, doch er zwang sie, ihn anzusehen. Aufmerksam prüfte er jeden Zoll ihres Gesichtes. »Wer ist der Mann, den du hier getroffen hast?«, fragte er.

Arib bemühte sich krampfhaft, sich ihr Erschrecken nicht anmerken zu lassen.

Abdallah packte sie fester. »Nun?«

Wortlos starrte sie ihn an.

»Du hast dir nie Mühe gegeben, mir deine Liebschaften zu verheimlichen.« Es klang misstrauisch. »Ist es mehr als das?«

Arib gewann ihre Fassung wieder. Sie wusste, fast alles war einer Kayna erlaubt – nur nicht zu lieben. Heimlich schickte sie ein Stoßgebet zum Himmel, dass Wolfram sich verspäten würde. Dann reckte sie sich herausfordernd, sodass Abdallah die durchsichtige Ghilala im weiten Ausschnitt ihrer Jubba sehen konnte. »Hast du erwartet, dass ich zuerst Ibrahim für dich verführe und dann wie eine gehorsame Ehefrau im Harem auf dich warte? Ich habe mich ein wenig getröstet, weiter nichts.«

Abdallah fixierte sie lange. »Du lügst«, sagte er dann. Die geschminkten Augen zogen sich zusammen, und eine steile Falte bildete sich auf seiner Stirn. Arib hatte diesen Ausdruck noch nie an ihm gesehen – wohl aber an Harun ar-Raschid.

Ruckartig befreite sie sich und entfernte sich einige Schritte ins Dunkel, wo der Schein der Laternen den Hof nicht mehr erleuchtete.

Abdallah richtete sich langsam auf. »Wer ist dieser Mann? Wieder einer der Edlen aus Khorasan? Was hast du hier mit ihm getrieben?«

Arib warf den Kopf in den Nacken und lachte gezwungen.

»Was denkst du wohl? Glaubst du, ich habe ihm den Koran vorgelesen oder mit ihm gebetet und gefastet?«

Abdallah zuckte zusammen. »Denk nach, Arib!«, bemerkte er. »Willst du alles aufgeben: Ruhm, Anbetung und die Gunst deines Herrn?« Er wartete, dann fragte er leise, aber schneidend: »Wie ist sein Name?«

»Ich bin dir keine Rechenschaft schuldig!«, fuhr Arib ihn an. »Ich bin eine Tochter der Barmakiden. Und im Gegensatz zu der Sklavin, von der du abstammst, war meine Mutter eine keusche Frau!«

Er sprang auf. Arib wollte ihm ausweichen, doch Abdallah kam ihr nach. Brutal packte er sie an beiden Armen und schüttelte sie so heftig, dass ihr Kopf in den Nacken geschleudert wurde. Sie wollte sich befreien, da holte er aus und schlug sie ins Gesicht.

Die Wucht des Schlages ließ sie einige Schritte zurücktaumeln, fast wäre sie gestürzt. Ihre Haut brannte, ihr Kiefer schmerzte. »Ich ertrage dich nicht mehr!«, schrie Arib hasserfüllt. Sie warf das Haar zurück und spuckte vor ihm aus. »Ich bin eine freie Frau!«

Abdallah starrte sie einen Augenblick fassungslos an. Doch er schien wieder zu sich zu kommen. »Ich habe Sklavinnen und selbst Zechgenossen für weit weniger hinrichten lassen«, erwiderte er endlich. Seine Lippen waren bleich vor Wut. Er fegte ein unsichtbares Staubkorn von seinen Kleidern, als wollte er die Schmach abschütteln. »Du wirst noch heute Abend in den Harem zurückkehren«, sagte er dann kalt. »Und wenn du nicht in Ketten gelegt werden willst, rate ich dir, ihn so schnell nicht wieder zu verlassen! Reize mich nicht noch einmal!«, drohte er. »Ich besitze noch andere Sängerinnen. Sie mögen nicht deinen Zauber haben, aber wer wird sich in ein paar Jahren noch daran erinnern? Ehe man sich's versieht, ist eine Stimme für immer verstummt.«

Arib wollte zu einer Erwiderung ansetzen, doch sie brachte keinen Ton hervor.

Abdallah wartete mit beängstigender Ruhe. Das bärtige, von

der Laterne halb beleuchtete Gesicht ähnelte nun erschreckend dem seines Vaters. »Also gut«, beschwichtigte er, doch es klang lauernd. »Ich verdanke dir meinen Thron. Du wolltest einen Kopf von mir, du sollst ihn bekommen. Wenn du mir den Namen deines Liebhabers nennst, werde ich den Afschin auf einen aussichtslosen Posten nach Kurdistan senden.«

»Es scheint dir viel daran zu liegen«, meinte Arib zurückhaltend. Sie rieb sich die schmerzende Stelle am Arm, wo sich ein Bluterguss bildete.

Abdallah lachte abfällig. »Ich werde ihn nicht hinrichten lassen, falls du das fürchtest. Es geht mir nicht um ihn, sondern um den Gehorsam meiner Sklavin.« Noch immer mit dem Lächeln auf den Lippen setzte er nach: »Was erwartest du denn, meine Liebe? Soll ich einen Mann von Ehre mit dir verheiraten – mit der Hure Arib, der Metze vierer Kalifen?«

Sie zuckte zusammen wie unter einem Peitschenhieb.

Der Kalif hatte sie unverwandt beobachtet. »Ich erinnere mich an deinen unbezähmbaren Hass auf den Afschin«, meinte er versöhnlicher. »So hasst man jemanden, der einem alles genommen hat. Wie die Ehre.«

Arib schloss die Augen, um Haidars kaltes Lächeln von sich zu schieben. Die gleichgültige Miene, mit der er ihr den Dolch an die Kehle hielt, während Harun ar-Raschid brutal seine Lust an ihr stillte. Sie schlug die Hände vors Gesicht, doch die Bilder verschwanden nicht.

»Wenn du mir den Namen deines Liebhabers nennst, vergesse ich die Angelegenheit«, wand sich Abdallahs Stimme in ihr Bewusstsein wie eine Schlange. Eine unausgesprochene Drohung lag darin, als er fortfuhr: »Sollte ich diesen Namen allerdings durch meine Spione erfahren oder aus dir herausprügeln müssen, könnte ich das nicht.«

Verzweifelt schüttelte Arib den Kopf. Plötzlich hatte sie Angst vor ihm. Sie hatte das Gefühl, sich selbst zu verraten, doch der Kalif ließ ihr keine Wahl. »Dhib ar-Rakki«, stieß sie erstickt hervor.

2

Zur selben Zeit war die Hauptbrücke über den Tigris hell erleuchtet. Trotz der späten Stunde drängten sich die Menschen darauf und darunter. Eine Hinrichtung gab es nicht jeden Tag zu sehen, und dass die Verurteilten zwei Beischläferinnen des Kalifen waren, machte das Spektakel noch interessanter. Soeben wurden die Sklavinnen in Ketten herbeigeführt. Im Fackelschein waren sie gut zu erkennen. Ein Raunen ging durch die Menge: Beide waren vielleicht achtzehn Jahre alt und atemberaubend schön. Aufgelöstes schwarzes Haar umrahmte die bleichen Gesichter, sie trugen einfache lange Leinenhemden. Tuschelnd tauschten die Gaffer Vermutungen aus, warum der Kalif zwei so schöne junge Frauen dem Henker übergab. Einer untreuen Kebse drohte sonst nur selten der Tod durch Ertrinken, meist begnügten sich die Besitzer mit der Prügelstrafe.

»Es heißt, sie hätten es miteinander getrieben«, flüsterte einer in der Menge. »Kein Wunder, wenn Ihr mich fragt, heutzutage bekommen die Weiber ihren Herrn ja kaum noch zu sehen. Der Kalif soll zweitausend Frauen besitzen – alle jung, leidenschaftlich und immer willig, ihm die Nächte zu versüßen.«

»Da kann er den Ungehorsam von zweien leicht bestrafen«, lamentierte ein gutaussehender Mann in einfachen Kleidern. Wehleidig beklagte er sich: »Mein Harem ist bloß ein Stall schreiender Kinder, und das eine Weib, das ich mir leisten kann, ist herrschsüchtig und macht mir die Hölle heiß, wenn ich nicht genug Geld nach Hause bringe!«

»Ginge es nach dem Gesetz, hätte der Kalif zuerst seine Sängerin Arib ersäufen müssen«, keifte ein vertrocknetes Männchen in der schwarzen Robe eines Kadi, »ersäufen wie eine Straßenkatze!« Neugierig drängte er sich weiter nach vorne, um besser zu sehen. Er reckte den faltigen Hals wie ein Geier.

Die Männer zerrten die beiden Mädchen näher an die steinerne Brüstung, wo zwei mit Felsbrocken beschwerte Särge warteten. Die Frauen wechselten einen Blick. Auf einen Befehl des Henkers stieg die eine mechanisch in die Holzkiste und ließ die Schergen den Deckel zunageln. Die andere schrie in Todesangst und versuchte sich zu befreien. Wild setzte sie sich gegen den festen Griff zur Wehr. Einer der türkischen Soldaten schlug ihr ins Gesicht, mit überschnappender Stimme kreischte sie einen Fluch, dann zwangen die kräftigen Männer auch sie in den Sarg. Ihr Schreien verstummte auch nicht, als die Türkensöldner den Deckel festnagelten. Je zwei von ihnen hoben die Särge auf die Schultern. Auf ein Zeichen des Henkers warfen sie sie ins Wasser.

Ein unterdrückter Laut ging durch die Menge. Die Kisten gingen sofort unter, und das Schreien erstickte.

Etwa eine Meile unterhalb der Hauptbrücke trieb eine Mietbarke den Tigris hinab. Es war spät geworden, dachte Wolfram. Arib würde längst ungeduldig sein und ihm selbst erging es nicht besser. Seit zwei Tagen hatten sie sich nicht gesehen. Wenn er nachts alleine auf seinem Bett lag, wurde er fast wahnsinnig bei dem Gedanken an ihren warmen, atmenden Körper in seinen Armen. Selbst wenn er erhitzt das Laken abstreifte und ein Luftzug über seine Haut strich, perlte Schweiß darauf, und er wälzte sich unruhig, bis der erste graue Strahl den Morgen ankündigte.

Einige Hundert Schritte von Aribs Haus entfernt gab er dem Bootsführer ein Zeichen, ihn abzusetzen. Er zahlte und sprang über das schlammige Wasser, das an den steinernen Stufen leckte, an Land. Der Weg führte leicht bergan auf die Mansur-Straße. Wolfram erreichte den kleinen Platz. Ehe er in die Seitengasse am andern Ende einbog, sah er sich wachsam um. Eine Pforte auf der rechten Seite der Gasse führte direkt in den Hof des Hauses. Innen wurde sie fast ganz von einem wilden Feigenbaum verdeckt, der zwischen den lockeren Fliesen Wurzeln geschlagen hatte. Wolfram schloss die Tür auf und trat ein.

Überrascht blieb er stehen. Er hatte erwartet, dass Arib ihm ungeduldig entgegenkommen würde. Doch die Laternen waren dunkel, das Haus schien verlassen. Lautlos zog er den Krummdolch aus seiner ziselierten Silberscheide.

»Rabab?«, rief er gedämpft nach der Zofe. Er erhielt keine Antwort. Nur aus dem Stall, der auf der Gartenseite an den Hof grenzte, hörte er das Schnauben von Aribs kleinem Kurdenpferd. Wolfram tastete sich in die Küche vor und entzündete die schmiedeeiserne Laterne, die immer neben dem Ofen stand. Die Feuerstelle war noch warm, doch jemand hatte die Glut gelöscht. Beunruhigt hob er die Lampe, den Dolch in der andern Hand. Es sah Arib nicht ähnlich, ohne ein Wort zu verschwinden.

Wolfram stieg die schmale Außentreppe zum ersten Stock hinauf in den winzigen vergitterten Korridor. Gleich der erste Raum war Aribs Schlafzimmer. Wie immer war das eiserne Kohlenbecken an ihren mit Teppichen und Kissen gepolsterten Sarir gerückt. Auf den zu schwarz, rot und weißen Mustern gelegten Bodenplatten stand ein Silbertablett mit frischen Datteln. Es war unberührt, genau wie der Sarir, doch das Schachbrett aus dem Iwan stand auf dem Bett. Er sah genauer hin und kam dann rasch näher. Vorsichtig stellte er die Laterne ab und griff nach dem unscheinbaren Zettel, der zwischen Turm und Springer eingeklemmt war.

»Mein Geliebter,
verzeih mir, dass ich wieder geflohen bin. Aber ich kann dich nicht wiedersehen. Ich bin nicht mehr, wer ich einmal war. Du würdest mich irgendwann verachten, und das würde ich nicht ertragen. Behalte das Mädchen, das du geliebt hast, in deiner Erinnerung – und vergiss Arib, die Buhle der Kalifen …«

Wolfram ließ den Brief sinken. Er trat hinaus auf die Galerie und sah nachdenklich in den dunklen Hof hinab. Dann verbarg er das Papier auf seiner Brust und verließ das Haus so lautlos, wie er gekommen war.

Arib gab auch am nächsten Tag kein Lebenszeichen von sich. Je länger Wolfram nichts hörte, desto mehr quälte ihn die Frage, ob sie in ihrem Brief nicht einfach die Wahrheit gesagt hatte. Es wäre nicht das erste Mal, dass sie eines Liebhabers überdrüssig wurde. Dieser Gedanke machte ihn fast verrückt. Verzweifelt versuchte er den Grund zu finden, warum sie in den Harem zurückgekehrt war. Er konnte sich nur vorstellen, dass sie vor etwas Angst hatte. So beschloss er, ihr einige Tage Zeit zu geben, ehe er etwas unternahm. Doch ganz gleich, was es war, er würde sie nicht wieder aufgeben, und wenn er sie persönlich aus dem Harem des Kalifen holen musste.

Drei Tage waren vergangen, als jemand ungeduldig an die Tür seines Hauses in Harbiya hämmerte. Wachsam blickte Wolfram von seiner Schreibarbeit auf. Er schob die kupferne Schnabelkanne zur Seite, die auf dem Silbertablett vor ihm stand und erhob sich. Wegen der Hitze trug er nur die ärmellose kurze Sudra. Vorsichtshalber griff er nach dem Dolch auf der eisenbeschlagenen Truhe und warf die Scheide zu Boden. Der erdfarbene Wollkelim verschluckte das Geräusch. Dann öffnete er.

»Ihr?« In den letzten Wochen hatte Wolfram den Afschin gemieden. Er wollte nicht irgendwann vor der Frage stehen, wem er glauben konnte – dem Freund oder seiner Geliebten.

Haidar gab ihm wortlos ein Zeichen, ihm zu folgen. Überrascht bemerkte der Franke, wie gehetzt er wirkte. Er wollte nach seinem Izar greifen, doch der Afschin winkte ungeduldig ab. Wolfram zog die Tür hinter sich zu und folgte ihm.

Sein Haus lag nur wenige Schritte vom Nordkanal entfernt. Haidar führte ihn die Gasse zum Kai hinab, wo eine runde Schilfbarke lag. Kein Lichtstrahl fiel aus den Fenstern der niedrigen Häuser. Vom schwarzen Wasser stiegen Dunstschwaden auf wie in den Sümpfen des Schatt al-Arab. Der Afschin stieg in das Boot und griff nach dem Ruder.

Nur das Knirschen der grob abgedichteten Bootswände durchbrach die Stille. Die kleine Handlaterne am Bug erhellte den Dunst über dem Wasser kaum. Zur Rechten verrieten düstere Lichter und die Schatten der gewaltigen Mauern, dass sie Madinat as-Salam passierten. Vereinzelt beschienen Laternen eine kahle Hauswand oder einen vergitterten Balkon. Ansonsten war alles dunkel.

Wolfram wollte eine leise Frage stellen, doch der Afschin schüttelte den Kopf. Sie erreichten die Kanalmündung, und er steuerte das Boot in die Mitte des verlassenen Tigris. Bei diesem Wetter blieben selbst die Fischer zu Hause. Haidar holte das Ruder ein und ließ sich treiben.

»Ihr habt wieder einmal keine Spuren hinterlassen«, brach der Afschin das Schweigen, als er sicher war, dass niemand sie mehr hören konnte. Ungefragt erklärte er: »Ich spreche von der Nacht, als Ibrahim seinen Thron verlor.«

»Es ist nicht schwer, Abdallah al-Ma'mun gegenüber keine Spuren zu hinterlassen«, erwiderte Wolfram spöttisch. »Er würde sie ja nicht einmal bemerken, wenn eine seiner Favoritinnen sie ihm auf den nackten Hintern malte!« Doch er lehnte sich zurückhaltend an die Schilfwand und verschränkte die Arme.

»Ihr scheint Euch mit den Favoritinnen des Kalifen auszukennen«, meinte Haidar lauernd. »Auch mit Arib?«

Wolfram spürte die Sudra an seinem Körper kleben. Das Gespräch geriet mehr und mehr zu einem Verhör. »Zuletzt schickte sie mir ihre Waffeneunuchen, um mich zu verprügeln«, wich er aus. »Und zum Dank dafür sollte ich sie in mein Bett holen? Ihr übertreibt ein wenig.«

»Ihr seid gerissen wie ein Schakal«, lachte der Afschin humorlos. »Doch ich brauche keine Spuren, um klar zu sehen.«

»Wer seid Ihr, Haidar, mein Beichtvater?«

Der Afschin nahm das Ruder wieder auf und wies nach rechts, wo der breite Isa-Kanal mündete. Er steuerte das Boot sicher hinein und ruderte es ins Schiitenviertel Karkh. Die vergitterten Balkone neigten sich tief übers Wasser, und bisweilen streiften herabhängende Pflanzen die Köpfe der beiden Männer. Am Ufer türmte sich stinkender Unrat. Die überdachten Gassen waren wie ausgestorben. Um diese Zeit gehörten sie nur noch den Huren, den Straßenräubern und anderem Gesindel.

»Ihr lasst Euch von einer Kayna umgarnen wie ein Anfänger«, fuhr der Afschin halblaut fort. »Diese Frau wurde für nichts anderes ausgebildet, als dafür, sich Toren wie Euch gefügig zu machen. Die Buhle des Kalifen! Wisst Ihr, was Ihr aufs Spiel setzt, wenn Ihr Euch etwas nehmt, was Eurem Herrscher gehört? Ich hoffe für Euch, dass Ihr Eure Pflicht nicht vergessen habt!«

Scheinbar verständnislos hob Wolfram die Brauen. Doch auf einmal war er froh, nicht unbewaffnet mitgekommen zu sein.

Schweigend ruderten sie den Kanal weiter aufwärts in Richtung Euphrat. Immer wieder führten stinkende Kloaken schmutziggelben Schaum herbei. Halb gesunkene Boote lagen am Ufer, denen junge Männer aus purer Lust an der Zerstörung die Kielböden aufgehackt hatten. Der Afschin wies auf einige aus dem Wasser ragende faulige Pfähle, und sie vertäuten die Barke daran. Die Gegend wirkte nicht gerade vertrauenerweckend. Dennoch sprang Wolfram hinter ihm auf den wackligen Steg, der an Land führte.

Haidar führte ihn eine verlassene, leicht ansteigende Straße hinauf. Der Franke erkannte die schattenhaften Arkaden zu beiden Seiten – der Buchmarkt von Karkh. Tagsüber war dies einer der lebhaftesten Orte der Stadt: Kopisten und Pergamenthändler boten, sich gegenseitig überschreiend, ihre Dienste an. Gelehrte und Dichter trafen hier auf die Schreiber der Barid, verschleierte Damen ließen Liebesbotschaften an ihre Verehrer schreiben, Handwerker ihre Rechnungen. Jetzt schälten sich die gemauerten Bögen kaum aus dem Dunkel. Nur die Geräusche der Ledersandalen waren zu hören, und eine einsame Katze streunte vor ihnen über den Weg. Lautlos wie Schatten bogen die Männer links in eine Seitengasse ein. Der Afschin steuerte auf die Moschee zu – ein unscheinbares Lehmgebäude mit dem üblichen runden Minarett. Zu seinen Füßen duckte sich das niedrige Dach des Hammams an die Mauern.

Wolfram wollte ironisch fragen, ob der Afschin ihn zu dieser nachtschlafenden Zeit hergeholt hatte, um zu baden. Doch Haidar winkte ungeduldig. Er wählte nicht die verschlossene Haupttür, sondern führte seinen Begleiter auf der rechten Seite daran vorbei. Die Gasse zwischen den fensterlosen Häusern war so eng, dass die beiden Männer nicht nebeneinander gehen konnten. Sie endete an einer Mauer. Der Afschin drehte sich um.

Unwillkürlich legte sich Wolframs Hand auf den Dolch. »Was soll das, Haidar?«

Der Afschin wies auf eine lose in den Angeln schaukelnde Tür in der Mauer des Hammams. Grob gemauerte Stufen führten hinab. Der Holzrahmen war geborsten und die Schwelle schief, als hätte sich der morastige Grund unter dem Badehaus gesenkt. Fragend blickte Wolfram ihn an.

»Was ist?«, flüsterte Haidar. »Habt Ihr Angst?«

Ohne die Hand von der Waffe zu nehmen, öffnete Wolfram die Tür und bückte sich unter dem fasrigen Rahmen hindurch.

Er stand in einem niedrigen Gang. Auf den ersten Blick schien er aus gewachsenem Fels zu bestehen. Wolfram berührte die Wand und tastete sich vorsichtig der spärlichen Lichtquelle am Ende entgegen. Der Gang öffnete sich zu einem runden Raum. Eine Schüssel, in der ein Docht schwamm, verbreitete schwaches Licht. Die Decke war so niedrig, dass der hochgewachsene Franke den Kopf einziehen musste. Ein Schatten fiel an die rußgeschwärzte Wand – hinter ihm war Haidar hereingetreten. Jetzt fiel Wolfram auch der scharfe Geruch erkalteten Qualms auf. Haufen von Kohle und eiserne Gerätschaften an den Wänden verrieten, wo sie sich befanden: in den Heizräumen des Hammams.

Eine vierschrötige Gestalt saß zusammengekauert am Boden. Schmutzige Lumpen bedeckten kaum die Blöße des

360

Mannes. Haidar rüttelte ihn an der Schulter, und erschrocken sprang er auf. Wolfram stieß einen überraschten Laut aus.

Das Gesicht war von einem wilden Bart bedeckt. Wirres grau durchsetztes Haar hing herab, schütter und ungepflegt. Spuren von Ruß zogen sich über Kleider und Gesicht. Doch als er nervös die fleischigen Lippen über den Zähnen hob wie ein Drache auf chinesischen Seidenstoffen, erkannte Wolfram ihn. Unwillkürlich tasteten die Finger des Franken nach dem Dolch, da spürte er die Hand des Afschin auf seinem Arm.

»Überlegt Euch, was Ihr tut!«, flüsterte Haidar. Mit einem halblauten Ausruf steckte Wolfram die Waffe zurück in den Gürtel. Doch seine Kiefer schlossen sich fester aufeinander, als er an die Blicke dachte, mit denen dieser Mann Arib verschlungen hatte. Es war Ibrahim ibn al-Mahdi – der Gegenkalif, der für kurze Zeit die Herrschaft Abdallah al-Ma'muns herausgefordert hatte. Der Mann, den die Truppen des siegreichen Kalifen seither vergeblich suchten.

3

Eine Woche später hallte Musik durch das Haus Ishak al-Mausilis im teuren Viertel Rusafa. Mit einem Wasserkrug auf dem Kopf kam eine Sklavin von der Küche her in den Hof. Schon im Eingang hatte sie das struppige, bis über die Fesseln schlammbespritzte Kurdenpferd bemerkt. Auch der ungewöhnliche Betrieb verriet, dass ein weiterer Gast eingetroffen war: Sklaven schleppten Musikinstrumente: Langhalslauten, Sanj-Harfen und Trommeln. Das Klappern von Kastagnetten und die klagenden Laute einer Rababfidel schallten weithin hörbar durch die Gänge. Neugierig balancierte das Mädchen seine Last an dem sternförmigen Brunnen vorbei. Hinter den Holzgittern im ersten Stock verrieten Bewegungen, dass die Sklavinnen neugierig hinunterblickten. Vermutlich galt ihre Aufmerksamkeit dem Geschehen im hinteren Teil des Hofes. Dort saßen mehrere von Ishaks Schülern und begleiteten seine Tänzerinnen. Die Frauen trugen nicht ihre kostbaren Seidenröcke, sondern Hosen und kurze Jacken, es konnte nur eine spontane Darbietung sein. In ihrer Mitte war eine schwarzhaarige, in eine modisch rote Qaba gekleidete Frau zu erkennen. Überrascht setzte die Sklavin ihren Krug ab und sah genauer hin. Kein Zweifel – es war Arib.

Neugierig kam das Mädchen mit dem Wasserkrug näher. Auch sie hatte schon davon gehört, jeder in Bagdad klatschte darüber: Der Kalif hatte die gefeierte Sängerin aus Eifersucht einsperren lassen.

Arib trat aus der Reihe der Tänzerinnen hervor und schlug das Tamburin. Ishaks schwerer Wein beschwingte sie. Sie hatte bereits weit mehr als zwei Ratl getrunken, und vielleicht war das der Grund, warum sie schon wieder an Wolfram denken musste. Bei dem Gedanken, ihn verraten zu haben, hatte sie einen schlechten Geschmack im Mund. Doch mit etwas Glück würde bald wieder alles sein wie an ihrem letzten gemeinsamen Abend: Scherzhaft hatte sie ihn vom Steg in ihrem Garten in den Fluss gestoßen. Wolfram hatte sie lachend zu sich ins Wasser gezogen, und ihre Küsse waren in den wilden Tanz der Leidenschaft übergegangen. Der dumpfe Rhythmus der tönernen Darbuka-Trommel vibrierte in ihr. Arib warf das offene Haar zurück und sang:

Dich alleine liebe ich,
Gehorche und sündige für dich,
Wirst du meine Sehnsucht stillen,
Meine Leidenschaft erfüllen?

»Dabei hat sie dem Kalifen Hörner aufgesetzt!«, hörte sie eine der Tänzerinnen flüstern, und die andern kicherten.

Arib drehte sich zu dem Mädchen um. »Halt den Mund, wenn ich singe, du Lesbe!«, zischte sie in das Zwischenspiel.

Erschrocken sah die Sklavin sie an. Sofort lag wieder das

maskenhafte Lächeln der Sängerinnen auf Aribs Gesicht, als sei nichts geschehen. Die Tänzerinnen bewegten sich in schnellen Vorwärts- und Rückwärtsschritten. Auf ihren Kleidern zeigten sich die ersten Schweißflecken. Dabei war der Morgen kühler als die letzten, weil es in der Nacht geregnet hatte. Gleichzeitig schwangen sie die Hüften. In Aribs Kopf drehte sich ein Feuerball, der mit jedem Trommelschlag größer wurde. Erhitzt öffnete sie die oberen Knöpfe ihrer Qaba. Sie wechselte die Tonart und ging in ein leichtfertiges Liedchen über:

Eins nur heilt vom Liebeskummer:
Der Geliebten Siegel brechen,
Sie mit einem Biss verführen,
Ihre prallen Brüste spüren,
Leib an Leib sich an sie pressen
Und dabei die Zeit vergessen!

Soumaya, Ishak und die Sänger Bunan und Alluya, die im Iwan saßen, brachen in Gelächter aus. Soumaya stieß einen trillernden Schrei aus, die Männer klatschten. Die Reihe der Tänzerinnen geriet durcheinander, und zwei stießen gegeneinander. Außer Atem verneigte sich Arib.

»*Ahsanti*, Mädchen, *ahsanti*!« Noch immer applaudierend kam Ishak hinaus auf den wie immer spiegelnd gepflegten Marmorboden. Um Augen und Mund gruben sich tiefe Falten in seine Haut. Die auffällige Nase stand wie ein Höcker in seinem Gesicht, und mehr denn je ähnelte er einem Papagei. Dank seiner perfekten Stimmführung war es ihm bisher erspart geblieben, auch wie einer zu singen. Wie üblich war er auffallend gekleidet: Heute trug er ein safrangelbes Seidentuch um den Hals, das er nun affektiert zurückwarf. Ehrfürchtig sahen die Tänzerinnen zu ihm auf, als er an ihnen vorbeiwankte. Ohne die Ritliya abzustellen, legte er den Arm um Arib und verschüttete dabei den Wein. »Du musst vom Schaitan besessen sein, so verteufelt gut bist du! Die Chroniken werden von dir erzählen, die von ...«, mit schwerer Zunge suchte er nach dem Namen, »... al-Kindi, so heißt der Bursche. Du versetzt selbst deinen alten Lehrer in den Tarab. Deine Stimme ist magisch!« Er machte eine ausladende Geste mit seinem Becher und setzte ihn ihr dann an die Lippen.

Arib leerte ihn in einem Zug. Eine leichte Übelkeit mahnte sie, dass sie schon einiges getrunken hatte, doch das war noch lange nicht genug. Der leichte Regen setzte wieder ein und kühlte die Luft spürbar ab. Arm in Arm erreichten sie den Iwan, und die Tänzerinnen liefen schwatzend an ihnen vorbei ins Haus. Ishak stieß gegen einen der schweren irdenen Töpfe mit Palmen, und das Regenwasser, das sich in den Wedeln gesammelt hatte ergoss sich über Arib. Quiekend machte sie einen Satz in den Iwan, und die anderen klatschten lachend.

Soumaya lag auf dem Diwan. Die Füße in dunklen Rohseidestrümpfen hatte sie auf die Kissen gelegt, während sie Lauzinaj in den Mund schob. Neuerdings verspeiste sie das süße Mandelgebäck schon zum Frühstück, kein Wunder, dass sie immer üppiger wurde. Alluya, ein hübscher Bursche mit wilden schwarzen Locken und Dreitagebart, machte Arib Platz. Sie trafen sich nicht zum ersten Mal – eine Kayna hatte die Freiheit, mit ihren Freunden zu trinken, solange ihr Herr es erlaubte.

Arib ließ sich nieder und streckte seufzend die Beine aus. Der Wein summte in ihrem Kopf wie ein Schwarm zorniger Bienen. Triumphierend sah sie wie von einer Bühne durch die triefenden Marmorbögen hinaus in den warmen Regen. Sollte Abdallah doch toben, weil sie den Harem wieder einmal heimlich verlassen hatte! Die Truppen des Afschin waren gestern nach Kurdistan abgereist, ihr Handel mit dem Kalifen war erfüllt. Jetzt brauchte sie noch etwas Geduld, bis er Wolfram vergessen hatte. Sie brannte darauf, ihren Geliebten endlich wiederzusehen, ihm zu sagen, warum sie ihn abgewiesen hatte und genau da weiterzumachen, wo sie aufgehört hatten. Abdallah konnte keine Mauer bauen, die sie aufhalten würde, und Eunuchen waren bestechlich.

»Auf Arib«, trompetete Ishak, »weil sie Ibrahim vom Thron gestoßen hat! Jetzt sitzt er irgendwo in einem schmutzigen Loch und komponiert seine Neue Musik. Vielleicht hören sich ja die Ratten seine Improvisationen nach persischer Art an. Aber in Bagdad herrschen Ishak al-Mausili und die klassische arabische Tradition!« Er schüttelte die Ritliya, stellte fest, dass sie leer war und winkte einem Diener, mehr Wein zu bringen. Dann erhob er sich und taumelte beseligt durch den Nieselregen in Richtung Küche, um noch Gebäck zu verlangen.

Soumaya wies mit dem Becher auf Aribs Gesicht. »Du verträgst die Bleiweiß-Schminke besser als ich«, meinte sie. »Mir wird immer schwindlig davon.«

»Das kommt vom Bleiweiß?« Arib lachte so laut, dass sie sich verschluckte. »Und ich dachte schon, es wäre der Wein!«

Soumaya klatschte sich auf die Schenkel, und selbst Bunan verzog sein nach neuester Mode gestutztes Bärtchen zu einem Grinsen. Neuerdings trug er sein Haar kurz und kronenartig geschnitten, doch leider ließ die elegante Frisur sein Kinn noch größer wirken. Neben Alluyas edlem Sarazenenprofil wirkte er grobschlächtig.

»Ist es wahr, dass du einen geheimnisvollen Liebhaber hast, dessen Namen du nicht nennst?«, fragte Alluya, als sie sich beruhigt hatten.

Arib warf das Haar zurück und streckte dem Traum aller gelangweilten Haremsbewohnerinnen den Hals entgegen. »Willst du einen Vorgeschmack auf das Paradies?«, fragte sie, vom Wein poetisch beschwingt. Sie zog den Ausschnitt ihrer Ghilala auseinander. »Berühr mich hier, da hat er mich geküsst!«

Alluya, der sichtlich schon einiges getrunken hatte, machte Anstalten, sie mit Küssen zu bedecken und lachend befreite sie sich. Soumaya beäugte Aribs Hals und schob einen neuen Bissen in den Mund. »Sehr schön«, meinte sie kauend, »aber das hier ist noch interessanter.« Sie klopfte sich die Krümel vom Hemd und wies auf die Papiere, die neben ihr auf dem Diwan lagen. »Was Wunder, dass keine Sängerin außer mir noch mit dir spricht: Kein Brief, in dem dich nicht ein edler Jüngling anfleht, seine Leidenschaft zu erhören. Manche schreiben richtige Gedichte.«

Ishak kam zurückgewankt. Er hob den Izar, den er schützend über seine Last gehalten hatte und stellte ein frisches Tablett mit Lauzinaj auf den Boden. Das Gebäck duftete süß nach Honig, gehackten Pistazien und frisch gemahlenen Mandeln. »Großartig! Ich brauche noch ein Lied für morgen Nachmittag. Ich habe Dienst, und der Kalif will etwas Neues hören.«

»Ich habe noch nicht genug getrunken, um zu komponieren!«, trompetete Alluya, und Soumaya kicherte. Sie hob die Briefe. »Wir werden schon etwas finden – ›*Solange der Mond am Himmel steht, wird er Zeuge meiner Qual sein*‹ … nein, das ist ein wenig abgeschmackt, schließlich ist jeden Monat Neumond.« Sie blätterte weiter. »Dieser schöne Khorasanier schreibt hübsche Verse, wie heißt er noch: Mudabbir, oder Ibn al-Mudabbir? Nun, egal, heute ist nichts von ihm dabei. – Halt, wie wäre es damit: ›*Kein noch so grausamer Kurde könnte mich tiefer verletzen als die Leidenschaft für dich …*‹ das ist hübsch, nur leider keine Spur von Rhythmus.«

Ishak schlug ein paar Akkorde auf der Laute an und verzog das Gesicht. Er versuchte es in einer anderen Tonart. Bunan stimmte mit ein, veränderte den Rhythmus und Ishak verzog missbilligend das Gesicht. Er reichte Arib die Laute, und sie improvisierte zwischen dem männlichen Maqam Rast und dem weiblichen Bayati. Hin und wieder warf Alluya mit seinem hellen Tenor etwas ein. Soumaya schlug mit den Füßen den Takt, und der Regen strömte und bildete den Hintergrund. Arib sang das Lied mit schmachtend tiefer Stimme noch einmal von vorne. Übertrieben wollüstig hauchte sie die gefühlvollsten Stellen, bis die anderen sie lachend unterbrachen.

»Jetzt muss schon der Krieg in Kurdistan für Liebesschwüre herhalten!«, spottete Arib und reichte Soumaya die Laute weiter.

»Kein Wunder, er ist in aller Munde.« Mit nervenaufreibender Geduld spielte diese die zehn Töne auf der *Bamm*-Saite herauf und herunter. »Du solltest dankbar sein, *Habibti*, mit etwas Glück werden die Rebellen dich auch von einem alten Feind befreien.«

Arib warf das feuchte Haar zurück und griff nach den Süßigkeiten. »Vom Afschin«, sagte sie aufatmend. Jahrelang hatte sie auf Gerechtigkeit gewartet, endlich war es soweit. Soumaya gab Ishak sein Instrument zurück. »Das auch, aber vor allem von Dhib ar-Rakki.«

Das Gebäck fiel zu Boden. Arib richtete sich so schnell auf, dass es in ihren Ohren summte. Sie hatte das Gefühl, jemand hätte ihr einen Schlag versetzt. Atemlos schüttelte sie den Kopf. Unfähig zu sprechen, starrte sie die Freundin an.

»Wusstest du das nicht?« Ihre Reaktion schien Soumaya zu befremden. »Der Kalif hat ihn mit den Truppen des Afschin nach Kurdistan geschickt. Gestern sind sie abgereist.«

4

Als Arib mit weinschweren Gliedern und schmerzendem Kopf in den Harem zurückkehrte, fühlte sie sich wie zerschlagen. Abdallah hatte sie verraten. Er hatte von Anfang an vorgehabt, Wolfram in den Tod zu schicken. Der Hass auf ihren Herrn wurde unerträglich. Wütend und verzweifelt zerrte Arib die teuren Gewänder, die er ihr geschenkt hatte, aus ihrer Truhe. Sie begann das erste zu zerreißen. Doch plötzlich ließ sie die Stofffetzen fallen und schlug die Hände vors Gesicht. Sie selbst hatte ihm Wolframs Namen genannt. War es am Ende ihre Schuld?

Seit ihrem Ausflug zu Ishak behandelte ihr Herr sie tagsüber mit ungewohnter Kälte. Gleichzeitig besuchte er sie fast jede Nacht. Arib hätte ihn am liebsten hinausgeworfen, doch sie konnte sich ausrechnen, was das für ihren Geliebten bedeutet hätte. Der Kalif konnte Wolfram jederzeit zurückbefehlen

367

und unter einem Vorwand hinrichten lassen. So biss sie die Zähne zusammen und ließ alles über sich ergehen. Abdallahs Leidenschaft schien ihr unbeherrschter als sonst. Wenn er ihre Gemächer endlich verließ, atmete sie auf und lief wie besessen ins Hammam.

Der Sommer neigte sich dem Ende zu. Das warme Wetter verlockte zu Ausflügen, um sich von Staub und Lärm der Stadt zu erholen. Auch Abdallah ließ einen Teil seines Harems in verhängten Kamelsänften zum Kloster Dair Bashahra bringen. Die Klöster der Umgebung von Bagdad waren beliebte Ausflugsziele: Dort gab es frische Luft, gutes Essen und Wein. Die Männer schätzten den Anblick der hübschen jungen Novizen in den Mönchklöstern, und die Frauen waren bei den Nonnen ungestört. Der Kalif wollte folgen, sobald es seine Staatsgeschäfte erlaubten. Arib fühlte sich noch immer nicht gut, doch ihr Herr hatte ihr befohlen mitzufahren. Um nicht zu riskieren, dass das Fieber noch weiter stieg, hatte sie ihre Haare nicht gewaschen, sondern nur mit Ambra parfümiert. Nicht einmal zum Singen fühlte sie sich stark genug.

Das Nonnenkloster schmiegte sich einige Meilen außerhalb von Bagdad in die Flusslandschaft des Tigris. Nicht weit von hier begann die Wüste, doch der kleine Bruchsteinbau lag geschützt vor Sandstürmen an einem Hang. Das Weinlaub um das Kloster färbte sich bereits rot. Hier war der Himmel so klar, dass man übers Wasser hinweg bis zum Zagrosgebirge sehen konnte. Glocken waren den Christen im Reich des Kalifen nicht gestattet. Nur das Klappern der Holzrätschen, das vom Haupthaus her die Nonnen zum Gebet rief, durchbrach hin und wieder die Stille.

»Die Herrin Sukkar ist nicht mitgekommen«, bemerkte ein Mädchen. Die Sklavinnen und Bouran, eine von Abdallahs rechtmäßigen Ehefrauen, hatten sich auf Matten und Sariren unterhalb der Enklave im Weinberg ausgestreckt. Ein Baldachin spendete Schatten. Die Gattin des Kalifen versuchte sich auf Aribs Laute – mit bescheidenem Erfolg. Jedes Mal, wenn sie an den Saiten zerrte, zuckte die Kayna empfindlich zusammen. Hoffentlich kam Abdallah bald, damit sie damit aufhörte! Arib war angst und bange um ihr kostbares Instrument.

»Sukkar hockt auf der Latrine im Palast und erbricht sich«, bemerkte Bouran endlich säuerlich und legte die Laute weg. »Sagt, was ihr wollt – der Kalif hat sie geschwängert.«

Eilig brachte Arib ihr Instrument in Sicherheit und streckte sich erleichtert im Schatten eines Ölbaums aus. Die parfümierten Locken an ihren Schläfen waren feucht, und das im Nacken arrangierte Haar ließ keinen Windhauch an ihre Haut.

»Arib legt es auch darauf an«, fuhr Bouran fort. Sie rückte die Polster zurecht, mit denen sie ihren weiblichen Formen sichtlich nachgeholfen hatte. »Seit der Kalif aus dem Osten zurück ist, bekommt er nicht genug von ihr. Zuletzt sah ich ihn völlig erschöpft aus ihren Gemächern kommen. Und als er am Abend darauf zu mir kam … reden wir besser nicht darüber!« Sie neigte ihr hübsches, etwas zu spitzes Frettchengesicht zu den anderen. »Ich sage euch, sie hat ihn ausgesaugt wie eine Spinne!«

Ohne sich um die neidischen Blicke zu kümmern, nippte Arib an dem Ingwerwasser, das ihr der Arzt empfohlen hatte. Ein unerträglicher Schmerz pochte in ihren Schläfen.

»Wann hast du eigentlich deine Vorliebe für Ingwer entdeckt?«, fragte Takrub. Neuerdings war sie mit Bouran ein Herz und eine Seele. Die Gattin des Kalifen hatte sie mit hergebracht, um sie vor Abdallah singen zu lassen. Ihrer freizügigen Kleidung nach zu urteilen, gingen Takrubs Pläne auch noch weiter. Jetzt allerdings zwinkerte sie, wenig verführerisch, denn das Öl, mit dem sie ihre ersten Fältchen behandelte, lief ihr in die Augen. »Und irre ich mich, oder sind deine Brüste schwerer geworden?«

»Ich werde den Teufel tun, dir meine Kochrezepte zu verraten«, erwiderte Arib unbeeindruckt.

Takrub stöpselte ihr Ölfläschchen zu. »Der jüdische Arzt des Kalifen war schon zwei Mal bei dir.«

»Hasday ibn Musa?« Jeder Knochen im Leib tat Arib weh, doch das hätte sie niemals zugegeben. Sie streckte sich aus, und die rote Jubba, die Abdallah ihr geschenkt hatte, schmiegte sich an ihren Körper. »Ein gutaussehender Mann.« Die Frauen lachten.

»Nicht einmal die Engel der Hexerei, Harut und Marut, können es mit deinen Künsten aufnehmen«, meinte Bouran entwaffnet. »Komm schon, einen Rat! Was machst du mit Abdallahs Dattel, dass er sie in keine andere Milch mehr tauchen will?«

»Ganz einfach«, ächzend erhob sich Arib auf die Ellbogen, »ein gelungenes Appetithäppchen ist das halbe Festmahl.« Sie stand auf und ging die wenigen Schritte zur Mauer, um über den Kräutergarten hinweg ins Tal hinabzusehen. Erneut kämpfte sie gegen ein flaues Gefühl im Magen an.

Takrub folgte ihr. »Der Arzt des Kalifen ist besonders für seine Keuschheit bekannt«, meinte sie lauernd. »Was wollte er wirklich bei dir?«

Arib antwortete nicht, sondern lehnte sich aufatmend an die niedrige Bruchsteinmauer. Der Duft des verholzten Thymians unter ihr wehte herauf. Knorrige Rosmarinsträucher, Salbei und andere Kräuter fristeten ein kärgliches Dasein in der steinigen Erde, sogar Mohn – vermutlich stellten die Nonnen Schlafmittel und schmerzlindernde Tränke daraus her. Sie dachte an die Auen von Balkh, wo die Pflanze im Frühjahr alles mit einem lila Teppich überzog und wo das Mohnfest die Stadt unterhalb der Gipfel in ein Blütenmeer verwandelte. Arib stützte sich an den Ölbaum, dessen knorriger Stamm neben ihr aus der Mauer wuchs. Sie suchte nach einem festen Punkt am Horizont. Die Straße war in der eintönigen Wüstenlandschaft kaum zu erkennen.

»Erinnerungen?«, fragte Abdallah hinter ihr. Er musste direkt vom Klosterhof herabgekommen sein. Takrub war ein Stück zur Seite getreten, um ihm Platz zu machen. Der Kalif griff nach Aribs Arm, die Geste hatte etwas Besitzergreifendes.

Er winkte die anderen Frauen herbei und zeigte auf die Eunuchen, die damit begannen Erfrischungen auf einem Tischtuch am Boden auszubreiten. »Wir haben noch Zeit bis zum Essen. Unterhalte uns bis dahin!«

In Aribs Kopf pochte es so stark, dass sie am liebsten geschrien hätte. »Ich fühle mich nicht gut«, erwiderte sie.

»Bei Ishak sollst du sogar betrunken noch gesungen haben«, mischte sich Takrub boshaft ein. »Angeblich ging es in dem Lied um eine große Liebe. Du hast es doch für den Beherrscher der Gläubigen geschrieben, oder etwa nicht?«

Arib erschrak. »An diesem Lied muss ich noch viel verbessern«, wich sie aus. »Der Rhythmus …«

»Nur keine Scheu. Wir sind ja unter uns.« Es lag eine unausgesprochene Drohung in Abdallahs Stimme. Seine farblosen Lippen verrieten, dass er Takrubs Anspielung verstanden hatte. »Oder muss ich eine andere Sängerin bitten?«

Takrub lächelte triumphierend. Kalter Schweiß trat Arib auf die Stirn. Abdallah würde ihr die Gefühle für Wolfram an der Stimme anmerken. Doch die lautlose Wut in seinem Gesicht verriet ihr, dass sie sich nicht weigern durfte. Wenn sie auch nur einen Fehler machte, würde der Kalif seine Vermutung bestätigt sehen. Allein eine perfekte Darbietung konnte seinen Verdacht zerstreuen. Sie rief Rabab und wollte sie nach ihrer Laute und einem Stuhl schicken.

»Du brauchst keine Laute«, hielt Abdallah sie zurück. Er ließ Arib los und machte eine auffordernde Geste. Ein grausames Lächeln umspielte seine sinnlichen Lippen – mehr denn je erinnerte er plötzlich an seinen Vater, Harun ar-Raschid.

Arib begriff: Er wusste, für wen sie dieses Lied geschrieben hatte und wollte ihr seine Macht beweisen. Sie taumelte. Glühende Punkte begannen vor ihren Augen zu tanzen, ihre Beine gaben nach. Im letzten Augenblick ertastete sie die niedrige Bruchsteinmauer in ihrem Rücken und hielt sich daran fest. Wie sie es tausend Mal getan hatte, richtete sie sich auf, damit ihre Stimme frei fließen konnte. Entschlossen, keine Schwäche zu zeigen, begann Arib:

Dich alleine liebe ich …

Abdallah beobachtete sie, als sie zu improvisieren begann. Zwischen seinen Brauen und seitlich der Nase bildeten sich scharfe Falten. Arib zwang sich, sich auf die Musik zu konzentrieren. Der Schwindel sauste in ihren Ohren, sodass es ihr schwerfiel, die feinen Vierteltonschritte richtig zu singen. Die Stütze der Laute fehlte ihr. Sie erinnerte sich an die Layali in den Bergen, die sie immer ohne Begleitung gesungen hatte. Arib wechselte die Tonart und wollte den dunklen Klang in die Melodie legen, der die Männer um den Verstand brachte.

… gehorche und sündige für dich …

Es gelang ihr nicht. Ihr Lächeln konnte lügen, ihre Stimme nicht. Ihre ungeweinten Tränen lagen in dem Ton, ließen ihn zerrissen und leidenschaftlich klingen. Abdallah hielt die geschminkten Augen unbarmherzig auf sie gerichtet. Aribs Herz raste so, dass ihr übel wurde. Sie fühlte sich so schwach, dass sie glaubte, jeden Moment zusammenzubrechen. Doch sie musste bis zum Ende durchhalten. Ton für Ton folgte sie der Melodie wie die Karawanen den Wegzeichen in der Wüste. Das starre Lächeln, das sie in langen Jahren immer wieder geübt hatte, verbarg ihre Gefühle. Auf einmal floss ihr von irgendwoher tief in ihrem Inneren wieder die alte Kraft zu. Erhitzt ließ sie die Mauer los. Sie fasste Abdallah ins Auge und vollendete:

Wirst du meine Sehnsucht stillen,
Meine Leidenschaft erfüllen?

Arib hielt den letzten Ton bis zum Ende aus. Begeisterter Applaus unterbrach sie. Die trillernden Schreie der Frauen schmerzten in ihren Ohren. Plötzlich verschwamm die Umgebung vor ihren Augen, die Übelkeit drängte unwiderstehlich nach oben. Haltsuchend griff sie nach Takrubs Jubba und erbrach sich auf das kostbare Brokatgewand.

Erschrocken schrien die Frauen und sprangen zurück. Der Geruch von Erbrochenem stieg Arib in die Nase, sie würgte erneut. Galle lief ihr über die Lippen, gelblich und bitter. Unaufhaltsam rann die widerwärtige Flüssigkeit aus ihrem Mund. Takrub kreischte wie am Spieß und versuchte, sich zu befreien. Rabab stürzte herbei. Gestützt auf die Zofe erreichte Arib einen Sarir und griff nach dem hölzernen Rahmen. Mit zitternden Knien ließ sie sich nieder. Rabab wollte ihr aus der Jubba helfen, da wurde ihr schwarz vor Augen.

Als Arib wieder zu sich kam, lag sie auf einer Matte im Schatten. Sie trug nur noch die Hose und das gefältelte Seidenhemd, das auf der Brust besudelt war. Unter einem weißen Schleier blickte ein Paar dunkle, ungeschminkte Augen auf sie herab. Eine Nonne aus dem Kloster hatte sich über sie gebeugt und fühlte ihre Stirn. Irgendwo krakeelte Takrub und stieß Flüche gegen sie aus. Die Frauen des Kalifen tuschelten.

Die Nonne tauchte ein Tuch in eine Schüssel mit Rosenwasser und wischte ihr damit über Stirn und Mund. Rabab brachte ein Minzesträußchen und hielt es ihr unter die Nase.

»In ihrem Zustand hätte sie niemals hier in diese Hitze hinauskommen dürfen«, wandte sich die Nonne an den Kalifen. »Und schon gar nicht hätte sie bei diesem Wetter singen sollen.«

Abdallah drückte einem Eunuchen seinen gestreiften Mantel in die Hand und kam näher. Er wirkte besorgt. Dennoch war Arib sich sicher, dass er es herausgefordert hatte. Auf einmal bekam sie Angst.

»Schont Euch«, riet die Nonne Arib. »Nehmt Ingwer und Minze gegen die Übelkeit und achtet auf nahrhaftes, leichtes Essen: *Hamida*-Huhn oder Fisch, zum Beispiel *Samak Mashwi*.«

Aribs Finger klammerten sich um den Kräuterstrauß. Sie wusste, welche Frage die Nonne jetzt stellen musste: »Wie lange ist es her, seit Ihr zum letzten Mal geblutet habt?«

Arib antwortete nicht. Doch ihre Hände zitterten, und sie fühlte sich wieder schwach. Sie hatte das Ausbleiben der Blutung auf ihre Unruhe geschoben, auf eine Erkältung, schließlich auf das Fieber. Den Arzt des Kalifen hatte sie belogen und gehofft, ihre unreinen Tage würden doch noch kommen. Stumm verbarg sie das Gesicht in der Minze und atmete den lindernden Duft ein.

Abdallah war die Überraschung anzusehen. Ein Lächeln zuckte um seine Lippen. Dann wurde er plötzlich bleich. Er beugte sich über sie. »Ist es von mir?«, fragte er drohend.

Arib zog das klebrige Seidenhemd aus und warf es achtlos zu Boden. Mit dem rosenwassergetränkten Tuch wischte sie sich langsam über den Oberkörper und bejahte.

»Belüg mich nicht!«, warnte er leise. Er beobachtete, wie das Tuch über ihre nackten Arme und Brüste glitt. Plötzlich zog er sie hart zu sich heran. »Es ist von ihm, nicht wahr?«

Mühsam hielt Arib ihre beherrschte Fassade aufrecht. Auf keinen Fall wollte sie ihm zeigen, dass sie Angst hatte. Doch am liebsten hätte sie sich zusammengekauert wie das schmutzige Mädchen, das vor Jahren vor den Schergen Harun ar-Raschids geflohen war. Beschützend legte sie die Hand auf den Bauch.

Der Kalif ließ sie los, und erschöpft fiel Arib zurück. Abdallah al-Ma'mun sah verächtlich auf sie herab. Dann rief er seine Eunuchen. »Bringt sie zurück in die Stadt, und werft sie in das Verlies im Palast!«, befahl er. »Dieses Mal hat sie den Bogen überspannt!«

Von ihrem Rückweg nach Bagdad bekam Arib nicht viel mit. Halb bewusstlos lag sie in ihrer Kamelsänfte. Auf ihrer Stirn perlte Schweiß, und immer neue Schauer schüttelten sie. Es dauerte eine Ewigkeit, bis das Kamel niederkniete und zwei Eunuchen sie auf die Füße zerrten. Sie brachten Arib in die unteren Stockwerke des Palastes. Auf die Sklaven gestützt schleppte sie sich mühsam den düsteren Gang entlang. Einer öffnete die Holztür auf der linken Seite, der andere versetzte ihr einen Stoß in den Rücken. Benommen taumelte Arib über die Schwelle.

Auf dem feuchten Boden glitt sie aus und fiel auf Hände und Knie. Sie befand sich in einem niedrigen, aus Lehmziegeln gemauerten Verlies. Von den Wänden des Gewölbes rann Wasser. Irgendwo hörte sie eine Ratte, ein Skorpion lief über den Boden. Die Pfützen am Boden stanken nach Urin und Schlimmerem. Hinter ihr schlug die Tür krachend in Schloss. Mehrere Riegel wurden vorgeschoben, dann war sie allein.

Ein Fieberschauer schüttelte sie, sodass ihre Zähne aufeinander schlugen. Ihre Knochen schmerzten, und in ihrem Kopf pochte es. Langsam sank sie auf den Lehmboden. Die Kälte drang durch ihre Kleider. Arib wusste, dass das Fieber nicht weiter steigen durfte, wenn sie und das Kind überleben sollten. Doch sie fühlte sich so elend, dass selbst das notdürftige Strohlager in der Ecke unerreichbar war. Verzweifelt zog sie Arme und Beine an und legte die Hand auf den Leib. Zusammengekauert blieb sie liegen.

5 Der Winter kam und legte einen klammen Panzer um Bagdad. Im Norden, in den Bergen von Kurdistan, erschwerte Schnee den Krieg gegen die Aufständischen. Seit Wochen saßen die Männer des Kalifen in einem engen Tal fest, konnten weder vor, noch zurück. Die Rebellen hielten sich in unzugänglichen Gipfelregionen versteckt. Wenn sie zuschlugen, taten sie es plötzlich, um sofort wieder in der unübersichtlichen Felslandschaft zu verschwinden.

Anfangs hatte sich Wolfram noch gefragt, warum der Kalif einen Schreiber der Barid in diesen Krieg schickte. Der Afschin, der den Posten kannte, hatte sofort Verdacht geschöpft. Während die Truppen nach Norden gezogen waren, hatte er sein Pferd neben Wolframs gelenkt und ihn leise darauf angesprochen: Abdallah al-Ma'mun musste herausgefunden haben, was sie für Ibrahim, seinen Rivalen um den Thron, getan hatten. Doch die Meldung, auf die sie beide warteten – dass Ibrahim gefunden und hingerichtet worden war, blieb aus. Irgendwann in der eisigen Felswüste hörte Wolfram auf, darüber nachzudenken. Hatte er je Angst vor der Hölle gehabt, hatte er sie längst verloren. Wenn er frierend und mit schmerzenden Knochen in seinem Zelt lag, sah er Aribs Gesicht vor sich. Es gab nur noch eines, das zählte: Er musste diesen Krieg überleben.

Das Lager des Bagdader Heeres befand sich an einem Wildbach, wo es reichlich Wasser gab. Es dunkelte bereits. Wie glühende Punkte stachen die wenigen Feuer hervor, an denen die Soldaten sich die steifen Hände rieben und dankbar ein warmes Essen zu sich nahmen. Aufgeweichter Schnee bedeckte den Boden, von unzähligen Hufen zu lehmigem Matsch zerstampft. Über den Feuerstellen stieg Rauch auf, Eisen klirrte, und vor den mit Fellen verhängten Zelteingängen hockten Waffenknechte und polierten das Reitgeschirr. Die Felsen oberhalb waren kahl. Das Heer benötigte Feuerholz, und die verkrüppelten Bäume waren fast sämtlich der Axt zum Opfer gefallen.

Hastig sprangen die Männer auf, als ein Reiter in die Mitte des Kreises galoppierte, den Zelte und Wagen bildeten. Der Ankömmling sprang aus dem Sattel und warf die Zügel einem Waffenknecht zu. Mit raschen Schritten steuerte er auf das Zelt des *Amir* zu, doch der Befehlshaber kam ihm bereits entgegen.

»Nun?«, fragte der Afschin.

Aufatmend nahm Wolfram den runden Helm mit dem Nackenschutz aus Kettengeflecht ab. So kalt es war, darunter war sein Haar feucht vor Schweiß. Sein Kaftan war längst so fettig, dass er das Gefühl hatte, es würde überhaupt keine Feuchtigkeit mehr hindurchdringen. Blut und Erde hatten den notdürftigen Verband an seinem Arm verschmutzt. »Es ist richtig«, bestätigte Wolfram. »Mehrere Trupps von Kurden sind auf dem Weg hierher.« Er wies auf die Hänge, die das enge Tal umschlossen. »Man hat uns in einen Hinterhalt gelockt. Hier sind wir eingekesselt wie bei einer Treibjagd.«

Der Afschin verzog keine Miene. »Wer führt die Kurden an?«

»Ein junger Mann in meinem Alter, mit einem wilden Bart. Sie behandeln ihn sehr respektvoll, er ist mindestens ein Khan.« Wolframs Geist hatte die harte Ausbildung zum Ritter fast vergessen, sein Körper aber nicht. Während er den Trupp beobachtet hatte, hatte er sich an die Kriege gegen die aufständischen Sachsen und Baiern erinnert: Auch sie hatten sich einem fremden Herrscher und einer fremden Religion widersetzt. Der ganze Reichtum des Kalifats beruhte auf den harten Steuern, die es seinen Untertanen auferlegte. Männer wie der junge Kurde wollten das fremde Joch abschütteln. In Babak, dem großen Rebellen, hatten sie einen Anführer gefunden, der ihre Stämme unter dem Banner der alten iranischen Religion einte. Insgeheim hatte Wolfram anerkennend gelächelt, als die Kurden unterhalb seines Verstecks hinter einem Felsen vorbeigezogen waren. Nie war ein solcher Krieg erfolgversprechender gewesen als jetzt, da Abdallah al-Ma'mun regierte: ein Kalif, der seinem eigenen Volk fremd war und in dessen Reich der Aufruhr gärte. Im Namen der *Schuubiya*, dem Glauben, dass den Arabern keine Macht über andere Völker gebührte, erhoben sich die Stämme der entlegensten Regionen.

Der Afschin hatte seinen Kriegseunuchen einige Befehle zugerufen. Diese waren zum Zelt gerannt, um seine Waffen zu holen. Die Herolde schlugen Alarm. Während seine Pagen ihm den glänzenden Kettenpanzer anlegten, fragte Haidar knapp: »Wie lange?«

»Weniger als eine Stunde. Sie sind schon auf dem Pass.«

Der Afschin starrte Wolfram an. Die Eunuchen nahmen ihm den Turban ab, setzten den zwiebelförmigen Helm auf seinen Kopf und banden ihn unter dem ergrauenden Bart mit Lederbändern fest. Dann richteten sie den Sitz des Nackengeflechts, streiften ihm die Kettenhandschuhe über und legten ihm den Waffengurt an. Er warf den schwarzen Mantel um und rief nach dem Stallknecht.

Wolfram strebte seinem eigenen Zelt zu und schlug das schwere Bärenfell vor dem Eingang zurück. Ein Feuer brannte in einer Kuhle im Boden. Im vorderen Teil lag ein Teppich, und dort lag sein Schwert. Das Waffenöl stand noch daneben, Faik hatte es offenbar soeben erst poliert. Der Eunuch kam hinter ihm herein und zog den Kelim beiseite, der den Schlafbereich seines Herrn abtrennte. »Ich hole frische Kleider, Herr. Wollt Ihr noch etwas essen? Ich habe kaltes Fleisch, Brot und Wein.«

Wolfram winkte ab und warf den klammen Kaftan über den Kelim. Erst jetzt, als seine Haut im Warmen prickelte, spürte er, dass seine Glieder vor Kälte fast taub gewesen waren. Er trat an den Eimer und wusch sich die Hände. Dankbar bemerkte er, dass Faik sogar daran gedacht hatte, das Wasser über dem Feuer zu wärmen. Vom Reiten und der Kälte war er völlig steif. Dann zog er das Hemd aus und warf es Faik zu. Vorsichtig und unter Schmerzen löste er den Verband am linken Arm, der eine wenige Tage alte Wunde bedeckte. Er zitterte vor Kälte, doch das lauwarme Wasser tat gut. Hastig wischte er mit einem feuchten Lappen verkrustetes Blut und Eiter ab und wickelte einen frischen Verband darum. Er warf die sauberen Kleider über, die Faik geholt hatte, legte den Kettenpanzer an und griff nach dem Schwert. Dann war er schon wieder im Freien.

Die kurdischen Truppen waren schneller als erwartet. Der Afschin hatte kaum Zeit, seine Männer in Stellung zu bringen. Obwohl die meisten seiner Soldaten Perser waren, feuerten nach alter arabischer Tradition Barden die Krieger an. Vor den

Reihen der Gewappneten stehend priesen sie den Kalifen und die Tapferkeit der eigenen Leute und beschimpften die Feinde als Memmen und Hurensöhne. Aufgeheizt von den Schilderungen, wie die Kurden von den siegreichen Truppen überrannt, wie ihre Männer getötet und ihre Jungfrauen die Unschuld verlieren würden, stimmten die Krieger ein. »Amir!«, brüllten sie, als der Befehlshaber an ihren Reihen vorbeisprengte. Der Afschin brachte sein Pferd neben Wolfram zum Stehen.

Der Franke wies den Hang hinauf. Zwischen den Felsen waren Reiter auszumachen. Die naturfarbenen Kelims, welche sie statt Mänteln um die Schultern gelegt hatten, hoben sich kaum von der Umgebung ab. Ihre kleinen, aber ausdauernden Pferde trugen das zottige Winterfell. Von einem Huf getroffen löste sich ein Steinchen aus dem Geröll. Die Barden brüllten wilde Flüche und Schmährufe hinauf, ihre Stimmen wurden von den kahlen Felswänden zurückgeworfen. Wolfram hob die Hand, um die Männer zurückzuhalten. Er raffte das Marderfell enger um seinen Kettenpanzer. Der Atem von Mensch und Tier dampfte in der eisigen Luft. Leichter Sprühregen, der im Fallen zu Schnee gefror, stach wie kleine Nadeln in sein Gesicht.

Jemand rief etwas, dann gab der Anführer der Kurden seinem Pferd die Sporen. Donnernd sprengten sie ins Tal.

Nach beiden Seiten rannten die Barden davon. Die Männer des Kalifen bändigten ihre scheuenden Tiere, dann sprengten sie den Angreifern entgegen. Im Reiten griffen die Kurden nach ihren Bogen. Wolfram hob den weißen Schild – keinen Augenblick zu früh: Pfeifend sausten die Geschosse heran und prallten an dem eisenverstärkten hölzernen Rund ab. Sein Pferd machte einen Satz zur Seite, der ihn beinahe aus dem Sattel geschleudert hätte. Schnaubend tänzelte es und drohte auf den glatten Felsplatten auszugleiten. Wolfram kämpfte um sein Gleichgewicht. Fluchend brach er einen Pfeil ab, der im Fleisch des Tieres steckte, doch schon waren die Rebellen heran.

Der Zusammenstoß der Klingen prellte seinem Gegner die Waffe aus der Hand, der Kurde brüllte. Einen Herzschlag lang sah Wolfram in ein Gesicht mit einem vereisten Bart, der über dem Kiefer von einer Narbe durchbrochen wurde. Es lag kein Hass in diesem Gesicht – doch eine Entschlossenheit, nicht von ihm abzulassen, ehe nicht einer von ihnen tot war. Reflexartig stieß Wolfram ihm die fränkische Spatha von unten in die ungeschützte Achselhöhle. Ein hellroter, warmer Strahl spritzte ihm auf den Arm und ins Gesicht, wiehernd scheute sein Pferd zurück. Der alte Kämpe blickte ihn ungläubig an. Blut rann über seine Lippen, dann stürzte er seitlich aus dem Sattel.

Wolfram warf einen raschen Blick um sich. Die Rebellen versuchten offenbar, zum Lager vorzudringen. Eine der schwarzen Standarten lag im Schneematsch. Von brennenden Pfeilen getroffen loderten die ersten Zelte auf. Erbittert verteidigten die Soldaten ihre Zuflucht. Sie wussten, dass sie ohne Zelte und Proviant keine zwei Tage in dieser kalten Einöde überleben würden. Der Afschin trieb zwei Angreifer mit Schwerthieben vor sich her, Funken sprühten von den Klingen, bei jedem Schritt klirrte der schwere Kettenpanzer. Einer taumelte, Haidar setzte nach und spaltete krachend dessen Schild.

Ein Schrei ließ Wolfram herumfahren. Mit einem kraftvollen Hieb blockte er zwei Klingen ab. Er ließ die Zügel los, um beide Hände frei zu haben. In der Rechten das Schwert, in der Linken den Schild, parierte er die rasch aufeinanderfolgenden Schläge. Das Holz krachte bei jedem Aufprall. Schon zeigte sich ein dünner Riss. Es war eine Frage der Zeit, wie lange es noch standhielt. Wolframs grobknochiges iranisches Schlachtross war weniger trittsicher als die wendigen Pferde der Kurden, dafür aber größer, sodass er mehr Wucht in seine Hiebe legen konnte. Er hielt sich den einen mit der Spatha vom Leib und schlug mit dem Eisenbuckel des Schildes nach dem anderen. Ein knirschendes Geräusch verriet, dass das Nasenbein des Angreifers brach. Blut lief ihm übers Gesicht und auf die Lippen. Der bärtige Mann brüllte vor Schmerz, sodass die fauligen Lücken in seinem Kiefer zu sehen waren. Er holte mit seiner Streitaxt aus. Wolfram wollte den Schild zurückziehen, doch die Axt verhakte sich darin. Die Lederbänder um seinen Arm rissen, der Schild wurde ihm aus der Hand gehebelt. Die Leiber der Tiere prallten aufeinander, Schaum spritzte von den Mäulern, und die Schenkel der Reiter berührten einander. Wolfram wollte mit der Linken die Zügel greifen, als ein brennender Schmerz durch seinen Arm fuhr.

Ein Schwert hatte ihn unterhalb des kaum geschützten Ellbogengelenks getroffen. Auf einmal fiel ihm ein, wie der Sohn eines benachbarten Salherrn im Frankenreich gestorben war: Auf der Jagd hatte ihm ein wilder Eber mit seinen Hauern die Pulsader aufgerissen.

Ein harter Schlag gegen den Wangenknochen riss ihn aus seiner Erstarrung. Der eiserne Schildbuckel konnte ihn nur gestreift haben, sonst wäre der Knochen gesplittert. Doch der Schmerz genügte, um ihn zur Besinnung zu bringen. Mit einem gewaltigen Streich verschaffte er sich Luft und schlug gleichzeitig mit dem gepanzerten Handschuh der Linken zu. Der Helm des Angreifers flog zu Boden. Wolframs schwere Spâtha war länger als die schlanken, gebogenen Schwerter der Kurden. Er sah das Entsetzen im Blick des Rebellen, doch schon hatte er mit einem senkrechten Hieb dessen Schädel gespalten.

Der Boden färbte sich braun und rot mit blutigem Schlamm. Tote lagen im Schnee, die Gelenke unnatürlich verdreht. Mit einem dumpfen Schlag stürzte ein getroffenes Pferd neben ihm zu Boden. Blut und Schaum spritzten herüber. Das Splittern von Knochen war zu hören, als es seinen Reiter unter sich begrub. Um Wolfram verschwamm alles in blutigen Farben. Plötzlich scheute das schwere iranische Pferd und rutschte. Er wurde zur Seite geschleudert, die Angreifer brüllten triumphierend.

Der Aufprall auf dem gefrorenen Fels war so hart, dass Wolfram die Luft wegblieb. Sein Helm rollte den Hang hinab.

Im letzten Augenblick war es ihm gelungen, den Stiefel aus dem Steigbügel zu ziehen, sonst wäre er hilflos hinter seinem scheuenden Tier hergezerrt worden. Geistesgegenwärtig rollte er sich ab, seine Schulter schlug hart gegen einen Steinbrocken. Der eine Kurde sprang ebenfalls vom Pferd, sein Säbel zischte so dicht über Wolfram hinweg, dass er dessen Kettenpanzer streifte. Blutiger Schnee durchnässte die Kleider des Franken, das Futter seines aufgeschlitzten Ärmels hing herab und behinderte ihn. Wie er es vor Jahren gelernt hatte, richtete er sich in einer einzigen Bewegung auf und griff nach einem herabgestürzten Ast. Trotz des Schmerzes in seinem Arm schlug er nach der Schwerthand des Kurden. Ein wütender Schrei belehrte ihn, dass er die Fingerknöchel getroffen hatte. Wolfram nutzte die Atempause, um sein eigenes Schwert aufzuraffen. In seiner verschmierten Hand drohte der schweißglatte Griff abzurutschen, doch es gelang ihm, einen waagrechten Hieb zu führen. Auf den fränkischen Stahl war Verlass – das Schwert des Kurden brach, der Mann glitt aus. Er stieß einen markerschütternden Schrei aus. Wolfram hob die Waffe mit einer kreisförmigen Bewegung und stieß sie ihm von oben senkrecht in die Brust. Die Klinge durchtrennte Muskeln und Adern und prallte knirschend auf den darunterliegenden Felsen.

Er blickte auf und wagte kaum zu glauben, was er sah: Die Kurden flohen den Berg hinauf. Einige Reiter setzten ihnen nach, doch die Angreifer waren bereits zwischen den Felsen verschwunden. Leichen lagen über das zerstampfte Schlachtfeld verstreut, Pfützen von Blut und Schlamm durchlöcherten die Schneedecke. Helme, zerfetzte Rüstungen und geborstene Waffen bedeckten den Boden. Am Himmel zeigte sich eine bleiche Sonne.

Verschmutzt wie sie waren, warfen sich die überlebenden Männer zum Gebet nieder, um Allah für ihre Rettung zu danken. Ein junger Knappe brüllte noch immer wie von Sinnen. Wie besessen hackte er auf einen am Boden liegenden Kurden ein. Blut lief ihm übers Gesicht. Der Rebell war längst tot, der Leichnam nur noch ein blutiger Brei.

Wolfram fiel ihm in den Arm. »Es ist vorbei!«, schrie er. Mit der kettengepanzerten Hand schlug er ihn ins Gesicht. »Es ist vorbei!«

Der junge Mann starrte ihn voller Entsetzen an. Keuchend sah Wolfram an sich herab. Er war am ganzen Körper blutbespritzt.

Der Afschin wollte die Toten so schnell wie möglich bestatten, ehe die Leichen wilde Tiere anlockten und Krankheiten ausbrachen. Sie hatten viele Krieger verloren – zu viele. Unverzüglich machten sich seine Männer ans Werk.

Wolfram steuerte müde auf sein Zelt zu, die Hand auf die blutende Verletzung am Arm gepresst. Seit vierundzwanzig Stunden hatte er nicht geschlafen. Die geprellte Wange war angeschwollen und heiß. Jeder Knochen in seinem Leib schmerzte, der Schweiß gefror förmlich auf seinem Gesicht, und in dem durchnässten Kaftan unter dem Kettenhemd zitterte er. Seltsamerweise fühlte er nichts, weder Entsetzen, noch Triumph – nur grenzenlose Erschöpfung. Er hatte das Gefühl, neben sich zu stehen, alles drang nur noch gedämpft zu ihm vor. Mit Mühe begriff er, was für ein Wunder es war, dass er noch lebte.

Faik kam ihm entgegen. Die Diener hatten die Feuer gelöscht, doch der Qualm waberte noch immer durch das halb zerstörte Lager. Er verhüllte den jungen Mann an der Seite des Eunuchen, dennoch erkannte Wolfram ihn sofort – ein blonder, schlanker Tscherkesse, einer der Kuriere der Barid. Mit einem Schlag vergaß er seine Müdigkeit. »Der Amir ist auf dem *Dakhmah*«, sagte er statt einer Begrüßung. In dieser steinigen Wildnis war es leichter, die Toten auf den Bestattungstürmen des Feuerglaubens beizusetzen, als sie nach islamischer Sitte zu begraben – zumindest hatte der Afschin seine Entscheidung so begründet. Was der Kalif dazu sagen würde, sollte er es erfahren, wollte Wolfram lieber nicht wissen. »Was gibt es?« Er zog die Handschuhe aus und wischte die blutverschmierten Hände an seinem Kaftan ab. Dann brach er das Siegel und überflog die Befehle aus Bagdad. »Gibt es sonst Neuigkeiten?«, fragte er beiläufig.

»Nicht viel«, erwiderte der Kurier und rieb sich die von der Kälte steifen Schreiberhände. »In Khorasan gärt es wieder einmal. General Tahir verhandelt dort mit den Anführern, und es sind auch wieder viele Männer aus dem Osten in Bagdad.«

Das war nichts Neues. Wolfram wollte die Briefe zusammenlegen und sich damit auf den Weg zum Afschin machen. Da setzte der Kurier nach: »Diese Khorasanier suchen wirklich Streit um jeden Preis. Sie machen dem Kalifen sogar zum Vorwurf, dass er seine Kayna in den Kerker werfen ließ. Angeblich stammt sie auch aus dem Osten.«

Wolfram blieb stehen. Sein unrasiertes Gesicht rötete sich. »Welche Kayna?«

»In Bagdad ist es das Tagesgespräch.« Der Kurier schien nach dem Namen zu suchen, und er fragte: »Arib?« Der Mann bejahte. Abrupt wandte sich Wolfram ab.

Der Dakhmah befand sich auf einem schroffen Felsen etwas südwestlich des Lagers. Von unten sah er aus wie ein einfacher kreisrunder Wall. Haidars Männer hatten bereits begonnen die Leichen hinaufzutragen. Wolfram drängte sich an ihnen vorbei. Plötzlich war ihm warm. Er dachte an den Duft von Aribs Haar, die Wildheit in ihren Augen, die ihn rasend machte. Es gab nur eine Erklärung dafür, warum sie in Ungnade gefallen war: Der Kalif musste von ihrem Verhältnis erfahren haben. Nun war Wolfram auch klar, warum er selbst den Befehl erhalten hatte, die Truppen zu begleiten.

Der Gestank auf dem Turm war unerträglich, der Anblick alles andere als einladend. Halbverweste Kadaver, zerfetzt von gierigen Schnäbeln, lagen im Inneren. Fauliges Fleisch, aus dem bleiche Knochen ragten, Reste von Haar und zerschmetterte Kiefer wurden nun von den frischen Leichen bedeckt.

Ein Soldat murmelte Gebete in der alten persischen Sprache. Zwischen den Hautfalten seiner Hände, mit denen er segnende Gesten über die Toten machte, klebte noch getrocknetes Blut.

Reglos wartete der Afschin, während seine Männer das Ritual vollzogen. Er hatte nicht einmal den besudelten Kettenpanzer abgelegt. Nur den Helm hatte er abgenommen, sodass man das erste Grau an den Schläfen sah, und sich den Schmutz aus dem Gesicht gewischt. »Der alte Feuerglaube verbietet es, die reinen Elemente mit dem Tod zu beschmutzen«, begrüßte er Wolfram halblaut. »Die Leichen dürfen weder verbrannt, noch der Erde übergeben werden. Wenn das Fleisch von den Vögeln gefressen ist, setzt man die Knochen in einem Beinhaus bei. Seit Jahrhunderten werden entlang der Karawanenwege die Menschen nach diesem Ritual bestattet.«

»Arib ist verhaftet worden«, erwiderte Wolfram schroff. Doch wider Willen bedachte er die Zeremonie mit einem Seitenblick, als öffne sie ihm eine Tür zu ihrer Vergangenheit – lange bevor sie sich zum ersten Mal begegnet waren. »Der Kalif muss von unserem Verhältnis erfahren haben. Was habt Ihr damit zu tun?«

Haidar atmete aus. »Also doch«, bemerkte er. »Ihr habt nie aufgehört, sie zu lieben.«

Wolfram antwortete nicht. Er dachte an jene Regennacht – ihr nasses Haar, die Kleider, die an ihrem Körper klebten, die weit geöffneten Augen. »Ihr habt sie nicht gesehen, Haidar, wie sie durch das Gewitter zu mir kam«, sagte er endlich.

Der Afschin lachte trocken. »Des Nachts und im eigenen Bett ist jede Frau edel und rein. Nein, mein Freund, damals habe ich sie nicht gesehen. Aber in Ibrahims Schlafgemach. Soll ich Euch davon erzählen?«

»Schweigt!«, fuhr Wolfram auf.

Haidars Stimme wurde lauter: »Ihr Haar war von seinen Händen zerwühlt, und das Einzige, was sie trug, war der Hurenlohn, den er ihr für ihre Dienste gegeben hatte!«

»Schweigt, sage ich!« Wolfram zerrte ihn zu sich heran

und schleuderte ihn brutal gegen die Mauer. Ein pochender Schmerz erinnerte ihn an seine Verletzung. Haidar war bleich geworden. Die Männer bei den Toten warfen ihnen überraschte Blicke zu, doch Wolfram kümmerte sich nicht darum.

»Ihr habt sie damals Harun ar-Raschid ausgeliefert!« Er ließ seine Worte wirken, bis das Schweigen wie eine Mauer zwischen ihnen stand. »Ich weiß alles: Ihr wolltet nicht ihren Tod. Ihr hättet sie selbst entehren können, doch auch das habt Ihr nicht getan, sondern sie für den Kalifen geschont. Man muss sehr hassen, Haidar, um sich so zu beherrschen. Arib war ein halbes Kind. Warum?«

»Mit ihrer Verhaftung habe ich nichts zu tun. Ich wusste nichts von Eurem Verhältnis.« Haidars tiefliegende Augen wanderten unruhig über die Leichen. »Ich habe Euch vor den Fallstricken der Sängerinnen gewarnt. Doch Arib geht es nicht nur um einen Lendenschurz oder ein Paar Schuhe. Diese Frau ist gefährlich – weit mehr als eine gewöhnliche Kayna. Sie ist besessen. Sie wird mich verfolgen, bis sie mich und sich selbst zerstört hat. Und jeden, der ihr zu nahe kommt, mit ihr«, setzte er bedeutungsvoll nach.

Wolfram kam dicht zu ihm heran. »Ich will eine Antwort, Haidar!«

Der Afschin reagierte nicht. Wolfram glaubte schon, er würde nichts mehr sagen. Da lehnte er auf einmal den Kopf an die Wand und schloss die Augen. Seine Lider waren bläulich und durchscheinend, als sei er zu Tode erschöpft. »Ich war wie sie«, erwiderte er müde: »Besessen. Und bereit, sie bis ans Ende der Welt zu verfolgen.«

Langsam trat Wolfram zurück. »Dann sagt mir endlich, warum!«

6 Als sich die Tür zu ihrem Kerker öffnete, kniff die Kayna die Augen zusammen. Obwohl der bleiche Lichtstrahl sie nur schwach beleuchtete, sah sie geblendet zur Seite. Arib hockte, in eine schmierige, ausgefranste Decke gewickelt, auf dem gestampften Lehmboden. Die Arme hatte sie um die angewinkelten Beine geschlungen. Ihre Kleider waren nur noch Lumpen. Strähnig und ungepflegt fiel ihr das lange Haar über die Brust und die abgemagerten Schultern. Das onyxglänzende Schwarz war abgestumpft und an den Spitzen bräunlich aufgehellt. Jetzt richtete sie sich auf und legte wie beschützend die Hand auf den leicht gewölbten Bauch. Über ihre helle Haut zogen sich Spuren von Schmutz, von Tränen und Erbrochenem. Die Wochen der Gefangenschaft hatten ihre Spuren hinterlassen.

Sie wich zurück, als der schattenhafte Umriss eines Waffenknechts auf sie zukam. Das Kettengeflecht seines Nackenschutzes klirrte in dem niedrigen Gewölbe. Der kräftige Türke zerrte sie auf die Beine, und benommen taumelte sie hinaus in den niedrigen Gang. Unsanft stieß er sie in den Hof.

Im Freien zog Arib fröstelnd die zerlumpten Kleider vor der Brust zusammen. In ihrem Kerker hatte sie jedes Zeitgefühl verloren, und ihre Augen gewöhnten sich nur langsam an das Tageslicht. Dankbar atmete sie die frische Luft ein, in ihrem Gefängnis hatte es erbärmlich gestunken. Es musste Abend sein, denn die Sonne stand tief. Man brachte sie in den Hof. Dort wartete eine untersetzte Gestalt im eleganten Raschid-Mantel.

Abdallah al-Ma'mun trat näher, sein Blick blieb an ihrem Bauch hängen. Arib stand hoch aufgerichtet vor ihm. Sie zog nur die grobgewebte Decke fester um die Schultern. Es war kalt.

Auf seinen Wink hin entfernten sich die türkischen Waffenknechte ein Stück. Arib fing einzelne Worte auf, als sie sich flüsternd über den Zustand der gefeierten Kayna unterhielten.

»Nun?«, brach Abdallah das Schweigen. »Hast du über die

Treue nachgedacht, die eine Sklavin ihrem Herrn schuldet? Du wirst zwar nie anständig werden, aber vielleicht lernst du endlich zu gehorchen.«

Sie schob die aufgeplatzte Unterlippe vor und warf ihr strähniges Haar aus dem Gesicht. »Du schickst meinen Geliebten in den sicheren Tod und wirfst mich in den Kerker – und dafür willst du Treue?«

Einen Moment glaubte Arib, er würde sie wieder schlagen. Aber er beherrschte sich, wenn auch sichtlich mit Mühe. »Er lebt«, brachte Abdallah zwischen zusammengepressten Zähnen hervor.

Sie bemühte sich nicht, ihre Erleichterung zu verbergen.

»Ich habe dich unterschätzt. Du hast mächtige Bewunderer«, sagte der Kalif, der sie unverwandt beobachtet hatte. »Nicht nur Ishak, auch meine Brüder und der Großwesir haben sich für dich verwendet. Kein Marktvogt entlang der Straße nach Osten, der mich nicht um Gnade für dich gebeten hätte. Die Edlen aus Khorasan wollen Bagdad sofort verlassen, wenn du nicht wieder auftrittst.«

Aribs aufrechte Haltung veränderte sich nicht, nur ihre Mundwinkel zuckten.

Abdallah packte ihren Arm und zog sie zu sich heran. »Sieh dich vor!«, warnte er. »Ich werde weder den Afschin noch deinen Liebhaber aus Kurdistan zurückbefehlen. Allah wird entscheiden, wer aus diesem Krieg zurückkehrt. Aber solltest du noch einmal ungehorsam sein, lasse ich ihn nach Bagdad holen und hinrichten!«

Trotzig hielt Arib seinem Blick stand. Er rief seine Türkensöldner und griff nach der Decke um ihre Schultern. »Du bist schmutzig«, bemerkte er zynisch und warf den leichten Wollstoff zu Boden. Überrascht sahen die Soldaten einander an. Sie wollten sich entfernen, doch er befahl ihnen zu bleiben.

Abdallah riss ihr mit beiden Händen das Hemd auf der Brust auf und zerrte ihr das zerlumpte Kleidungsstück vom Leib. Arib zuckte zusammen, als die kalte Luft an ihre Haut drang, doch sie rührte sich nicht. Sie hatte ihren Herrn nur zu gut verstanden. Ohne ihre stolze Haltung aufzugeben, schlug sie die Arme vor den nackten Oberkörper. Die Soldaten wagten es nicht, den Anblick zu kommentieren. Doch ihre Blicke waren förmlich zu spüren, als sie zu sehen bekamen, was sonst den Reichen und Mächtigen vorbehalten war.

»Seht sie euch genau an!«, bemerkte der Kalif kalt. »Die weichen Lippen, das onyxschwarze Haar. Die Brüste wie Granatäpfel, eine feuchtglänzende Perle. Ihr seid nicht die ersten Männer, vor denen sie so steht – die Metze Arib!« Er nestelte an ihrem Hosenband und entkleidete sie vollständig, sodass sie nackt im kalten Hof stand. Die Wölbung an ihrem Bauch war den Blicken der Männer schutzlos preisgegeben. »Die leibhaftige Verführung!«, stieß er hervor.

Arib erwiderte seinen Blick, ohne mit der Wimper zu zucken. Abdallah schleuderte ihre zerrissene Hose zu Boden. Fahrig strich er sich über die Stirn, dann befahl er leiser: »Bringt sie ins Hammam. Die Sklavinnen sollen sie waschen und ihr frische Kleider geben.«

Obwohl Abdallah dieses Mal nachgegeben hatte, wusste Arib, dass er seine Drohung wahrmachen würde. Offenbar hatten die Truppen in Kurdistan einen aussichtslosen Kampf zu ihren Gunsten gewendet und die Oberhand über die Rebellen gewonnen. Die Straßenjungen in Bagdad schrieben den Namen des Afschin in großen Lettern an die Hauswände, die Dichter des Kalifen besangen seine Siege. Den Stern, der die Dunkelheit durchschneidet, nannten sie ihn, den Retter, der die Wunden des Kalifats heilte.

Aribs Schwangerschaft war nun nicht mehr zu übersehen. Neidisch beäugten die Frauen im Harem ihren Bauch. Abdallah al-Ma'mun überschüttete sie förmlich mit Gunstbeweisen und stellte sich taub gegenüber allen Intrigen gegen sie. Hundert Kamele schickte er nach Khorasan, um Manuskripte mit Noten für sie nach Bagdad zu holen. Aribs Hoffnung, die laue

Lust, die er bei ihr fand, würde ihm irgendwann zum Hals heraushängen, blieb vergeblich. Wenn seine Favoritinnen sich im Hammam gegenseitig die Körper einölten und zuckersüßes Rosensorbet tranken, tuschelten sie hinter vorgehaltener Hand darüber. Sie munkelten, der Mann, der zweitausend Sklavinnen besaß, wolle vergeblich die Liebe dieser einen erkaufen, die er mit Gewalt nicht hatte erzwingen können. Al-Ma'muniya, Frau al-Ma'mun, nannte man Arib scherzhaft nach ihrem Herrn – vom Harem bis zu den Diwanen der Wesire.

Von der Geburt ihrer Tochter Mounya Ende des Frühjahrs bekam der Kalif allerdings nicht viel mit. General Tahir, den er zu seinem Statthalter in Khorasan ernannt hatte, widersetzte sich seinen Befehlen. So war Abdallah ganz damit beschäftigt, den Abtrünnigen wieder für sich einzunehmen. Arib war dankbar dafür. Je weniger er an ihr Kind erinnert wurde, desto besser.

Regelmäßig ging sie nun auf die Märkte. Allein für Blumen gab sie mehr Geld aus, als eine Familie ein Jahr lang zum Leben brauchte. Abdallah sollte ruhig zahlen, er bekam schließlich mehr als genug dafür. Wenn er sich die Kayna Arib nicht leisten konnte, sollte er es eben lassen. An einem warmen Sommertag war sie mit Soumaya auf dem Weg zum Seidenmarkt von Karkh, um teure Stoffe zu kaufen. Arib hörte kaum auf das Geschwätz der Freundin. Am Abend zuvor hatte sie eine ungewöhnliche Unruhe in der Palaststadt bemerkt. Ein größerer Trupp Soldaten war die schnurgerade Khorasan-Straße entlanggekommen. Sie hatte sich gefragt, ob Wolfram unter ihnen war, doch gesehen hatte sie ihn nicht.

Eine Karawane zog durch den überdachten Obstmarkt, und Arib fühlte sich in ihre Kindheit zurückversetzt. Schwerfällig und staubbedeckt setzten die Kamele unter ihren dick verschnürten Lasten ein Bein vor das andere. Am Geschirr der Saumtiere baumelten Talismane gegen die Gefahren der Reise. Tausend Mal hatte Arib die Glöckchen im Takt der Schritte gehört. Die vorderen Tiere strebten brüllend den Brunnen in den Karawansereien zu, mit monotonen Rufen feuerten die Treiber Nachzügler an. Auf ihre asiatischen Gesichter zeichnete die Sonne, die durch die Strohmatten der Decke fiel, helle Muster.

Die Händler standen in den Eingängen ihrer Läden, um die Karawane zu bestaunen – und um die Treiberjungen zu verjagen, die nach ihren Kisten mit Datteln, Aprikosen und Pfirsichen schielten. Schaulustige aus ganz Bagdad hatten sich eingefunden, um die neuesten Errungenschaften aus dem Osten zu bewundern. Der vertraute Duft nach Zimt, Tee und Vieh hing in der Luft, und Arib sog den verführerisch wuchernden Geruch der Straße ein.

Narren und Scharlatane versuchten, die Aufmerksamkeit der reichen Kaufleute in ihren quastengeschmückten Sänften auf sich zu ziehen. »Tränke gegen die Wassersucht!«, brüllte einer im geflickten Mizar. »Männer, kommt näher! Tigerhoden, Extrakte aus der Kokosnuss für eine unerschöpfliche Potenz! Vier Gattinnen hatte ich im fernen Indien. Ein Jahr lang habe ich sie alle vier täglich befriedigt, und keine hat sich je beklagt!« Wie zustimmend stieß das Kamel neben ihm einen röhrenden Laut aus. Arib lachte verstohlen. Sie hätte den Männern sagen können, dass auch die Kokosnuss keinen Toten lebendig machen konnte. Diese Strolche waren so allgegenwärtig wie der Staub auf der Strasse.

»Nichts, was aus den Steppen im Osten kommt, taugt etwas«, ereiferte sich ein Mufti. Seine moralische Entrüstung hinderte ihn jedoch nicht daran, den hageren Hals nach den Sklavinnen zu verdrehen, die der Karawane folgten. »Aber die jungen Leute heutzutage lassen sich ja lieber von Sängerinnen den Kopf verdrehen, als für den Glauben zu kämpfen.«

»Allah hat nicht jeden Tag zum Freitag gemacht«, erwiderte der junge Mann, den er angesprochen hatte. »Außerdem haben unsere Truppen in Kurdistan gerade erst eine Reihe von Siegen errungen. Der Afschin ist als Held nach Bagdad zurückgekehrt.«

Arib hob ruckartig den Kopf unter dem Schleier. Davon hatte sie noch nichts gehört. Wieder einmal hatte sich Haidar also der gerechten Strafe entzogen, dachte sie zornig. Dennoch schlug ihr Herz schneller. Wenn die Truppen zurückgekehrt waren, musste auch Wolfram bei ihnen sein – wenn er noch am Leben war.

»Mag sein«, knurrte der Mufti. »Aber sonst denken die jungen Männer von heute ja nur noch an Weiber statt an Waffen!« Er sah dem Scharlatan mit seinen Kokosnüssen nach, der soeben seine Bauchlade öffnete und zu verkaufen begann. Unversehens machte er sich davon, um Augenblicke später in dem Halbkreis, der sich um den Quacksalber gebildet hatte, aufzutauchen.

Die letzten Esel trippelten mit kurzen Schritten an ihnen vorbei, und die beiden Frauen gingen weiter. Am Obststand an der Ecke, wo Netze mit leuchtenden Orangen und Granatäpfeln weithin sichtbar von der Decke hingen, bogen sie rechts ab. Sie verließen die überdachte Straße und gingen einige Schritte am Kanal entlang. Arib dachte an Wolfram und lächelte.

Soumaya zupfte plötzlich an ihrem Schleier. »Arib, ich rede mit dir!« Ihr Gesicht war schon wieder gerötet, ob von der Hitze oder vom Wein, den sie sich nach wie vor von ihren Liebhabern schicken ließ. »Du denkst doch nicht wieder an diesen Barbaren?«, fragte sie misstrauisch. Unterhalb der Ufermauer boten christliche Bauern aus der Umgebung in Booten ihre Erträge feil. Der gehäutete Torso einer Ziege war zu sehen, und der Geruch rohen Fleisches wehte herauf. »Bestes Fleisch und Wein aus Qutrubbul!«, rief der Bauer.

Soumaya winkte ab. »Du spielst ein gefährliches Spiel, wenn du dir gegen den Willen des Kalifen einen Liebhaber hältst, das weißt du hoffentlich«, sagte sie ungewohnt nüchtern zu Arib.

Endlich erreichten sie die gemauerten Arkaden, unter denen sich der Seidenmarkt befand. Vor den Toren der großen Kontore hingen bunte Tücher wie überall in den Städten entlang der Karawanenstraße. Soumaya wies nach rechts. Durch ein hohes, reich verziertes Tor führte sie Arib in einen Hof.

Die immer gleichen Bilder der Handelskontore weckten Erinnerungen. Brüllend und schwankend erhob sich ein Kamel und strebte an ihnen vorbei dem Wassertrog zu. Andere warteten noch im Schatten, wo Knechte sie von ihren Lasten befreiten. Der gestampfte Lehmboden war mit Kamelmist bedeckt.

Der Seidenhändler Abu Huraira kam ihnen persönlich entgegen. Mit seinem wettergegerbten Gesicht und den stacheligen weißen Brauen hätte man in ihm nicht ohne Weiteres den Mann vermutet, den selbst die Wesire des Kalifen anflehten, sie zu empfangen. Er führte sie in einen schwarz, rot und weiß gepflasterten Iwan, wo sie das Treiben im Hof beobachten konnten. Eine Kanne mit eisgekühltem Fruchtsorbet stand auf dem Teppich, und sie ließen sich auf dem Boden nieder. Ein Diener brachte Tee in hauchdünnen Porzellanschalen. Sie wechselten einige Worte über das Wetter und die Reise, ehe der Händler seinen Knechten Befehl gab, die Ware zu bringen.

Arib erhob sich, als die grünen, lapislazuliblauen und roten Stoffe vor ihnen ausgebreitet wurden. Seide war ihr von Kindheit an vertraut, und sie erkannte sofort, dass Abu Huraira seinen Ruf verdiente. Das Schimmern der Farben im Halbdunkel, das Gefühl der unregelmäßigen Oberfläche, wenn sie mit der Hand über die golddurchwirkten Brokate strich, das gleichmäßige Klappern der gewaltigen Webstühle, auf denen die Fäden gesponnen wurden – all das hatte sie nie vergessen.

»Dieser hier ist besonders schön«, sagte Abu Huraira. Mit einer kraftraubenden Bewegung warf er den Ballen immer wieder hoch, um ihn auszurollen. Vorsichtig strich er den Stoff mit seiner gepflegten Hand glatt. »Er kommt aus Balkh. Das Gewebe ist hauchdünn«, sagte er. »Überzeugt Euch.«

Soumaya stieß einen Laut der Bewunderung aus, und Arib schob den Ärmel hoch. Sanft schien ihr Arm durch den Stoff, als sie ihn darunter schob.

393

»Diese Seide ist die beste, die ich hierher bringen durfte, seit der Zeit der Barmakiden«, sagte der Händler. Zufrieden beobachtete er, wie Soumaya ihre Finger andächtig über den Stoff gleiten ließ. »Damals waren die Karawanenwege sicherer als heute, ich konnte öfter so teure Stoffe nach Bagdad bringen. Einmal war auch eine Jadeskulptur dabei, das Bildnis des Buddha … fast eine Elle groß und aus einem Stück. Seidenteppiche aus China habe ich transportiert, kostbare Brokate, aus denen der Wesir Jafar Ehrenkleider für seine Vasallen fertigen ließ. Sie waren aus den feinsten, innersten Fäden des Seidenkokons gewebt, so wie dieser Stoff. Damals wog man sie mir mit Gold auf. Es gab Händler, die überhaupt kein Geld mehr mit auf die Reise nahmen, sondern nur noch in Seide bezahlten. Der Handel war eine der Säulen, auf denen Harun ar-Raschids Luxus errichtet war: Aus diesen Stoffen bestand die Macht des Kalifats.«

Vielleicht waren es die Karawane und die Seidenballen, die Arib wieder an ihre Kindheit denken ließen – an die Maulbeerbäume im Hof ihres Elternhauses, an die Reisenden, die Geschichten zu erzählen hatten, wie sie sich kein Märchenerzähler ausdenken konnte. Ehe sie sich in ihren Erinnerungen verlieren konnte, fragte sie: »Habt Ihr Anas gekannt, den Verwandten Jafars?«

»Ich kannte viele Barmakiden«, erwiderte Abu Huraira zurückhaltend. »Jafar war ein ungewöhnlicher Mann. Er gab sich bescheiden und elegant, doch hinter dieser Maske war er ein anderer. Das letzte Mal, als ich ihn sah …« Er bemerkte Aribs Aufmerksamkeit und unterbrach sich. »Es ist lange her.«

»Was wisst Ihr über das Ende der Barmakiden?«, forschte sie nach. Ihre Stimme klang hell vor Erregung. »Waren sie wirklich Ketzer, wie man sagt?«

»Ich bin ein Händler, kein Kadi.« Abu Huraira schenkte ihr neuen Tee ein. »Ketzerei? Das galt damals doch nicht als Verbrechen. Anders als heute.«

Überrascht setzte Arib ihre Teeschale ab.

Abu Huraira reichte ihr einen Teller mit frischen Pistazien, als hätte er über nichts Weltbewegenderes als die übliche Sommerschwüle gesprochen. »Der Kalif Abdallah al-Ma'mun hat verkünden lassen, dass nur noch er allein bestimmt, was der rechte Glaube sei und was nicht. Habt Ihr nichts davon gehört?«

Arib verneinte. Abdallah musste das Edikt verkündet haben, während sie im Kerker gewesen war. Nachdenklich nahm sie eine Pistazie und drehte sie zwischen den hennagefärbten Fingern. »Der Kalif will die Herrschaft mit niemandem mehr teilen, nicht einmal mit den Religionsgelehrten.« Abdallah hatte mühsam um die Macht kämpfen müssen. Überall musste er Aufstände im Gewand der Religion niederschlagen. Es war nachvollziehbar, dass er niemandem mehr Gelegenheit geben wollte, seine Herrschaft anzufechten. »Das wird einige Männer in Schwierigkeiten bringen«, fuhr sie fort. »In Khorasan, wo ich geboren wurde, haben viele den Islam angenommen, ohne mit dem Herzen dabei ...« Arib sah auf. Plötzlich erinnerte sie sich an Theodoras Worte: *Haidar ist ja nicht einmal beschnitten.*

Es fiel ihr wie Schuppen von den Augen. Dieses Edikt war ihre Möglichkeit, endlich Rache zu nehmen. Nichts war leichter, als jemanden der Ketzerei anzuklagen, wenn man sich seiner entledigen wollte. Lauernd meinte sie: »Ich bin sicher, Ihr habt auf Euren Reisen Dinge erfahren, die jetzt niemand mehr wissen darf. «

Abu Huraira lächelte verbindlich.

Arib bemerkte, wie Soumaya besorgt gestikulierte, doch sie achtete nicht darauf. »Kennt Ihr den General al-Afschin?«, fragte sie atemlos. Sie wollte sich zurückhalten, doch es gelang ihr nicht. »Er soll wieder in Bagdad sein.«

Der Händler warf einen Seitenblick auf Soumaya. Er hob erneut den Stoffballen und reichte Arib das eine Ende. »Viele Weber haben Monate an diesem Stoff gearbeitet«, wich er aus. »Faden für Faden wurde er nach uralten Mustern gesponnen. In jedem dieser Fäden steckt das Leben unzähliger Maulbeerraupen. Sie starben, ehe sie ihre Flügel zum ersten Mal entfalten konnten. Man könnte sagen, die Frau, die ihn trägt, schimmert wie Tausende Schmetterlinge.«

Arib begriff, dass sie nicht mehr von ihm erfahren würde – nicht jetzt, in Soumayas Gesellschaft. »Die Seide ist wunderschön«, sagte sie und erhob sich. »Macht mir einige Ellen davon zurecht, der Kalif wird sie bezahlen. Ich komme morgen und hole den Stoff.« Sie wartete einen Moment, dann setzte sie mit Betonung nach: »Alleine.«

Als sie durch das geschnitzte Tor wieder auf die Straße hinaustraten, warf Soumaya Arib misstrauische Blicke zu. Sie beobachtete sie eine Zeitlang, dann sagte sie: »Du solltest Abdallah keinen Grund mehr zum Zorn geben.«

Arib antwortete nicht. Sie wollte wieder die Gasse zum Kanal einschlagen, doch Soumaya führte sie in eine andere Richtung. Es war nicht gerade die vornehmste Gegend Bagdads, durch die sie kamen: Das Mauerwerk der Brücke, die sie überquerten, musste schon zur Zeit des Stadtgründers, des verblichenen Kalifen Mansur, brüchig gewesen sein. Der Kanal stank, als sei er seit Jahren nicht mehr ausgehoben worden. Auch der schmale Kai auf der anderen Seite war mit Kot und Erbrochenem verunreinigt. In den bröckelnden Mörtel eines Hauses waren Obszönitäten geritzt. Die üblichen Schleifspuren davor verrieten, dass es sich um einen *Hanut* handelte – eine Weinschenke, allerdings sicher nicht die beste der Stadt. Das Tor stand offen, Musik klang heraus. Im Hof war ein Zelt aufgespannt, wie damals über Rustams Weinstand. Die Schenkin ging mit dem Becher herum wie einst Theodora, am Gürtel den Quirl für Mischwein. Ihr Haar hatte sie unter einem speckigen Tuch verborgen, und sie trug billigen Schmuck. Arib sah genauer hin und traute ihren Augen nicht. Es war Takrub.

Überrascht musterte sie die Umgebung. Die Kundschaft bestand hauptsächlich aus Söldnern der Türkengarde. Zwei chinesische Kaufmänner schienen sich eher zufällig hierher verirrt zu haben. Der Broterwerb der anderen Gestalten war sicher weit weniger ehrbar. Einem fehlte ein Auge, das er vielleicht in einem nächtlichen Straßenkampf eingebüßt hatte, mit dem anderen warf er Takrub lüsterne Blicke zu. Ein Soldat hatte sie um die Taille gefasst und zu sich herabgezogen. Takrub ließ sich willig Wein einflößen, der Alkohol rann über ihre Lippen auf das feuchte Hemd. Der Mann schloss die Lippen um ihre Brustwarzen, um die Flüssigkeit aus dem Gewand zu saugen, was seine Kameraden zu lautem Gelächter reizte. In der Ecke beim Tor, zusammengekauert auf einer schmutzigen Decke, hockte ein blondes Kind von vielleicht zwei Jahren. Arib kannte diesen verlorenen Gesichtsausdruck. Sie hatte ihn oft im Spiegel eines klaren Baches gesehen, als sie mit Theodora auf der Flucht vor dem Afschin durch Khorasan gehetzt war.

Ein jüngerer Mann hatte sich erhoben und stieß den Soldaten roh beiseite. Gewaltsam zog er Takrub auf seinen Schoß. Arib bemerkte erschrocken, dass sie schwankte, als hätte sie Opium genommen. Er nahm ihr den Becher aus der Hand und leerte ihn in einem Zug. Dann schleuderte er sie gegen die Wand, löste sein Hosenband und drängte sich an sie. Takrub wehrte sich nicht. Willenlos ließ sie alles mit sich geschehen. Ihr Kopf sank benommen nach hinten, und das schwarze Haar fiel ihr auf die Schultern. Der Mann hatte ihr das Hemd über die Hüften hochgeschoben und stieß sie brutal gegen die Mauer. Die anderen Gäste waren aufgesprungen und feuerten ihn mit lauten Zurufen an. Ein zweiter hatte bereits sein Glied aus der schmutzigen Hose geholt und rieb daran, um es aufzurichten.

Das Kind wippte gleichmäßig hin und her und summte vor sich hin. Seine Augen waren zu Boden gerichtet, und es hatte die Hände auf die Ohren gelegt. Keuchend ließ der erste Mann von Takrub ab. Sein Erguss lief an ihren Schenkeln herab und auf ihr Gewand. Die anderen johlten Beifall. Schon war der nächste zur Stelle und fasste sie an den Hüften.

Arib machte eine Bewegung, doch Soumaya hielt sie zurück. »Bist du wahnsinnig?«, zischte sie und zerrte Arib hastig weiter. Einige Hundert Schritte schwieg sie, dann erklärte sie ungefragt: »Prinz Muhammad, Takrubs Herr, hat erfahren, dass sie ihm den Bankert eines Eunuchen unterschieben wollte. Sie hat ihn weiter mit ihrem Liebhaber betrogen, und er brauchte Geld. Deshalb hat er sie und ihr Kind an den Weinhändler verkauft. Noch ist ihre Tochter zu jung, aber in ein paar Jahren werden die Männer viel Geld für ihr blondes Haar ausgeben.«

Arib begriff plötzlich, warum Soumaya sie hergeführt hatte. Wortlos zog sie den Izar tief ins Gesicht.

»Deine Familie ist tot. Was nützt es, den Grund zu kennen oder Rache dafür zu nehmen?«, meinte Soumaya ungewohnt ernst. »Finde dich endlich damit ab, die Sklavin des Kalifen zu sein! Du bringst nicht nur dich in Gefahr, sondern auch deinen Liebhaber und dein Kind. Du kennst das Gesetz: Wenn Abdallah deine Tochter als seine anerkennt, genießt sie dieselben Rechte wie seine ehelichen Kinder. Wenn aber nicht, ist sie seine Sklavin, die er jederzeit verkaufen kann.«

Arib blieb stehen, doch sie sah sie nicht an. Trotzig blickte sie die Straße hinab.

»Ich muss dir nicht erklären, was das bedeutet«, sagte Soumaya: »Wenn du wie Takrub endest, was glaubst du, wann deine Tochter anfangen muss, die ersten Freier zu bedienen?«

7 Arib kehrte nicht in den Harem zurück, sondern nahm eine Barke über den Fluss. Was sie in der Weinschenke gesehen hatte, trieb sie in ihr eigenes Haus. Seit Mounyas Geburt hielt sie ihre Tochter dort verborgen, wo der Kalif sie nicht zu sehen bekam. Sie besuchte sie, so oft es ging. Und jetzt sehnte sie sich mehr als sonst danach, das kleine, atmende Bündel in die Arme zu nehmen und seine Wärme zu spüren.

Sie ließ sich oberhalb ihres Hauses an Land setzen und ging die letzten Schritte zu Fuß. So berechtigt Soumayas Warnung war, so sehr trieb sie auch das an, was sie bei dem Seidenhändler gehört hatte. Mit raschen Schritten ging Arib an den alten Männern auf der Mansur-Strasse vorbei, die über den Krieg in Kurdistan oder die neuesten Ergebnisse beim Polo stritten. Hinter den tief herabhängenden vergitterten Balkonen in der Seitengasse regte sich nichts. Sie öffnete die Pforte zum Hof.

Die Amme saß mit Mounya im Schatten, als Arib hereinkam. Sie nahm ihr Kind in den Arm, und es lächelte sie an. Eine warme Zärtlichkeit, die sie früher nicht gekannt hatte, überkam Arib. Während sie ihre Tochter wiegte, summte sie deren Lieblingslied. Schon ihre eigene Amme in Balkh hatte ihr das alte Kinderlied vorgesungen. Selbst wenn Mounya noch so schrie, ließ sie sich damit beruhigen. Zweifelnd schmiegte Arib ihr Gesicht an das weiche Köpfchen. Soumaya hatte recht, sie brachte sich in Gefahr, wenn sie sich um jeden Preis am Afschin rächen wollte. Doch diese Rache war längst ein Teil von ihr geworden. Sie konnte nicht davon ablassen, nicht jetzt, wo sie nur noch die Hand danach ausstrecken musste. Mounya bewegte glucksend das Gesicht an ihrer Schulter, und plötzlich war Arib sich nicht mehr sicher.

Ein Schlüssel drehte sich im Schloss der Seitenpforte unter dem wilden Feigenbaum. Überrascht drehte Arib sich um. Sie drückte Mounya fester an sich. Ein großer, schlanker Mann in dunkler Qaba stand im Hof. An seinem Gürtel hing die schwere fränkische Spatha. Sein Gesicht war schmaler als zuletzt, und er war unrasiert.

»Wolfram«, flüsterte Arib.

Er sah sie auf eine Art an, die ihr den Atem verschlug. Die Abendsonne ließ seine Augen türkis aufleuchten und warf einen rötlichen Schimmer auf sein Haar. Dann bemerkte er Mounya. Das Lächeln verschwand aus seinem Gesicht, und er blieb stehen. Die vollkommene Stille verstärkte das Gefühl seiner Nähe ins Unerträgliche. Seine Stimme verriet nichts, als er fragte: »Du hast ein Kind von Abdallah?«

Arib winkte der Amme, und die junge Schwarze kam herüber. Mounya war eingeschlafen und verzog den fein geschnittenen Mund, als sie sie der Sklavin übergab. Arib blickte dem Mädchen nach, als es das Kind ins Haus trug.

»Sie heißt Mounya – der Wunsch«, sagte sie endlich. Entschlossen sah sie ihm in die Augen. »Weil sie das ist, was ich mir gewünscht habe: das Kind des einzigen Mannes, den ich je wirklich geliebt habe.«

Wolfram verschlug es die Sprache. Ungläubig sah er Mounya nach und kam auf Arib zu.

Sie berührte seine unrasierten Wangen und die Narbe am Kinn, als wollte sie sich überzeugen, dass er es wirklich war. »Mounya ist deine Tochter, du Narr!«, sagte sie. »Nicht die des Kalifen.« Mit einem erstickten Laut zog sie ihn an sich.

Rabab, die etwas später unten aus der Küche in den Hof kam, hörte die Geräusche der Leidenschaft aus dem ersten Stock. Besorgt sah sie hinauf. Nach dem Kalifen hörte sich das nicht an. Die Herrin musste den Verstand verloren haben, ihren Hals noch einmal aufs Spiel zu setzen. Kopfschüttelnd verschwand sie im Haus. Wenn es eines gab, das sie in Aribs Diensten gelernt hatte, dann das: Kein Mann war das wert.

Längst war es dunkel geworden, und der süße Duft des Feigenbaums hing in der Luft. Arib angelte nach Wolframs Qaba, die auf dem Bett lag, und zog sie über ihre schweißbedeckten Körper.

»Bevorzugst du noch immer Männerkleider, oder vertraust du meinem Geschmack mehr als deinem?«, zog er sie auf. Er schob ihr Haar zurück, und seine Lippen glitten wieder über ihr Gesicht und ihre Kehle. Er flüsterte ihr zärtliche Worte zu, die sie kaum verstand. Arib küsste ihn hungrig und ließ sein rötlichblondes Haar durch ihre Finger gleiten. Dann dachte sie wieder an Takrub, und plötzlich hatte sie Angst.

»Du hättest nicht herkommen dürfen«, sagte sie.

»Natürlich nicht.« Um Wolframs Mund bildeten sich die vertrauten Lachfalten. Er strich über ihren nackten Rücken, und Arib genoss den lustvollen Schauer, der sie durchlief. »Zum wievielten Mal sagst du mir nun, ich soll dich nicht anrühren? Erwartest du noch immer, dass ich es ernst nehme?«

Arib befreite sich und streifte ihre durchsichtige Ghilala über. Er wollte sie wieder zu sich herabziehen, doch sie wehrte ab. »Du musst gehen«, sagte sie. »Es ist zu gefährlich!«

Wolfram lachte leise und dunkel. Geschmeidig erhob er sich. Während er nach seinem Hemd griff, scherzte er: »Ich werde herausfinden, wer uns an den Kalifen verraten hat, glaub mir. Und wenn ich den Kerl finde, lasse ich ihn durch die Barid im Tigris ersäufen.«

Arib ließ ihren Gürtel fallen, den sie soeben aus dem Kleiderhaufen gezogen hatte.

Wolfram wurde unvermittelt ernst. Er warf das Hemd aufs Bett und kam näher. »Was ist geschehen?«, fragte er.

Ihre Lippen zitterten, sie konnte ihm nicht in die Augen sehen. Wolfram zog sie in seine Arme. Arib kämpfte dagegen an, doch auf einmal brach alles aus ihr heraus, was sie die letzten Monate gequält hatte. »Ich dachte, ich sehe dich nie wieder!«, schluchzte sie. Sie klammerte sich an ihn und presste das Gesicht an seine Brust. Monatelang hatte sie befürchtet, irgendwann von seinem Tod zu hören. Das Bewusstsein, daran schuld zu sein, hätte sie nicht ertragen. Ganz gleich, was er von ihr denken würde, alles war besser, als noch länger mit diesem Geheimnis allein zu sein. »Ich konnte doch nicht wissen, dass Abdallah mich betrügen würde«, brachte sie erstickt hervor. »Er sagte, er würde dich nicht bestrafen.«

Wolfram erstarrte in ihren Armen. »Sag das noch einmal!«, stieß er tonlos hervor. Er schob sie ein Stück von sich weg, um sie anzusehen. »Was hat er dir versprochen?«, fragte er scharf.

Arib sah zur Seite und biss sich auf die Lippen. »Den Kopf des Afschin«, gestand sie endlich.

401

Wolfram stieß sie so hart von sich, dass sie gegen die Wand taumelte.

»Ich habe all die Jahre auf diese Gelegenheit gewartet!«, schrie Arib. Ihre Tränen versiegten und machten dem Hass Platz, den sie so lange mit sich herumgetragen hatte. »Haidar hat Ibrahim zur Flucht verholfen«, zischte sie. »Und das ist noch nicht alles. Ich werde meinen nächsten Auftritt vor dem Kalifen nutzen. Wenn ich Haidar öffentlich mit einem Lied der Ketzerei anklage, kann ihn selbst Abdallah nicht mehr schützen.« Rachsüchtig setzte sie nach: »Er soll genauso enden wie meine Familie: als ehrloser Ketzer, dessen Sippe bis ins letzte Glied verfolgt wird. Entehrt und ausgelöscht, wie das Geschlecht der Barmakiden!«

Wolfram hatte seine Kleider übergeworfen und sich zur Tür gewandt. Jetzt blieb er stehen und kam zurück. »Und dafür verkaufst du deine Stimme und deinen Körper? Ich habe dich gesehen, wie du auf deine Gabe gespuckt und die Zoten gesungen hast, die Ibrahim hören wollte. Wahrscheinlich weißt du ganz genau, welchen Maqam du der Tageszeit und dem Thema entsprechend dazu wählen musst. Tarab – der Rausch der Musik! Du spielst mit deinen Zuhörern, damit sie deine Wünsche erfüllen. Aber ich habe dich damals gehört, in den Bergen. Du warst nicht ausgebildet, trotzdem lag deine Seele in deiner Stimme.«

Er wartete, doch Arib konnte nicht antworten. Scharf fragte er: »Sag mir die Wahrheit: Hat der Kalif dich gezwungen – oder hast du mich für deine Rache verraten?«

Arib wollte etwas erwidern, aber er ließ ihr keine Zeit dazu. Wolfram packte ihren Arm und schrie sie an: »Was hättest du noch geopfert, um zu bekommen, was du willst?«

»Ich habe Abdallah vertraut!«, erwiderte sie heftig. »Und du bist nicht der Einzige, den er bestraft hat. Wenn der Afschin tot ist, bin ich frei. Du wolltest einmal mit mir zusammen fliehen. Ich habe Freunde ...« Sie fasste ihn beschwörend am Ärmel seiner Qaba. Wolfram machte eine heftige Bewegung, um sie abzuschütteln. Ein Flakon fiel heraus und zerschellte auf dem Boden.

Ein aufdringlicher Geruch nach Ghaliya drang ihr in die Nase. Atemlos starrte Arib auf die Scherben. Niemals würde sie diesen Duft vergessen. Sie hatte ihn in ihrem Rücken auf der nackten Haut gespürt: nachdem sie Ibrahim in den Harem gefolgt war. Kaum jemand außer ihm verwendete dieses Parfüm – schon gar nicht Wolfram.

Aus seinem Gesicht war die Farbe gewichen. Dann wies er mit dem Kinn auf die Scherben. »Wenn du Haidar anklagst, dann sag Abdallah auch, für wen ich das gekauft habe und wo sich Ibrahim jetzt aufhält: in meinem Haus!«

Arib stockte der Atem.

»Was hätte ich tun sollen?«, stieß Wolfram hervor. »Der Afschin brachte mich zu ihm. Du kannst mir glauben, dass ich den Drachen nicht gerade mit offenen Armen aufgenommen habe. Aber wenn Abdallah seinen eigenen Oheim hinrichten ließe, würde seine Familie ihm das nie verzeihen. Noch immer gibt es Prinzen, die ihn ungern auf dem Thron sehen. Er muss den Gegenkalifen begnadigen, sonst wird es wieder Bürgerkrieg geben. Es war meine Pflicht, das zu verhindern.« Die ungekämmten blonden Haare fielen ihm in die Stirn. Sarkastisch sagte er: »Du kannst Haidar vernichten, das ist wahr. Aber du wirst ihn nicht anklagen können, ohne auch mich zu belasten.«

Arib hatte das Gefühl, keine Luft zu bekommen.

Wolfram fasste sie plötzlich unters Kinn, um ihr ins Gesicht zu sehen. »Hasst du ihn so sehr?«

Verzweifelt schwieg Arib.

Er beobachtete sie scharf. »Du bist wirklich nicht mehr die, die du einmal warst«, sagte Wolfram endlich kalt. Er ließ sie los und schüttelte die Scherben des Flakons von seinem Schuh. Die Geste schmerzte Arib noch mehr als sein verächtlicher Ton.

»Tu, was du für richtig hältst«, sagte er endlich. Doch unter der kalten Oberfläche spürte sie seine kaum beherrschte Leidenschaft. »Ich werde bis zu deinem Auftritt nicht mehr in Bagdad sein. Erinnerst du dich? Es gibt Männer, die sterben würden, um eine Sirene singen zu hören. Ich liebe dich zu sehr, als dass ich das Wagnis eingehen könnte.« Ohne sich noch einmal umzusehen, ging Wolfram die Treppe hinab.

»Du weißt, warum ich es tun muss!«, schrie sie ihm nach. »Haidar hat mich zu dem gemacht, was ich bin! Niemand sonst!« Sie lief hinaus auf die Galerie, wo seine hochgewachsene Gestalt im Dunkel des Hofes verschwand. »Dann geh doch!«, schrie Arib, fast verrückt vor Wut. Sie rannte die Treppe hinab, über ihr Gesicht liefen Tränen. »Zum Teufel mit dir!«

Die Pforte zur Seitengasse fiel ins Schloss.

Arib sank auf die steinerne Bank. Ihre Wut verrauchte, sie fühlte sich verlassen und verzweifelt. Fahrig tastete sie nach ihrer Laute. Sie begann die Melodie zu spielen, die sie vor Jahren für ihn geschrieben hatte, dann unterbrach sie sich. Plötzlich erschien sie ihr unvollkommen.

Arib zog die Laute an sich wie den Körper eines Geliebten. Ihre Finger flogen über die Saiten. Wie eine Besessene schlug sie die Töne an, in immer neuen Variationen, auf der Suche nach dem Klang, den sie in ihrem Inneren spürte. Doch die berühmteste Kayna des Kalifen konnte dieses Gefühl nicht in Töne fassen.

8 Auch in den nächsten Tagen ließ Wolfram nichts von sich hören. So sehr Arib ihren eigenen Stolz verfluchte, sie brachte es nicht fertig, ihm zu schreiben. In ihrem Haus wartete sie vergeblich auf ihn, und ihre Wut und ihre Verzweiflung wuchsen von Tag zu Tag. Sie hatte nicht erwartet, dass er Bagdad wirklich verlassen würde. Aber jetzt fragte sie sich, ob er am Ende nicht in sein Land zurückgekehrt war. Es fiel ihr schwer, sich auf ihre

Aufgabe zu konzentrieren. Doch auch wenn der Gedanke an Wolfram sie fast verrückt machte, sie musste die Gelegenheit nutzen: Sie hatte Abdallah um einen großen Auftritt gebeten, und er hatte ihn ihr gewährt. Endlich würde sie den Afschin öffentlich der Ketzerei anklagen und Gerechtigkeit bekommen.

Der Morgen, auf den Arib gewartet hatte, brach warm und dunstig an. Gegen ihre Gewohnheit stand sie schon kurz nach Sonnenaufgang auf. Sie verwendete viel Zeit auf ihre Toilette. Dann hob sie Mounya aus dem Bettchen, das wie bei den Kurden neben ihrem eigenen an der Decke aufgehängt war. Sie nahm ihre Tochter in die Arme und streichelte das kastanienbraune Haar. Mounya gähnte und schmiegte sich mit einem leisen Glucksen an sie. Arib schloss die Augen und drückte sie an sich.

Gegen Abend brach sie zu Fuß zum Kalifenpalast auf. Sie kam die gewundene Schammasiya-Straße entlang, die auf den kleinen Vorplatz der Rusafa-Moschee stieß, und blieb beunruhigt stehen. Die tiefstehende Sonne schien golden auf die Lehmkuppel. Ihre Strahlen fielen durch das Holzgitter am Eingang zum Gebetssaal. Davor hatte sich ein Menschenauflauf gebildet. Schon von Weitem erkannte Arib die rot lackierten Lanzen der Türkensöldner und den glänzenden Fellbesatz ihrer Waffenröcke. Die Gläubigen mussten nicht nur ihre Schuhe draußen lassen, die Soldaten kontrollierten auch, ob sie Waffen bei sich trugen. Frauen hoben die Schleppen ihrer Hosen schamhaft über die Knöchel, alte Männer beeilten sich, hinein oder hinaus zu gelangen. Was die Menschen auf dem Platz so aufbrachte war aber offenbar nicht diese neue Willkür. Die Soldaten hatten ein Edikt an der Moschee angeschlagen, das der Kadi gerade verlas:

»Abdallah al-Ma'mun, der Beherrscher der Gläubigen und rechtmäßige Erbe des großen Harun ar-Raschid, gibt bekannt:

Allah ist groß und allmächtig! Allein der Beherrscher der Gläubigen vermag zu beurteilen, was rechtens ist und was Sünde. Wer

405

einem anderen Glauben anhängt als dem des Kalifen oder derer,
denen er seinen Schutz zugesagt hat, ist ein Ketzer und ihm droht
der Tod...«

Wütende Rufe unterbrachen ihn. Kinder brüllten Schimpfworte, junge Männer machten Anstalten, sich auf den Schwarz-
rock zu stürzen. Die Leute von Bagdad waren offenbar wenig
begeistert, dass der Kalif ihnen in Glaubensdingen den rechten
Weg weisen wollte. Und dass er dazu überdies seine Türkensöldner schickte, Fremde wie er selbst, machte die Sache in
ihren Augen nicht besser.

Die Söldner rückten vor, um den Mob zurückzudrängen.
Arib wurde zur Seite gestoßen. Wütend widersetzten sich die
Menschen. Greise fuchtelten mit ihren Krückstöcken, selbst
das alte Weib, gegen das Arib prallte, schrie aus zahnlosem
Mund Beschimpfungen gegen den Kalifen. Ein paar zerlumpte
Burschen warfen Steine. Immer wieder mussten die Soldaten
sich unter ihre Schilde ducken. Über den Köpfen der Menschen sah Arib die Lanzen mit den schwarzen Wimpeln näher
rücken. Es wäre besser gewesen, ihre Eunuchen mitzunehmen,
dachte sie besorgt. Hastig steuerte sie auf einen fliegenden
Süßigkeitenhändler zu, der nicht weit von der Moschee seinen
Stand aufgebaut hatte, um in die dahinterliegende Gasse ein-
zubiegen. Der Weg führte sie nahe bei den Türken vorbei. Ihre
asiatischen Gesichter mit den dünnen schwarzen Bärten waren streng, immer wieder zuckten ihre Hände nervös zu den
Schwertern.

Eine brennende Fackel flog plötzlich nach der Garde. Arib
sprang erschrocken zur Seite, aufschreiend wichen die Gläubigen zum Gebetssaal zurück. Das Johlen und Klatschen der
jungen Männer kommentierte den Erfolg.

Auf einmal stürmten die Aufständischen vor und rannten
gegen die Soldaten an. Die Männer brüllten und hoben ihre
Schilde. Ungebremst prallten die Randalierenden gegen die
Rüstungen. Die Gardesoldaten verschafften sich mit blanken

Schwertern Luft, doch die Massen waren nicht mehr aufzuhalten. Jemand taumelte gegen die Theke des Süßigkeitenverkäufers. Holz splitterte, der Händler schrie wütend, als sein Stand zusammenbrach. Halwa, honigtriefende Kuchen und Sirupgebäck fielen in den Schmutz und Arib vor die Füße. Kreischend brachten Frauen sich in Sicherheit. Innerhalb weniger Augenblicke hatte sich der kleine Platz in ein Schlachtfeld verwandelt.

Aus den Straßen strömte immer mehr Pöbel herbei. Der Tumult war zu einem gewaltigen, unkontrollierbaren Strom geworden, der Arib einfach mitriss. Es war, als hätten die Menschen seit Langem darauf gewartet, endlich ihrer Wut und ihrem Zorn Luft zu machen. Neben ihr stürzte sich ein Lastenträger mit bloßen Fäusten auf die Schwerbewaffneten. Er stank nach Dung, das schmutzige Gesicht war unnatürlich verzerrt. Mit Berserkerwut ging er auf die Männer des Kalifen los.

Plötzlich erklang ein scharfer Befehl. Das Klirren von Kettenhemden war zu hören. Ein Pferd tänzelte und drängte die tobende Menge langsam, aber unaufhaltsam auseinander. Arib bekam einen Stoß in die Seite, im letzten Moment wich sie den Hufen aus. Der gepanzerte Reiter trug die Ehrenzeichen eines Hauptmanns der Türken. Hinter ihm kam ein Trupp Fußsoldaten, über ihnen wehte die schwarze Standarte des Kalifen. Ein neuer Stoß in ihren Rücken verschlug Arib den Atem und ließ sie aus der Menge in die ruhigere Khorasanstraße taumeln. Keuchend blieb sie in einem Hauseingang stehen und drückte ihre Laute an sich. Wie durch ein Wunder hatte das Instrument keinen Schaden davongetragen.

Ein Schatten fiel vor ihr auf die Straße. »Es ist Zeit, es zu Ende zu bringen«, sagte der Afschin.

Arib hatte sich darauf vorbereitet, ihm heute Abend in die Augen zu sehen. Doch als er jetzt so unvermutet vor ihr stand, starrte sie ihn in wortloser Panik an. Er war unverändert, bis auf das erste Grau, das sich in seinen kurzen schwarzen Vollbart mischte. Die Hand hatte er locker auf den Schwertgriff gelegt.

»Ich nehme an, es war dein Vorschlag, dass der Kalif mich für heute Abend eingeladen hat«, sagte er. »Ich kann mich dem Befehl meines Herrn nicht widersetzen. Aber ich werde nicht einfach abwarten, was du planst. Vermutlich fragst du dich, wie ich dich gefunden habe.« Er lächelte ironisch. »Nun, es ist ja nicht das erste Mal.« Obwohl hinter ihnen der aufgebrachte Mob durch die Straße stürmte, wurde das Schweigen beklemmend.

Auf einmal ließ er die Waffe los. Seine schwarzen Augen verloren ihre Kälte.

Arib folgte seinem Blick – er hatte Theodoras Glasamulett um ihren Hals bemerkt. Staub, Hitze und tausend Berührungen hatten das Heiligenbild verblassen lassen. Vielleicht war es die Art, wie er es ansah, jedenfalls hatte sie plötzlich keine Angst mehr vor ihm. »Erkennt Ihr es wieder?«, brach sie das Schweigen.

Haidar holte tief Atem. »Ich erinnere mich an den Tag, als ich es kaufte«, sagte er rau. »Auf dem Markt von Samarkand gab es einen griechischen Händler. Ich dachte sofort an Theodora, als ich es sah.«

Arib verlor die Fassung. Ihre Hand schloss sich schützend um das Amulett. »Ihr wollt es ihr geschenkt haben?«

Haidar fuhr sich mit Daumen und Zeigefinger an die Nasenwurzel. Die Geste wirkte, als wollte er eine verräterische Schwäche in seinen Augen verbergen. »Du weißt, dass sie mich geliebt hat«, sagte er. »Hundert Mal hatte sie mich angefleht, sie zu kaufen und aus dem Harem deines Vaters zu befreien. Als die Barmakiden vernichtet wurden, wollte ich sie zu mir holen. Doch als es endlich soweit war, floh sie vor mir – um die Tochter ihres Herrn zu retten.«

»Das ist nicht wahr! Ihr …« Arib unterbrach sich. Auf einmal sah sie den Moment wieder vor sich, in dem sie fast besinnungslos vor Entsetzen in Theodoras Armen hing: Über die Leichen ihrer Familie hinweg hatte sich der Afschin ihnen genähert. Theodora war stehen geblieben, einen Herzschlag lang hatten sich ihre Blicke getroffen. »Warum?«, brachte sie endlich hervor.

Haidar hatte sie nicht aus den Augen gelassen. »Hast du dich nie gefragt, warum alle wichtigen Städte entlang der Karawanenwege in der Hand der Barmakiden waren?«, antwortete er mit einer Gegenfrage.

Arib sah ihn ungläubig an. Plötzlich hatte sie das Gefühl, der Boden würde ihr unter ihren Füßen weggezogen.

»Jafar der Barmakide wollte die Straße nach Osten in seine Gewalt bringen. Und damit den wichtigsten Handelsweg des Kalifats«, bestätigte Haidar das, was sie nicht auszusprechen wagte. »Das wahre Fundament der Macht. Jafar wusste: Wer den Handel mit dem Osten beherrscht, beherrscht das Reich der Abbasiden. Anas, dein Vater, war einer der Getreuen, die er gezielt an den wichtigsten Knotenpunkten dieses Weges einsetzte. Der Barmakide gab sich bescheiden, doch in Wahrheit hatten er und seine Familie nur ein Ziel: die Macht über das Kalifat!«

Arib umklammerte den Hals ihrer Laute fester. Trotz der Hitze wurde ihr kalt. Haidars Worte erklärten alles: warum der Kalif seine Marktvogte nach dem Fall der Barmakiden ersetzt hatte. Warum ihre ganze Familie und nicht nur Jafar gestürzt worden war. Sie erklärten selbst Harun ar-Raschids Worte, als der Kalif ihr die Ehre nahm: *Auch du wirst meine Macht erfahren.*

»Die Barmakiden waren die wahren Herren der Karawanenstraße«, fuhr der Afschin unbewegt fort. »Bis der Kalif sich ihrer entledigte, weil er um seine Herrschaft fürchten musste. Es ist eine Ironie des Schicksals: Die Marktvogte von hier bis Balkh bewundern die Kayna Arib. Sie sind bereit, jeden deiner Wünsche zu erfüllen. So haben sich die Barmakiden an ihren Mördern gerächt: Du weißt es nicht, aber du hast längst Jafars Erbe angetreten!«

Arib wollte wütend widersprechen, doch sie konnte nur wortlos den Kopf schütteln.

»Du bist Jafar sehr ähnlich«, fuhr Haidar unbarmherzig fort. »Auch er gab sich elegant und freundlich und schien seinem Herrn treu. Doch hinter seiner schönen Maske verbarg er das Herz eines Tigers. Er beherrschte Harun ar-Raschid, so wie du Haruns Sohn beherrschst!« Seine Stimme wand sich in ihre Seele wie eine giftige Schlange: »Ihr Machthunger wurde den Barmakiden zum Verhängnis. Jafar – Anas – und auch du: der Fluch deiner Familie ist es, alles und jeden zu opfern, um ihr Ziel zu erreichen!«

»Ihr lügt!«, schrie Arib ihn an. Sie ließ ihre kostbare Laute fallen. Die Saiten gaben eine Dissonanz von sich, als das Instrument aufschlug. »Mein Vater war unschuldig!«

»Theodora hat dir nie gesagt, warum ich dich verfolgte?«, fragte er. Auch seine Stimme hatte die kalte Beherrschung verloren. Er musterte sie eingehend. »Du weißt es wirklich nicht«, stellte er dann fest.

Am liebsten hätte Arib wie als Kind die Hände auf die Ohren gepresst, nur um seine Stimme nicht mehr hören zu müssen. Doch sie musste endlich eine Antwort haben. »Warum?«, fragte sie erstickt.

»Ich war zwölf Jahre alt, als die schwarzen Banner des Kalifen von Bagdad immer weiter nach Asien vordrangen«, begann Haidar. Jedes seiner Worte schlug auf sie ein wie eine Peitsche. »Mein Vater hat sich bis zu seinem Tod dem neuen Glauben widersetzt. Aber unser kleines Fürstentum in Samarkand konnte sich den Eroberern nicht entgegenstellen – es fiel.« Seine Stimme wurde hart. »Man zwang meine Schwester, einen der Eroberer zu heiraten. Nie sah ich sie schöner als an jenem Tag. Ihr schwarzes Haar glänzte, ihre Haut war weiß wie Schnee, die Lippen tiefrot. Bevor die Eroberer kamen, führten unsere Frauen ein freies Leben, niemand hätte sie gegen ihren Willen verheiratet. Doch so brachte man sie wie ein Stück Vieh ins Haus ihres Bräutigams. Ich stand unten an der Tür, da hörte ich sie schreien.«

Arib sah die geschminkten Augen Harun ar-Raschids über

sich, und ihr Mund wurde trocken. Sie wusste zu gut, wovon er sprach.

»Es dauerte eine Ewigkeit, bis ihre Schreie und das Keuchen des Mannes verstummten«, sagte der Afschin. »Später brachte ein altes Weib ein blutbeflecktes Tuch. Die Gäste jubelten. Aber für mich war es nur das Blut meiner Schwester, das an diesem Fetzen Stoff klebte. Nach ihrer Hochzeit habe ich sie nie wieder singen gehört. Und als sie die Brut ihres Herrn zur Welt brachte, ließ er sie wie ein Schaf verenden.«

Arib wollte ihn anschreien aufzuhören, doch ihre Stimme versagte.

Erbarmungslos vollendete er: »Der Mann, den sie geliebt hatte, hatte kurz zuvor den Islam angenommen. Erst Jahre später erfuhr ich, dass er es gewesen war, der sie an den Fremden verkauft hatte. An ihrer Statt heiratete er eine Tochter der neuen Machthaber: deine Mutter.«

»Das ist eine Lüge!« Arib ging auf ihn los, um auf ihn einzuschlagen, doch er fing ihre Hände auf.

»Nein, Arib, das ist keine Lüge.« Er lachte humorlos. »Dieser Mann war dein Vater. Ich erfuhr davon, als die Barmakiden fielen, und ich nutzte die Gelegenheit. Auch die Familie Anas' sollte entehrt sein – auch seine Tochter in das Bett eines Fremden gezwungen werden!«

Sie versuchte sich zu befreien, wollte erneut auf ihn einschlagen. Doch er hielt sie unerbittlich fest, bis sie wimmernd nachließ.

»Du weißt, dass es wahr ist«, sagte der Afschin. Er blickte auf sie herab wie auf eine sichere Beute. Ein ironischer Klang lag in seiner Stimme, als er sagte: »Ich bin dir gefolgt, so wie du mich verfolgst. Du willst es nicht sehen, aber wir beide gleichen uns.«

»Das ist nicht wahr!«, protestierte sie zornig. »Ich hatte nichts verbrochen, ich war ein Kind!«

Haidar erwiderte nichts, doch er ließ sie auch nicht los.

»Und Theodora?«, rief Arib heftig. »Ihr habt sie getötet für Eure Rache!«

»Und wessen Leben wirst du für deine aufs Spiel setzen?«
Arib starrte ihn an. Sie sah die verächtliche Geste vor sich,
mit der Wolfram die Scherben des Parfümflakons von seinem
Schuh schüttelte. Aber dann auch wieder das Gesicht ihres
Vaters, als Haidar ihm das Schwert in die Brust stieß, Harun
ar-Raschids Lächeln. Sie fühlte den Hass mit jedem Pulsschlag
durch ihre Adern strömen. Der Afschin wollte sie verunsichern,
doch es würde ihm nicht gelingen. Wolfram hatte Bagdad verlassen, er war in Sicherheit. Aber sie würde es niemals sein,
solange Haidar ibn Kawus lebte.

»Nun gut«, brach der Afschin endlich das Schweigen.
»Heute im Palast wird der Zwist ein Ende finden.« Er lächelte
schmal unter dem kurzen Vollbart und tippte mit der Hand an
das Schwert. Ehe Arib sich fragen konnte, warum er es nicht
benutzt hatte, war er in der tobenden Menge verschwunden.

9 Es war Nacht geworden. Der dunstverhangene
Vollmond warf einen matten Streifen auf den
nachtschwarzen Tigris. Das Boot eines Fischers,
der trotz des Verbots vor dem Khuld-Palast seine
Netze ausgeworfen hatte, durchschnitt die breite Lichtspur.
Für einen Moment ließ der Fischer sich treiben, und seine von
Flöhen bewohnte Flickenjacke glänzte fettig im Monddunst.
Eine Barke näherte sich, und schnell lenkte er seinen Kahn ins
Dunkel.

Die Barke des Rawi Ishak al-Mausili steuerte auf den
Khuld-Palast zu. Kurz darauf erreichte sie die gepflasterte
Anlegestelle des Palastes der ewigen Seligkeit. Trotz seiner
mittlerweile über fünfzig Jahre sprang der Sänger ohne die
hilfreiche Hand seines Sklaven an Land. Er richtete seinen gestreiften Mantel und warf ihn in kühnen Falten über die Schulter. Mit einem letzten Blick in seinen Handspiegel überzeugte
er sich, dass der schwarz nachgefärbte Vollbart perfekt frisiert

war. Dann stieg er die Stufen vom Wasser herauf zu den drei weißen Marmorbögen. Ein Wachsoldat kontrollierte seine Einladung und gab ihm dann den Weg in den Garten frei.

Das Gelände stieg vom Tigris hinauf zum Hauptgebäude leicht an. Die zu Koransprüchen gepflanzten Blumenbeete wurden umso dichter, je näher man dem Palast kam, und ihr Duft umso betäubender. Oben öffnete sich ein Iwan, der im Licht unzähliger Öllampen erstrahlte – als würde der Besucher allmählich hinauf ins Paradies steigen. Pfauen, Strauße und zahme Gazellen liefen frei umher, und der Duft von Ambrafackeln wehte mit dem leichten Wind herab. Alles war bereit für die Göttin des Bagdader Hofes. Arib hatte ihrem Meister einen besonderen Abend versprochen – und ein ungewöhnliches Lied. Doch offenbar war sie noch nicht erschienen.

Ihre Tänzerinnen unterhielten die Zechgesellschaft, als Ishak vorbeiging. An Hand- und Fußgelenken der Mädchen klirrten schwere Goldreife im Takt der Musik. Sie zogen ihre kurzen Schmuckdolche. Arib war streng mit ihnen gewesen, doch es hatte sich gelohnt: Die blitzende Kaskade der Klingen war perfekt. Bleich stachen die ausdruckslosen Gesichter aus der Nacht, wie losgelöst von den Schultern machten die Köpfe der Tänzerinnen ruckartige Bewegungen in dieselbe Richtung.

Ishaks Augen wanderten über den Halbkreis, den die Gesellschaft um sie bildete. In der Mitte war der Baldachin des Kalifen aufgespannt, und er grüßte den Herrscher.

Abdallah al-Ma'mun bedachte die modische Verspätung des Sängers mit einem amüsierten Lächeln und wies ihm einen Platz bei seinen Zechgenossen zur Rechten zu, gleich neben seinem Bruder Muhammad. Eine Sklavin brachte eisgekühltes Rosensorbet und honiggesüßten Wein.

»Nun, konntet auch Ihr der Neugierde nicht widerstehen?«, spottete Muhammad, als sich Ishak neben ihm niederließ. Seit Abdallah al-Ma'mun ihn zum Thronfolger ernannt hatte, war sein Selbstbewusstsein ins Unerträgliche gestiegen – beinahe ebenso wie sein Appetit, der schon früher bemerkenswert gewesen war. Er winkte einem Eunuchen und griff nach einem Granatapfel. Vorsichtig zog er die Frucht an der aufgeplatzten Schale auseinander und saugte die blutroten Kerne aus. »Alles wartet auf Arib.«

Ishak al-Mausili begann sich unruhig umzusehen. Auf der anderen Seite, von ihm aus hinter den Tänzerinnen, saßen die Musiker im Halbkreis. Man hatte ein großes Orchester aufgestellt, nicht nur das kleine *Takht*-Ensemble, das neben der Oud lediglich aus je einer Flöte, Fidel, Harfe und Trommel bestand. Allein fünf Flöten spielten die uralte eintönige Weise, die aus den fernen Steppen Asiens zu kommen schien. Die Fischhauttrommel schlug den Rhythmus, schwerfällig wie die Schritte der Kamele in den endlosen Salzwüsten des Ostens. Ishak sah ungeduldig zum Iwan hinauf, doch niemand zeigte sich dort.

»Ich kenne Orte an Arib, die Euch verborgen geblieben sind«, prahlte Muhammad, während der Rawi mit überkreuzten Beinen herumrutschte, »und ich versichere Euch: Sie ist eine Kayna wie aus den Büchern der Gelehrten – schön, doch teuer, launenhaft und unzuverlässig. Wahrscheinlich liegt sie mit einem ihrer Liebhaber im Bett und betrinkt sich.« Er wechselte einen Blick mit einer Tänzerin.

Selbst die Musiker schienen ihre Herrin zu vermissen, sie blickten fragend zu Ishak herüber. Dieser machte eine kreisförmige Bewegung mit dem Handgelenk. Der Sahib al-Musika verstand. Er nickte seinen Männern zu und spielte das Lied noch einmal von vorne. Aufatmend lehnte sich Ishak zurück. In dieser Endlosschleife konnte das Orchester verharren, bis Arib kam – wenn ihre Tänzerinnen durchhielten.

»Mag sein, dass sie in der Liebe unzuverlässig ist, in der Musik ist sie es nicht«, widersprach er dem Thronfolger. »Ich habe sie erlebt, als sie trauerte, als sie verzweifelt und verängstigt war. In Momenten, in denen jede andere aufgeben würde, ist sie am besten. Wartet es ab – Ihr werdet keinen Makel an ihr finden.« Dennoch sah er besorgt nach dem Seidenbaldachin des Kalifen. Abdallah lag auf einen Ellbogen gestützt auf seinem Sarir und unterhielt sich mit einer jungen Sklavin. Das Mädchen gab sich sichtlich Mühe, ihre prallen Brüste und die von einem Brokatgürtel betonte Taille ins rechte Licht zu rücken. Doch offenbar vergeblich: Immer wieder sah er erwartungsvoll zum Palast.

Plötzlich verstummten die Gespräche. Der Kalif richtete sich auf. Muhammad stieß einen Laut der Bewunderung aus. Die Zechgenossen brüllten begeistert zum hell erleuchteten Iwan hinauf.

Eine ganz in Rot gekleidete Frauengestalt war dort erschienen. Das seidene Oberteil ließ die Brüste frei und war mit Juwelen bestickt. Durch ihre weite Hose schimmerten elfenbeinfarbene Beine. Nur ein golddurchwirktes Brokatband hielt ihr Haar, von dem tropfenförmige Perlen tief in ihre Stirn fielen. Breite Linien betonten ihre dunklen Augen. Sie waren ungewöhnlich groß und leer, doch sie hielt sich wie eine Königin.

Arib zögerte unmerklich, als sie den Treppenabsatz aus blassrot geädertem Marmor erreichte, der ins Freie führte. Langsam, als würde sie die Schwelle zu etwas Unwiderruflichem überschreiten, stieg sie die Stufen hinab. Ihr Körper war angespannt wie der einer Jägerin. In ihrem Kopf hörte sie Haidars kalte Stimme, als er ihr den Dolch an die Kehle hielt: *Was ist nun mit deinem Stolz?* Der Nachhall des Schmerzes von damals pochte in ihrem Leib, die Scham, als sie sich Blut und Erbrochenes aus dem Gesicht gewischt hatte und die obszönen Schilderungen vom Hof zu ihr heraufgedrungen waren. Ihr halbes Leben hatte sie auf diesen Augenblick gewartet. Doch nichts war in ihrem stark geschminkten Gesicht zu lesen. Die Kayna Arib hatte lange gelernt, ihre Gefühle hinter diesem maskenhaften Lächeln zu verbergen.

»Arib, der Stern des Ostens!«, rief einer der Zechgenossen und andere stimmten ein. Mit Rufen und Klatschen begrüßten die Männer die Sängerin. Sie umrundete den Baldachin des Kalifen, bis sie in der Mitte des Halbkreises vor einer steinernen Bank stand. Mit einer geübten anmutigen Bewegung grüßte sie ihren Herrn. Ein scharfer Seitenblick traf den Afschin, der bleich, aber scheinbar gefasst am unteren Ende des Halbkreises saß. Die Tänzerinnen wichen nach beiden Seiten zurück, bereit für das Lied, das sie eingeübt hatten.

Arib ließ sich nieder, ohne Haidar aus den Augen zu lassen. Für einen Augenblick glaubte sie, das kalte Lächeln von damals um seinen Mund zucken zu sehen. Irritiert umfasste sie das alte Glasamulett. So wenig abergläubisch sie sonst war, sie hatte ihre Laute noch einmal ganz neu besaiten lassen. Jetzt war sie plötzlich froh darüber. Ob eine gesprungene Darmsaite nun den Tod verhieß oder nicht, sie wollte es nicht darauf ankommen lassen.

Haidar hat die Gunst des Kalifen verraten, wie ein Feind, der eine Jungfrau entehrt. Doch unerbittlich rächt Gott seine Taten, der Gott der Rache, der alles zerstört, lag der Text auf ihren Lippen. Heute würde sich zeigen, ob sie es verstand, mit den Seelen ihrer Zuhörer zu spielen. Die Trommel schlug einen herausfordernden Rhythmus, die Tänzerinnen wiegten sich in den Hüften. Dann setzte die Musik aus. Arib hob die Laute. In diesem Augenblick bewegte sich der Seidenvorhang des Baldachins, und der Mann, der davon verdeckt worden war, trat heraus. Es war Wolfram.

Ihre Lippen öffneten sich, doch sie brachte keinen Laut hervor. Langsam wie bei einem Feuer, das zu Asche verglüht, wich die Farbe aus ihrem Gesicht. Die Musik setzte wieder ein, ein Missklang störte die Harmonie. Den Zuhörern stockte der Atem. Erst jetzt begriff Arib, dass sie selbst es gewesen war, die danebengegriffen hatte. Noch nie hatte sie bei einem Auftritt die falsche Saite angeschlagen.

Kalter Schweiß trat ihr auf die Stirn. Jetzt war ihr klar, warum der Afschin weder versucht hatte zu fliehen, noch sie zu töten, als er die Gelegenheit gehabt hätte: Ihr Geliebter war die letzte und zugleich die wirkungsvollste Waffe, die er in diesem Kampf gegen sie aufzubieten hatte.

Du wirst Haidar nicht anklagen können, ohne auch mich zu belasten, sagte Wolfram in ihrem Kopf. Er sah sie ausdruckslos an.

Arib hob plötzlich die Hand und winkte ab. Der Sahib al-Musika blickte überrascht zu ihr herüber, die Tänzerinnen stießen sich an. Die Musik verstummte, zuerst der schwere, warme Basston der Darbuka, die zarte Rababfidel, und schließlich die Flöten. Die Musiker tauschten überraschte Blicke aus, die Zechgenossen tuschelten verstohlen.

Arib streichelte das goldfarbene Holz ihrer Laute. Sie setzte erneut an. Doch auf einmal begann sie zu modulieren und ging in ein anderes Lied über.

Das Tuscheln verstummte. Sie spielte eine einfache, und doch tiefe Melodie. In ihrer Stimme lag ein heller Klang, unter den sich dunkle Töne mischten wie eine gefährliche Unterströmung im scheinbar klaren Wasser. Es war das Lied, das sie vor Jahren geschrieben hatte, als sie Wolfram zum ersten Mal begegnet war. Und auf einmal wusste sie, wie dieses Lied klingen musste, um vollkommen zu sein.

Ihr Körper wurde eins mit der Laute. Sie spürte die Blicke der Hofgesellschaft auf sich. Wolframs Gesicht verschwamm mit denen der Zuhörer. Sie sang es für ihn, für Mounya, und für jeden von ihnen. Weich und dunkel webten sich die sehnsüchtigen Worte in die warme Nachtluft. Die perlenden Lautenklänge erinnerten an die Glöckchen der Karawanenstraße. Und auf einmal spürte sie von den Zuhörern etwas auf sich zukommen. Es war nicht die bekannte Woge der Begierde, sondern etwas anderes – wie ein kaum spürbares Knistern in der Luft, das sie weiter antrieb. Arib veränderte den Ansatz ihrer Stimme. Der raue, beduinische Klang brach aus der Grundmelodie hervor, klagend und rein wie der Schrei eines Neugeborenen, wie der verlorene Schrei in der unendlichen afghanischen Steppe: *Warum bist du von mir gegangen, warum hast du mich verlassen? Es war nicht recht zu gehen, ohne mir ein Pfand zu lassen.*

Sie sah Theodora lachend am Weinstand ausschenken. Ronis flatterndes Haar auf dem galoppierenden Pferd. Wolframs Lächeln über ihr im Gras. Harun ar-Raschid. Noch einmal jagte der Schmerz durch ihren Körper, der ihre Stimme beinahe für immer hätte verstummen lassen. Sie ließ die Oud sinken und improvisierte weiter. Persische Tradition oder arabische, es spielte keine Rolle mehr, beide gingen ineinander über. Die Töne flossen über ihre Lippen wie ungeweinte Tränen. Das aufgeschminkte Lächeln verschwand von ihrem Gesicht. Arib ließ jede Maske fallen.

Sie nahm die Laute wieder auf. Jetzt näherte sie sich der schwierigsten Passage des Liedes. Der Wechsel zur Bayati-Tonart kam plötzlich – überraschend wie die Liebe.

Wie von selbst griffen ihre Finger den Übergang. Sie spürte den leisen Aufschrei der Zuhörer mehr als sie ihn hörte, nahm die Grundmelodie wieder auf und erzählte in immer neuen Läufen die alte Geschichte. So wie sich Blumen um die strenge Kufi-Schrift ranken, webte sie Verzierungen um die Melodie und steigerte sie zu einer verschlungenen Arabeske. Die quälenden Erinnerungen verblassten. Sie erzählte die Geschichte der einzigen Liebe ihres Lebens – einer Liebe, die so stark war, dass sie sich eher hätte verbieten können zu atmen, als sie aufzugeben. Einer Liebe, die sich in der Liebe zu ihrer Tochter fortsetzte. Etwas, das in den verborgenen Tiefen ihrer selbst gewartet hatte, flog auf wie ein befreiter Vogel. Und auf einmal bewegte es ihre erstarrte Seele: *Der Mann, den ich liebe, hat blaue Augen und rotblondes Haar. Mein Herz ist verrückt nach ihm, und ich schäme mich nicht. Entzieht ihn meinem Blick, dann bleibt sein Bild in mir verborgen. Mein Geliebter ist schön wie der Mond, doch der Mond stirbt mit dem Morgen. Er aber bleibt beim ersten Tageslicht. Mein Herz ist verrückt nach ihm, und ich schäme mich nicht.*

Der letzte Ton verklang. Schwer atmend ließ Arib die Hand mit dem Plektron sinken. Das Haar fiel ihr ins Gesicht, ihre Finger brannten vom Greifen der Akkorde. Der Wind hatte sich gelegt. Die Menschen wagten nicht einmal zu atmen.

Ein peitschendes Geräusch durchschnitt die Stille. Die Zuhörer fuhren zusammen. Ein kurzer Schmerz zuckte durch Aribs Hand. Etwas tanzte um ihre Finger, dann fiel es herab. *Zir* – die erste Saite, die Saite der Tapferkeit.

Arib hob den Kopf. Sie nahm den erleuchteten Garten wahr, die Männer und die Sklavinnen, die sie schweigend anstarrten, die auf einmal begriffen, dass sie Zeugen von etwas geworden waren, das sich jeder Vernunft entzog. Wolframs Lippen hatten sich leicht geöffnet. Niemand sprach ein Wort.

Dann brach tosender Applaus los. Die Zechgenossen fielen einander in die Arme. Weinend und lachend schrien sie durcheinander. Einer taumelte wie ein Betrunkener, andere rissen sich die Gewänder vom Leib, fluchten und beteten. Ishak und Muhammad umarmten sich, schüttelten fassungslos den Kopf.

Langsam ließ Arib ihre Laute sinken und erhob sich. Der Afschin machte keinen Versuch zu fliehen. Er sah sie nur an wie er Theodora angesehen hatte – damals, als er sie getötet hatte, weil sie zwischen ihm und seiner Rache stand. Arib begriff auf einmal, dass er diesen Tag in all den Jahren genauso wenig vergessen hatte wie sie. Da neigte er stumm vor ihr den Kopf.

Und in diesem Augenblick wusste Arib, dass sie nicht in derselben Hölle leben wollte wie er. Dass sie Haidar ibn Kawus niemals so hassen konnte, wie sie Wolfram liebte.

Schmerzhaft hallte der Beifall in ihren Ohren. Plötzlich liefen Tränen über ihr Gesicht. Mit einem Ruck wandte sie sich ab und rannte durch die dunklen Gärten davon.

Epilog

Der nächste Morgen brach im Dämmerlicht heran wie der Beginn einer neuen Welt. Geisterhaft schälten sich die Paläste von Rusafa am andern Ufer aus dem Nebel, zartrosa überhaucht vom ersten Sonnenlicht. Flussabwärts drehte sich ein Schaufelrad und pumpte Wasser in die ausgedehnten Gartenanlagen. Das gleichmäßige Geräusch durchbrach rhythmisch die Stille.

Arib kam durch den Garten des Khuld-Palastes herab zu der Bank, auf der sie am Vorabend gesessen hatte. Ein schlichtes goldenes Netz hielt ihr Haar. Keine aufreizenden Farben verrieten die berühmteste Kayna des Reiches. Über ihre schwarze Hose fiel ein langes Hemd. Sie trug keine Jubba, nur ein einfacher dunkler Mantel lag um ihre Schultern. Ihr Gesicht war ungeschminkt, doch ihre Haut hatte dieselbe zarte Farbe wie das erste Licht auf den Palästen. Sie verlieh ihr eine andere, lang vergessene Schönheit. Nachdenklich berührte sie den feuchtwarmen Stein. Von der nächtlichen Bühne, dem magischen Bereich, der die ganze Welt in sich zu fassen schien, war nichts geblieben. Sie sah durch die Marmorbögen hinab zum Tigris. Hier hatte sie ihre Triumphe gefeiert, Glanz und Elend bis zur Neige ausgekostet. Der Ruhm ihres Liedes hatte sich schon vor dem Morgengebet in ganz Bagdad verbreitet. Doch deshalb war sie nicht gekommen.

Arib ging durch das feuchte Gras hinab zum Fluss und zog die gesprungene Darmsaite aus dem Ärmel. Der alte Aberglaube hatte recht behalten, es war etwas gestorben: Der Hass, der sie ihr halbes Leben lang angetrieben hatte. Langsam trat sie auf die gepflasterte Plattform unter den Marmorbögen und stieg die wenigen Stufen hinab. Das Wasser spielte um ihre Füße und benetzte die Schleppe der langen Hosen. Dann beugte sie sich hinab und übergab die Saite dem Fluss.

Das Wasser kräuselte sich und zog den hellen Faden in die Strömung. Unaufhaltsam trug es die Saite flussabwärts. Arib sah ihr traurig und glücklich zugleich nach. Es war ein Teil ihres Lebens, den sie dem Tigris anvertraut hatte, und sie hätte sich dafür keinen anderen Ort vorstellen können als diesen, wo jener Lebensabschnitt zu Ende gegangen war. Den Hass aufzugeben bedeutete auch, die Toten endlich zu begraben. Es fiel ihr schwer, doch es war unmöglich, den Strom aufzuhalten. Die Zeit der Barmakiden war unwiederbringlich vorbei. Es blieb nur, etwas neu zu beginnen.

»Dein Ruhm verbreitet sich in ganz Bagdad«, sagte Abdallah al-Ma'mun hinter ihr. »Wenn es deine Absicht war, unsterblich zu werden, hast du dein Ziel erreicht.«

Arib richtete sich auf. Er musste unbemerkt durch den Garten herabgekommen sein. In seinem schwarzen Vollbart fingen sich glitzernde Tropfen. »Gestern hast du uns alle zu deinen Sklaven gemacht«, sagte er und kam näher. »Dieses Lied war das beste, das ich je von einer Kayna gehört habe. Ich habe meinem Schatzmeister befohlen, dir tausend Dinar zu schicken.« Sie schüttelte den Kopf, und er küsste ihre Hand. »Ich weiß, dass es nur eine bescheidene Anerkennung ist. Ich habe dich fast jedes Mal gehört, seit du zum ersten Mal in Rakka gesungen hast. Aber gestern warst du eine andere.«

Langsam zog Arib ihre Hand zurück. Sie wusste, worauf er hinauswollte.

»Es war seinetwegen«, sagte Abdallah. Doch von der unheimlichen, unterdrückten Wut, die sie an ihm zu fürchten gelernt hatte, war nichts mehr in seinem Gesicht zu erkennen. »Ich habe die Blicke gesehen, die du mit ihm gewechselt hast. In all den Jahren hast du keinen Mann so angesehen.«

Von irgendwoher auf dem Wasser klang eine Laute. Ein Lied wehte über den Tigris zu ihnen herüber wie aus einer anderen Welt. Eine Frauenstimme mischte sich hinein, die Worte waren deutlich zu verstehen. Das Lied handelte von einer Sängerin, der die Menschen vom Maghreb bis Khorasan zu Füßen lagen – mächtiger als eine Königin. Abdallah schien mit sich zu kämpfen. »Es bleibt also bei deinem Entschluss?«, fragte er endlich.

421

»Du hast es mir versprochen«, erwiderte Arib. Sie war sich nicht sicher, ob er dazu stehen würde. Beide wussten sie, was eine solche Erlaubnis wert war, wenn der Besitzer einer Sklavin andere Pläne hatte. »Schon damals, als du mich von Zubaida kauftest, und gestern noch einmal: Ich habe deine Erlaubnis Wolfram zu heiraten.«

Abdallah blickte hinab zum Fluss wie um sie nicht ansehen zu müssen.

»Ich weiß nicht, ob er noch in Bagdad ist und ob er mich überhaupt noch liebt«, fuhr sie fort. »Aber ganz gleich, wo er jetzt ist, ich werde ihm folgen.«

Der Kalif zögerte. »Also gut«, sagte er endlich. Es kostete ihn sichtlich Überwindung, doch dann setzte er rau nach: »Ein Mann von Ehre nimmt ein Geschenk nicht zurück.«

Arib empfand eine warme Dankbarkeit. »Zum ersten Mal in meinem Leben weiß ich, wohin ich gehöre, Abdallah«, sagte sie leise. Auf einmal hatte sie das Gefühl, ihm eine Erklärung schuldig zu sein.

Der Kalif sah sie lange an. »Ich habe es befürchtet«, erwiderte er schließlich. »Das ist das Einzige, was ich dir nicht bieten kann.« Sie wollte seine Schulter berühren, doch er wandte sich ab. Ohne ein Wort ging er zurück zum Haupthaus, dessen Mauern sich grau aus dem verhangenen Himmel hoben. Seine Schritte waren langsam und schwer.

Der Sklave, der Arib hergebracht hatte, wartete auf sein Ruder gestützt in dem Schilfrohrboot. Von Süden her, wohin der Strom die Saite längst davongetragen hatte, riss der Nebel allmählich auf. »Sollen wir fahren?«, fragte der Bootsmann.

Ein Sonnenstrahl tauchte das jenseitige Ufer in ein unwirkliches Licht. Ohne ihre Rache fühlte Arib sich seltsam leer – aber auch frei. Vom fernen Balkh hatte ihr Weg sie durch die Steppen Asiens hierher geführt. Allzu oft hatte sie die falsche Abzweigung eingeschlagen und doch immer wieder hierher zurückgefunden: nach Bagdad, wo sich die Wege kreuzten, auf denen sich Menschen seit Jahrtausenden begegneten, sich verloren und wiedertrafen. So würde sie auch Wolfram wiederfinden. Auf der nahen Hauptbrücke hörte sie die Glöckchen einer Seidenkarawane und die Stimmen der Treiber – den Ruf der Straße. Auf einmal stahl sich ein Lächeln auf ihre Lippen.

»Wir können fahren«, antwortete Arib. »Ich bin bereit.«

Die Sängerin von Bagdad –
Legende und Wahrheit

Mit ihrer Stimme bezauberte sie die Reichen und Schönen, mit ihrer Sinnlichkeit machte sie sich die größten Herrscher zu Sklaven. Arib, die berühmteste Diva am Hofe zu Bagdad, war Göttin und Hure zugleich. Ihre Lieder, ihre Gunst und mitunter ihre bloße Anwesenheit ließ sie sich mit Geschenken belohnen, die ihre Gönner ruinierten. Ehrfürchtig sagten ihre Zeitgenossen von ihr, keine Frau komme ihr gleich – und auch nicht viele Männer. Sie schaffte es tatsächlich in die Chroniken, unter anderem in das wichtigste arabische Werk über Poesie und Musik überhaupt: das Kitab al-Aghani. Abdallah ibn-al-Mu'tazz, der Sohn eines späteren Kalifen, schrieb ein eigenes Buch über sie. Erst Jahrhunderte nach ihrem Tod geriet sie langsam in Vergessenheit.

Sie muss eine starke Persönlichkeit gewesen sein: leidenschaftlich, intelligent und gnadenlos ehrlich. Die Kalifen lagen ihr zu Füßen, die Frommen verfolgten sie mit Hass. Ihre einzigartige Ausstrahlung brachte die Männer um den Verstand. Mit ihren Liedern lenkte sie ihre Seelen, versetzte sie in jenen Rausch, den Tarab, den die Gelehrten erbittert bekämpften. Die Männerphantasien, die sich um sie rankten, wusste sie geschickt zu bedienen, und sie liebte es, alle Konventionen zu brechen. Am Ende ihres Lebens rühmte sie sich, mit acht Kalifen geschlafen zu haben.

Der berühmteste Sänger seiner Zeit, Ishak al-Mausili (767–850), bewunderte sie. Von der Zeit des legendenumwobenen Harun ar-Raschid (766–809) an, des Kalifen, der durch 1001 Nacht unsterblich wurde, bis zum Machtverfall seiner Nachfolger reicht die Spanne ihres langen Lebens. In diesem Leben war sie Hure, Göttin, Künstlerin und Liebende – und immer auf der Suche nach dem eigenen Glück.

Ihre Kochkunst war fast so berühmt wie ihre Fertigkei ten auf der Bühne und im Bett. Der Bonvivant Ibrahim ibn al-Mahdi (779–839) hörte sie schon als junges Mädchen und war hingerissen. Der Kalif Abdallah al-Ma'mun (786–833), Harun ar-Raschids Sohn, erwarb sie für eine schwindelerregende Summe. Bis zu seinem Tod war er ihr ebenso verfallen, wie er sie hasste – denn der Leidenschaft ihres Herrn zum Trotz heiratete sie einen anderen: ihren Geliebten, dessen rotblondes Haar sie besang. Während andere Haremsdamen um die Gunst ihres Herrschers buhlten und gegeneinander intrigierten, leistete sie sich den Luxus, ihrem Herzen zu folgen. Wenn ihr danach war, stieß sie die mächtigsten Männer der Welt vor den Kopf. Stets hat sie behauptet, von edler Abkunft zu sein. Sie starb um das Jahr 880, hochgeehrt im Alter von rund 90 Jahren. Anders als bei den meisten Kurtisanen hatten ihre Ausstrahlung und ihr Können den Glanz der Jugend überdauert. Doch wer war die Frau hinter der glanzvollen Fassade aus Luxus und Ausschweifung?

Arib faszinierte mich vom ersten Moment an. Ich wusste sofort, dass ich über sie einen Roman schreiben wollte. Oft hatte ich das Gefühl, sie sähe mir beim Schreiben über die Schulter. Es würde zu ihr passen, denn sicher hätte es ihr gefallen, nach mehr als tausend Jahren wieder im Licht der Öffentlichkeit zu stehen. Bisweilen war sie mir mit ihren Einflüsterungen fast unheimlich – wenn ich wieder einmal in einer arabischen Chronik über sie berichtet fand, was ich stolz für meine eigene Idee gehalten hatte.

Zugunsten der Romanhandlung habe ich mir einige Änderungen gegenüber den Chroniken erlaubt. Wer allerdings glaubt, ich hätte es mit den Ausschweifungen am Hofe der Kalifen übertrieben, der irrt. Die ausufernden Gelage gehörten über Jahrhunderte hinweg zum Hofzeremoniell. In der Tat endeten sie erst dann, wenn der Gastgeber betrunken war. Und das konnte dauern: Der für seine Völlerei bekannte jüngere Bruder Abdallahs, Muhammad al-Mu'tasim (er regierte von 833 bis 842), rühmte sich, nach sieben Ratl (etwa 3,5 Litern) Wein noch reiten zu können. Arib genoss das Privileg, Zechgenossin des Kalifen zu sein, ein Amt, das sonst Männern vorbehalten war. Auch sie dürfte einiges vertragen haben – in ihrer Branche war das allerdings so etwas wie eine Berufsvoraussetzung.

Und die Lieder der Singsklavinnen? Die waren berüchtigt. Nur von Unzucht handelten sie, dienten allein der Verführung, so wetterten die Gelehrten. Von Aribs weit über tausend Liedern ist leider nur wenig überliefert – die meisten Texte habe ich mit Hilfe arabischer Vorlagen anderer Sängerinnen und Poeten ihrer Zeit nachgedichtet, mit einer Ausnahme: Die Verse für Wolfram sind wirklich von ihr. Einige wenige, übrigens die weniger obszönen, stammen aus meiner eigenen Feder.

Der glanzvolle Bagdader Hof zur Zeit Aribs beherrscht bis heute unser Bild vom Orient. Luxus, Ausschweifungen und Intrigen am Hofe Harun ar-Raschids haben wir vor Augen, wenn wir die magischen Worte »Harem« oder »Kalif« hören und uns in die Welt von 1001 Nacht träumen – auf eine abenteuerliche Reise über die Seidenstraße.

Arib verkörpert einen Orient, der heute von Fundamentalisten totgeschwiegen wird. Die muslimische »Madame Pompadour« lebte in einer Zeit, in der Sexualität und Lebensgenuss nicht verdammt wurden, in der man in derben Worten darüber sprach. Es war eine Zeit, in der sich Kalifen wie Muhammad al-Amin (787–813) mehr oder weniger offen zu ihrer Homosexualität bekannten und in der eine Kurtisane einflussreicher sein konnte als ein Wesir. Aber es war auch eine Zeit, in der zum Leben nicht nur gutes Essen, Wein und Sex, sondern auch Dichtung und Musik gehörten – die so zu einmaliger Vollendung gelangten. Und es war die Zeit, in der Künstler und Scharlatane, Pilger und Diebe, Heilige und Huren über die uralte Seidenstraße ihren Weg in ein neues, weltoffenes Bagdad fanden.

Aus Aribs erotischem Kochbuch

Arib hatte Spaß daran, ihren Liebhabern kleine Köstlichkeiten zu schicken, die sie selbst zubereitet hatte. Ihrerseits war sie eine ausgesprochene Feinschmeckerin: Einen Verehrer, der ihr Brot, Fleisch und Wein schickte, lachte sie aus. Mit ihrer Antwort erhielt der verdutzte Galan auch mehrere erlesene Pasteten – damit er begriff, wie man einer Frau wie Arib zu begegnen hatte.

Essen und Verführung hängen in der Erotik der islamischen Welt eng zusammen. In der Bagdader Schickeria war es üblich, sich gegenseitig mit großen Menüs zu verwöhnen. Eine sinnliche Frau wie Arib verstand sich ganz besonders gut darauf.

Deshalb habe ich die leckersten Rezepte aus dem Roman noch einmal zum Nachkochen zusammengestellt. Sie stammen aus den Kochbüchern der Bagdader High Society im 9. Jahrhundert. Ich habe sie im Selbstversuch getestet (nach welchen Kriterien verrate ich nicht) und behutsam an moderne Verhältnisse angepasst (zum Beispiel bei den Mengenangaben und Garzeiten). Vielleicht fällt Ihnen auf, dass kaum Zwiebeln und Knoblauch verwendet werden. Das hat seine Gründe: Beide waren wegen ihres Geruchs in der feinen Gesellschaft verpönt.

Ob die Gerichte aus 1001 Nacht ihre Verführungskraft noch immer entfalten? Das liegt an Ihnen! Ein gutes Essen braucht Zeit und die passende Umgebung und Kleidung. Es müssen nicht immer gleich Brokatgirlanden, Lautenklänge, Hammams und exotische Gärten sein – auch ein Korb überreifer Granatäpfel oder Feigen, Kerzen und sinnliche Musik können ihre Wirkung tun. Unabdingbar ist ein guter Wein. Ach, und das Wichtigste: Vergessen Sie die Kalorien!

Das Vorspiel: *Liebesbisse*

Als *Liebesbiss* eignet sich ein Stück Obst oder Gebäck. Man kann es der Einladung zum Essen beilegen oder als Appetithappen anbieten. Eine einzelne Dattel oder Mandel gilt als erotische Anspielung – die Dattel steht für das männliche Geschlechtsteil, die Mandel für das weibliche. Datteln wird aphrodisierende Wirkung nachgesagt – genau wie dem Safran, dem Champagner unter den Gewürzen. Das Wichtigste am Liebesbiss: der eine Partner muss ihn anbeißen, ehe er ihn dem anderen reicht.

Aribs Honigdatteln

je 12 frische Datteln und geschälte Mandeln
250 Gramm Honig
2 EL Rosenwasser (Apotheke)
1 gut bemessene Prise Safran (am besten in Fäden)

Die frischen Datteln mit einer Nadel vorsichtig entkernen. In jede Dattel eine geschälte Mandel stecken. Honig, Rosenwasser und Safran aufkochen. Die Hitze herunterschalten und die Datteln unter Rühren etwa eine Stunde auf ganz kleiner Flamme darin ziehen lassen. Vorsicht, lassen Sie sie nicht kochen, sonst wird Chutney daraus! Für den westeuropäischen Geschmack ist das eigentlich süß genug – das Originalrezept schlägt vor, die Datteln mit Zucker zu bestreuen und mit Moschus zu aromatisieren. Die fertigen Honigdatteln in ein Glasgefäß schichten, mit Zucker bestreuen und fest verschließen. Nach drei Wochen sollen sie essbar sein – schmecken aber auch schon früher.

Wem das zu orientalisch-klebrigsüß ist, der probiert vielleicht diese Version:

Datteln mit Pistazienmarzipan

je 100 g unbehandelte Pistazien (ohne Schale) und Puderzucker
1 EL Rosenwasser
etwa 12 Datteln

Die Pistazien fein reiben und mit Puderzucker und Rosenwasser im Mixer zu einer Marzipanmasse verbinden. Die entkernten frischen Datteln damit füllen.

Arib hätte 1 Teil Pistazien auf 3 Teile Zucker genommen. Für weniger abgehärtete Westeuropäer empfiehlt sich eher eine Mischung zu gleichen Teilen, denn auch die Datteln sind süß. Auch heute noch füllt man im Orient Datteln mit verschiedensten Mischungen. Probieren Sie einmal Ricotta!

Der erste Gang: *Verführung mit Granatapfel und Safran*

Der Granatapfel – eines der berühmtesten Aphrodisiaka des Orients, die fruchtgewordene Verführung! Das schwellende Fruchtfleisch und die blutroten Kerne mit dem klebrigsüßen Saft wurden zum Inbegriff von Sinnlichkeit.

Hamida-Hühnchen – Saures Hühnchen

1 Huhn aus Kaskar (Kaskar ist ein Marktflecken zwischen Euphrat und Tigris. Aber natürlich tut es auch ein anderes fettes Huhn. Für zwei Personen reicht ein kleines, aber machen Sie ruhig eine größere Portion. Wer will schon am Tag »danach« eine Stunde am Herd stehen?)
etwas getrockneter Koriander
Öl, am besten Sesamöl
die Hälfte einer kleinen Melone (z. B. Cantaloupe)

Sumachsaft (türkisches Spezialitätengeschäft oder Feinkost-
abteilung im Supermarkt) nach Geschmack
oder Saft von je einer halben Zitrone und Orange
1 Granatapfel

Das Huhn waschen, salzen und in 6 Stücke (je 2 Keulen, Flügel und Brustfilets) zerteilen. Die Hühnerstücke in wenig Öl
anbraten. Mit etwas getrocknetem Koriander bestreuen und
einige Stücke von der Melone hinzugeben. Wenn das Fleisch
goldbraun ist, überschüssiges Fett abgießen und Sumachsaft, Granatapfelkerne (etwa von einem halben Granatapfel,
den Sie auch wie eine Zitrone auspressen können), Zitronen-
und Orangensaft hinzufügen. Etwas vom Granatapfel für die
Dekoration übrig lassen. Die Melone wegwerfen und das Huhn
30–45 Minuten im zugedeckten Topf bei kleiner Hitze schmoren lassen. Mit Safranreis und frischen Granatäpfeln servieren.

Safranreis: einfach wenige Fäden Safran zum Kochwasser geben. Zur Not gibt auch eine Prise Kurkuma die gelbe Farbe.
Heute gibt es zahllose Varianten davon: Sie können den Reis
mit gerösteten Pinienkernen, etwas Zimt und Nelken, Granat-
apfelkernen oder Rosinen verfeinern. Auch gut: mit frischem
Koriandergrün und Petersilie garnieren, beides sind traditio-
nelle Aphrodisiaka.

Samak Musakbaj – Fisch mit Safran und Sellerie

Frischer Fisch (In Bagdad verwendete man meistens Süß-
wasserfische aus dem Tigris. Es eignet sich aber jeder Fisch mit
festem Fleisch.)
1 TL getrockneter Koriander
Weißweinessig (je nach Größe des Fisches, etwa 50 ml)
Safran
ein paar Sellerieblätter

Den Fisch entgräten, in Stücke schneiden bzw. filetieren und in Sesamöl braten. Währenddessen den Essig mit ein paar Fäden Safran färben. Etwas trockenen Koriander auf die Fischstücke streuen, dann alles mit dem Safranessig beträufeln, bis der Fisch den Essig gut aufgenommen hat. Mit Sellerieblättern servieren.

Sellerie soll gegen Impotenz helfen und vor allem Männer auf Trab bringen.

Samak Mashwi – Bratfisch
Bastelei für die Bagdader Schickeria. Vergessen Sie Sushi!

ein großer oder mehrere kleine Fische (Arib hätte einen großen Karpfen genommen. Gut eignen sich auch Doraden.)
Sumachsaft, ersatzweise der Saft einer halben kleinen Zitrone
ein Hauch Knoblauch (höchstens eine Viertelzehe)
Thymian (je nach Größe des Fischs: für einen mittelgroßen etwa einen halben TL), und jeweils ebensoviel Koriander, Kreuzkümmel, Zimt und Mastix (Spezialitätengeschäft)
etwa 50 g Walnüsse (für einen großen Fisch etwas mehr)
einige Safranfäden, aufgelöst in ca. 2 EL Rosenwasser (je nach Größe des Fisches)

Den Fisch vorsichtig häuten. Das ist nicht so schwer wie es sich anhört und geht so: Mit einem großen, sehr scharfen Messer vorsichtig vom Kopf her unter der Haut zum Schwanz hin fahren, den Fisch umdrehen und auf der anderen Seite dasselbe Spiel wiederholen. Die Wirbelsäule vorsichtig mit dem Messer brechen und Fleisch und Gräten am besten in einem Stück herausziehen. Die Fischhaut samt Kopf und Schwanz aufheben. Vom Fleisch die Gräten entfernen. Das Fleisch mit den Walnüssen, dem Sumach, den Gewürzen und dem Knoblauch mischen und mit einer Prise Salz und etwas Sesamöl verfeinern.

Den Fisch mit dem Safran-Rosenwasser und etwas Sesamöl innen und außen einpinseln und dann die Farce hineinfüllen. Vorsichtig mit Küchengarn fixieren. Nach dem mittelalterlichen Rezept wird der Fisch jetzt auf einem Bratspieß langsam und vorsichtig im Ofen gegart. Kleinere Fische können Sie aber auch gut in der zugedeckten Pfanne in etwas Sesam- oder Sonnenblumenöl braten.

Der Hauptgang:

Rutabiya – Fleisch mit Datteln
(Arib verführt damit Abdallah)

150 g rotes Fleisch (alles, nur nicht vom Schwein. Mein Tipp: Rinderbraten) und 250 g Hackfleisch (vom Rind oder Lamm). Für 2 Personen als Hauptgang ist das sicher etwas viel, aber heben Sie den Rest einfach für den Tag »danach« auf.
Alya (Fettschwanz vom Hammel), ersatzweise Schmalz
je eine Handvoll Mandeln und Pistazien
½ TL Mastixharz (aus dem türkischen Spezialitätengeschäft), zerstoßen
etwas Kampfer (... für Mutige, denn Kampfer ist das Lachgas des Mittelalters. Ersatzweise tun es auch 3–4 Minzblättchen.)
Gewürze: je ½ TL Zimt, Koriander, Kreuzkümmel, Salz und je eine Prise Safran und aromatisierter Zucker (Das Rezept verrät leider nicht, womit der Zucker aromatisiert wurde, es geht davon aus, dass man das weiß. Ziryab, Ishaks Schüler, hätte Moschus oder ein anderes teures Parfüm verwendet. Ob Sie es mit einem Tropfen Chanel Nr. 5 versuchen wollen, überlasse ich Ihnen, aber ein ganz ordinärer Puderzucker tut es auch.)
1–2 TL Rosenwasser
einige frische Datteln aus Medina (Saudi-Arabien, aber andere tun es natürlich auch) zum Garnieren

Das Fleisch in schmale, lange Streifen schneiden (sie sollen an Datteln erinnern) und in Alya mit je einer Prise Salz und getrocknetem Koriander anbraten und braun werden lassen. Mit lauwarmem Wasser bedecken und abschäumen. Dann eine Handvoll geschälte Pistazien und Mandeln mit einer Prise Safran dazugeben. Je einen halben Teelöffel Kumin (Kreuzkümmel), Koriander, Zimt und Mastix hinzugeben und auf niedriger Flamme garen lassen – etwa eine Stunde lang. Mit Salz abschmecken. Das Hackfleisch zu länglichen Datteln formen (mein Tipp: würzen Sie es wie die Fleischstreifen und mischen Sie ein paar gehackte Mandeln und Pistazien darunter). Je eine geschälte Mandel als Kern hineinstecken und in der Pfanne braten – je nach Größe dauert das 10–20 Minuten.

Zum Schluss kommen die Datteln an die Reihe: Entkernen Sie sie und stecken Sie je eine Mandel hinein. Wenn die Flüssigkeit bei den Fleischstreifen verdampft ist, mit den Datteln garnieren. Mit etwas Rosenwasser und Kampfer besprengen und den Zucker hinzufügen (bzw. statt Kampfer die Minzblättchen zum Fleisch geben).

Richten Sie die Rutabiya so an, dass echte Datteln, Hackfleisch und Fleischstreifen sich abwechseln, am besten im Kreis. Das zu Datteln geformte Fleisch und die echten Datteln sorgen für ein reizvolles Wechselspiel von Täuschung und Wirklichkeit. Dazu passt Safranreis.

Auch Zimt und Koriander sagt man aphrodisierende Wirkung nach.

Aribs Lieblingsgericht: *Bazmaward – Kalifenbissen*
Das In-Food der Bagdader Schickeria

250 g Hackfleisch (vom Lamm oder Rind)
ein Sträußchen frische Minze (je mehr desto besser)
Weinessig (Arib hätte Weißweinessig genommen.)

50 g Walnüsse
1–2 EL Rosenwasser
4–5 kleine Pitta- oder Fladenbrote (Supermarkt oder Spezialitätengeschäft)
gesalzene Zitrone: Das Rezept verrät leider nicht, wie das ausgesehen hat. Wahrscheinlich ist Zitrone in Salzlake gemeint, wie man sie heute noch in Nordafrika zum Kochen verwendet. Sie können aber auch einfach eine halbe Zitrone waschen, klein schneiden, mit 1 TL Salz bestreuen und 24 Stunden ziehen lassen.
Für die Zitrone in Salzlake: Die Zitrone so vierteln, dass sie am Strunk noch zusammenhängt. Die Flächen mit Salz bestreuen, in ein Einmachglas legen. Noch etwa 1 TL Salz und abgekochtes Wasser hinzufügen, bis die Zitrone bedeckt ist. Drei Wochen im fest verschlossenen Einmachglas ziehen lassen.

Das Fleisch anbraten und etwas abkühlen lassen. Minze, ¼ Zitrone und Walnüsse hacken, darunter mischen und mit reichlich Essig beträufeln. Alles in die Pittabrote wie in eine Tasche füllen und mit etwas Rosenwasser besprengen. Die Taschen in Streifen schneiden. Einen Römertopf 10 Minuten in Wasser einweichen, trocknen und dann innen mit Rosenwasser besprengen. Eine Lage frische Minze einfüllen, dann die Streifen auflegen und mit einer weiteren Schicht Minze bedecken. Das Rezept sagt jetzt nur, dass alles eine Stunde oder auch über Nacht stehen gelassen wird – das würde bedeuten, dass das Bazmaward kalt gegessen wurde. Allerdings wäre auch vorstellbar, dass mit »stehen lassen« gemeint ist: auf dem Feuer lassen. Beides schmeckt – wenn man den Römertopf in den Ofen stellt, sollte die Temperatur allerdings nicht zu hoch sein (höchstens 160 Grad, über Nacht auch nur 80 Grad, weil sonst die Minze einbrennt).

Mein Tipp: Stellen Sie eine große Portion eine Stunde lang in den Ofen und essen Sie den Rest kalt. Sie wissen schon... am Tag »danach«.

Die Vorliebe der mittelalterlichen Araber für saures Fleisch hängt natürlich mit den Temperaturen im Irak zusammen: Kalifenbissen sind ein erfrischendes Sommeressen.

Süßer Höhepunkt: *Das Dessert*

Lauzinaj – Aribs Mandelgebäck

Die Chronik berichtet, dass Arib eine Gruppe junger Männer zum Bleiben überredete, indem sie ihnen Lauzinaj versprach.

Für 4 Personen als Dessert
je 200 g Puderzucker und blanchierte Mandeln (Das Originalrezept nimmt 100 g Mandeln und 300 g Puderzucker, das wird aber sehr süß.)
4 EL Rosenwasser
etwa 50 ml Sesamöl, ersatzweise geklärte Butter
ca. 300 g Phyllo (Fillo) Teig (türkisches oder griechisches Spezialitätengeschäft), ersatzweise Blätterteig
zusätzlich Rosenwasser nach Geschmack
Zuckersirup (aus 200 g Zucker, etwas Zitronensaft und evtl. einem EL Orangenblütenwasser aus der Apotheke)
eine Handvoll gehackte Pistazien

Für den Zuckersirup: 200 g Zucker mit 150 ml Wasser und einem Spritzer Zitronensaft unter Rühren erwärmen, bis der Zucker schmilzt. Wenn der Sirup siedet, vom Feuer nehmen. Sehr arabisch und sehr lecker: einen EL Orangenblütenwasser hineinrühren.
Lauzinaj: Geschälte Mandeln im Mixer sehr fein reiben, mit dem Zucker und Rosenwasser mischen und alles noch einmal gut durchmixen, bis eine feine Marzipanmasse entsteht. In hauchdünne, etwa 10 cm breite Streifen Brot (gemeint ist vermutlich das, was heute als Phyllo-Teig im Spezialitätengeschäft

zu kaufen ist) einrollen und wie eine lange Wurst verschließen Die Teigwurst in kleine Stücke schneiden, mit Sesamöl bestreichen und in eine Backform geben. Zuckersirup, etwas Sesamöl und 1 EL Rosenwasser nach Geschmack hinzufügen und bei 200 Grad etwa 30 Minuten im Ofen backen, bis der Teig braun wird. Mit gehackten Pistazien garnieren.

(Diese Version erinnert an das heutige Baklawa. Im Original rezept steht nichts vom Backen. Allerdings gehen die mittel alterlichen Kochbücher davon aus, dass die Leser das Grund rezept kennen und wissen, ob etwas noch in den Ofen kommt.)

Qata'if – arabische Crêpes

Der Crêpeteig (das Rezept geht davon aus, dass man weiß, wie er hergestellt wird) dürfte dem ähnlich gewesen sein, den man noch heute im Orient verwendet: Dazu nimmt man auf 100 g Mehl eine Prise Salz, ein Eigelb und je 50 g Butter und Wasser. Daraus wird eine Art Blätterteig hergestellt: Eigelb, Mehl und 1 TL geschmolzene Butter vermischen, dünn ausrollen (am besten zwischen zwei Schichten Klarsichtfolie) und 20 Minuten stehen lassen. Mit zerlassener Butter auspinseln, zusammenrollen und wieder 20 Minuten stehen lassen. Dann zu drei bis vier hauchdünnen Crêpes ausrollen und in Sesamöl braten.

Diese Crêpes kann man mit dem Mandelmarzipan füllen, das auch für Lauzinaj verwendet wird. Man kann die Qata'if in Zuckersirup oder Honig tauchen. Auch lecker: Übergießen Sie sie mit Sesamöl, Zuckersirup und Rosenwasser und bestreuen sie mit gehackten Pistazien.

Aus dem Knigge der Bagdader Schickeria

Das Tischtuch für ein stilechtes arabisches Essen wird auf dem Boden ausgebreitet, die Schüsseln und Tabletts daraufgestellt. Teller und Besteck gibt es nicht, ein Stück Fladenbrot ersetzt beides: Mit der rechten Hand nimmt man etwas Brot und führt so sein Essen zum Mund. Stellen Sie für jeden eine Fingerschale mit lauwarmem Wasser und einer Scheibe Zitrone in Reichweite!

Wein – im alten Bagdad trank man vor allem Weißwein, allerdings mit weniger Alkohol und süßer als heute üblich. Außerdem würzte man den Wein gerne mit Opium – aber dazu fragen Sie besser Ihren Arzt oder Apotheker.

Zum roten Fleisch passt für moderne Feinschmecker natürlich am besten Rotwein, zum Beispiel aus Südwestfrankreich. Zur Rutabiya schmeckt auch ein guter Rioja. Zum Bazmaward sollte der Wein wenig Säure haben – warum nicht auch ein guter Rosé, wenn er mit dem Essig harmoniert, den Sie verwenden? Zum Fisch passt ein Chablis, aber ich trinke dazu auch gerne einen leichten badischen Weißburgunder. Versuchen Sie zum Huhn einmal einen trockenen Rosé oder Weißwein mit wenig Säure. Und seien Sie kreativ! Die strengen Regeln der Weinpäpste weichen mehr und mehr der Einsicht, dass die Geschmäcker nun einmal verschieden sind.

An den Höfen der Kalifen trank man, wenn es gerade nicht Wein war, ein *Rosensorbet*: pro Person 200 ml Wasser und 2 EL Zucker mit Rosenwasser (ca. 2 EL) aromatisieren und eisgekühlt servieren.

Dessertweine wie Zuckerwein oder Rosinenwein waren im alten Arabien sehr beliebt. Wir würden heute vermutlich eher einen *Tee* trinken, vielleicht nach *Wolframs Beduinenrezept*: Grüne Teeblätter (mein Tipp: China Gun Powder) zu gleichen Teilen mit Nanaminze vermischen, Zucker nach Geschmack hinzufügen und mit heißem Wasser übergießen. Beduinen verwenden zwei Kupferkannen und gießen den Tee mehrmals von einer in die andere, um ihn mit dem Zucker zu vermischen. Teeblätter, Minze und Zucker bleiben in der Kanne, dadurch wird der Tee von Glas zu Glas stärker und süßer.

Falls Sie es mit dem Wein zu gut gemeint haben und danach gerne einen *Kaffee* oder eine *Wasserpfeife* hätten, muss ich Sie allerdings leider enttäuschen: Zur Zeit Harun ar-Raschids und seiner Nachfolger kannte man beides im Orient noch nicht.

Ich empfehle daher *Haschimas Muntermacher* aus der Weinschenke in Rakka (nach Ibn al-Mu'tazz): Zu gleichen Teilen folgende Zutaten mischen: Kohlsamen, Kreuzkümmel, Bittermandel, Minze, Naphtasalz (für Mutige), Wermut und Raute. Alles mahlen, durchsieben und etwa 1 TL davon in einem Glas mit kaltem Wasser auflösen.

Zu guter Letzt noch eine Benimmempfehlung:
Sollte man diese Speisen nicht zu Verführungszwecken einsetzen wollen, darf man niemals einer Dame eine einzelne Mandel oder einem Herrn eine einzelne Dattel reichen. Das wäre eine höchst obszöne Anspielung!

Glossar

Abbasiden: vom arabischen Banu Abbas (Söhne des Abbas, eines Verwandten des Propheten): mittelalterliche Kalifendynastie (750/1–1258).

Allah: (arabisch) Gott (unabhängig davon, ob ein Muslim, Christ oder Jude spricht).

Amir: (arabisch) General, Befehlshaber.

Amir al-Mu'minin: (arabisch) Beherrscher der Gläubigen, der offizielle Titel des Kalifen.

Balkh: Heute Mazar-i Sharif.

Barid: (arabisch) Post und Geheimpolizei der Abbasidenkalifen.

Christen: Offiziell konnten Christen und Juden keine Ämter bei Hof bekleiden. Sie durften keine Glocken läuten, keine Waffen tragen und keine Pferde reiten. Tatsächlich wurden diese Bestimmungen aber immer wieder umgangen oder einfach ignoriert.

Dakhmah: (persisch) »Turm des Schweigens«, eine Begräbnisstätte des Zoroastrismus, der alten iranischen Religion.

Dugh: Persisches Joghurtgetränk mit Minze.

Durra'a: (arabisch) (schwarzes) langes Hemd, Hoftracht in Bagdad.

Feuerglaube: Der Zoroastrismus, die alte iranische Religion, wurde vom Propheten Zarathustra (Zoroaster) verkündet. Obwohl der Zoroastrismus (wegen seiner Grundidee des Kampfes von Gut gegen Böse) in muslimischen Augen an Vielgötterei grenzt, gehörte er zu den vom Islam geduldeten Religionen, genau wie Christentum und Judentum.

Ghaliya: (arabisch) aufdringlich riechendes Parfüm des Prinzen Ibrahim ibn al-Mahdi.

Ghilala: (arabisch) langes, durchsichtiges Frauenhemd, das man als reizvolles »Darunter« trug, eine Art Negligé.

Ghusl: (arabisch) (religiöse) Waschung.

Han: (persisch) Gasthaus, Herberge, Karawanserei. Eigent lich müsste das Wort *Khan* umschrieben werden. Da man es sonst aber mit dem gleichlautenden Wort für *Stammes ältester* verwechseln könnte, habe ich diese Umschrift ge wählt.

Huriya / Huri: (arabisch) Paradiesjungfrau.

Iwan: (arabisch) zum Hof hin offener Raum.

Izar: (arabisch) langer Umhang, den man auch als Schleier über Kopf und Gesicht ziehen kann. Ursprünglich die Pilgerkleidung für Männer, wird der Izar, wie die meisten arabischen Kleidungsstücke, von Männern und Frauen ge tragen.

Jawaz: (arabisch) Passierschein, Pass, wörtlich: Erlaubnis.

Jubba: (arabisch) lange Jacke ohne Knöpfe. Die Jubba kann bis an die Knie oder bis zum Boden reichen und wird mit einem Gürtel gehalten.

Kayna: (arabisch) Singsklavin.

Khan: (persisch) Stammesältester, Anführer.

Kurden: Der Volksstamm der Kurden war zur Zeit Aribs auch im heutigen Aserbaidschan beheimatet und trug den Auf stand des großen Rebellen Babak. Deshalb ist immer von Kurdistan die Rede, auch wenn die Gegend heute nicht mehr dazugehört.

Lauzinaj: Mandelgebäck, ähnlich dem heutigen Baklawa und in der Bagdader Schickeria außerordentlich beliebt.

Layali: Improvisationsgesang ohne Begleitung, vergleichbar mit dem spanischen *cante jondo*.

Mizar: (arabisch) Mantel, Umhang.

Nadim: Zechgenosse des Kalifen. Ein Amt, das neben dem guten Wein noch andere Privilegien versprach, vor allem ein fast freundschaftliches Verhältnis zum Kalifen.

Oud: Laute. Das arabische Wort ist eigentlich männlich. Ich schreibe »die Oud«, weil die Laute im Deutschen weiblich ist.

Qaba: (arabisch) enge lange Jacke mit Knöpfen, vor allem bei jungen Männern üblich.

Ratl: (arabisch) etwa ein halber Liter.

Rawi: (arabisch) Barde, Sänger.

Rey: mittelalterliche Stadt beim heutigen Teheran.

Ritliya: (arabisch) Weinkanne.

Saffakatan: (arabisch) eine Art Kastagnetten.

Sahib al-Musika: (arabisch) Orchestermeister, »Dirigent«.

Sahib al-Barid: (arabisch) Oberster der Barid, also der Chef der Geheimpolizei.

Sarir: (arabisch) Sitzgelegenheit mit hölzernem Rahmen, auch Bett oder Thron.

Schamla: (arabisch) Mantel, Tuch.

Schlacht von Badr: Im Jahr 624 besiegten die Truppen des Propheten Muhammad seine Gegner aus Mekka. Die Schlacht von Badr war der erste militärische Erfolg des Islam.

Sitara: (arabisch) Vorhang. Die Sitara verbarg den Thron des Kalifen bei der Audienz und die Musiker bei einem Gelage.

Spatha: (fränkisches) Langschwert, das mit einer Hand geführt wird.

Sudra: (arabisch) kurze Reitertunika ohne Ärmel.

Suffa: (arabisch) gemauerte Bank.

Türken: Bevor sie in die heutige Türkei einwanderten, lebten die Türken als Nomaden in Zentralasien. Von dort kamen auch die Türkensöldner, die Abdallah al-Ma'mun in Bagdad einführte.

Zur Aussprache der Namen:
Arib wird auf dem i betont. J wird dsch gesprochen, kh wie ch in ach! Abdallah hätte ich auch Abdullah umschreiben können, habe mich aber aus ästhetischen Gründen für das a entschieden. Alluya ist eine andere Lesart für Allawayh.

Alf schukran wa-schukran! –
1001 Dank

Hundert Namen hat Allah in der muslimischen Überlieferung. Die Zahl derer, denen ich Dank schulde, ist kaum geringer.

»Gebt mir einen Angelpunkt, der stark genug ist, und ich hebe die Welt aus den Angeln«, sagte der berühmte griechische Mathematiker Archimedes. Im Falle dieses Buches war Roman Hocke dieser Angelpunkt. Er war im entscheidenden Augenblick für mich da und hat wieder einmal bewiesen, dass er viel mehr ist als nur ein guter Agent.

Mein Mann, der Biograph und Lektor Dr. Uwe Neumahr, ist der Angelpunkt in meinem Leben. Jeder Satz muss vor seinem Auge bestehen – und nicht nur vor seinem Auge, sondern dieses Mal auch vor seinem Gaumen. Er und Anna Reiner waren meine Zechgenossen beim Testen der Rezepte. Da ich zu Mengen, Garzeiten und Temperaturen keine oder kaum Angaben hatte und auch nicht wusste, welche Wirkung die Zutaten tatsächlich entfalten würden, haben beide dabei Mut zum Risiko bewiesen.

Stellvertretend für die anderen siebenundneunzig danke ich

Meiner Lektorin Katja Menzel für die vielen guten Hinweise, die das Buch besser gemacht haben. Thomas Tebbe, der das Buch ins Programm des Piper-Verlags aufgenommen und mir erste Tipps gegeben hat. Und natürlich meinem Verlag, dem Piper-Verlag, für die gute Zusammenarbeit!

Prof. Dr. Avinoam Shalem: Auf seine Freundlichkeit und sein enormes Wissen kann ich mich immer verlassen. Er kennt das alte Bagdad und viele andere Städte wie seine Westentasche und unterstützte mich uneigennützig.

Prof. Dr. Stefan Heidemann: Er ließ mich ebenfalls an seinem breiten Wissen über die frühen Abbasiden teilhaben. Die Paläste von Rakka kennt er fast so gut wie die Baumeister, die sie geschaffen haben – oder vielleicht sogar noch besser.

Dr. Götz Berberich: Er unterstützte mich als erfahrener Arzt, Psychotherapeut und Psychoanalytiker bei der Rekonstruktion von Aribs Charakter. Ihm verdanke ich, dass ich die Erfahrungen, die Arib machen musste, nicht an mir selbst testen musste.

Angela Kuepper: fürs Testlesen, ihr Gespür für Charaktere und vieles mehr, was ein guter Roman braucht.

In zahlreichen wissenschaftlichen Arbeiten fand ich wichtige Hinweise, ohne die ich diesen Roman nicht hätte schreiben können. Ihre Verfasser hier alle aufzuzählen würde zu weit führen. Doch *Allahu a'lam*: Allah weiß es am besten.

Agnes Imhof wurde 1973 in München geboren und lebt mit ihrem Mann und ihrer Tochter am Ammersee. Als Sängerin aus Leidenschaft hatte sie immer wieder Gelegenheit, die Stars und Staralllüren der Musikszene aus eigener Erfahrung kennenzulernen. Sie nimmt Unterricht in mittelalterlichem Schwertkampf und in einer asiatischen Kampfkunst.

Immer wieder hat Agnes Imhof die arabische Welt bereist und dort die Stoffe für ihre Romane gesammelt. Die Städte des Orients verfügen für sie über eine besondere Faszination. Seit jeher treffen hier verschiedenste Kulturen aufeinander und machen diese Orte zu Schmelztiegeln, in denen Ost und West zusammenfinden – so wie es für die Seidenstraße seit Jahrhunderten charakteristisch ist. Als Frau drang Agnes Imhof in Bereiche der fremden Kultur vor, die Männern verwehrt sind. So wurden ihr Einblicke gewährt in die Badehäuser für Frauen und die Gemächer der Gattinnen.

Wenn sie nicht schriftstellerisch tätig ist, gibt Agnes Imhof als Islam-Expertin Seminare über Kultur und Religion der arabischen Welt. Während ihres Studiums der Islamwissenschaft in Bamberg, London und Tübingen lernte sie Arabisch und Persisch.

Agnes Imhof
Das Buch des Smaragds
Historischer Roman. 480 Seiten.
Piper Taschenbuch

Córdoba, 979: Im Hof der Moschee wird die junge Sklavin Atika Zeugin, wie das legendäre »Buch des Smaragds« als Ketzerwerk verbrannt wird. Seine unheimliche Macht schlägt nicht nur sie in seinen Bann, sondern auch den düster-faszinierenden Amr und den jungen Aristokraten Safwan. Fieberhaft suchen sie nach der letzten Kopie, um dem rätselhaften Buch sein Geheimnis zu entreißen. Dabei gerät nicht nur Atikas Leben in Gefahr – auch ihre Liebe wird auf eine harte Probe gestellt …

»Ein historischer Roman, wie ich ihn mir wünsche. Gefährlich, poetisch und voller Leidenschaft entsteht ein pralles Panorama von Córdoba bis Bagdad. Die trotzige und zugleich so verletzliche Heldin Atika ist mir ans Herz gewachsen.«

Peter Prange

Tilman Röhrig
Riemenschneider
Historischer Roman. 624 Seiten.
Piper Taschenbuch

Würzburg, 1492. Feierlich werden die Skulpturen von Adam und Eva vor dem Eingang der Marienkapelle enthüllt. Doch diesmal ist der Bildschnitzer Tilman Riemenschneider zu weit gegangen: Eine Bäuerin hat ihm Modell gestanden – nackt. Ein Skandal! Die Gemüter erhitzen sich. Dabei ahnt noch niemand, welch viel gewaltigeres Beben die Stadt in den nächsten Jahren erwartet, dass Reformation und Bauernkriege die bestehende Ordnung in ihren Grundfesten erschüttern werden. Bald muss auch Meister Riemenschneider um sein Leben kämpfen …

»Röhrig zeichnet nicht nur ein eindrucksvolles Bild des Künstlers Tilman Riemenschneider, sondern auch ein großartiges Panorama einer aufregenden Epoche deutscher Geschichte.«
Kölnische Rundschau